794 – Karl der Große in Frankfurt am Main

Ein König bei der Arbeit

794 – Karl der Große in Frankfurt am Main

Ein König bei der Arbeit

Ausstellung zum 1200-Jahre-Jubiläum der Stadt Frankfurt am Main

veranstaltet vom Magistrat der Stadt Frankfurt am Main,
Amt für Wissenschaft und Kunst, Historisches Museum

in Kooperation mit der Frankfurt Projekte GmbH

Thorbecke

Planung und Durchführung der Ausstellung

Wissenschaftliche Gesamtleitung
Prof. Dr. Johannes Fried
Prof. Dr. Lieselotte E. Saurma-Jeltsch

Projektleitung
Museumsdirektor Priv.-Doz. Dr. Rainer Koch
Andreas Thiel

Wissenschaftliche Koordination
Sekretariat und Leihverkehr
Andreas Thiel

Ausstellungsgestaltung
Andreas Thiel
Werkstätten des Historischen Museums Frankfurt

Katalog- und Bildredaktion
Andreas Thiel

Kataloggestaltung
Norbert Brey

Lektorat
Thomas Theise

Plakatgestaltung/Ausstellungsgraphik
Concept design

Transporte
DART Kunstspedition Köln

Versicherung
Gerling-Konzern Frankfurt

Publikation zur Ausstellung der Stadt Frankfurt am Main »794 – Karl der Große in Frankfurt«, veranstaltet vom Magistrat der Stadt Frankfurt am Main, Amt für Wissenschaft und Kunst, Historisches Museum, in Kooperation mit der Frankfurt Projekte GmbH.

Herausgegeben von Johannes Fried, Rainer Koch, Lieselotte E. Saurma-Jeltsch und Andreas Thiel

Ausstellung im Historischen Museum Frankfurt, Saalgasse 19, 60311 Frankfurt am Main, vom 18. Mai 1994 bis 28. August 1994.

Die Deutsche Bibliothek – CIP-Einheitsaufnahme

794 – Karl der Große in Frankfurt am Main: ein König bei der Arbeit; Ausstellung zum 1200-Jahre-Jubiläum der Stadt Frankfurt am Main; [Ausstellung im Historischen Museum Frankfurt vom 18. Mai 1994 bis 28. August 1994] / veranst. vom Magistrat der Stadt Frankfurt am Main … In Kooperation mit der Frankfurt-Projekte GmbH. [Hrsg. von Johannes Fried …]. – Sigmaringen: Thorbecke, 1994
ISBN 3-7995-1204-7
NE: Fried, Johannes [Hrsg.]; Frankfurt <Main>; Historisches Museum <Frankfurt, Main>; Siebenhundertvierundneunzig – Karl der Große in Frankfurt am Main

Jan Thorbecke Verlag GmbH & Co., Sigmaringen.

Dieses Buch ist aus säurefreiem Papier hergestellt und entspricht den Frankfurter Forderungen zur Verwendung alterungsbeständiger Papiere für die Buchherstellung.

Gesamtherstellung: M. Liehners Hofbuchdruckerei GmbH & Co. Verlagsanstalt, Sigmaringen
Printed in Germany · ISBN 3-7995-1204-7

Inhaltsverzeichnis

Leihgeber

Aachen
Domkapitel Aachen, Domschatzkammer
Antwerpen
Museum Plantin-Moretus
Berlin
Staatliche Museen zu Berlin - Preussischer Kulturbesitz, Museum für Spätantike und Byzantinische Kunst
Bregenz
Vorarlberger Landesmuseum
Brüssel
Bibliothèque Royale Albert Ier
Cambrai
Bibliothèque Municipale
Città del Vaticano
Biblioteca Apostolica Vaticana
Monumenti, Musei e Gallerie Pontificie, Museo Sacro
Chur
Rätisches Museum
Essen
Münster, Schatzkammer
Essen-Werden
Kath. Propsteigemeinde St. Ludgerus
Frankfurt am Main
Stadt- und Universitätsbibliothek
Liebieghaus
Freiburg i. Br.
Universitätsbibliothek
Gotha
Forschungs- und Landesbibliothek
Hannover
Kestner-Museum
Heidelberg
Universitätsbibliothek
Ingelheim
Museum bei der Kaiserpfalz
Karlsruhe
Badisches Landesmuseum
Köln
Schnütgen-Museum
Kopenhagen
Nationalmuseet
Stift Kremsmünster
Stiftssammlungen
Leipzig
Kunstgewerbemuseum, Grassimuseum
Lorsch
Heimat- und Kulturverein
Verwaltung der Staatlichen Schlösser und Gärten Hessen, ehemaliges Benediktinerkloster Lorsch, Lapidarium
London
The British Library
Mainz
Landesmuseum
Manchester
John Rylands University Library
München
Bayerische Staatsbibliothek
Prähistorische Staatssammlung
Nürnberg
Germanisches Nationalmuseum
Paris
Bibliothèque National - Cabinet des Manuscrits
Bibliothèque de l'Arsenal
Reims
Bibliothèque Municipale
Seligenstadt
Landschaftsmuseum
Kath. Pfarramt der Basilika Pfarrei, Schatzkammer
Stockholm
Kungliga Biblioteket
Kungliga Myntkabinettet
Trier
Stadtbibliothek
Wiesbaden
Museum Wiesbaden, Sammlung Nassauischer Altertümer

Vorwort

»Durch die Gnade Gottes, nach apostolischer Genehmigung und auf Befehl unseres allerfrömmsten Herrn, König Karls, wurden in dessen 26. Königsjahr alle Bischöfe und Priester des Frankenreichs, Italiens, Aquitaniens und der Provence zu einer Synode versammelt. Er selbst, der Mildherzigste, nahm an der Versammlung teil.«, so heißt es im ersten Kapitel des Frankfurter Kapitulars von 794. Die 1200jährige Wiederkehr der von Karl dem Großen nach Frankfurt am Main einberufenen und von ihm selbst geleiteten Reichskirchenversammlung und die damit verbundene erste urkundlich gesicherte Benennung von »Franconofurt« in der Königsurkunde vom 22. Februar 794 war Anlaß für das Historische Museum, das Wirken Karls des Großen in der Pfalz Frankfurt, das Werk der Synode, in einer Ausstellung zu rekonstruieren.
Die 56 Kapitel des Frankfurter Kapitulars geben die Verhandlungsgegenstände der Synode wieder, ihre sieben wichtigsten Themenkomplexe wurden zum Leitfaden für die Präsentation anschaulicher Überlieferung, strukturieren Ausstellung und Katalog: die Zurückweisung des spanischen Adoptianismus, der Bilderstreit in Byzanz, das Schicksal Herzog Tassilos von Bayern, die Münz-, Maß- und Gewichtsreformen, kirchenrechtliche Fragen, Reformen des Klosterwesens, Förderung der volkssprachlichen Frömmigkeit. Nicht Heroenkult, sondern praktische Regierungsarbeit in einer historisch einmaligen Situation mit gleichwohl übergreifenden Fragestellungen und Problemen möglichst lebendig zu vermitteln, ist also das Anliegen.
Von Anfang an hat das Historische Museum seinen Beitrag zur 1200-Jahrfeier der Stadt Frankfurt am Main als vertiefenden Aspekt der großen stadtgeschichtlichen Ausstellung »FFM 1200 – Traditionen und Perpsektiven einer Stadt« im Bockenheimer Depot verstanden. Ihrem wissenschaftlichen Leiter, Herrn Prof. Dr. Lothar Gall, ist sehr herzlich dafür zu danken, daß ein derart überzeugendes und reibungsloses Ineinandergreifen von Allgemeinem und Besonderem möglich wurde.
Vor allem aber gilt der Dank Herrn Prof. Dr. Johannes Fried, in dessen Verantwortung die wissenschaftliche Gesamtkonzeption der Ausstellung des Historischen Museums lag. Insbesondere seine Vorgabe der strikten thematischen Begrenzung auf die Beschlüsse der Synode, leitmotivisch im Untertitel »Ein König bei der Arbeit« hervorgehoben, hat bei den verständlicherweise mit größter Rücksichtnahme geführten Leihgabeverhandlungen immer wieder als entscheidendes Argument gewirkt.
Daß angesichts der überaus raren und kostbaren, konservatorisch höchst sensiblen Überlieferung an karolingischen Originalen mit erkennbarem Bezug zur Synode von 794 eine so positive Resonanz bedeutendster Leihgeber zu verzeichnen war, ist vor allem auch der Unterstützung des Projektes durch Frau Prof. Dr. Lieselotte E. Gräfin Saurma-Jeltsch zu verdanken. Ihre konzeptionelle Mitwirkung hat zugleich in exemplarischer Weise ein Zusammenwirken der Fachbereiche Geschichtswissenschaft und Kunstwissenschaft der Johann Wolfgang Goethe-Universität im Medium der Historischen Ausstellung ermöglicht.
Herr Andreas Thiel hat mit beeindruckender Kenntnis der wissenschaftlichen und konservatorischen Probleme, mit größter Umsicht und größtem Einsatz die Ausstellungsorganisation geleitet, die Ausstellungsgestaltung sowie die Katalogredaktion übernommen. Ihm sei dafür nachdrücklich gedankt, ebenso allen Mitarbeiterinnen und Mitarbeitern meines Hauses, die an der Ausstellungsvorbereitung beteiligt waren, namentlich Johannes Adrian, Frank Bingel, Matteo Ciliberti, Heidrun Czarnecki, Reinhard Glasemann, Bodo Gliesch, Peter Görlach, Ernst Gottschall, Karl Gruß, Doris Hant, Abdelmajid Labroumani, Katharina Reiff und Patricia Stahl.
Der vorliegende Katalog wurde von mehr als zwanzig Autoren geschrieben. Er reflektiert in seinen Aufsätzen und Objektbeschreibungen den Stand der Forschung und akzentuiert aktuelle Diskussionen. Allen Autorinnen und Autoren sei für ihre Beiträge gedankt: Dr. Michaela Aufleger, Mainz (M.A.); Dr. Katharina Bierbrauer, München (K.B.); Michael Böttcher, Frankfurt (M.B.); Peter Feldmann, Bad Homburg (P.F.); Dr. Gisela Förschner, Frankfurt (G.F.); Prof. Dr. Johannes Fried, Frankfurt (J.F.); Bettina Güdelhöfer, Frankfurt (B.G.); Matthias Theodor Kloft, Frankfurt (M.T.K.); Renate Köchling-Dietrich, Frankfurt; Dr. Thomas Ludwig, Bad Homburg (T.L.); Prof. Dr. Hubert Mordek, Freiburg (H.M.); Dr. Otto Müller, Michelstadt-Steinbach (O.M.); Andrea Nuss, Frankfurt (A.N.); Steffen Peine, Frankfurt (S.P.); Dr. Margaret Ribbert, Nürnberg (M.R.); Prof. Dr. Lieselotte E. Saurma-Jeltsch, Frankfurt; Dr. Hermann Schefers, Lorsch (H.S.); Prof. Dr. Horst Dieter

Schlosser, Frankfurt (H.D.S.); Prof. Dr. Herrad Spilling, Stuttgart; Andreas Thiel, Frankfurt (A.T.); Dr. Egon Wamers, Frankfurt (E.W.); Christoph Winterer, Frankfurt (C.W.); Prof. Dr. Harald Witthöft, Siegen.
Insbesondere aber gilt der Dank den Leihgebern, die mit ihrer Unterstützung des Projektes durch kostbarste Stücke nicht nur die Anfänge der schriftlich überlieferten Geschichte von Pfalz und Stadt Frankfurt erhellt, sondern – angesichts der herausragenden Bedeutung der Synode von 794 – einen nicht zu überschätzenden Beitrag zum anschaulichen Verständnis der Genesis nachantiker europäischer Identität geleistet haben. Wir danken Dr. Georg Minkenberg, Aachen; Dr. Francine de Nave, Antwerpen; Dr. Kai Mathieu, Bad Homburg; Dr. Thomas Ludwig, Bad Homburg; Prof. Dr. Arne Effenberger, Berlin; Prof. Dr. Dietrich Kötzsche, Berlin; Marlis Stähli MA., Bern; S. Ex. Nuntius Lajos Kadar, Bonn; Dr. Helmut Swozilek, Bregenz; Theo Verschaffel, Brüssel; Françoise de Calaltaÿ, Brüssel; Dr. Ingrid R. Metzger, Chur; Prälat Alfred Pothmann, Essen; Propst Dr. Heinrich Engel, Essen; Prof. Dr. Herbert Beck, Frankfurt; Dr. Gerhardt Powitz, Frankfurt; Dr. Michael Sauner, Frankfurt; Dr. Winfried Hagenmaier, Freiburg; Dr. Helmut Claus, Gotha; Dr. Manfred Kramer, Graz; Dr. Frank Berger, Hannover; Dr. Werner Altmeier, Höxter; Dr. Gabriele Mendelssohn, Ingelheim; Dr. Klaus Eckerle, Karlsruhe; Dr. Lars Jørgensen, Kopenhagen; Dr. Hiltrud Westermann-Angerhausen, Köln; Mag. Pater Christian Haidinger, Kremsmünster; Dr. Eva Maria Hoyer, Leipzig; Janet M. Backhouse, London; Paul Schnitzer, Lorsch; Dr. Hermann Schefers, Lorsch; Dr. Gisela Fiedler-Bender, Mainz; Dr. Horst Reber, Mainz; Sarah Lawrence, Manchester; Dr. Otto Müller, Michelstadt-Steinbach; Christiane Nicq, Montpellier; Dr. Brigitte Haas, München; Dr. Karl Dachs, München; Prof. Dr. William D. Voelkle, New York; Melissa Dalziel, Oxford; François Avril, Paris; Andrée Pouderoux, Paris; Claudine Belayche, Reims; Prof. Dr. P. Ochsenbein, Sankt Gallen; Pfarrer Dieter Ludwig; Seligenstadt; Achim Zöller MA., Seligenstadt; Inger Hammarberg, Stockholm; Eva Wiséhn, Stockholm; Eva Dillmann, Stockholm; Erna Roos, Stockholm; Dr. Börje Westlund, Stockholm; Dr. Gunther Franz, Trier; Dr. Reiner Nolden, Trier; S. Em. Angelo Kardinal Sodano, Città del Vaticano; P. Dr. Leonhard E. Boyle O.P., Città del Vaticano; Dr. Günther Kleineberg, Wiesbaden.
Nicht zuletzt danke ich dem Dezernat für Kultur und Freizeit, namentlich Frau Stadträtin Linda Reisch, und dem Amt für Wissenschaft und Kunst für die finanzielle Ermöglichung des Vorhabens und die unterstützende verwaltungsmäßige Betreuung. Der Frankfurt Projekte GmbH ist für fruchtbare Kooperation zu danken, insbesondere für den Erwerb der glasfaseroptisch beleuchteten klimatisierten und gesicherten Vitrinen, welche bislang in Frankfurt a.M. nicht mögliche konservatorische Zusagen erlaubten.

Frankfurt am Main im März 1994 *Rainer Koch*

Das Frankfurter Kapitular
nach der Handschrift MS. lat. 4628 A
der Bibliothèque Nationale Paris.
fol. 55r–59v. (vgl. Kat. II/2)

et uocē meā audient. et fiet unū
ouile et unꝰ pastor. Multiplicet
pax in dieb; eius. ut sit sca ęccła
libera. et ab omni strepitu mundi
secura. qua libertate xp̄c eā liberauit.
Liceat q; dn̄i sacerdotes iuxta
eu̅glicas et ap̄licas. canonicasq;
simpliciter dn̄o deseruire. et mili
tare in solis castris dn̄icis. quia
iuxta eius dē dn̄i uocē. Nemo
potest duob; dominis seruire.
Et paulus ait. Nemo militans dō.
implicat se negotiis secularib;
ut ei placeat cui se pbauit.
Nemo sibi blandiat. q̄d utrūq;
possit et dō et mundo seruire.
quia ueritas. ē. et mentiri n̄ potest.
qui hoc fieri n̄ posse testat. Unde
supplicandus. ē. tranquillissimꝰ
princeps n̄r. ut ille p nob contra
uisibiles hostes p xp̄i nomine et
amore dn̄o opitulante dimicet.
et nos p illo contra inuisibiles hostes
dn̄i imp̄cantes clementiā sp̄ualib;
armis pugnemꝰ. quatinꝰ uictoriā ei
retributionē in illa di ē p ęcclā sua
di filius rependat. Ut quemadmodū
ille nunc eā int̄ tot mundanos tumultus
constitutā reddit securā. ita eū
illa cęlestis regni faciat eē parti
cipem. Indulgeat captiuis. Subue
niat oppressis. Dissoluat fasciculos
deprimentes. Sit consolatio uiduarū.
Miserorū refrigeriū. Sit rex
et sacerdos. Sit omniū xp̄ianorū
moderantissimꝰ gubnator.
Auxiliante dn̄o n̄ro ih̄u xp̄o. qui cū
patre et sp̄u sc̄o uiuit et regnat
ds̄ in trinitate pfecta p omnia secula
seculorū amen;

Capta synodalia
Caroli Magni

CONIUNGENTIBUS
dō fauente ap̄lica auctoritate.
atq; piissimi domini n̄ri KAROLI
regis iussione. Anno XXXIII simo tio
principatus sui. cunctis regni
francorū. seu italię. aquitanię
prouincię ep̄is. ac sacerdotib; synodali

concilio. In quos ipse mitissimus sancto int
fuit conuentus: ubi in primordio
capitulorum exortum est. de impia ac
nefanda heresi eliphandi toletane
sedis episcopi. et felicis orgellitane.
eorumque sequacibus. qui male senti
entes in dei filio asserebant adopti
onem. quam omnes qui supradicti sanctissimi
patres et respuentes una uoce contra
dixerunt. atque hanc heresim funditus
a sancta ecclesia eradicandam statuerunt.

Allata est in medio. II. CAP.
questio de noua grecorum synodo.
quam de adorandis imaginibus
constantinopolim fecerunt. in qua
scriptum habebatur. ut qui imaginibus
sanctorum. ita ut deificae trinitati serui
tium aut adorationem non impenderent.
anathema iudicauerunt. Quam
supra sanctissimi patres nostri omnimodis
adorationem et seruitutem renuentes.
contempserunt. atque consentientes
condemnauerunt. III. CAP.

His peractis. De tasilone diffinitum
est capitulum. qui dudum baioariae dux
fuerat. sobrinus uidelicet domni
Karoli regis. In medio sanctissimi
astitit concilii. ueniam rogans pro
commissis culpis. quas tempore domni
Pippini regis aduersus eum et regnum
commiserat. et quas postea sub domno
nostro piissimo Karolo regis. in quibus
fraudator fidei suae extiterat. indul
gentiam ut ab eo mereretur accipere
humili petitione uisus est postulasse.
dimittens uidelicet puro animo
iram atque omne scandalum de parte sua
quaeque in eo perpetrata fuissent. Et
sciebat. necnon omne iustitiam et res
proprietatis. quantum illi aut filiis aut
filiabus suis in ducatu baioariorum
legitime pertinere debuerant
gurpiuit atque proiecit. Et in postmodum
omne lite calcanda sine ulla repeti
tione indulsit. et filios et filias suas
in illius misericordia commendauit.
Et ita certo domnus noster misericordia
motus. prefato tasiloni gratuito

animo · et culpas perpetratas indulsit ·
et gratiam suam pleniter concessit · et in
sua elemosina eum in amore dilectionis
uisus est suscepisse · ut securus de di
misericordia existeret in antea ·
Unde tres breues ex hoc capitulo
uno tenore conscriptos fieri praecepit ·
Unum in palatio retinendum · aliud praefato
tassiloni ut secum haberet in monaste
rio dandum · Tertium · uero · in sacri pala
tii capella recondendum fieri iussit ·
Statuit ... piissimus · IIII · CAP ·
domnus noster rex consentiente sancta
synodo · ut nullus homo sive laicus sive ecclesi
asticus sit nunquam carius uendat
annonam · siue tempore habundantiae
siue tempore caritatis · quam modium
publicum et nouiter statutum · De modio
de auena · denarium · I · Modium hordei
denarios · II · Modium sigali denarios · III ·
Modium frumenti denarios · IIII · Si uero
in pane uendere uoluerit · XII
panes pro denario dare debeat ·
sigalacios · XV · equo pondere
pro denario hordeacios · XX ·
Similiter pensantes · Auenatios
XXV similiter pensantes ·
De annona · uero · publica domni regis ·
siue uendata fuerit · de auena
modios · II · pro denario · hordeo denarium · I ·
Sigalo denarios · II · Frumento denarios · III ·
Et qui nostrum habet beneficium dili
gentissime prouideat quantum
potest deo donante · ut nullus ex
mancipiis ad illud pertinentibus bene
ficium fame moriatur · Et quod super
illius familiae necessitatem liberum
uendat iure praescripto · CAP · V ·
De denariis autem certissime sciatis
nostrum edictum · quod in omni loco · et in
omni ciuitate · et in omni emporio
similiter uadant · Istis nouis denariis
accipiant ab omnibus; Si autem
nominis nostri nomisma habent
et mero sunt argento pensantes
pleniter · siquis contradicit eos
in ullo loco alicuius emptionis uel
uenditionis · si ingenuus est homo

xu sol componat ad opus regis.
Si servilis e conditionis, si suum e illud negotium propriu p[ro]p[ter] q[uo]d illud negotiu aut flagellet nudus aut palam cora populo. Si autem excussione dni sui fecerit, tunc ille dns sol xu componat, si ei approbatu fuerit; CAP. VI;

Statutu e a domno rege et sca sinodo, ut epi iustitias faciant in suis parroechus; Si non oboedierit aliqua psona epo suo de abbatib; presbiteris, diaconib; subdiaconibus, monachis et ceteris clericis, ut etia alus in eius parroechus, ueniant ad metropolitanu suu, et ille diudicet causa cum sufrageneis suis; Comites qq nri ueniant ad iudiciu eporu;

Et si aliquid sit, q[uo]d eps metropolitan n possit corrigere ut pacificare. Tunc tande ueniant accusatores cu accusatis cu litteris metropolitanu ut sciamus ueritatem eius;

Diffinitu est etiam, CAP. VII;
a domno rege et sca sinodo, ut eps non migret de ciuitate in ciuitate, sed cura habeat ecclae sue;

Similit prbr. et diaconus maneat in sua eccla canonice CAP. VIII.

De altercatione uisione uiennensis epi, et aduocato eliphanto arelatensis epi lecte sunt eple beati gregorii, zo simi, leonis, et simmachi, que diffinierunt, eo q[uo]d uiennensis eccla, quattuor sufraganeas habere sedes debe quib; illa quinta p[re]mineret. Et arelaten sis eccla suffraneas habere deberet, quibus ipsa premineret CAP. VIIII;

De tarentasia u[er]o, et ebreduno, siue aquis legatio facta e ad sede aplicam. Et quicq[ui]d p pontifice romane ecclae diffinitu fuerit, hoc teneat. CAP. X.

Diffinitu e etia ab eode domno nro rege, siue a sca sinodo.

ut petrus eps constantes corā dō
et angelis eius iuraret. sic sacra
tionē accepit. aut certe cū suo
archiepō. qđ ille in morte regis
siue in regnū eius non consiliasset.
Quae eps dum cū quib; iuraret n̄
inuenisset. elegit sibi ipse. ut suus
homo ad eius iudiciū iret. et ille
testaret̄ absq; reliquiis et absq;
scīs euglis solū modo corā dō. qđ
ille innocens exinde esset. et secdm
eius innocentiā ds adiuuaret
illū suū hominē qui ad illud iudiciū
exiturus erat. Et exiuit tam eius
homo ad iudiciū di. neq; p regis
ordinationē. neq; p sce synodi
censurā. sed spontanea uolun
tate. Quae etiā a dnō liberatus.
idoneus exiuit. Clementia tam
regis nri p̄fato epō gratiā
suā contulit. et pristinis eum
honoribus ditauit; Nec passus
eū ee sine honore. quē pspexit
de eō posito cri mine nihil mali
meruisse;

Diffinitū quidē a domno rege et · CAP. XI
a scā synodo. ut Gaerbodus qui
se epm esse dicebat. et sue ordina
tionis testes non habuit. qui tam
episcopali a magnardo metro
politano epō coniunctus ē. Quae etiā
professus ē. diaconos et prbm
n̄ secundū canonicā ordinationē
ordinatū ee. ut ab eo de gradu
episcopatus quod se habere dicebat
deponeret̄ a p̄dicto metropoli
tano. siue a comprouincialib; epis.

Ut monachi ad secularia CAP. XII;
negotia. neq; ad placita exer
cenda exeant. nisi ita faciant
sicut ipsa regula p̄cipit CAP. XIII;

Ut reclusi n̄ fiant. nisi quos ante
eps puincię atq; abbas cō pro
bauerint. et secdm eorum
dispositionē in reclusionis locū
ingrediantur CAP. XIIII

Ut abbas cū suis dormiat monachis.
secdm regulam sci benedicti;

Ut cellerarii · CAP. XV;

in monasteriis auari non eligant.
sed tales eligendi sunt. quales
regula sci Benedicti docet.
De monasterio ubi CAP. XXVI;
corpora scorum sunt. ut habeat
oratorium intra claustra. ubi pecu
liare et diuturnum officium fiat;
Audiuimus enim. CAP. XXVII;
quod quidam abbates cupiditate
ducti premia pro introeuntibus
in monasterium requirunt. Ideo
placuit nobis et sce synodo. ut pro
suscipiendis in sco ordine fratribus.
nequaquam pecunia requiratur.
sed secundum regulam sci Benedicti
suscipiantur. CAP. XXVIII;
Ut abba in congregatione non eligatur.
ubi iussio regis fuerit. nisi per consensum
epi loci illius; CAP. XXVIIII;
Ut abbates qualibet culpa a mo
nachis commissa nequaquam per
mittimus cecare. aut membrorum
debilitate ingerere. nisi regu
laris disciplinae subiaceat;

Ut presbiteri CAP. XXX;
diaconi. monachi et clerici. tabernas
ad bibendum non ingrediantur.
Ut episcopi canones CAP. XXXI;
et regulam non liceat ignorare.
Ut dies dominica. CAP. XXXII;
a uespera usque ad uesperam seruetur;
Quod non oporteat CAP. XXXIII;
epos in uillis nec in cimiteriis
ordinari. CAP. XXXIIII;
De seruis alienis ut a nemine recipi
antur. neque ab epis sacrentur
sine licentia dominorum. CAP. XXXV
De clericis et monachis. ut in suo
proposito permaneant. CAP. XXXVI
Ut decimas et nonas siue census
omnes generaliter donent qui debi
tores sunt. et beneficia ex rebus
ecclesiarum. secundum priorum capi
tularium domni regis. Et omnis
homo ex sua proprietate legitimam
decimam ad ecclesiam conferat.
Experimento enim didicimus. in anno
quo illa ualida fames inrepsit.

ebullire uacuas annonas ademo
nibus deuoratas. et uoces expro
bationis audiuas. CAP. XXVII;

Ut domus ecclesiarum et tegumenta
ab eis fiant emendata aut restau
rata. qui beneficia exinde habent.
Et ubi repertum fuerit per ueraces
homines ligamenta et petras
siue tegulas. quae in domibus ecclesiarum
fuerint. et modo in domo sua habeat
omnia in ecclesia fiant restaurate
unde abstracte fuerunt

De clericis. ut nequaquam CAP. XXVIII.
de ecclesia ad ecclesiam transmigrent.
neque recipiant. sine consensione
episcopi et litteris commendatiis eius.
de cuius diocesi. fuerint. ne
forte discordia exinde ueniat.
in ecclesia; Et ubi tales reperti
fuerint. omnes ad eorum ecclesias
redeant. et nullus eos post haec
audeat retinere. postquam
episcopus aut abbas suus eos recipere
noluerit. Et si forte senior ignorat.
ubi suum requirere debet clericum.
cum quo fuerit ipse eum sub custodia re
neat. et non permittat eum uagari
alicubi usque dum domino suo restituat;

Ut non absolute CAP. XXVIIII;
ordinentur. CAP. XXX;

Ut unusquisque episcopus sibi subditos bene
doceat et instruat. ita ut in domo
dei semper digni inueniant. qui
canonice possint fieri electi;

De clericis ad inuicem CAP. XXXI;
altercantibus. aut contra episcopum
suum agentibus; ut sicut canones docent.
ita omnimodis peragant; Et si forte
inter clericum et laicum fuerit orta
altercatio. episcopus et comes simul
conueniant. et unanimiter inter
causam diffiniant secundum rectitudinem;

De coniurationibus CAP. XXXII;
et conspirationibus ne fiant. et ubi
sunt inuente destruant. CAP. XXXIII;

Ut monasteria secundum canonicam
institutionem fiant custodita;
CAP. XXXIIII;

Ut fides catholica scę trinitatis
et oratio dnica. atq; symbolū
fidei omnib; pdicet. et tradat;
De auaritia et cupi | CAP. XXXVI;
ditate calcanda CAP. XXXVII
De hospitalitate sectanda;
De criminosis. ut n̄ | CAP. XXXVIII;
habeant uocē accusandi maiores
natu. aut epos suos CAP. XXXVIIII;
De reconciliatione tempore
necessitatis. CAP. XXXVIIII;
De prbis. qui contumaces fuerint
contra epos suos. ut nequaquā
cōmunicent cum clericis. qui
in capella regis habitant. nisi
reconciliati fuerint epō suo.
ne forte canonica excōmunicatio
super eos exinde ueniat.
Si prbter in cri | CAP. XL;
minali opere fuerit dephensus.
ad epm̄ suū ducat. et secdm̄ cano
nica institutionē constrigat.
Et si forte negare uoluerit. et accu
sator cōpbationē dare n̄ potuerit.
et corā epō diffinitū ēē nequiuerit.
tunc ad uniuersale concilium illorū
ratio deferat. CAP. XLI;
De puellis que a parentib; puatę
fuerint. ut sub eporū et prborū
puidentia grauiorib; feminis
cōmendent. sicut canonica
docet auctoritas. CAP. XLII;
Ut nullus eps ppā sedē amittat.
alicubi frequentando. aut in
pprus reb; suis manere audeat.
amplius quā tres epdomadas.
Et propinqui ut heredes epi res
quę ab epō sunt adquisitę aut
p cōparationes aut p traditiones
postquā fuerit ordinat⁹. nequaquā
post eius obitū hereditare debeant
sed ad suā ecclesiam catholicę; Illas
quas prius habuit. nisi traditionē
ex eis ad ecclesias fecerit heredes
et ppinqui in his quę habuit succedan
Ut nulli noui sci CAP. XLIII;
colant aut uocent. nec memoria
eorū p uias erigat. Sed hi soli

infecta uenerandi sint . qui ex aucto
ritate passionũ . aut uitę merito
electi sint CAP. XLIIII;

De arboribus et lucis destruendis
canonica obseruet' auctoritas;

Ut electi iudices CAP. XLV;
de utriusq; partib; ñ spernant.

De eorũ testibus CAP. XLVI;
canonica sit obseruatio. Et paruuli
ñ trahant ad sacramtũ . sicut
gunt badingi faciunt CAP. XLVII;

De uirginibus quote pore uelande
sint . uel quibus occupationibus
ante annos . xxv . Si necessitas
cõpellit ea quę rant quę in canone
scripta sunt . CAP. XLVIII;

De abbatissis quę canonice aut regu
lariter non uiuunt . epi requirant .
ut regi adnuntient . ut ab honore
priuentur . CAP. XLVIIII.

De oblationibus quę in ęccla uel
in usus pauperũ conferunt . cano
nica obseruet norma . et ñ alia b alius
dispensent . nisi cui eps ordinauerit;

De pr̄btis ante tricesimũ . CAP. L.
ętatis annũ non ordinandis . CAP. LI;

Ut confectis sacris mysteriis in
missarũ sollempniis omnes generalit
pacē ad inuicē p̄beant . CAP. LII;

De non recitandis nominibus . antequã
oblatio offeratur . CAP. LIII;

Ut nullus credat . q̄d ñ nisi in tribus
linguis ds orandus sit . quia in omni
lingua ds adorat' . et homo exaudit' .
si iusta petierit; CAP. LIIII;

Ut nulli epõrũ et sacerdotum
liceat sacros canones ignorare; CAP. LV;

De ęcclesiis que ab ingenuis homi
nibus construuntur liceat eas
tradere uel uendere . tantũmodo
ut ęccla non destruatur . sed
seruient' cotidie honores . CAP. LVI;

Dixit etiã domnus rex in eadem
synodo a sede aplica id ē . ab
Adriano pontifice licentiam
habuisse . ut Angelramnum
archiepm in suo palatio assidue
haberet . propter utilitates

ecclesiasticas; Deprecatus
est eandem synodum ut eo
modo sicut Angelramnum
habuerat ita etiam hildeboldū
habere debuisset. qui a et de eodē
sicut et de angelramno aposto
licam licentiam habebat. Omis
synodus consensit. et placuit
eis eum in palatio esse debere.
propter utilitates ecclesiasticas;
Commonuit etiam. CAP. LVIII;
ut aquilinum ipsa synodus scā
in suo consortio siue in orationibus
recipere dignaretur. eo quod
esset uir in ecclesiasticis doctrinis
eruditus; Omis nanq. synodus
secdm ammonitionē domni
regis consensit. et eū in eorum
consortio siue in orationibus
receperunt. I. CAP. OMNIB;
REGNANTE DNO NRO
ihu xpo in perpetuum.
Ego KAROLUS. Gratia
di. eiusq. misericordia donante
rex. et rector regni francorū.
et deuotus scę ęcclę defensor.
humilisq. adiutor. omnibus ęccle
siasticę pietatis ordinibus. seu
sęcularis potentię dignitatibus
in xpo dno dō ęterno perpetuę
pacis et beatitudinis salutem;
Considerans pacifico pię mentis
intuitu. una cum sacerdotib;
et consiliariis nris. habundantē
in nos nostrūq. populum xpi
regis clementiam. et quam
necessarium est. Non solū toto
corde. et ore eius pietati
agere gratias incessenter.
sed etiā continua bonorum
operum. exercitione eius
insistere laudibus. quatin qui
regno nro tantos contulit
honores sua protectione nos
nrmq. regnū in eternū conser
uare dignetur. Qua propter
placuit nob urām rogare sollert
o pastores ecclarū xpi et doctor

Das Frankfurter Kapitular

I.

Durch die Gnade Gottes, nach apostolischer Genehmigung und auf Befehl unseres allerfrömmsten Herrn, König Karls, wurden in dessen 26. Königsjahr alle Bischöfe und Priester des Frankenreichs, Italiens, Aquitaniens und der Provence zu einer Synode versammelt. Er selbst, der Mildherzigste, nahm an der hl. Versammlung teil. Dort beschäftigte man sich in den Kapiteln zuerst mit der gottlosen und verruchten Häresie des Elipand, des Bischofs von Toledo, und des Felix, des Bischofs von Urgel, sowie ihren Anhängern, die in falschem Glauben die Adoption zum Gottessohn behaupteten: Diese Lehre wiesen alle die genannten hochheiligen Männer zurück, widersprachen ihr einstimmig und setzten fest, daß diese Häresie mit Stumpf und Stiel aus der hl. Kirche auszurotten sei.

II.

Geklagt wurde in dieser Versammlung auch über die jüngste Synode der Griechen, die sie über die Anbetung der Bilder in Konstantinopel abhielten, und in der schriftlich festgehalten wurde, daß mit dem Anathem zu bestrafen sei, wer den Bildern der Heiligen nicht gleich der göttlichen Dreifaltigkeit diene und sie anbete. Unsere vorgenannten allerheiligsten Väter verwarfen Anbetung und Dienst völlig und verurteilten sie einmütig.

III.

Sobald das geschehen war, wurde ein Kapitel über Tassilo verabschiedet, der kürzlich noch Herzog Baierns war, ein Vetter des Herrn Königs Karl. Er stand inmitten des hochheiligen Konzils und bat um Gnade für die aufgehäufte Schuld, die er zur Zeit des Herrn Königs Pippin gegen denselben und das Frankenreich und später, unter unserem allerfrömmsten Herrn König Karl, auf sich geladen hatte, indem er den Treueeid brach. Man sah, wie er demütig beim König um Gnade flehte, wie er, soweit es ihn betraf, allen Zorn und allen Aufruhr und alles, was er Schlimmes gegen ihn getan wußte, fallen ließ. Alle Herrschaft und allen Besitz, soweit sie ihm, seinen Söhnen und Töchtern im Herzogtum Baiern rechtmäßig zustanden, gab er auf und warf er von sich und verzichtete, um später jeden Streit zu vermeiden, ohne irgendwelchen Vorbehalt auf sie und übergab seine Söhne und Töchter in Karls Barmherzigkeit. Da verzieh unser Herr, von Barmherzigkeit bewegt, dem genannten Tassilo huldvoll die aufgeladene Schuld, schenkte ihm seine uneingeschränkte Gnade wieder, erbarmte sich seiner und nahm ihn in seine Liebe auf, damit er künftig durch Gottes Barmherzigkeit sicher sei. Von diesem Kapitel ließ er drei Abschriften desselben Wortlauts anfertigen: Eine sollte in der Pfalz verbleiben, die zweite dem vorgenannten Tassilo, damit er sie bei sich im Kloster hätte, ausgehändigt, die dritte in der hl.Hofkapelle aufbewahrt werden.

IV.

Unser allerfrömmster Herr König setzte in Übereinstimmung mit der hl. Synode fest, daß niemand, sei er Kleriker oder Laie, die Ernte jemals teurer verkaufe, weder zur Zeit der Fülle, noch zur Zeit der Teuerung, als: den neu definierten Königsscheffel Hafer zu einem Denar, den Scheffel Gerste zu zwei Denaren, den Scheffel Roggen zu drei Denaren, den Scheffel Weizen zu vier Denaren. Will er Brot verkaufen, dann sollen zwölf Weizenbrote, von denen jedes zwei Pfund wiegen soll, für einen Denar abgegeben werden, fünfzehn Roggenbrote von gleichem Gewicht für einen Denar, zwanzig Gerstenbrote, die ebensoviel wiegen sollen, und fünfundzwanzig Haferbrote, die dasselbe wiegen sollen (je für einen Denar). Wird von den öffentlichen Erntevorräten des Herrn Königs verkauft, dann zwei Scheffel Hafer für einen Denar, ein Scheffel Gerste für einen Denar, ein Scheffel Roggen für zwei Denare, ein Scheffel Weizen für drei Denare. - Hat einer ein Lehen von uns inne, dann achte er aufs sorgfältigste darauf, so gut er mit Gottes Hilfe vermag, daß keiner der Knechte in seinem Lehen Hungers sterbe. Was den Bedarf seiner Leute übersteigt, soll frei gemäß dem vorstehenden Recht verkauft werden.

V.

Was die Denare betrifft, so sollt ihr unser Edikt ganz genau zur Kenntnis nehmen: An jedem Ort, in jeder Stadt und an jedem Marktort sollen die neuen Denare gleichermaßen kursieren und von allen akzeptiert werden. Tragen aber die Münzen unseren Namen und sind sie von reinem Silber und von gutem Gewicht, und verweigert irgendjemand irgendwo bei irgendeinem Kauf oder Verkauf ihre

Annahme, dann soll er, ist er freigeboren, an den König fünfzehn Schilling Buße zahlen, gehört er dem Knechtsstand an, seine Ware verlieren, wenn es sein eigenes Geschäft ist, oder nackt am Pfahl in aller Öffentlichkeit ausgepeitscht werden. Handelte er aber auf Befehl seines Herrn, dann soll sein Herr fünfzehn Schilling Buße zahlen, wenn es ihm nachgewiesen wurde.

VI.

Es wurde vom Herrn König und der hl.Synode entschieden, daß die Bischöfe in ihren Sprengeln Recht sprechen sollen. Verweigert einer von den Äbten, Priestern, Diakonen, Subdiakonen, Mönchen und übrigen Klerikern oder sonst jemand in seinem Sprengel seinem Bischof den Gehorsam, soll er vor seinen Erzbischof kommen. Derselbe richte mit seinen Suffraganen über die Sache. Auch unsere Grafen sollen zum Bischofsgericht kommen. Vermag der Metropolit die Angelegenheit weder zu richten noch zu schlichten, sollen Kläger und Beklagte mit einem Schreiben des Metropoliten zu uns kommen, damit wir die Wahrheit erfahren.

VII.

Es wurde vom Herrn König und der hl. Synode entschieden, daß ein Bischof nicht von Stadt zu Stadt ziehen darf, sondern nur für seine Kirche sorgen soll; ebenso sollen gemäß kanonischem Recht Priester und Diakone in ihren Kirchengemeinden bleiben.

VIII.

Zum Streit des Bischofs Ursio von Vienne und des Bischofs Elifant von Arles wurden die Briefe der hll. Gregor, Zosimus, Leo und Symmachus verlesen, welche festsetzten, daß das Bistum Vienne vier Suffragansitze haben soll, denen es als fünftes vorsteht, und die Arleser Kirche neun Suffragansitze, denen es selbst vorsteht. Im Hinblick auf Tarentaise, Embrun und Aix wurde eine Gesandtschaft an den apostolischen Stuhl geschickt; und was vom Bischof der römischen Kirche entschieden wird, das soll gelten.

IX.

Außerdem wurde vom Herrn König und der hl. Synode entschieden, daß Bischof Petrus von Verdun vor Gott und seinen Heiligen bei seiner Weihe mit zwei oder drei Zeugen unter Eid aussage oder wenigstens mit seinem Erzbischof, daß er sich in keine Verschwörung gegen Leben und Herrschaft des Königs eingelassen und ihm die Treue nicht gebrochen habe. Da der Bischof keine Eideshelfer fand, wählte er selbst den Ausweg, einen seiner Leute zu einem Gottesurteil zu schicken, während er selbst ohne Reliquien und ohne die hl. Evangelien seine Unschuld alleine vor Gott bezeugte und ihn anflehte, er möge gemäß seiner Unschuld dem Manne beistehen, der sich nun dem Gottesurteil unterziehe, und der es auch wirklich tat. Er ging weder auf Befehl des Königs, noch nach dem Urteil der hl. Synode, sondern aus freiem Willen zu dem Gottesurteil, und Gott befreite ihn, bewährt ging er daraus hervor. Die Milde unseres Königs nahm den Bischof huldvoll auf, setzte ihn in seine früheren Ehren ein und ließ ihn nicht ungeehrt, da sich herausgestellt hatte, ihn treffe keine Schuld wegen des ihm zur Last gelegten Verbrechens.

X.

Weiterhin haben der Herr König und die hl. Synode bekanntlich entschieden, daß Gaerbod, der vorgab, Bischof zu sein, doch keine Zeugen für seine Ordination beibringen konnte, der gleichwohl die Bischofsinsignien von Magnard, dem Metropolitanbischof (von Rouen), empfangen und gestanden hatte, ohne kanonische Ordination zum Diakon und Priester ordiniert worden zu sein, daß dieser Gaerbod durch den vorgenannten Erzbischof und die Konprovinzialen vom Bischofsrang, den zu besitzen er vorgab, degradiert werden soll.

XI.

Mönche dürfen weder zu weltlichen Geschäften noch zu Gerichtssitzungen ihr Kloster verlassen, es sei denn so, wie es die Regel des hl. Benedikt vorschreibt.

XII.

Niemand soll Einsiedler werden ohne die Zustimmung des zuständigen Bischofs und Abtes; nach ihrer Anordnung beziehe er seine Klause.

XIII.

Der Abt soll, gemäß der Regel des hl. Benedikt, gemeinsam mit seinen Mönchen schlafen.

XIV.

Zu Schaffnern des Klosters sollen keine Geizhälse gemacht werden, sondern so soll man sie auswählen, wie es die Regel des hl. Benedikt lehrt.

XV.

Die Klöster, die Körper der Heiligen besitzen, sollen innerhalb der Klausur eine Kapelle haben, wo die Hochämter und Chorgebete gefeiert werden.

XVI.

Wir haben gehört, daß manche Äbte aus Habsucht Geld von den ins Kloster Eintretenden forderten; daher bestimmen wir und die hl. Synode, daß, wenn ein Bruder in den hl. Orden aufgenommen wird, durchaus kein Geld von ihm verlangt, sondern daß er nach der Regel des hl. Benedikt aufgenommen werde.

XVII.

Der Abt soll da, wo es der König angeordnet hat, von der Mönchsgemeinde nur mit Zustimmung des zuständigen Bischofs gewählt werden.

XVIII.

Es sei keinem Abte gestattet, einen Mönch für irgendein Vergehen zu blenden oder durch Verstümmelung der Glieder zu bestrafen, sondern es werden nur die Strafbestimmungen der Regel angewandt.

XIX.

Kein Priester, Diakon, Mönch oder Geistlicher darf ein Wirtshaus zum Zechen betreten.

XX.

Jeder Bischof muß die kanonischen Bestimmungen und die Regel kennen.

XXI.

Der Sonntag muß von einem Abend bis zum anderen gehalten werden.

XXII.

In kleinen Dörfern und Flecken darf kein Bischof aufgestellt werden.

XXIII.

Niemand darf einen fremden Knecht (in den geistlichen Stand) aufnehmen, noch darf er vom Bischof geweiht werden, ohne die Erlaubnis seines Herrn.

XXIV.

Geistliche und Mönche haben in ihrem erwählten Beruf zu verbleiben.

XXV.

Zehnten und Neunten sollen generell alle zahlen, die sie aufgrund ihrer Lehen oder ihrer kirchlichen Besitzungen gemäß der früheren Anordnungen des Herrn Königs schuldig sind. Ferner soll jedermann von seinem Allod den rechtmäßigen Zehnten an die Kirche zahlen. Die Erfahrung im Jahr (793), als die gewaltige Hungersnot hereinbrach, zeigte uns nämlich, daß leere Ernten hochschossen, weil die Dämonen sie schon verschlungen hatten; auch hörte man Stimmen, die Verwünschungen ausstießen.

XXVI.

Die Gebäude und Dächer der Kirchen sollen jene ausbessern und instandhalten, die von dort Lehen haben. Wo durch aufrichtige Leute bekannt wird, daß einer Bauholz, Steine und Dachziegel, die zu Kirchenbauten gehörten, jetzt in seinem Haus hat, soll alles an die Kirche restituiert werden, der es genommen wurde.

XXVII.

Über Kleriker: Sie sollen von keiner Kirche zu einer anderen ziehen und ohne Wissen des Bischofs und ohne Empfehlungsbriefe dessen, aus dessen Diözese sie kommen, nicht aufgenommen werden, damit in der Kirche kein Zwist aufbreche. Wo aber solche Kleriker angetroffen werden, sollen sie an ihre Kirche zurückkehren. Niemand wage, einen bei sich zurückzuhalten, sobald ihn sein Bischof oder Abt zurückverlangt. Wenn ein Herr nicht weiß, wo er seinen Kleriker zu suchen hat, dann soll ihn der, bei dem er sich aufhält, unter Bewachung halten und ihm nicht erlauben fortzugehen, bis er seinem Herrn restituiert werden kann.

XXVIII.

Niemand soll ordiniert werden, der nicht einer Kirche angehört.

XXIX.

Jeder Bischof soll seine Untergebenen gut belehren und unterrichten, so daß es im Hause Gottes für Wahlen zu Ämtern nie an Männern fehlt, welche die von den kirchlichen Satzungen vorgeschriebenen Eigenschaften haben.

XXX.

Mit den Geistlichen, die untereinander oder mit ihrem Bischof Streit erheben, soll gemäß den kanonischen Satzungen verfahren werden. Wenn einmal Streit zwischen einem Geistlichen und einem Laien entsteht, so sollen der Bischof und der Graf zusammenkommen und einmütig nach Recht und Gerechtigkeit die Sache entscheiden.

XXXI.

Schwureinungen und Verschwörungen sollen nicht eingegangen werden. Werden sie entdeckt, sollen sie aufgelöst werden.

XXXII.

Klöster sollen gemäß dem kanonischen Recht bewacht werden.

XXXIII.

Der katholische Glaube an die hl. Dreieinigkeit, das Gebet des Herrn und das Glaubensbekenntnis müssen allen gepredigt und beigebracht werden.

XXXIV.

Habsucht und Gier sind zu zertreten.

XXXV.

Gastfreundschaft ist zu gewähren.

XXXVI.

Über Verbrecher: Sie sollen nicht berechtigt sein, höher Geborene oder ihre Bischöfe anzuklagen.

XXXVII.

Über die Bannlösung bei Todesnot.

XXXVIII.

Priester, die ungehorsam gegen ihre Bischöfe waren, sollen auf keinen Fall mit den Klerikern, die in der Hofkapelle des Königs dienen, Gemeinschaft haben, es sei denn, sie wurden von ihrem Bischof vom Bann gelöst, damit die kanonische Exkommunikation nicht auf die Kapelläne ausgedehnt werde.

XXXIX.

Wird ein Priester bei einem Verbrechen ergriffen, so werde er zu seinem Bischof geführt und gemäß der kanonischen Satzung gegen ihn verfahren. Leugnet er und kann sein Ankläger keinen Beweis erbringen, so daß die Sache vor dem Bischof nicht entschieden werden kann, so komme sie vor die allgemeine Provinzialsynode.

XL.

Verwaiste Mädchen sollen gemäß der kanonischen Satzung unter Aufsicht der Bischöfe und Priester ernst gesinnten Frauen übergeben werden.

XLI.

Kein Bischof soll seinen Sitz verlassen und anderswo hingehen oder auf seinen Eigengütern länger als drei Wochen weilen. Keinesfalls sollen Verwandte und Erben eines Bischofs die Vermögensteile, die er als Bischof, nachdem er ordiniert wurde, kaufte oder empfing, nach seinem Tod erben. Sie sollen nach katholischem Brauch an seine Kirche übergehen. Nur die Teile, die er schon zuvor besaß, dürfen, soweit er daraus keine Schenkungen bestritt, an die Erben und Verwandten fallen.

XLII.

Keine neuen Heiligen sollen verehrt oder angerufen noch ihnen an den Wegen Kapellen errichtet werden; sondern nur die sollen in der Kirche verehrt werden, die durch das Martyrium oder ein verdienstliches Leben auserwählt sind.

XLIII.

Über die Zerstörung der Bäume und Haine sind die kanonischen Satzungen zu beachten.

XLIV.

Gewählte Richter sollen von beiden Parteien nicht abgelehnt werden.

XLV.

Hinsichtlich ihrer Zeugen soll das kanonische Recht eingehalten werden. Unmündige Kinder dürfen nicht zum Sakrament zugelassen werden, wie es die (Burgunder) tun, die nach dem Recht Guntbads leben.

XLVI.

Zu welcher Zeit die Jungfrauen den Schleier nehmen dürfen, oder wie sie, wenn es nötig ist, sich bis zum 25. Jahr beschäftigen sollen, darüber ist in den kanonischen Satzungen nachzulesen.

XLVII.

Die Bischöfe sollen auf die Äbtissinnen achten, die nicht den kirchlichen Satzungen und nicht der Regel gemäß leben, und sie dem König anzeigen, damit sie ihrer Ehren entsetzt werden.

XLVIII.

Bei den Opfergaben, die der Kirche oder zum Nutzen der Armen gespendet werden, muß die kirchliche Satzung gewahrt werden, und niemand als der vom Bischof dazu bestellte darf sie verteilen.

XLIX.

Niemand darf vor dem 30. Jahr zum Priester geweiht werden.

L.

Nach der Feier der hl. Geheimnisse in der Messe sollen sich alle den Friedenskuss geben.

LI.

Namen sollen (beim Gebetsgedenken während der Messe) nicht vor Beginn der Opferung genannt werden.

LII.

Niemand glaube, man dürfe Gott nur in drei Sprachen anbeten, denn in jeder Sprache kann der Mensch zu Gott beten und wird erhört, wenn er recht bittet.

LIII.

Jeder Bischof oder Priester muß die hl. Kanones (das Kirchenrecht) kennen.

LIV.

Eigenkirchen, die von Freien errichtet werden, dürfen diese übergeben und verkaufen, nur dürfen sie nicht zerstört oder zu weltlichen Zwecken verwendet werden.

LV.

Der König gab aber auf dieser Synode bekannt: Er habe vom apostolischen Stuhl, nämlich von Papst Hadrian, die Erlaubnis erhalten, daß der Erzbischof Angilram (von Metz) der kirchlichen Bedürfnisse wegen ständig am Königshof weilen dürfe. Er bat die Synode, daß ebenso wie Angilram es Hildebald halten dürfe, da er auch für ihn so wie für Angilram die apostolische Erlaubnis habe. Die ganze Synode stimmte zu; alle hielten es für richtig, daß er der kirchlichen Bedürfnisse wegen ständig am Hof weilen dürfe.

LVI.

Der König bat ferner, die hl. Synode möge Alkuin in ihre Gemeinschaft und in ihr Gebet aufnehmen, weil er in der kirchlichen Lehre gebildet sei. Die ganze Synode stimmte der Bitte des Königs zu und nahm Alkuin in ihre Gemeinschaft und ihr Gebet auf.

Karl der Große in Frankfurt am Main
Ein König bei der Arbeit

von Johannes Fried

Frankfurts Geschichte begann mit Karl dem Großen (768–814), so weiß heute jedes Kind. Der Winter zog herauf, als der König kam, die Zeit, in der die Leute am Hof aus den Scheuern und vom Geselchten lebten, nicht von den Feldern, er selbst, der König, sich in der Kemenate wärmte und ins Wams aus Ottern- und Marderfell hüllte, die Zeit der Untätigkeit und des Nachsinnens, die häufiger der Buchlektüre diente und den Schreibübungen für die schwere Hand. Damals, um die Jahreswende 793/94, in den letzten Tagen des Dezember, den ersten des Januar, begann Frankfurts Geschichte. Nicht, daß der Frankenkönig den Ort, der seit der Steinzeit besiedelt, seit den Römern mit steinernen Bauten versehen war, zuvor niemals betreten hätte. Die Furt am Main lag strategisch zu günstig, als daß der kriegerische Karl sie hätte meiden können. Mit einiger Berechtigung darf für die Jahre 788 und 790 angenommen werden, daß er – das eine Mal auf einem Zug nach Baiern, das andere Mal auf der Reise zur Herbstjagd nach Salz an der Saale – hier einige Tage verweilte. Aber es fehlt jeder Beleg, der allein einen solchen Besuch dem endlosen Meer gelehrter Hypothesen entrisse und auf den festen Boden historischer Gewißheit stellte.

Der Ort freilich, den der König für eine Überwinterung bestimmte, mußte entsprechend eingerichtet sein. Feste Häuser, eine Kirche, Speicher, Ställe, Werkstätten, Arbeitskräfte – alles mußte in ausreichender Zahl zur Verfügung stehen, sollte er hier monatelang wohnen. Das war kein Werk des Augenblicks, setzte intensive Vorbereitungen voraus, mehrjährigen Aufbau, wenn die ganze Anlage nicht ohnehin schon seit langem bestand. So existierten Ort und Königshof Frankfurt zweifellos schon vor jener Jahreswende, und hätten, das folgt daraus, in irgendeinem Text des 8. Jahrhunderts Erwähnung finden können, der aber verloren ging oder sich hinter einer unzureichenden Datierung seitens der Historiker verbirgt und erst wieder ans Licht geholt werden müßte. Der dürftige Quellenbestand des früheren Mittelalters ist mit seinen vielen Unsicherheiten stets für derartige Überraschungen gut und bringt auch scheinbar unumstößliches Wissen ins Wanken. Manch eine Geschichte ist dann neu zu schreiben. Blüht ein solches Los auch Frankfurt? In der Tat, unlängst wurde – nahezu kontrafaktisch zur 1200-Jahrfeier von 1994 – ein Text aufgespürt, der, bislang in die Jahre 834/50 gesetzt, genauer betrachtet »bald nach 764« oder »um 800/810« entstanden sein dürfte: das sogenannte »Lorscher Reichsurbar«. Dieses bietet eine knappe Übersicht über einige königliche Wirtschaftshöfe und ihren Ertrag. Das Besitzverzeichnis des Klosters Lorsch, der berühmte ›*Codex Laureshamensis*‹ aus dem 12. Jahrhundert, überliefert seinen Wortlaut. Träfe jene frühe Datierung zu, so wäre für Frankfurts Geschichte mehr gewonnen als lediglich eine erste Erwähnung, für Frankfurts vielhundertjähriges Jubiläum indessen weniger verloren, als auf den ersten Blick zu befürchten stünde; vermag die Gelehrsamkeit die Entstehungszeit jenes Urbars doch nur annähernd zu umreißen und damit nicht mehr zu verraten als der heimische Boden auch: daß die Stadt nämlich eine dunkle Vergangenheit besitzt. So bleibt es dabei: Karls Aufenthalt ist das älteste gesicherte und bezeugte Ereignis seiner Geschichte, und 794 ist Frankfurts Epochenjahr.

Über sieben Monate weilte der König damals in seiner hiesigen Pfalz, bis tief in den Sommer hinein. Hier feierte er das Osterfest, empfing Besucher, sprach Recht, stellte Urkunden aus, hier ließ er theologische Gutachten verfassen und vortragen, die kirchliche Funktion von Bildern erörtern, religiöse Praktiken prüfen, hier beklagte er den Tod seiner Frau. Zeugnisse dieses Tuns, soweit ihre Spuren noch heute zu greifen sind, sollen in der Jubiläumsausstellung gezeigt werden. Der Aufenthalt gipfelte in einer Synode, die im Juni tagte und durch ihre Ereignisfülle von einiger Bedeutung war. Karl hatte sie als eine universale Synode, gar als ein ökumenisches Konzil geplant. Manch ein Zeitgenosse – wie Bischof Richbod von Trier, der Verfasser der Lorscher Annalen – nannte sie entsprechend. Es ging um Glaubens-, Rechts- und soziale Fragen, die nicht nur das Frankenreich und die Angelsachsen, sondern auch Rom, Byzanz, Spanien, ja die ganze christliche Kirche in Unruhe versetzten. In diesem halben Jahr stand Frankfurt im Zentrum der Weltpolitik.

Schlimme Nachrichten hatten Karl kürzlich erreicht: Die Dänen hätten England überfallen, ganz Sachsen sei in Aufruhr, ein sarazenisches Heer nach Septimanien eingedrungen, schwere Verluste seien zu beklagen. Päpstliche Legaten hatten kostbare Geschenke und mit ihnen irritierende Botschaften aus Rom überbracht. Der König mußte handeln. Wichtige Entscheidungen standen an und sollten in Frankfurt getroffen werden. Einige Militäraktionen gegen die Awaren im Südosten des Reiches waren gerade beendet, ein Heereszug gegen die Sachsen stand bevor; Frankfurt lag etwa in der Mitte zwischen den beiden Fronten. Karls Verweilen am Main war nur eine Atempause in einer schier endlosen Kette von Kriegen, die seine Herrschaft in den Augen jenes kampfwilligen Adels legitimierten, der ihn umgab. Auch Adelsaufstände machten dem König zu schaffen. Keine zwei Jahre war es her, seit Pippin, Karls buckliger Sohn, sich gegen den Vater verschworen und nach dem Thron getrachtet hatte. So galt es, das Reich auch im Innern zu festigen und zu ordnen. Zumal dieser Aufgabe wandte sich der König in Frankfurt zu. War er in seinen bisher fünfundzwanzig Regierungsjahren vor allem Heerführer und Eroberer gewesen, so mußte er nun Reformer werden, den Konsens zu seiner Herrschaft steigern, Gottesverehrung und Wissenschaft mehren, Frieden und Gerechtigkeit schaffen, das Volk zum christlichen Glauben führen.

Karl kam nicht allein. Wie jeden frühmittelalterlichen König auf Reisen begleitete ihn sein Hofstaat, Männer, Frauen, selbst Kinder, zahlreiche Große und starke Truppen. Die Königin Fastrada, jung, schön und grausam, wie zeitgenössische Autoren sie nannten, folgte ihrem Gemahl. Sie starb während der Hundstage, am 10. August. Elf Jahre hatte ihre Ehe gewährt, zwei Töchtern hatte die Königin das Leben geschenkt; Karl bestattete sie feierlich in St.Alban zu Mainz und suchte schon bald nach einer Nachfolgerin. Bischöfe, Äbte und Grafen aus allen Ländern, über welche die Franken geboten, erschienen vor dem König, zahlreiche Gelehrte trafen zusammen, um ihn bei den anstehenden kirchlichen und theologischen Fragen zu beraten, dazu schlichte Schreiber, viel Volk, die ganze Marketenderei. Die Herren wurden von ihren Leuten begleitet, Waffen trug nahezu jeder. Der Frieden hielt, zerstritten, wie sie untereinander waren, nur schlecht. Des Königs Gegenwart vermochte die Fehdelust kaum einzudämmen. Vor den Augen seiner Enkeltochter, der Königin Fastrada, wurde beispielsweise Hortlaicus erschlagen, der selbst zuvor einen Mann namens Ruotmund umgebracht hatte – der erste bekannte Totschlag auf dem Römerberg. Es war wie bei Kain und Abel: Kaum hob sich der Vorhang der Geschichte ein wenig über der Bühne des Welttheaters, da gab er die Blicke frei auf den Wettstreit um der Herren Gunst, auf Neid, Mord und Totschlag, auf die ganze Tristesse des Menschengeschlechts.

Einige Bittsteller hatten Erfolg, drangen bis zum König vor, und Karl gewährte ihnen, worum sie baten. Entrichteten sie die geforderten Gebühren, konnten sie eine Urkunde entgegennehmen, die Recht und Besitz schriftlich verzeichnete. Eine solche Urkunde empfing damals, am 22. Februar 794, auch der Abt von St.Emmeram in Regensburg. Sie ist, ein seltener Glücksumstand, im Original erhalten, ihr Inhalt indessen nicht sonderlich bedeutend. Der König übertrug dem Kloster eine Wiese in dessen unmittelbarer Nachbarschaft, direkt vor den Mauern der Stadt. Sie hatte bisher, so betonte Karl nicht von ungefähr, sich in seinem, des Königs, Besitz und Eigentum befunden. Bedeutung verleiht dieser Urkunde heute freilich ein anderer Umstand. Sie ist das älteste erhaltene Schriftstück, das Frankfurts Namen trägt, eine stadtgeschichtliche Reliquie also: Geschehen sei die Beurkundung nämlich »am Flusse Main, im Ort, welcher der Franken Furt heißt«, »*francono furt*«, in zwei Worten geschrieben. Auf diesem unscheinbaren Stück Pergament lag Karls schwerterprobte Rechte, um mit dem zerbrechlichen Gänsekiel das Monogramm durch den Vollziehungsstrich zu vollenden.

Auch andere Herren empfingen damals königliche Diplome, so der Bischof von Ceneda in Italien und sein Kollege im benachbarten Concordia sowie der Abt von Caunes im Languedoc, der später heiliggesprochene Anianus. Der Angelsachse Alkuin bat Karl um Hilfe gegen die Dänen und bei der Befreiung der Gefangenen, die jene in England gemacht hatten. Es müssen Tausende gewesen sein, die Frankfurt damals unterzubringen und bei Laune, mithin friedlich zu halten hatte, Angehörige der verschiedensten Völker und Sprachen. Irgendwo, mehr schlecht als recht, lagerten und wohnten sie alle, die der König gerufen hatte und die gekommen waren. Glanz und Elend lagen nahe beieinander. Manch einer starb, gleich der Königin, hier in der Fremde. Die Baulichkeiten auf dem Pfalzhügel reichten nicht hin, um jedem ein Dach über dem Kopf zu gewähren. Zelte, notdürftige Hütten wird man aufgeschlagen, Schiffe auf dem Fluß vertäut haben, um die Besucher unterzubringen. Vielleicht hatte sich auch der eine oder andere Sachse mit seinen Leuten eingefunden. Ob man sie jenseits des Flusses hatte hausen lassen?

Die Versorgung dieser Massen oblag, soweit die Anwesenden nicht den mitgeführten Proviant verzehrten, dem umliegenden Land. Einblick in die damalige Organisation des Königsgutes gewährt das eben genannte »Lorscher Reichsurbar«. Frankfurt erscheint dort als Zentrum eines ausgedehnten Fiskalbezirks, der damals noch die später abgetrennte Villikation von Trebur und insgesamt mindestens zwölf königliche »*Villae*« (Fronhöfe) mit knapp 1400 Morgen Ackerland umfaßt haben dürfte, Wiesen und Wald, das Land der 112 abhängigen Bauernstellen, die das Urbar nennt, sowie die Lehen der Vasallen nicht mitgerechnet. Dieser »*Fiscus*« – so nannte man zu Karls Zeit eine derartige Verwaltungseinheit königlichen Grundbesitzes – erstreckte sich vom Rhein bis nach Vilbel und im Süden mit dem Forst Dreieich bis an die Grenzen der Langener Mark. Wahrscheinlich folgte er mit dieser eigentümlich langgezogenen Form einer Straße, die von

der Rheinfurt bei Nackenheim gegenüber von Trebur zur Furt der Franken am Main führte. Überhaupt könnte das ganze Lorscher Reichsurbar den Lauf einer der großen frühmittelalterlichen Heerstraßen beschreiben, die aus Gallien über den Westrich, Worms, Gernsheim, Nierstein, Trebur, Frankfurt in die Wetterau und von dort gegen die Sachsen führte; und es könnte damit eine Art Bestandsaufnahme Karls des Großen für die Leistungskraft eines der militärischen Aufmarschgebiete zu Beginn oder gegen Ende der Sachsenkriege sein. (Karte S. 38)
Die königliche Villa Frankfurt, deren Lage auf dem heutigen Domhügel zu suchen ist, verfügte allein über 450 Morgen Ackerland. Der Ort war Sitz eines Güterverwalters, eines »*actor*«, der seiner sozialen Herkunft nach unzweifelhaft zur höchsten Adelsschicht des Reiches zählte. Vielleicht bekleidete im Jahr 794 schon jener Nantcharius das Amt, dessen im Jahr 823 noch eine Urkunde Ludwigs des Frommen gedachte und dessen jüngere Verwandte ein Jahrhundert nach Karl dem Großen in Rom zu Kaisern gekrönt wurden. Hof und Fiscus dürften, so legen ihre Größe, aber auch die jüngsten Ausgrabungen in St. Bartholomäus nahe, nicht erst von Karl, vielmehr schon zu der Zeit eingerichtet worden sein, als die Karolinger sich verstärkt den rechtsrheinischen Gebieten des Frankenreichs zuzuwenden begannen. Das geschah spätestens seit der Mitte des 8. Jahrhunderts unter Karls Vater, König Pippin (741-68), vielleicht schon unter seinem Großvater, dem Hausmeier Karl Martell (689-741), als der hl. Bonifatius die Kirche in den Ländern rechts des Rheins zu missionieren und die ersten Bistümer zu gründen vermochte, oder unter seinem Urgroßvater Pippin (†714), unter dem der Aufstieg der Karolinger zu Herrschern des gesamten Frankenreiches begann. Der große Karl aber kümmerte sich, nicht immer mit rechtmäßigen Mitteln, um seinen weiteren Ausbau. Der genannte Nantcharius tat sich dabei besonders hervor. Stärkster Druck wurde auf die benachbarten Grundbesitzer ausgeübt, die Acker, Wiese, Wald hergeben mußten und froh sein konnten, wenn der König sie angemessen entschädigte.
Frankfurt trat im Jahr 794 also nicht plötzlich hervor, sozusagen als Gründung auf grüner Wiese. Die Karolinger hatten seinen Ausbau planmäßig betrieben, Karl verfügte dort zweifellos – auch das legen die jüngsten Ausgrabungen unter dem Bartholomäus-Dom nahe – über einen repräsentativen Bau, eine Königspfalz mit weiträumiger Halle und ansehnlicher Kapelle, die geeignet war, ihn samt seinem Gefolge aufzunehmen und dem geplanten Konzil einen würdigen Rahmen zu verleihen. Es war um 794 gewiß eine der aufwendigsten Pfalzanlagen östlich des Rheins. Allein die alte bayrische Herzogsstadt Regensburg oder die in Paderborn, in dem noch kaum befriedeten Sachsen errichteten Bauten ließen sich mit ihr vergleichen. Die Bedeutung des Ortes wuchs ohnehin in dem Maße, in dem die ostrheinischen Gebiete, die »*Germania*«, und überhaupt die verschiedenen deutschsprachigen Völker die Aufmerksamkeit der karolingischen Hausmeier und Könige zu fesseln vermochten. Sein Aufstieg spiegelte geradezu das Geschick jener bislang peripheren Länder, ihre Integration in das Frankenreich, ihre Konsolidierung zu dem einen ostfränkisch-deutschen Reich, ihre allmähliche Heranführung an die Hochkultur der lateinischen Welt, des Christentums, der Wissenschaft und Kunst. Karls Sohn Ludwig der Fromme (814-40) erneuerte und vergrößerte die vorgefundene Pfalzanlage, die dann Karls Enkel Ludwig der Deutsche (840–76) mit der Gründung des Salvator-(und Bartholomäus-)Stifts in der Mitte des 9. Jahrhunderts vollendete. Hier wurde im Jahr 823 des älteren Ludwig jüngster Sohn, Karl der Kahle (840–77), geboren, den manch ein Historiker für den ersten König Frankreichs hielt. Hier traten während dessen Kaiseraufenthalt »die Großen aus Ostfranken, Sachsen, Baiern, Alemannien, aus dem Alemannien benachbarten Burgund und aus den Regionen, die am Rhein liegen« (*Annales regni Francorum*), Repräsentanten durchweg einander fremder und durch Jahrhunderte feindlich gesonner Völker, zu einem Hoftag zusammen: ein Geschehen von geradezu prophetischem Gehalt. Es war das erste Mal, daß alle deutschen Völker – und sie allein – sich zu gemeinsamem Handeln vereinten. Frankfurt ist, das ahnten natürlich weder Karl noch Ludwig, der Geburtsort deutscher Einheit.
Hierher – und nur dieses einzige Mal in seiner langen Regierungszeit – berief Karl »die Bischöfe aus allen Provinzen seines Reiches«. Sie kamen in der Tat aus Italien, West- und Ostfranken, Nordspanien. Namentlich erwähnt werden päpstliche Legaten, die Bischöfe Theophylakt (von Todi?) und Stephan (von Neapel?), der Franke Hildebald, Erzbischof von Köln und Erzkapellan des Königs, die Langobarden Paulinus, Patriarch von Aquileia, und Petrus, Erzbischof von Mailand, der Angelsachse Alkuin, dessen Teilnahme der König eigens gewünscht hatte; vermutlich erschien der Westgote Theodulf von Orléans, vielleicht auch Dagulf, der Schreiber des schönen, für Papst Hadrian bestimmten Psalters und Freund Alkuins. Viele Laien von höchstem Adel müssen sich eingefunden haben. Ein Kapitular gibt Auskunft über die Fragen, die verhandelt, und die Beschlüsse, die gefaßt wurden. Sieben größere Themenkomplexe – Gegenstand der Ausstellung und des vorliegenden Katalogs – standen auf der Tagesordnung: der spanische Adoptianismus, der griechische Bilderstreit, die freiwillige Abdankung des schon abgesetzten Herzogs Tassilo von Baiern, die Münz- und Maßreform, kanonistische Fragen, das Klosterwesen sowie, mit wenigen Kapiteln, die religiöse Erziehung des Volkes. In der Halle der Pfalz, »*in aula sacri palacii*«, wurde getagt »zum Kranz geordnet«, im Kreis also, nahmen

die Bischöfe, Priester, Diakone und der übrige Klerus Platz. Karl thronte über ihnen und beteiligte sich von oben herab an den Sitzungen der Synode. Dieselbe faßte wie ein Brennspiegel die Nöte und Ängste des Frankenreichs und seines Königs zusammen.
Irdisches und Metaphysisches trafen zusammen. War die Welt nicht schon alt, ihr Ende nicht nahe? Galt es nicht, auf der Hut zu sein vor den Umtrieben des Teufels? In Spanien kündigte der Abt Beatus von Liébana, in die Geheimnisse der Apokalypse vertieft, für das Jahr 800 das Weltende an. Eile war also geboten. In Karls Reich selbst waren wundersame Vorzeichen geschehen, hatte es Blut geregnet und Kreuzzeichen auf Kleider gedrückt, wie der Lorscher Annalist zu 786 notierte. Die Leute fürchteten sich, »viele wollten sich bessern«. Karl wußte von Beatus, doch nahm er seine Lehre kaum wörtlich. Gleichwohl schreckte das kommende, drohte das Letzte Gericht auch dem mächtigsten aller Frankenkönige. Er wollte gerüstet sein. »Denn wir wissen, in der Endzeit werden falsche Lehrer sich erheben. Deshalb, ihr Lieben, wollen wir uns mit ganzem Herzen in der Kenntnis der Wahrheit üben, damit wir denen widersprechen können, die sich ihr widersetzen«, so gab Karl wenige Jahre vor der Frankfurter Synode, 789, in einem »Allgemeinen Mahnerlaß« kund. Jenes Buch des Sehers Johannes, das von den Geheimnissen der Zukunft handelte, wurde auch in Karls Reich aufmerksam gelesen, kommentiert und mit Bildern geschmückt. Zwei Handschriften, die »Trierer Apokalypse« und die »Apokalypse von Cambrai«, beide nach ihren gegenwärtigen Aufbewahrungsorten benannt, geben noch heute Zeugnis davon. Und »Pseudochristen, falsche Propheten« traten ebenfalls auf. Aus eschatologischem Denken flossen die religiösen Gebote, an denen der König sich orientierte, vom erwarteten Ende aller Geschichte her sollte die Gegenwart geordnet werden.
Wie aktuell die Warnung vor Häretikern war, ahnte Karl, als er sie aussprach, nicht. Bald aber bedrohten von Spanien aus, wo die Muslime herrschten, Irrlehren die Einheit der Kirche; sie hatten, von Flüchtlingen eingeschleppt, die Grenzen bereits überschritten und begonnen, sich auf Reichsboden einzunisten. Erzbischof Elipand von Toledo und Bischof Felix von Urgel waren die Protagonisten der skandalträchtigen Lehre, der eine im Reich des Kalifen, der andere als Untertan des Frankenkönigs. Karl hatte ihnen schon vor 794 seine Aufmerksamkeit zugewandt. Wenige Texte – und diese zumeist aus den Hinterlassenschaften ihrer Gegner – überliefern, was sie glaubten. Die ganze Tiefe ihrer Theologie ist nicht zu erfassen. Frankfurt freilich verdankt ihnen sein ältestes Lob, denn ihretwegen wurde die Synode einberufen, und eine Handschrift mit deren Akten preist den Ort, an dem sie zusammentrat: »*in loco caelebri, qui dicitur Franconofurt*« (am berühmten Ort, der Frankfurt heißt).
Christus, so ließen sich jene Häretiker vernehmen, sei nur seiner Göttlichkeit nach Gottes Sohn, seiner Menschlichkeit nach aber von Gott adoptiert. Das rüttelte an den Voraussetzungen christlicher Erlösung. Wenn auf Golgatha nur Gottes Adoptivsohn am Kreuze hing und starb, wie sollte er dann der Retter der Menschheit sein? Der König nahm sich selbst der Widerlegung des Irrglaubens an: »Was dünkt euch recht?«, so begrüßte er die in Frankfurt versammelten Synodalen. »Seit dem vergangenen Jahr, seitdem der Wahnsinn dieser Seuche im anschwellenden Geschwür des Unglaubens immer weiter aufbrach, riß in den Regionen an den äußersten Grenzen unseres Reiches ein keineswegs harmloser Irrglauben ein. Der Glaube muß kontrolliert, der Irrglaube auf jede Weise ausgerottet werden« . Karl gab den Bischöfen einige Tage Zeit und ließ sich dann von jeder Gruppe eigens schriftlich ihre Lehre zur Prüfung vorlegen. Die Ausführungen der Italiener, denen das Zitat entnommen ist, und der Bischöfe aus dem Frankenreich, deren Wortführer in der Adoptianismus-Frage der Angelsachse Alkuin gewesen sein dürfte, schickte er sodann gemeinsam mit der Erklärung Papst Hadrians I. an Erzbischof Elipand nach Toledo. Auch er selbst, der König, nahm im Glaubensstreit Stellung und antwortete den Spaniern, wobei ihm wiederum Alkuin zur Seite gestanden haben dürfte: »Siehe, ich willfuhr euren Bitten und wohnte der Versammlung der Priester als Hörer und Schiedsrichter bei. Wir entschieden und beschlossen mit Gottes Eingebung, was in dieser Frage unbedingt einzuhalten ist.« Der König urteilte also zu Frankfurt in Glaubensdingen gemeinsam mit den Geistlichen. Er tat es in Erwartung des wiederkehrenden Gottessohnes und des nahenden Weltendes. »Hütet euch«, so heißt es ein wenig später in demselben königlichen Lehrbrief, an die Toledaner gewandt, »daß die heiße Verschlagenheit des alten Feindes euren Geist nicht mancherorts verderbe und der Teufelsdienst im Innern nicht schlimmer werde als der Dienst für das verhaßte Heidenvolk im Äußeren. Erwartet euren Erlöser, den ihr zum Urheber eures Heiles habt. ... Bereitet ihm im Glauben in euch würdig die Stätte, damit ihr ... am Großen Tag zur Schau seiner Glorie treten dürft«. Hier, in Frankfurt, inmitten der eben erst dem Heidentum abgetrotzten »*Germania*«, trat Karl als Glaubensbote auf. »Ihr gewinnt uns mit Gottes beistehender Gnade«, so ermunterte er die Spanier, »zu Helfern eurer Freude, wenn ihr mit uns Prediger des katholischen Glaubens sein wollt«. Es war freilich zugleich der Eroberer, der seine Stimme erhob und ein Programm verkündete, das aufs neue irdische und himmlische Ziele verschmolz. Des Teufels Trügereien, so ließ er seine Adressaten wissen, ihr Glaubensirrtum, hätten jene Befreiungsaktion vereitelt, die er selbst, der König, unternommen habe. Karl spielte unverhüllt auf seinen gescheiterten Feldzug nach Spanien im Jahr 778 an; damals war Roland

gefallen, der Held des Rolandsliedes. Die einzige Niederlage, die der Frankenkönig erlitten hatte, war nun metaphysisch erklärt, als Folge des Irrglaubens der Spanier. Der König stellte zugleich eine neue Hilfsaktion, einen neuen Feldzug, in Aussicht, kehrten die Spanier nur zum wahren Glauben zurück. Überzeugen konnte er Elipand und die Seinen nicht; dieselben strebten nicht nach Freiheit im Reich eines fremden Herrn. Sie blieben, was sie waren, und verzichteten auf den Schutz fränkischer Waffen. Karl hat Spanien nie gewonnen.

Wachsame Rechtgläubigkeit verlangte der äußerste Südwesten von Karls Reich. Höchste Aufmerksamkeit heischte auch der Orient. In Byzanz hatte der Bilderstreit die Parteien seit langem entzweit, die Päpste in Rom – hier waren die Bilder zu keiner Zeit in Mißkredit geraten – hatten den Zwist zu schüren verstanden. Es war ein politischer Kampf, der sich der Theologie als Waffe bediente. Sie allein beschäftigte später die Gelehrten um Karl den Großen. Beanspruchen die Ikonen, auf diese Frage lief der Streit hinaus, Teilhaberschaft an der Heiligkeit der Dargestellten und damit wie diese Verehrung? Oder war solche nichts weiter als heidnische Idolatrie – Götzenanbetung –, und waren deshalb die Bilder zu verdammen? Der Streit spitzte sich bald auf die Zulässigkeit der Christus-Ikone zu. Die alten Auseinandersetzungen um die Christologie, die schon die frühe Christenheit erregt hatten, lebten in neuer Gestalt wieder auf. Wie war die Doppelnatur des Erlösers zu begreifen? Wahrer Gott *und* wahrer Mensch? War er als Mensch im Bilde darstellbar, selbst wenn er als Gott nicht ins Bild gesetzt werden durfte? Wurde durch die Bilder nicht die Einheit des Gottmenschen aufgehoben und beseitigt? Ein Konzil sollte darüber befinden. Die umstrittene Kaiserin Irene, die nach einer Reihe bilderstürmerischer, ikonoklastischer Kaiser als Regentin für ihren minderjährigen Sohn Konstantin VI. an die Macht gelangt war, suchte Rückhalt bei den Ikonodulen, den Bilderfreunden. Sie gewann auch die Unterstützung Papst Hadrians I., der seine Legaten nach Konstantinopel entsandte. An anspruchsvollem Ort, in Nicaea, wo sich bereits unter Konstantin dem Großen die Väter des ersten Ökumenischen Konzils versammelt hatten, in der Nähe der Hauptstadt also, doch auf kleinasiatischem Boden, dem Zugriff der Bilderfeinde entrückt, gleichwohl in Reichweite der Kaiserin, trat im Jahr 787 jenes Konzil, das 7. Ökumenische, zusammen. Seine Entscheidung fiel, wie zu erwarten, zugunsten der Ikonen aus. Freilich wurde zwischen der Anbetung, die allein Gott gebührt, und der Verehrung, welche die Bilder genießen, bedeutungsvoll unterschieden. Die Heiligkeit der Bilder ist nicht identisch mit der Heiligkeit der Dargestellten.

Die Franken berührte der Bilderstreit wenig. Keine der beteiligten Parteien hegte das Bedürfnis, sie, Barbaren, die sie für die feinen Byzantiner und Römer waren, ausführlicher einzubeziehen oder gar zu theologischen Stellungnahmen zu ermuntern. Nach der Synode von Nicaea kam es erst recht nicht dazu. Karl zog in demselben Jahr, in dem das Konzil sich versammelte, gegen die byzantinische Herrschaft in Süditalien zu Feld. Papst Hadrian spielte vielleicht ein doppeltes Spiel, als er es unterließ, den Karolinger von seinen Verhandlungen mit Ostrom zu unterrichten. Er lavierte zwischen den Fronten, suchte die Griechen mit Hinweisen auf Karls militärische Erfolge einzuschüchtern, sich über die Bilderfrage aber zugleich ihrer Hilfe gegen den Franken nicht zu begeben. Seine Politik ist gründlich mißlungen. Ein Karl ließ sich nicht überspielen, wohl aber täuschen. Tief gekränkt war des Königs Stolz, daß seine Bischöfe, tüchtige Theologen, und er selbst, der erfolggewohnte, ruhmreiche Franke, übergangen worden waren. Auch die Angelsachsen – Karl weihte sie in seine Entrüstung ein – waren nicht eingeladen worden. Wie aber hätte ein Allgemeines Konzil ohne dieselben und ohne die Franken tagen können?

Was die im Osten verbreitete Lehre betraf, so mußte sie Irrtum, nicht Wahrheit sein, in griechischer Arroganz vom Glauben der Väter abweichen. Bilder dienten, das war Karls Überzeugung, dem Schmuck, der Erbauung und der Belehrung von Illiteraten. Allein das Wort war heilig, das Wort, das war und ist und sein wird und alles erschaffen hat, das aus dem Munde Gottes strömte und ewige Wahrheit offenbarte – kein Bild, das stets der Beischrift und Erläuterung bedurfte, um sich mitteilen zu können. Das erkannte und sah Karl mit eigenen Augen, wenn er die heiligen Bücher aufschlug, deren Handschriften ihm dediziert, in den Schatzkammern der Klöster verwahrt oder aus der Antike überliefert wurden, und wenn er die Kirchen betrat, die im Schmuck der Mosaiken und Fresken aufleuchteten. Ein Frauenbild konnte die Gottesmutter Maria oder die Abgöttin Venus meinen; allein Worte klärten, wen es vor Augen führte. Der Franke nahm, ein beleidigter Recke, die Herausforderung der Griechen an, die ihn das »Pseudokonzil« von Nicaea zu sein dünkte. Byzanz sollte in die Knie gezwungen werden. Die Frankfurter Synode war als jene Kirchenversammlung geplant, die den Triumph fränkischer Rechtgläubigkeit über griechischen Irrtum kundmachen und vollenden sollte.

Indes, was Karl über jenes Konzil erfahren hatte, stammte aus zweiter Hand, war unvollständig und fehlerhaft. Eine schlampige Übersetzung der griechischen Akten ins Lateinische, ein privates Machwerk wohl aus Rom, keine offizielle Version, zu guten Teilen unverständlich, war alles, was ihm über dunkle Kanäle zugespielt worden war. Nichts verdeutlicht besser die katastrophalen Kommunikationsverhältnisse, unter denen im früheren Mittelalter Politik gemacht wurde, als dieser Umstand. Karl hielt das miese Produkt für authentisch, irgendwie aus Konstantinopel an seinen Hof gebracht. Es verwischte vollends die

Unterscheidung zwischen Anbetung und Verehrung, welche schon die Vorlage nicht streng zu beachten verstand. Den Gelehrten am fränkischen Hof bot es viele Angriffspunkte. Wieder sorgte sich Karl selbst um die Widerlegung der Irrtümer. Die kenntnisreichsten Theologen seines Reiches wurden unter der Federführung Theodulfs von Orléans aufgeboten, um den Angriff zu führen; mancherlei Argumente kamen zu Wort, Einigkeit herrschte auch im Frankenreich nicht. Karls Untertanen lernten, wacheren Sinnes als bisher Bild und Wort zu gebrauchen und aufeinander zu beziehen. Standen die Byzantiner auf dem Boden des Platonismus, so stützte Alkuin, einer der Helfer Karls, sich auf die aristotelische Dialektik. Der König begleitete den Fortgang der Arbeit; er ließ sich von Zeit zu Zeit Bericht erstatten und aus dem entstehenden Gutachten vorlesen. Wahrscheinlich sind jene knappen, befehlsgewohnten Bemerkungen, welche die vatikanische Handschrift 7207 in tironischen Noten, einer Kurz- und Geheimschrift, festhielt, Karls Kommentar, mit dem er das Werk seiner Gelehrten bedachte: »Gut«, »hervorragend«, »syllogistisch«, »scharfsinnig«, »katholisch«, »bewundernswert«, »placet« – so oder ähnlich lauteten sie. Der König fällte lebhafte Urteile, hütete sich aber, selbst an der theologischen Aussage mitzuformulieren. Gleichwohl, das Ganze sollte sein Werk, »*opus Caroli regis*«, und seiner würdig sein. *Libri Carolini* heißt es heute gewöhnlich, »karlische Bücher«. In der ganzen Christenheit sollte es seinen Namen als den eines Retters des wahren Glaubens verbreiten. Am großen Konstantin mochte der Franke sich messen.

Es kam anders. Der König suchte, so wie er es bislang stets gehalten hatte, die Übereinstimmung mit dem apostolischen Stuhl und schickte deshalb frühzeitig umfangreiche Kapitel der in Arbeit befindlichen *Libri Carolini* zur Information, Prüfung und Zustimmung nach Rom. Wie muß ihn die Antwort überrascht haben, die ihn im Herbst des Jahres 793 von dort erreichte! Jetzt erst, knapp sechs Jahre nach den Beschlüssen von Nicaea, wurden die Franken über das volle Ausmaß der Zusammenarbeit zwischen Papst und Basileus aufgeklärt und auch darüber, wie weit die Zustimmung des apostolischen Stuhls zu dem »Pseudokonzil« der Griechen ging. Hadrian verheimlichte nichts, er billigte ausdrücklich das Handeln seiner Legaten, ohne förmlich die Beschlüsse von Nicaea zu bestätigen. Karls Reaktion ist nicht überliefert; die Irritation an seinem Hof muß groß gewesen sein. Sollte Rom, der Hort des katholischen Glaubens, irren? Karl mochte eine so ungeheure Annahme nicht dulden, obwohl manch einer seiner Theologen es für erwiesen hielt und entsprechende Befürchtungen und Vorbehalte im Frankenreich noch lange fortbestanden. Das aufwendige Unternehmen der »karlischen Bücher« – es war kläglich in sich zusammengesunken. Gegen den apostolischen Stuhl, dessen Eingreifen das karolingische Königtum seine Legitimität verdankte, unternahm der Franke nichts. Die *Libri Carolini* wurden nicht publiziert. Karl wird jene Handschrift, die seine Aussprüche festhielt, im Umfeld des Königshofes geschrieben worden war und die als maßgebliche Arbeitshandschrift des ganzen Unternehmens anzusprechen ist, mit nach Frankfurt gebracht haben. Dort blieb sie indessen geschlossen und gut verwahrt. Vervielfältigt wurde sie jedenfalls nicht, ebensowenig aus ihr zitiert; erst Jahrzehnte später wurde die eine oder andere Abschrift von ihr genommen. Die 794 am Main versammelten Synodalen verurteilten zwar die Bilderverehrung der Griechen in einer knappen Sentenz von wenigen Zeilen. Doch das war nur die matte Geste des Trotzes, nicht der überwältigende Triumph fränkischen Geistes, der geplant gewesen war. Es galt, das Gesicht zu wahren. Die Gegenwart der päpstlichen Legaten in Frankfurt wurde im Synodalbeschluß gänzlich verschwiegen, die Lehre der griechischen Bischöfe unverdrossen falsch kolportiert, die Nachrichten, welche den Annalen anzuvertrauen waren, wurden von den Beteiligten selbst geschönt und verdreht – zum Schaden der künftigen Historiker. Die peinliche Angelegenheit war fürs erste erledigt. Die *Libri Carolini* verschwanden in der Versenkung, erst im 16. Jahrhundert begegnen sie in Rom; die Frankfurter Synode war nicht das große Gegenkonzil zum zweiten Nicaenum, das sie hatte sein sollen. Die Verschleierung von Karls Scheitern war so perfekt, daß bereits Erzbischof Hincmar von Reims um 870 das Gegenteil von dem annehmen konnte, was tatsächlich geschehen war: der Papst sei am nicaenischen Konzil unbeteiligt gewesen, die »Pseudosynode« der Griechen sei in Frankfurt auf Betreiben des apostolischen Stuhls verurteilt und die *Libri Carolini* nach Rom geschickt worden, während in Wahrheit Hincmar selbst die maßgebliche Handschrift, den vatikanischen Codex 7207, aus dem Aachener Pfalzarchiv entwendet haben dürfte.

Karl aber begehrte in der Pose des Siegers zu erscheinen, wenn nicht über die Griechen, so wenigstens über die Rebellen im eigenen Land. Seit annähernd sechs Jahren war Tassilo, der einstige Herzog der Baiern, wegen Treubruchs abgesetzt, zum Kleriker geschoren und ins Kloster verbannt; sein Herzogtum hatte der König in Besitz genommen. Ob das alles rechtmäßig geschehen war, darüber dürften Franken und Baiern, vielleicht auch der Papst und manch anderer Großer unterschiedlicher Meinung gewesen sein. Denn Tassilo hatte nie förmlich auf seine Herrschaft verzichtet, und die Vorwürfe, die gegen ihn erhoben wurden, waren, soweit wir wissen – fingiert. Karl schreckte, um Baiern zu gewinnen, vor dem Betrug, um den Gewinn zu legitimieren, vor der Geschichtsfälschung nicht zurück. Den Mangel zu heilen, hielt er jetzt die Zeit für gekommen. Zwei volle Jahre hatte er bereits in

Regensburg, der bairischen Herzogsstadt, residiert, das Land, das er vor Tassilos Sturz nie hatte betreten können, tatsächlich seiner Königsgewalt unterworfen. Es kam also nicht von ungefähr, daß jene Urkunde, die erstmals Frankfurts Namen überliefert, für das Regensburger Kloster St.Emmeram ausgestellt wurde und ausdrücklich des Frankenkönigs Eigentumsrechte und Sachherrschaft betonte. Die Frankfurter Synode bot den angemessenen Rahmen, um den Triumph zu vollenden, auf den Karl so zielstrebig hingearbeitet hatte. Tassilo wurde noch einmal vor den König gestellt, nicht um verurteilt zu werden, das war schon sechs Jahre zuvor geschehen, sondern um öffentlich seine Schuld zu bekennen, zu bereuen, sich zu unterwerfen und für sich und seine Erben auf alle einstigen Rechte zu verzichten, um also seinem und seines Hauses Untergang den förmlichen Konsens zu erteilen. Karl ließ darüber eine Urkunde ausstellen, die in drei Abschriften ausgefertigt wurde: eine für die Hofkapelle, eine zweite zur Deponierung »in der Pfalz«, mithin bei einem der weltlichen Hofämter, vielleicht dem Kämmerer, eine dritte für Tassilo. Es mag sein, daß der Herzog in der Kutte damals, wenn nicht schon früher , auch jenen Psalter – typische Mönchslektüre – herausrücken mußte, der heute in Montpellier verwahrt wird, aus dem einzigen Grund, weil dieses prunkvolle Buch als Herrschaftszeichen verstanden wurde. In die bairische Handschrift wurden einige Blätter eingeheftet, welche unter anderem eine Allerheiligenlitanei und die fränkischen Königslaudes enthielten; es ist die älteste Überlieferung dieser zentralen Formeln frühmittelalterlicher Herrscherliturgie. Die Heiligen preisend, vollzog der Codex den Sturz des einen, den Aufstieg des anderen nach. Endlich versöhnte sich der Vetter mit dem Vetter, der König mit dem Mönch, der Mächtige mit dem Vernichteten. Es war ein Schauprozeß, zu dessen Stätte Karl die Frankfurter Pfalz, zu dessen Zeugen er die Frankfurter Synode erkor, bestimmt für eine Öffentlichkeit, die der Rituale bedurfte, um das Sein mit der Norm zu versöhnen. Denn der Sieger liebt immer das Recht. Tassilo ließ allen Zorn fahren, den er gegen den König hegte, und den Streit ruhen und schloß Frieden; Karl gewährte ihm seine Huld und nahm ihn in seine »Liebe« auf. Baiern aber wurde ein fester Rückhalt karolingischer Macht, ein Baier war es, Bischof Baturich von Regensburg, der erstmals von dem »bekannten Ort« am Main sprach, eben Frankfurt.

Die Wirkung, die von dieser Versöhnungsfeier ihren Ausgang nahm, war eigentümlich genug. Bedeutende Orte waren in jenen Jahrhunderten, in denen Rituale und Zeichen jedes herausragende Geschehen manifestierten, durch das, was sich einst in ihnen abgespielt hatte, in den Augen der Zeitgenossen irgendwie gezeichnet und mitunter für die Zukunft belastet. Derartiges traf auch auf Worms, Ingelheim und Frankfurt zu, jene drei karolingischen Pfalzen, die mehr oder weniger in den Tassilo-Prozeß verwickelt waren. Der Baiernherzog war zunächst nach Worms geladen, dort aber nicht erschienen. Hier offenbarte sich in Karls Augen jener Hochmut, dessentwegen Tassilo in Ingelheim zum Tode verurteilt werden sollte. Worms eignete sich damit nicht als Stätte der Versöhnung. Auch Ingelheim, die Pfalz, in der Tassilos Sturz tatsächlich vollzogen wurde, kam eben durch diesen Akt der Feindseligkeit zwischen den beiden Vettern, dem weitere Adelsaufstände folgten, für die Erneuerung der Liebe nicht in Betracht; die Pfalz blieb für die Baiern auf Jahrhunderte ein verruchter Ort. So wählte Karl einen anderen Königshof, geeignet für große Versammlungen, doch bislang unbelastet durch seine Vergangenheit: Frankfurt. Hier wurde die Friedensfeier inszeniert, die Frankfurts Aufstieg einleitete, hierher beriefen die Könige immer häufiger ihre Großen. Fortan entwickelte sich der Ort zum »Hauptsitz«, der »Archisedes«, des ostfränkischen Reiches.

Universalität eignete allen Maßnahmen, welche dem rechten Glauben dienten. Wirkung bis heute zeitigte Karls Einbeziehung Baierns in das Frankenreich. Grundlegende Bedeutung für die kommenden Jahrhunderte kam aber auch der Reform des Münz- und Maßwesens zu, die Karl in Frankfurt betrieb. Sie zeigt ihn als Praktiker der Macht mit weitem Blick: Verwirrendste regionale, aus antiken Verhältnissen weiterentwickelte Unterschiede herrschten im Frankenreich. Zähleinheiten und Gewichtseinheiten divergierten. Münzgewicht war nicht gleich Getreide- oder Brotgewicht, Gold- nicht gleich Silbergewicht, Pfund nicht gleich Pfund. Karl suchte der Vielfalt beizukommen, nicht indem er sie beseitigte, sondern indem er eine neue Bezugsgröße hinzufügte, den »*modius publicus*« oder »Königsscheffel«, und dazu nun in Frankfurt gebot, daß ein Scheffel Hafer einen Denar, ein Scheffel Gerste zwei, ein Scheffel Roggen drei und ein Scheffel Weizen vier Denare kosten sollte. Ferner wurde bestimmt, daß für jeweils einen Denar 12 Weizenbrote, 15 Roggenbrote, 20 Gerstenbrote und 25 Haferbrote zu jeweils zwei Pfund abgegeben werden sollten. Ein Scheffel brachte also 48 Weizen-, 45 Roggen-, 40 Gersten- und 25 Haferbrote. Die Preise aus der königlichen Grundherrschaft sollten bei Hafer und Gerste um die Hälfte, bei Roggen um ein Drittel und bei Weizen um ein Viertel günstiger sein. Was hier festgeschrieben wurde, war weder ein Einheitsscheffel für das ganze Frankenreich noch ein Preisedikt, das Karl, wie angenommen wurde, als Reaktion auf die schwere Hungersnot erlassen haben soll, welche 792/93 das Frankenreich heimgesucht hatte und die das Frankfurter Kapitular an anderer Stelle erwähnt. Der Denar war die einzige ausgeprägte Münze; schwerlich wurden bei jedem Handel soviele Brote auf einmal verkauft, daß mit ganzen Denaren bezahlt werden konnte.

Noch viel weniger ist anzunehmen, daß jemals die Zehntelgramm Feinsilber abgewogen wurden, die ein einzelner Laib Brot nach den Frankfurter Bestimmungen zu kosten hätte. Immerhin belegt die Verfügung, daß in Karls Zeit auch mit Brot, nicht nur mit Getreide Handel getrieben wurde, also nicht nur Tauschwirtschaft herrschte. Die glatten Relationen zwischen den Preisen und der Vergleich mit anderen Kapitularien zeigen indessen, daß keine Marktpreise dekretiert, sondern Getreidepreisrelationen festgelegt und über sie Hohlmaß und Gewicht für frisches und ausgebackenes Getreide in Beziehung zueinander gebracht wurden. Zugleich wurde damit der Prozentsatz ausgedrückt, um den die Maße der königlichen Grundherrschaft davon abwichen. Die Versorgung der Grundholden sollte dabei dem Gewinn durch externen Verkauf vorangehen, die Sozialfürsoge unter den wirtschaftlichen Strukturmaßnahmen nicht leiden.

Auch der Denar, von dem hier gesprochen wurde, war eine Schöpfung Karls des Großen. Das Münzwesen hatte seit der Spätantike mancherlei Wandel erfahren. Ein königliches Münzregal existierte im Frankenreich längst nicht mehr. Die Goldprägung, noch unter den früheren Merowingern verbreitet, ging seit der Mitte des 7. Jahrhunderts immer weiter zurück und war im 8. Jahrhundert ganz unüblich geworden. Allein in Italien wurden gelegentlich noch Goldmünzen ausgegeben. Gleichwohl war Geld stets in Gebrauch geblieben. Mit dem ersten karolingischen König trat ein einschneidender Wandel ein. Pippin trachtete danach, das Münzrecht wieder zum ausschließlichen Recht des Königs zu machen, eine Münzreform leitete die Erneuerung ein. Auf diesem Weg schritt Karl der Große weiter. Seine Maßnahmen bestimmten für Jahrhunderte das europäische Münzwesen. Anfangs folgte er dabei noch ganz den Vorgaben seines Vaters, prägte leichte Pfennige von etwa 1,3 Gramm Gewicht. Doch seit 793/94 traten neue Ziele hervor.

Das Frankfurter Kapitular bietet die ersten Spuren davon. Das Münzgewicht wurde um etwa ein Viertel auf ca. 1,7 Gramm Silber erhöht. 240 Pfennige sollten vom Pfund Silber geschlagen werden, das mithin ca. 408 Gramm wog; 12 Denare kamen auf einen Schilling (*Solidus*), 20 *Solidi* auf das Pfund. Ausgeprägt wurde auch jetzt nur der Pfennig, der Schilling war eine reine Rechenmünze. Jedermann sollte das neue Geld akzeptieren. Karls Maßnahme war für die Praxis bestimmt und dürfte weiträumige Verhältnisse ins Auge gefaßt haben. Denn der neue Pfennig lehnte sich an die damalige »Leitwährung« der Mittelmeerwelt an, den arabischen Dinâr. Der König band durch die Reform sein Reich in die Welt jenes Fernhandels ein, der über das Mittelmeer, Rußland und die Ostsee den lateinischen Westen erreichte. Wie hoch gegen Ende des 8. Jahrhunderts der Geldausstoß der etwa 70 Münzstätten des Frankenreichs – darunter auch Frankfurt – tatsächlich war, ist kaum auszumachen. Der Bestand an Fundmünzen hierzulande ist gering, der skandinavische Boden, der im 10. und 11. Jahrhundert Schatz nach Schatz aufnahm, enthält noch nichts. Der Fund von Ilanz in Graubünden ist das seltene Beispiel eines unter Karl dem Großen (um 794) vergrabenen Hortes, während jener von Wiesbaden-Bieberich, nach 794 vergraben, bis auf einen kleinen Rest wieder verlorenging. Zahlreiche Gepräge, gerade auch die schönsten Bildnismünzen des Kaisers, sind nur mit einem einzigen Exemplar bezeugt. Gleichwohl läßt das Erhaltene erkennen, daß die karolingischen Münzmeister zunächst bestrebt waren, sich an die karlische Norm zu halten; doch begann das Pfenniggewicht bald wieder zu sinken. Auch zeigen Texte wie das Frankfurter Kapitular, daß die Münzen überall, unter Freien wie Unfreien, kursierten, und das »Lorscher Reichsurbar« beweist, daß Geldzinse wirklich entrichtet wurden. Die in Frankfurt angedrohten Sanktionen deuten allerdings an, daß ein gewisses Mißtrauen gegen das neue Geld und seinen Silbergehalt verbreitet gewesen sein muß. Der aufgeprägte Name des Königs sollte den Feingehalt garantieren.

Die Reform von Münze und Maß wandte sich bereits der inneren Ordnung des Reiches zu. Ihr Ziel war klar. Alles sollte auf den König zugeordnet sein, die Belange des Volkes wie jene der Kirchen, und über den König auf Gott. Karl dachte irrational und rational zugleich und vor allem hierarchisch. Zwischen irdischem Glück und himmlischem Heil war schwerlich zu trennen; das Jenseits verlangte eine diesseitige Ordnung. Irrglauben führte zu militärischen Niederlagen – Karl meinte, es am eigenen Leib erfahren zu haben; verweigerte Kirchenzehnten und -neunten – diese letzteren waren ein weiteres, das »neunte« Zehntel des Gesamtertrags – weckten die Kräfte des Bösen, ließen »leere Ernten« aufschießen und Hungersnöte heraufziehen. Die Verletzung der kirchlichen, kultischen und moralischen Gebote mündete stets in ein Desaster. Korrekte Religion war Katastrophenschutz. Ins Gewand der Kirchenreform gekleidet, intendierte und betrieb der König und spätere Kaiser eine umfassende Reform von Herrschaft und Reich, ja der gesamten Gesellschaft.

Gleich Josias, dem alttestamentlichen König Israels, trachtete Karl danach, das ihm »von Gott übertragene Reich umfahrend, bessernd, mahnend zur Verehrung des wahren Gottes zu rufen«. So verkündete es bereits die »*Admonitio generalis*« von 789, an die der König in Frankfurt erinnerte. Wörtlich griff er dreiundvierzig der früheren Mahnungen auf. Alle Aspekte, soweit sie nur in die Kompetenz eines fränkischen Königs fielen, wurden angesprochen: Gottesverehrung und Glaubenseinheit, Kirchenordnung und Heilsvermittlung, die Beziehungen zum Bischof von Rom, die friedestiftende Rolle des Königs, die nicht zuletzt das Verfahren gegen Tassilo evoziert hatte, die Nöte des einfachen Volkes, das vor Hunger bewahrt, zur Kenntnis des wahren Glaubens geleitet, zum Gebet in der eigenen Sprache ermuntert und zur Fristung seines Daseins geschützt werden mußte. Der Ausbau der Hofkapelle wurde fortgesetzt, Hildebald von Köln zu ihrer Leitung bestellt. Vor nichts machten Karls Erneuerungsbestrebungen Halt. Sie erfaßten die Wissenschaften wie die Lateinkenntnisse, die Architektur wie die Bildkunst. Bis in die Schriftformen hinein wirkten sie sich aus. Zur besseren Lesbarkeit und, damit das Heilsame leichter zugänglich würde, ließ der König eine neue Buchschrift, die karolingische Minuskel, verbreiten. Sie setzte sich durch, richtungweisend bis heute. Auch die Frankfurter Synode bildete eine Etappe in ihrer Verbreitung. Jene Arbeitshandschrift der *Libri Carolini* beispielsweise, die Karls Urteile festhielt, ist in ihr geschrieben. Allein die reichsweite Wirtschaftsordnung als Ganzes entzog sich der Zuständigkeit eines Königs. Sie oblag jeweils allein den Grundherren für ihren Besitz, und nur soweit der König selbst ein solcher war, konnte er sich um Ackerbau und Viehzucht und um die Sorgen seiner Leute kümmern. Derartiges hatte freilich auf einer universalen Synode nichts zu suchen. Der Frankfurter Fronhof indessen wird von des Königs Fürsorge profitiert haben.

Das Volk zu Gott, dem Lenker aller Dinge, zur Wahrheit führen, das Reich dahin ordnen, daß es solchem Ziele genüge – Größeres ließ sich schlechthin nicht beginnen. Karls Reich sollte ein Abbild des himmlischen Reiches sein, dem Gottesreich die Wege bahnen. Was aber fand Karl vor, was mußte verändert werden, um diesem Ziel zu genügen? Und wie setzte der König es ins Werk? Eine Reihe kirchenrechtlicher, monastischer und religiöser Einzelfragen, die auf der Frankfurter Synode verhandelt wurde, erteilt Auskunft. Rechtskenntnis wurde gefordert: »Jeder Bischof muß die kanonischen Bestimmungen und die Mönchsregel kennen«; und noch einmal: »Jeder Bischof oder Priester muß die heiligen Canones kennen«. Wie es zu realisieren war, wurde verschwiegen. Irgendwie wird es auf Synoden geschehen sein. Spezielle Schulen gab es jedenfalls nicht, und die Handschriften, welche Rechtstexte enthielten, oder die Lesefähigkeiten der meisten Priester reichten nicht hin, um im Selbststudium die Norm zu erfüllen. Jedes einzelne Buch mußte den Wissenshunger von Hunderten von Leuten stillen. Rechtskenntnis war exklusives Herrschaftswissen. Die kirchliche Gerichtsbarkeit der Bischöfe und Metropoliten wurde eingeschärft, Grafen sollten sich ihr nicht entziehen, wenn nötig, sollte der König eingeschaltet werden. In jenen Jahren um 794 wurde die kirchliche Metropolitanverfassung neu etabliert, viele Kirchenprovinzen durch Karl erstmals eingerichtet. Auch in Frankfurt stand das Thema auf der Tagesordnung. Nicht immer ging es dabei friedlich zu. Den Streit zwischen den Kirchen von Arles und Vienne, die sich beide auf ihre in der Spätantike gewachsenen Rechte beriefen, konnten auch Karl und die Frankfurter Synode nicht schlichten; er überdauerte noch Jahrhunderte. Die Rechtslage von Tarantaise, Embrun und Aix sollte in Übereinstimmung mit dem apostolischen Stuhl überprüft und geregelt werden. Auch die weltliche Rechtsordnung diente dem Frieden des Kirchenvolkes. Hatten sich die streitenden Parteien auf gewählte Schiedsrichter geeinigt, sollten diese nicht mehr abgelehnt werden. Kam es zwischen Klerikern und Laien zum Streit, sollten Bischof und Graf im Gericht zusammenwirken. Liturgische und ethische Forderungen ergänzten die äußere Rechtsordnung. Reliquien sollten in angemessener Weise verehrt, Kapellen für sie eingerichtet, Messen über ihnen gesungen werden. Mildtätigkeit ward geboten. »Gastfreundschaft ist zu gewähren.« »Geizhälse sollen nicht zu Schaffnern der Klöster gemacht werden.« »Habsucht und Gier sollten zertreten werden.« Auch jetzt unterblieb jeder Hinweis darauf, wie es geschehen könnte. Gleichviel, die Unterdrückung der Todsünden gehörte zum Heilsprogramm des irdischen Königtums. »In der Meßfeier, nach der Zelebration der heiligen Geheimnisse, sollen sich alle den Friedenskuß geben«. Der Gottesdienst war Friedensfeier, keineswegs nur im übertragenen Sinn. Das Volk war darauf angewiesen. Doch Schwureinungen, Formen der Selbsthilfe, wurden verboten. Rechtsordnung und Sozialfürsorge also standen im Zentrum der Frankfurter Beschlüsse.

Mißstände traten allenthalben zutage: Bischöfe, die ohne festen Sprengel durch die Lande zogen; Äbte, die mehr der Welt als Gott lebten; Priester, die kaum die Messe zu singen, Mönche die kaum zu beten verstünden, in weltliche Geschäfte verstrickt seien und für den Eintritt ins Kloster Geld bezahlt hätten; Gasthäuser, in denen Kleriker mit Frauen und beim Würfeln ertappt wurden; verfallende Kirchen, morsche Dächer, Männer und Frauen gemeinsam beim heiligen Amt, besudelte Altäre, unkeusches Volk... Das alles sollte unterbunden werden. Ein Bischof sollte nicht von Stadt zu Stadt ziehen, sein im Amt erworbenes Vermögen nicht an seine Verwandten fallen, die Kirchen sollten repariert, die liturgischen Gewänder geflickt, Mönche von ihrem Abt nicht zur Strafe verstümmelt werden. Das einstige Heidentum der Franken und der übrigen Völker in Karls Reich war, obwohl alle getauft sein sollten, noch keineswegs überwunden. Viel Aberglauben durchsetzte die Religion. Die wenigsten »hatten« den wahren Glauben; er aber war nicht nur heils-, er war zugleich reichsnotwendig. Karl sorgte sich um seine Verbreitung. Wenig genügte schon. »Der katholische Glaube an die Hl. Dreifaltigkeit, das Herrengebet und das Glaubensbekenntnis müssen allen gepredigt und beigebracht werden.« Hier durfte die Volkssprache benutzt werden, die in der Liturgie verboten war. »Niemand soll glauben, daß Gott nur in drei Sprachen [das heißt Hebräisch, Griechisch und Latein] angebetet werden dürfe. Denn in jeder Sprache darf der Mensch zu Gott beten und wird erhört, wenn er recht bittet.« Eine Reihe althochdeutscher »Vaterunser« und Glaubensbekenntnisse zeigt, daß es beherzigt wurde.

Es war Routinearbeit, was König und Synode hier leisteten, unsystematisch, bloß durch die Bedürfnisse der Gleichzeitigkeit zusammengehalten und durch Karls Willen zur Reform vereint. Allgemein formulierte Hinweise auf die Kanones spiegeln mehr Einheitlichkeit vor, als es sie tatsächlich gab. Noch existierte kein kirchliches Rechtsbuch, das für alle in gleicher Weise verbindlich war. Die Normen kursierten vielmehr in divergierenden Sammlungen, nicht selten mit abweichendem Wortlaut. Karl ahnte die damit verbundenen Probleme, lösen konnte er sie nicht. Sein Handeln war sporadisch, situationsbezogen, reagierte auch in seinem Reformstreben gewöhnlich nur auf aktuelle Mißstände, ohne eine Gesamterneuerung seines Reiches vorgreifend und wegweisend zu umreißen. Gleichwohl war ihm eine Hierarchie der Zwecke nicht fremd. Gott, König, Volk waren ihre Stufen, die Kirche, der Leib des Herrn, gab das Muster, nach dem sie einander zuzuordnen waren. Das Frankfurter Kapitular spiegelt auch diese Situation. Es eröffnet mit der erfolgreichen, vom apostolischen Stuhl sanktionierten Glaubensverteidigung, an zweiter Stelle steht die als Erfolg kaschierte. Danach rangieren die Belange des Königs, des Reiches, der Einzelkirchen und des Volkes. Karl handelte in legitimatorischer Absicht. Die Wellen der Aufstände und Adelsoppositionen schlugen auch nach Frankfurt. Dort mußte sich der Bischof Petrus von Verdun durch Gottesurteil vom Vorwurf reinigen, sich gegen den König verschworen zu haben. Karls Ausgreifen nach Sachsen, Thüringen, Italien und Baiern hatte die Zweifel an der Rechtmäßigkeit seines Vorgehens nie ganz verstummen lassen. Die Frankfurter Synode und der mit ihr verbundene Hoftag sind nicht zuletzt als Werbung an die Adresse der Großen zu sehen, um ihren Konsens zu gewinnen und zu erneuern. Sie fügten sich damit bruchlos in Karls allgemeine Erneuerungspolitik ein.

Die Frankfurter Synode ragte durch ihre Teilnehmerschaft, die aus allen Provinzen des karolingischen Reiches, aus Gebieten nördlich und südlich der Alpen, vom äußersten Westen wie Osten, einberufen worden war, unter allen Synoden hervor, die Karl als König oder Kaiser hatte zusammentreten lassen; ihr sollte zweifellos nach ihrer ursprünglichen Planung eine besondere Bedeutung zukommen. In der Tat, hier wurde – in den Dimensionen des früheren Mittelalters betrachtet – »Weltpolitik« betrieben. Und doch – ein welthistorisches Ereignis war die Frankfurter Synode nicht. Sie hat nicht sein können, was sie sein sollte, universales Konzil, welches ein Zeichen setzt und manifestiert, daß die Führung der universalen Kirche und die Rettung des katholischen Glaubens von Römern und Griechen auf die Franken und ihren König Karl übergegangen waren. Der Adoptianismus wurde durch sie nicht beseitigt, der Bilderstreit nicht entschieden; Tassilos Verzicht ergänzte nur, was Karl längst erzwungen hatte; die Reformen in Reich und Kirche waren ohnehin nur ein Glied in einer schier endlosen Kette; der Papst beugte sich nicht unter den Anspruch des Königs; und Karl ließ es auf keinen Kirchenkampf ankommen. Allein die Maßnahmen im Geldwesen, die anscheinend von Frankfurt aus ihre europäische Wirksamkeit entfalteten, besitzen allgemeine und weit über den Augenblick hinauswirkende Bedeutung für das gesamte Frankenreich und seine Nachfolgestaaten. An die Stelle des Glaubens rückte also das Geld und dieses hatte eine große Zukunft.

Literatur: BECHER, M., *Eid und Herrschaft*, Sigmaringen 1993. – BÖHMER, J. F., *Regesta imperii I.*, Hildesheim 1966. – BORST, A., *Alcuin und die Enzyklopädie von 809*, in: P. L. BUTZER/D. LOHRMANN (Eds.), Science in Western and Eastern Civilisation in Carolingian Times, Basel/Boston/Berlin 1993. – BULLOGH, D. A., *Alcuin and the Kingdom of Heaven*, in: U. R. BLUMENTHAL (Ed.), Carolingian Essay, Washington D.C. 1983. – CLASSEN, P., *Karl der Große, das Papsttum und Byzanz*, Sigmaringen 1985. – FREEMANN, A., *Libri Carolini*, in: Lexikon des Mittelalters, Bd. 5, München/Zürich 1991. – FRIED, J., *Der Weg in die Geschichte*, Propyläen Geschichte Deutschlands 1, Berlin 1994. – HARTMANN, W., *Die Synoden der Karolingerzeit im Frankenreich und in Italien*, Paderborn/München/Wien/Zürich 1989. – METZNER, E. E., *Das Lorscher Reichsurbar*, in: WACKERFUSS (Hrsg.), Beiträge zur Erforschung des Odenwaldes, Breuberg-Neustadt 1992. – ORTH, E., *Frankfurt*, in: Die Deutschen Königspfalzen, Bd. 1: Hessen, Göttingen 1985. – SCHALLES-FISCHER, M., *Pfalz und Fiskus*, Frankfurt/Göttingen 1969. – SCHIEFFER, R., *Die Karolinger*, Stuttgart/Berlin/Köln 1992. – SPUFFORD, P., *Money and its use in medieval Europe*, Cambridge 1988.

I. PFALZ

(...) die Synode, die auf göttliche Eingebung hin veranstaltet wurde im Vorfeld von Mainz, der erzbischöflichen Stadt, im Land Germanien, an dem berühmten Ort, der Frankfurt heißt, in der Gegenwart des gnädigsten Fürsten und glorreichen Königs Karl.

Das Untermaingebiet im späten 8. Jahrhundert

von Egon Wamers

Am Ausgang von Odenwald und Spessart betritt der Main nach gut 500 km langem, windungsreichem Lauf durch die Mittelgebirgslandschaft Ober- und Unterfrankens die weiten, fruchtbaren Ebenen des Untermaingebietes, das er in großem Bogen durchmißt, um bei Mainz in den Rhein zu münden. Schon zur Karolingerzeit gliederte er die Lande östlich des Rheins in eine nördliche und in eine südliche Hälfte mit germanischen Ethnien unterschiedlicher Herkunft und Tradition. Mit seinen Quellen und Zuflüssen im Osten gründete er in slawischem Land; an seiner Mündung aber öffnete sich mit der ehemaligen römischen Provinzhauptstadt *Mogontiacum* (Mainz) der Zugang zu den noch immer von römischer Zivilisation geprägten Landschaften Galliens. Seit alters bildete das Mainmündungs-Gebiet den größten naturräumlichen Einschnitt in der Nord-Süd-Kette der Mittelgebirge und wurde so zumVerkehrsknoten und zum Tor für Ausgriffe und Migrationen nach Ost und West, nach Nord und Süd. Folgerichtig für Rom war deshalb die Sicherung dieses Raumes durch den *Limes*: die ›Große Mauer‹ des westlichen ›Reiches der Mitte‹.

Der heute durch Staustufen und Ausbaggerungen regulierte Fluß verlor sich im Altertum in zahlreichen Wasserläufen, die mäanderartig das Untermaingebiet durchzogen und bis in die Neuzeit hinein als sumpfige Altarme sichtbar waren. Mit der Schneeschmelze im Frühjahr, die ungeheure Wassermengen von den umliegenden Gebirgen des Taunus, Vogelsbergs, Spessarts und des Odenwaldes freisetzte, wurden weite Gebiete der Talaue unter Wasser gesetzt und unpassierbar. Der Ost-West-Landverkehr führte deshalb nicht unmittelbar am Flußlauf entlang, sondern weiter nördlich an den Hängen des »Bergener Rückens«. So verlief der Leichenzug des heiligen Bonifatius von Mainz nach Fulda im Juli des Jahres 754 von Hochheim über den Schwarzbach nach Hofheim, wo man auf der alten Römerstraße bis zur Gemarkung Kalbach weiterzog, dort – unweit der alten römischen Herberge *bona mansio* (Bonames) – übernachtete und irgendwo weiter östlich auf die »Hohe Straße« durch das Kinzigtal nach Fulda stieß, den alten Verkehrsweg nach Thüringen.

Vermutlich folgte man im Frühmittelalter weitgehend altem römischem Straßenverlauf, wobei die nordmainische Hauptverbindung in gerader Führung von Mainz nach *NIDA*-Heddenheim, weiter nach Bad Vilbel und von dort aus nordwärts über Friedberg durch die Wetterau ins Hessische Bergland verlief – eine Route, die die Franken bei ihren zahlreichen Sachsenfeldzügen nahmen und die auch Karl der Große im Herbst 794 mit dem bei Frankfurt gesammelten Heer einschlug. Nach Süden ging eine römische Straße über den heutigen Frankfurter Domhügel nach *MED ...* (Dieburg), von wo aus ostwärts die Kastelle am Main im Aschaffenburger Raum und west- und südwestwärts die Hauptorte Worms und Ladenburg am Rhein erreichbar waren. Dieser Straße folgte Einhard im Januar 828, als er mit den in Rom erstandenen Reliquien der Märtyrer Petrus und Marcellinus den Rhein abwärts fuhr und von Worms nach *Michlinstadt* (Michelstadt) im Odenwald abbog, seinem nur kurz genutzten Alterssitz. Östlich des bedeutenden Reichsklosters Lorsch konnte man auch auf die »Bergstraße« am Höhenrücken des Odenwaldes nach Norden in Richtung Frankfurt abbiegen, ein Weg, den vermutlich Ludwig der Fromme genommen hatte, als er im November 822 in den neu errichteten Frankfurter Pfalzgebäuden eintraf. In den waldreichen Gefilden nördlich des Odenwaldes, seit merowingischer Zeit beliebtes Jagdgebiet fränkischer Herrscher, hatte er auch den königlichen Jagdhof im heutigen Dreieichenhain passiert und dort vielleicht sogar Station gemacht. – Vom Wormser Raum aus führten weitere Straßen links- und rechtsrheinisch nach Mainz / Kastell, die ebenfalls von fränkischen Heeren bei Sachsenfeldzügen benutzt wurden.

Über den karolingerzeitlichen Straßenverlauf östlich des immer noch sichtbaren Limes mainaufwärts nach Franken ist kaum etwas bekannt; eine ufernahe Trasse düfte die geringsten Hindernisse geboten haben; auch mit einer linksmainischen Verbindung von Hanau-Kesselstadt in den Aschaffenburger Raum ist zu rechnen. Hauptverkehrsweg aber war sicherlich der Fluß selbst, der für die damaligen flachgängigen Kähne gut schiffbar war und für den es sicher auch einen Treideldienst gab. Karl der Große war noch in den letzten Tagen des Jahres 793 von Würzburg auf dem Main nach Frankfurt gekommen. Im Verlaufe desselben Jahres war allerdings sein Versuch gescheitert, Rhein, Main und Donau mit einem Kanal zwischen deren Zuflüssen Rezat/Regnitz und Altmühl zu verbinden, was den hohen verkehrsstrategischen Stellenwert des Mains für Karl deutlich macht, der in diesen Jahren die Südostgrenze des Reiches durch Eingliederung Baierns und Vernichtung des Awarenreichs zu sichern suchte. Ähnlich katastrophal endete sein Verkehrsprojekt am anderen Ende des Mains: Die feste Brücke über den Rhein bei Mainz brannte angeblich schon am Tage ihrer Einweihung im Mai 813 ab. – Aber auch für die Schiffe, die die reichen Getreideüberschüsse Frankens ins Mittelrheingebiet beförderten und in Mainz ihre Ladung löschten, war der Main eine unverzichtbare Verkehrsader.

Die häufigen Aufenthalte karolingischer Könige und Kaiser in Frankfurt, seit 793/94 erstmals überliefert, zeigen die Bedeutung dieses Platzes und des Untermaingebietes für die Politik der Franken. Seit seiner Inbesitznahme im frühen 6. Jahrhundert nach dem entscheidenden Sieg über die Alamannen 496/97 hatten die Franken dieses Gebiet systematisch als Brückenkopf und Aufmarschgebiet für ihre Ausgriffe nach Norden, Osten und Südosten ausgebaut. Zahlreiche Ortsnamen mit »-heim«-Endung sowie Gräberfelder des 6. bis 7. Jahrhunderts zeugen von einer intensiven Siedlungstätigkeit in merowingischer Zeit, wozu auch Zwangsumsiedlungen von Thüringern gehörten: *Turingeheim* (Dörnigheim), und das umfangreiche, in karolingischen Quellen genannte Fiskalgut in diesem Raum belegt die tatkräftige Teilnahme der fränkischen Könige. Das Untermaingebiet blieb aber stets Bestandteil des mittelrheinischen Dukats und der Diözese *Moguntia* (Mainz), während gleichzeitig mittelrheinische Franken eine zentrale Rolle bei der ›Frankisierung‹ der ostrheinischen Gebiete spielten. Die Verbreitung des umfangreichen, in den karolingischen Quellen genannten Reichsguts in diesem Raum, vornehmlich entlang Main und Nidda und der Bergstraße Richtung Worms, zeigt, daß es den fränkischen Königen um die Sicherung des Landes und seiner Hauptverkehrswege ging. Der nicht minder umfangreiche Privatbesitz dieser Zeit erstreckte sich in dichter Bedeckung auf das gesamte damals erschlossene ›Hinterland‹.

Eine kleine, von Altarmen umgebene, aber hochwasserfreie Anhöhe am Nordufer des Mains mit römischen und alamannischen Bauten, wo man den Fluß bei günstigem Wasserstand zu Fuß oder auf dem Pferderücken durchqueren konnte, gelangte ebenfalls in fränkischen Königsbesitz. Von hier aus war die Furt und damit der Verkehr nach Süden und Südosten leicht kontrollierbar. Sie wurde zu *Franconovurd* (Frankfurt), zur »Furt der Franken«. Der Frankfurter Raum und das südliche Forstgebiet Dreieich bildeten das Zentrum des Reichsguts im Untermaingebiet. Die strategische Bedeutung, die die Merowinger diesem Flecken beimaßen, läßt sich an der hochrangigen Besetzung des hier eingerichteten Königshofes ablesen. Schon um 700, bevor Bonifatius sein schwieriges Missions- und Kirchenorganisationswerk begann, gab es hier einen kleinen Steinbau (Kirche?) der als Begräbnisstätte für ein Mädchen aus der Familie des königlichen Beamten diente, das mit reichen Grabbeigaben bestattet worden war. 793/94, als Karl hier eintraf, stand bereits ein zweiter (?), vergrößerter Kirchenbau, der den Erfordernissen von Reichstag und Synode offensichtlich genügte, nicht aber einer königlichen Bestattung, wurde doch Karls Gattin Fastrada, die am 10. August 794 in Frankfurt starb, im karolingischen Neubau der Albansbasilika in Mainz beigesetzt. In welchen weltlichen Bauten Frankfurts indes Karl mit seinem *palatium* überwinterte und die Tagungen abhalten ließ, ob schon in Stein- oder noch in Holzbauten, ist unbekannt. Die nach dem Krieg ergrabenen Pfalzreste sind mit den von Ludwig dem Frommen beauftragten »neuen Gebäuden« in Verbindung zu bringen, die 822 fertiggestellt wurden. Auch zu den anderen Baulichkeiten des fränkischen Königshofes läßt sich nicht viel sagen: Archäologisch nachgewiesen wurden lediglich Grubenhäuser für Vorrat und Handwerk und zeitlich und funktional unbestimmbare steinerne Nebenbauten. – Ob jedoch der Königshof *Franconovurd* die gleiche Entwicklung genommen hätte, wenn er nicht 794 als Ausweichstätte für die bisher so beliebte, aber 790/91 abgebrannte Pfalz Worms zur Austragung der Synode gewählt worden wäre, ist eine andere, heute nicht mehr beantwortbare Frage.

Mit dem Untergang römischer Zivilisation wurden auch die Städte östlich des Rheins wüst; NIDA etwa existierte nur noch als Steinbruch. Doch seit dem 7. und verstärkt seit dem 8. Jahrhundert erwachten die alten Römerstädte Galliens wieder zum Leben; im Untermaingebiet war es *Moguntia* (Mainz), das bald wieder zur *Metropolis Germaniae* aufstieg und unter Bonifatius Erzbistumsitz wurde. Nach Ausweis der archäologischen Quellen blühten Handwerk und Handel auf; die Stadt erhielt ein internationales Flair, das im 10. Jahrhundert sogar weitgereiste Muselmanen lobten.

Mit der *Renovatio Romani Imperii* Karls des Großen setzte eine intensive Bautätigkeit im klassischen Stil auch östlich des Rheins ein: Kirchen für die Seelsorge, Klöster für Bildung, Wissenschaft, Kunst und Erziehung und schließlich die Pfalzen als Stützpunkte für den umherziehenden Herrscher und seine Regierung sollten zugleich auch Macht und Programm des neuen Reiches repräsentieren. Im Untermaingebiet ist eine ungewöhnliche Fülle architektonischer Baudenkmäler des späten 8. und frühen 9. Jahrhunderts überliefert, von denen viele bewahrt sind: die Justinus-Kirche Frankfurt-Höchst, die Einhard-Basiliken Steinbach/Michelstadt und Seligenstadt; vom Reichskloster Lorsch die Torhalle und zahlreiche Spolien sowie Strukturen der Abtei Seligenstadt; Baureste der Pfalzen Ingelheim bei Mainz und Frankfurt. Hinzu kommen die Kloster-, Kirchen- und Pfalzbauten in Franken und Hes-

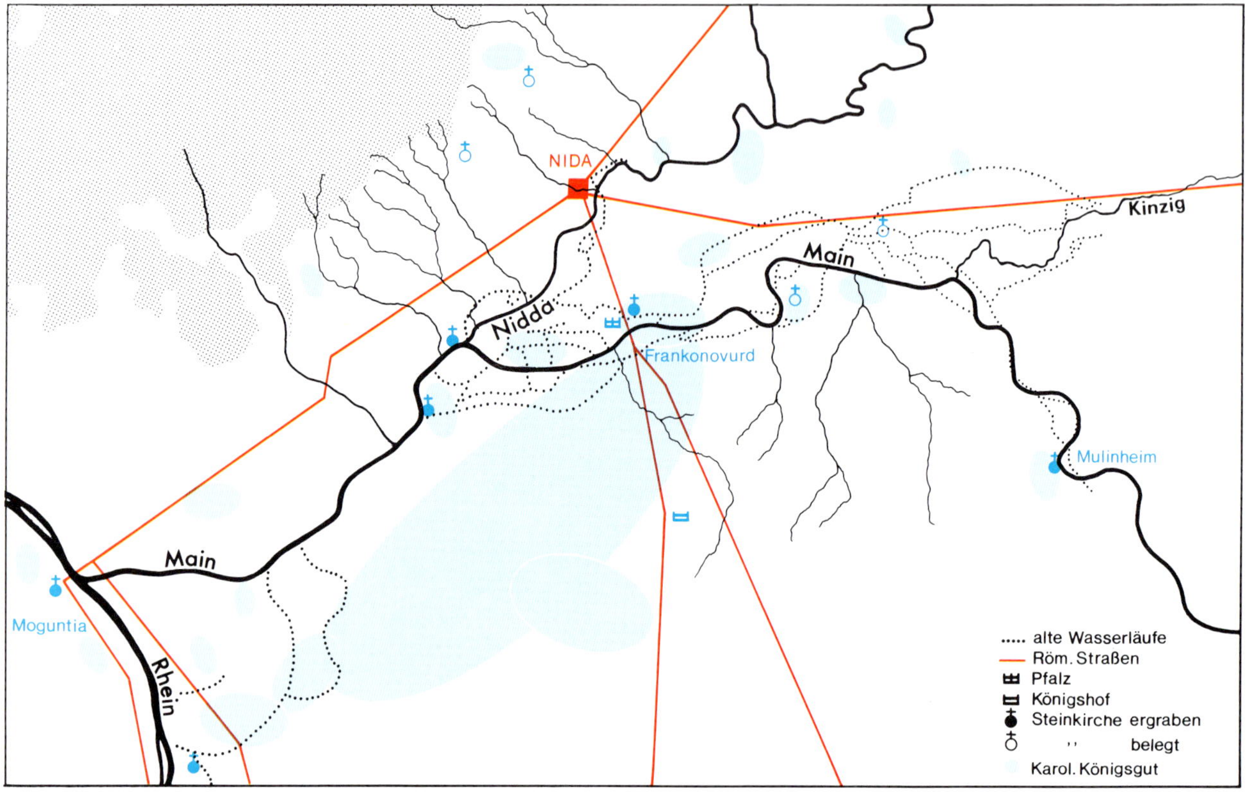

Das Untermaingebiet um 800 (Nach GLÖCKNER 1934, ROTHSCHILD 1936, GÖRICH 1955, NAHRGANG 1963, SCHALLES-FISCHER 1969, STEEN 1979, BAATZ 1982)

sen sowie zahlreiche weitere inzwischen vergessene und verschüttete Bauten auf königlichem Boden.
Das Landschaftsbild des Untermaingebietes blieb aber geprägt von fruchtbaren, wohlbestellten Äckern und Wiesen dörflicher Gemeinschaften in den weiten, von unzähligen Wasserläufen durchzogenen Ebenen, die zu den umgebenden waldreichen Gebirgen hin in welliges Hügelland übergingen – ein Bild, das bis ins 19. Jahrhundert hinein weitgehend unverändert blieb.

Ausgewählte Literatur: BAATZ, D., HERRMANN, F. R. (Hrsg.), *Die Römer in Hessen*, Stuttgart 1982. – BUTZEN, R., *Die Merowinger östlich des mittleren Rheins*, Würzburg 1987. – DAHMLOS, U. *Archäologische Funde des 4. bis 9. Jahrhunderts in Hessen*, Marburg 1979. – EWIG, E., *Descriptio Franciae*, in: Karlswerk I. – FALCK, L., *Mainz im frühen und hohen Mittelalter*, Düsseldorf 1972. – GLÖCKNER, K., *Das Reichsgut im Rhein-Main-Gebiet*, in: Archiv für hessische Geschichte und Altertumskunde N. F. 18, 1934, – GÖRICH, W., *Zur Heimführung des Bonifatius vor 1200 Jahren*, in: Germania 33, 1955 .– *Katalog Frankfurt* 1984. – NAHRGANG, K., *Stadt und Landkreis Offenbach a. M.*, Frankfurt 1963. Katalog Frankfurt 1984. – ORTH, E., *Frankfurt*, in: *Die Deutschen Königspfalzen, Bd. I: Hessen*, Göttingen 1985. – ROTHSCHILD, S., *Zur Geschichte der Moore und Wälder im Nordteil der Oberrheinischen Tiefebene*, 1936. – SCHALLES-FISCHER, M., *Pfalz und Fiskus Frankfurt*. Göttingen 1969. – SCHLESINGER, W., *Zur politischen Geschichte der fränkischen Ostbewegung vor Karl dem Großen*, in: Nationes 2, Sigmaringen 1975. – STAAB, F., *Untersuchungen zur Gesellschaft am Mittelrhein in der Karolingerzeit*, Wiesbaden 1975. – STEEN, J., *Königtum und Adel in der frühmittelalterlichen Siedlungs-, Sozial- und Agrargeschichte der Wetterau*, Frankfurt 1979. – WAMERS, E., *Frankfurt und das Untermaingebiet im frühen Mittelalter*, in: Frankfurt am Main und Umgebung, Stuttgart 1989. – DERS., *Die frühmittelalterlichen Lesefunde aus der Löhrstraße (Baustelle Hilton II) in Mainz*, Mainz 1994.

I/1 Ingelheimer Kaiserpfalz

Modell, Holz; 25 x 160 x 125 cm; Ingelheim, Museum bei der Kaiserpfalz, ohne Inv.Nr.

Einhard hebt in seiner Lebensbeschreibung Karls des Großen nur drei Bauten besonders heraus, weil sie aus Stein errichtet waren: die Aachener Pfalzkapelle und die Palastanlagen von Ingelheim und Nimwegen.
Vermutlich 774, nach seiner Rückkehr aus Italien, ordnete der König den Bau einer großzügigen Residenz an. Die Gebäude dürften im wesentlichen vollendet gewesen sein, als Ingelheim 788 der Schauplatz der Absetzung des Baiernherzogs Tassilo III. vor der Reichsversammlung wurde. Da die Anlage einheitlich geplant erscheint und auf eine ältere merowingische Hofanlage keine Rücksicht nimmt, muß von einer vollständigen Neugründung ausgegangen werden.
Den Kern der Anlage bildet ein nach den Himmelsrichtungen ausgerichteter, quadratischer Hof. An seiner Südwestecke erhob sich als das profane Zentrum der Pfalz die *aula regia*, ein Saal für die Versammlungen des Hofes. Dieser Raum, 14,6 m breit und fast 30 m lang, besaß eine erhöhte Apsiskonche für den Thron des Königs. Eine Ausmalung mit historischen Szenen ist für das frühe 9. Jahrhundert belegt. Einzelfunde legen darüberhinaus eine Stuckdekoration der Wände und einen marmornen Fußbodenbelag nahe. Eine Kapelle wird in der Ingelheimer Pfalz um 830 erwähnt; in anderen Pfalzen gehört der Kirchenbau mit zu den Kernelementen der Anlage.
An der Nordseite wurde der zentrale Hof durch die Wohnbauten abgeschlossen. Vor der Ostseite des Hofes springt als das neben der *aula regia* auffälligste Bauelement der karolingischen Anlage ein großer halbrunder Exedrahof aus. Mit über 50 m Breite und einer inneren Säulenarkatur ist dieser Hof eine Wiederaufnahme spätrömischer repräsentativer Bauformen, die außer in Ingelheim im 8. Jahrhundert nur noch in der Pfalz von Samoussy bei Laon (Frankreich) wiederkehren.
Die Granit- und Kalksteinschäfte der Säulen sowie die marmornen Kapitelle stammen mit zahlreichen anderen Werkstücken der Pfalzanlage aus römischen Bauten, wirken jedoch weniger einheitlich und planvoll eingesetzt als in der Aachener Pfalz.
Eine Wehrbefestigung der karolingischen Gründungsanlage ist wegen der großen Tore und auch im Vergleich mit anderen Pfalzen auszuschließen. Die sieben auffälligen Rundtürme und die weiteren Wehrmauern stehen mit dem Kern der Anlage nicht im Mauerverband und datieren mit großer Wahrscheinlichkeit erst in das 13. Jahrhundert.

P.F. / A.T.

Literatur: Jacobi, H., *Die Ausgrabungen in der Königspfalz Ingelheim 1909–14,* Ingelheim/Mainz 1976. – Sage, W., *Die Ausgrabungen in der Pfalz Ingelheim,* in: Francia 4, 1976.

I/2 Korinthisches Kapitell

Heller Kalkstein; 23 cm, unterer Dm. 40 cm; römisch, 1–3. Jh., um 800 überarbeitet; Ingelheim, Museum bei der Kaiserpfalz, S 2.

Das große Kapitell wurde 1910 während der Ausgrabung der Ingelheimer Anlage im nördlichen Teil des zentralen Hofes gefunden. Es handelt sich bei dem Fragment um die untere Hälfte eines korinthischen Kapitells. Zu erkennen sind die beiden auf Lücke gesetzten Akanthusblattkränze und der Ansatz der Hüllblattkelche für die Eckvoluten.
Teile des römischen Kapitellkörpers sind in der karolingischen Zeit stark überarbeitet oder abgearbeitet worden. Ganz besonders auffällig ist die Tatsache, daß das römische Kapitell wohl nur an drei Seiten einen ausgeführten Akanthusschmuck besaß, während die vierte Seite in der Bosse stehengelassen wurde. Dies deutet auf die ursprüngliche Aufstellung des Stückes vor einer Wand hin. Erst als das Kapitell in der karolingischen Pfalzanlage wiederverwandt werden sollte, ergänzte man die letzte Seite des Blattringes. Man bemühte sich, das starke Relief des römischen Akanthus zu imitieren. Das Ergebnis waren jedoch völlig andere, an einen Palmwedel erinnernde Formen. In gleicher Weise wurden die Schmuckelemente, die ehedem zu den oberen Teilen des Kapitellkörpers vermittelten, durch grobes Lanzettblattrelief geschmückt und an der Oberseite geglättet. Es ist daher kaum anzunehmen, daß das Kapitell in der karolingischen Bauphase noch seine krönenden Eckvoluten und seine konstruktiv notwendige Abdeckplatte *(abacus)* besessen haben wird.

P.F. / A.T.

Literatur: Lachenal, F./Weise, H., *Ingelheim am Rhein,* Ingelheim 1974. – Rodenwaldt, G., *Neue deutsche Ausgrabungen,* in: Deutschtum im Ausland, 23/24, Münster 1930.

I/2

I/3 Säulen und Zungenblattkapitelle

A: 4 Säulen: Kalkstein; 101 cm, oberer Dm. 11 cm, Plinthe 18 x 18 cm; B: 4 Kapitelle: heller Sandstein; 18 x 21 x 21 cm, unterer Dm. 11 cm; Maingebiet, um 835; Seligenstadt, Landschaftsmuseum, 29/4–12; C: 2 Säulen: Rotsandstein (Fragmente); 20 bzw. 39 cm, oberer Dm. 12 bzw. 14,5 cm, Plinthe 16 x 16 bzw. 22 x 22 cm; Lorsch, 830/40 (Jacobsen); D: Kapitell: heller Kalkstein; 21 x 20 x 20 cm, unterer Dm. 12 cm; Lorsch 830/40 (Jacobsen); Verwaltung der Staatlichen Schlösser und Gärten Hessen, ehemaliges Benediktinerkloster Lorsch, Lapidarium.

Die vier Kleinsäulen (A) blieben zusammen mit ihren Kapitellen (B) erhalten, weil sie in zweiter Verwendung in den Turm der Seligenstädter Laurentiuskapelle eingebaut wurden. Geschaffen wurden die Säulchen gegen 835 für die Seligenstädter Einhardsbasilika. Die attische Basis und der gedrungene Säulenschaft mit Halsring und stark hervortretender Schwellung *(entasis)* sind aus einem Stück gefertigt.
Die zugehörigen Zungenblattkapitelle finden sich außer in Seligenstadt auch noch in Fulda (gegen 836) und in einer monumentalen Version in der Höchster St. Justinus-Kirche (gegen 834). Zwei Kränze von auf Lücke stehenden Zungenblättern leiten vom Kapitellfuß in einer straff gespannten Kurve hinauf zu den Voluten. Auf jeder Seite des Kapitells findet sich neben den Eckvoluten noch ein nach innen gewandtes Volutenpaar, welches unter dem Mittelknauf der stark eingeschwungenen Abakusplatte zusammentrifft.
Gegenüber den zeitgleichen Höchster Kapitellen sind die Grundformen vereinfacht. Auf jede Kerbschnittornamentik am Kapitellkörper wurde verzichtet. Einerseits liegt dies am kleineren Maßstab der Kapitelle, andererseits spiegeln die steileren Proportionen und die starke Abakusplatte – wie auch die *entasis* der Säulenschäfte – den antiken Formenkanon. P.F. / A.T.

Das in Lorsch gefundene Fragment einer kleinen Säule mit attischer Basis (C) gehört möglicherweise zu einem der erhaltenen Kleinkapitelle. Das zweite, gut erhaltene und größere Säulenfragment stammt vermutlich aus Altenmünster, der ersten Lorscher Klostergründung. Auch hier ist die attische Basis an den Schaft angearbeitet. Die Verwandtschaft zu dem ersten Lorscher Fragment – wie auch zu den Seligenstädter Säulchen – ist deutlich und legt die Vermutung einer ungefähr gleichzeitigen Entstehung nahe.
Aus Lorsch sind bisher sieben unterschiedlich erhaltene und aus verschiedenen Materialien (Kalk- und Sandstein) gefertigte Kleinkapitelle bekannt geworden, deren Fundumstände keine Rückschlüsse auf ihre ursprüngliche Funktion zulassen. Das hier gezeigte Stück (D) wurde um 1890 in einem Haus in Lorsch gefunden. Durch die dortige Verbauung sind die erheblichen Beschädigungen an

I/3

Standfläche und Blattspitzen, der durch eine grobe Begradigung eingetretene Substanzverlust an einer Seite sowie Schäden am Abakus zu erklären.
Über einer zweireihigen Zone sich leicht nach außen rollender, in der Mitte fein gegrateter Zungenblätter (acht Kranz- und acht Hochblätter, die unteren kleiner als die oberen und auf Lücke gesetzt) folgt eine schmalere Volutenzone mit an den Ecken sich verbindenden, kräftig hervortretenden Voluten. Diese sind durch feine Stege mit den breiten Zungenblättern der oberen Reihe verbunden. Zwischen den Volutenpaaren stehen weitere Zungenblätter. Den oberen Abschluß bildet ein sternförmig eingeschwungener, leicht abgetreppter Abakus. Das stilistisch eng mit den Seligenstädter Stücken verwandte korinthisierende Kapitell dürfte diesen auch zeitlich nahestehen und um 830/40 entstanden sein. H.S.

Literatur: Adamy, R., *Die Fränkische Thorhalle und Klosterkirche zu Lorsch an der Bergstraße*, Darmstadt 1891. – Giess, H., *Lorscher Ausgrabungen 1910,* in: Vom Rhein, 10, Worms 1911, S. 9–12. – Jacobsen, *Torhalle.* – Ders., *Frühe Kapitellkunst im Umkreis der Abtei Fulda,* in: F. J. Much (Hrsg.), Baukunst des Mittelalters in Europa, H. E. Kubach zum 75. Geburtstag, Stuttgart 1988, S. 257–322. – *Katalog Frankfurt,* Nr. 239.

I/4 Zungenblattkapitell

Beiger Sandstein; 66 x 67 x 67 cm, unterer Dm. 51 cm; Kämpfer 31 x 75 x 75 cm; Maingebiet, nach 834; Frankfurt-Höchst, St. Justinus (Abguß, Historisches Museum Frankfurt).

Der vom Formenkanon eines korinthischen Kapitells ausgehende Aufbau des Höchster Kapitells wird geprägt durch gedrungene Formen und ein ruhiges Gleichmaß der Flächen. Der übliche doppelte Blattkranz aus Akanthusblättern wird ersetzt durch einen dreifachen Kranz aus breiten Lanzettblättern (Zungenblätter) mit einer aufgelegten Mittelrippe und einem ornamental angedeuteten Blattüberfall. Die Blätter der beiden oberen Reihen sind entgegen dem klassischen Kanon übereinander gesetzt. So setzen die sich unter der Abakusplatte in eine innere und eine äußere Volute teilenden Stiele *(caules)* direkt über der untersten Blattreihe an und bieten Raum für einen kleinteiligen Kerbschnittdekor und stilisierte Fiederblätter. Die Abakusplatte tritt nicht als ein eigenes Element hervor, sondern wird nur durch eine Nut vom Kapitellkörper abgesetzt. Über dem eigentlichen Kapitell erhebt sich als konstruktives Element ein mächtiger Kämpferblock, auf welchem dann der Bogenansatz der Arkatur aufsitzt. Die steil geneigten Flächen des Kämpfers sind allseitig durch einen Pfeifenfries gegliedert. Ähnliche Kämpfer über einer rechteckigen Grundfläche haben sich in Ingelheim erhalten (Kat. I/5). P.F. / A.T.

Literatur siehe I/3, dazu: JACOBSEN, W., *Höchst,* in: Vorromanische Kirchenbauten II, München 1991. – KATALOG FRANKFURT, Nr. 214. – METTERNICH, W., *Die Justinuskirche in Frankfurt am Main/Höchst,* Frankfurt 1986.

I/5 2 Kämpfersteine

Grauweißer Kalkstein; A: 22 x 22 x 63 cm; B: 20 x 20 x 40 cm (Fragment), Ingelheim, um 800; A: Mittelrheinisches Landesmuseum Mainz, S 3151, B: Ingelheim, Museum bei der Kaiserpfalz, S.13 A.

Die kleinen Pyramidenstutzkämpfer auf rechteckigem Grundriß sind lange bekannt und wurden 1873/75 in Zweitverwendung im Pfalzbezirk bzw. 1949/54 aus einem nahegelegenen Klosterbau geborgen. Den oberen Randstreifen gliedert eine Hohlkehle, darunter zeigen die trapezförmigen Breitseiten zwischen schmalen Randleisten zehn bis zwölf eingetiefte Kanneluren mit Pfeifen, die Schmalseite zeigt die Hälfte. Gegenüber den quadratischen Höchster Kämpfern wurde die Grundform in unklassischer Weise zum Rechteck abgewandelt. Ähnlich wie in Höchst dürfte es sich um Kapitellaufsätze gehandelt haben, die unter den Bogenlaibungen saßen. Die

I/5

Schmalseiten werden nach außen und innen gezeigt haben, während die ebenfalls ornamentierten Breitseiten frei standen. Dafür spricht, daß die Kämpfer keinerlei Spuren von Fensterrahmen zeigen. So lassen sich aus diesen Stücken zumindest Zwillingsfenster mit einer Mittelsäule erschließen, wenn man nicht aus der beachtlichen Zahl von acht mehr oder weniger fragmentierten Exemplaren eine ganze Bogenreihe rekonstruieren will.

P.F. / A.T.

Literatur: LACHENAL, F./WEISE, H., *Ingelheim am Rhein,* Ingelheim 1974.

I/6 2 Kämpfer

Sandstein und Stuck; A: 22 x 42 x 17 cm; B: 15 x 15 x 15 cm; Maingebiet, um 830; Seligenstadt, Landschaftsmuseum, A: 29/125, B: 29/116.

Das Langhaus der Einhardsbasilika von Seligenstadt wird durch massive Pfeiler in drei Schiffe unterteilt. Am Bogenansatz der Arkaden, in einer Höhe von 5,30 m saß ein karolingisches Kämpfergesims, welches im 18. Jahrhundert abgeschlagen wurde. Erst 1938 konnten die Profile nach karolingischen Fragmenten, die man im Bauschutt der Kirche fand, getreu wiederhergestellt werden. Das gleiche gilt für die attischen Basen der Langhauspfeiler, die man 1958 nach karolingischen Resten erneuerte.

Anders als in der Steinbacher Einhardskirche werden in Seligenstadt die Kämpferprofile um den gesamten Pfeiler herumgeführt. Das stark fragmentierte Eckstück zeigt die für die Karolingerzeit typische zurückhaltende, aber variantenreiche Zweiteilung: auf einen schmalen Fußwulst folgt eine abgesetzte Wellenleiste und eine starke Deckplatte. P.F. / A.T.

Literatur: MÜLLER, O., in: *Archiv für hessische Geschichte und Altertumskunde, N. F. 36,* Darmstadt 1978, S. 87–116. – SCHNEIDER, F., *Über die Gründung der Einhardsbasilika zu Seligenstadt,* in: Nassauische Annalen 12, Wiesbaden 1873.

I/7 Palmettenfries

Heller Buntsandstein (Fragment); 23 x 61 cm; Lorsch, um 880 (?); Verwaltung der Staatlichen Schlösser und Gärten Hessen, ehemaliges Benediktinerkloster Lorsch, Lapidarium.

Ähnlich wie eine Anzahl weißer und roter Platten, die denen der Inkrustation an den Schauseiten des Obergeschosses der Lorscher Torhalle entsprechen, sind auch elf unter meist unklaren Umständen zu Tage gekommene Fragmente eines in Kerbtechnik ausgeführten Palmettenfrieses erhalten, der in der gleichen Ausführung die Torhalle umlaufend gliedert.

I/7

Der Fries läßt sich als eine Reihe von einander berührenden blütenartigen Ornamenten beschreiben, in die von oben dreiteilige Blättchen (?) hineinreichen. Jedes Ornament ist annähernd symmetrisch aufgebaut und besteht aus links und rechts der Achse paarweise angeordneten Blattfiedern, deren innerste und äußerste nicht strukturiert sind, während das mittlere Fiedernpaar einen kräftigen Grat besitzt. Die äußeren Fiedern laufen kelchförmig in leicht nach außen gebogene Spitzen aus, die sich mit den Spitzen der benachbarten Kelche zu steilaufragenden Blättern mit halbrunden Enden und einem nach unten sich teilenden und ein Dreieck bildenden Grat vereinen. Nach unten wird der Fries durch einen Perlstab, nach oben durch einen einfachen Steg (beide zwischen Plättchen) begrenzt. Die Datierung des Frieses ist zusammen mit der Datierung der Lorscher Torhalle weiterhin offen. Nach W. Jacobsen dürfte ein Zusammenhang mit der zwischen 876 und 882 errichteten *ecclesia varia* (im Osten an die Apsis der Klosterkirche anschließend) anzunehmen und somit eine Datierung in den Zeitraum zwischen dem Tod Ludwigs des Deutschen (876) und der Bestattung seines Sohnes Ludwigs des Jüngeren (882) gerechtfertigt sein. H.S.

Literatur: JACOBSEN, *Torhalle.* – MINST, K. J., *Kloster Lorsch,* Lorsch [2]1967.

I/8

I/8 Pilasterschaft

Rotsandstein; 43,5 x 25 x 18,5 cm; Lorsch, um 880 (?); Verwaltung der Staatlichen Schlösser und Gärten Hessen, ehemaliges Benediktinerkloster Lorsch, Lapidarium.

Das 1890 in der Mauer einer Lorscher Scheune gefundene Stück, das unten und an der rechten unteren Ecke Beschädigungen aufweist, steht in engem Zusammenhang mit zwei nahezu gleichartigen Pfostenfragmenten (diese jedoch auch mit ornamentierten Seiten). In der querrechteckigen, eingerahmten Zone ist in Kerbtechnik eine Blattstaude dargestellt, deren rechter Ausläufer ein unpaarig gefiedertes Blatt zeigt. Die Mitte bildet ein säulenartig gestalteter Stengel, den ein dreiteiliges Blatt bekrönt. Nach links läuft das unsymmetrische florale Ornament in einer

geschwungenen Ranke mit halbseits dreiteiliger Spitze aus. Über dieser Zone schließt sich ein etwas breiterer längsrechteckiger Rahmen ohne obere Begrenzung an. Innerhalb des Rahmens liegen nebeneinander fünf durch feine Stege geschiedene Kanneluren, deren erste, mittlere und letzte unten kleine Zungen aufweisen. Die zweite und die vierte Kannelur sind durch Astragale verfüllt.
Im Unterschied zu den Annahmen der Forschung vor ihm meint W. Jacobsen aus Analogien, die über einen ähnlichen Pilasterschaft zu dem Pilastersarkophag Ludwigs des Deutschen (?) bestehen, statt der bisher vertretenen Datierung um 800 eine Gleichzeitigkeit mit der von ihm zusammen mit der *ecclesia varia* in die Zeit zwischen 876 und 882 gesetzten Lorscher Torhalle annehmen zu können. Pfostenfragmente und Pilasterschaft hält er für Teile der Ausstattung der *ecclesia varia*. H.S.

Literatur: ADAMY, R., *Die Fränkische Thorhalle und Klosterkirche zu Lorsch an der Bergstraße,* Darmstadt 1891. – JACOBSEN, *Torhalle* – MANN, A., *Karolingische Kapitellplastik,* in: Karlswerk III. – MEYER-BARKHAUSEN, W., *Lorscher Torhalle und die Karolingische Renissance,* Heppenheim 1953. – MINST, K. J., *Kloster Lorsch,* Lorsch [2]1967.

I/9 Pilasterkapitell

Heller Kalkstein; 35 x 27 - 33 cm; Lorsch, letztes Drittel des 8. Jhs.; Verwaltung der Staatlichen Schlösser und Gärten Hessen, ehemaliges Benediktinerkloster Lorsch, Lapidarium.

Unweit der Lorscher Torhalle kamen 1890 beim Abbruch einer Remise zwei Pilasterkapitelle zum Vorschein, deren besser erhaltenes hier ausgestellt wird.
Ein deutlicher Absatz gliedert das Kapitell in zwei horizontale Zonen, die sich an den beiden Schmalseiten etwa 8 cm tief fortsetzen. Die untere Zone ist doppelt so hoch wie die obere und springt leicht vor. In flachem Relief sind in der unteren Zone zwei auf Lücke stehende Reihen Akanthusblätter mit nach vorne überlappenden Blattspitzen angeordnet. Die obere, leicht zurücktretende Zone läßt links und rechts zwei blütenartige Ornamente erkennen, die denen der Lorscher Palmettenfriese durchaus ähnlich sind, aber weniger sorgfältig gearbeitet wurden. Die nur mehr an der linken Seite des Kapitells die Ecken bildenden, volutenartig ausrollenden Blätter dürfen in symmetrisch entsprechender Weise auch an der rechten (abgeschlagenen) Seite angenommen werden. Den über den beiden kelchartig geöffneten Ornamenten entstehenden Raum füllt ein dreiteiliges Flechtband. Zwischen ihnen, im Zentrum der oberen Zone, befindet sich ein kompliziertes Ornament, gebildet aus einem dreiteiligen Blatt, das einem leicht nach vorne geneigten kreisförmigen Schild aufliegt. Im unteren Drittel des gebogenen Schildes sind zwei weitere, leicht nach links bzw. nach rechts schwingende dreiteilige Blätter angebracht, deren Stiele wie an Knöpfen befestigt aussehen. Nach unten ist das Pilasterkapitell durch einen einfachen Wulst, nach oben durch einen leicht geschwungenen, aus Plättchen und Karnies zusammengesetzten Abakus begrenzt, der in der Mitte einen halbkreisförmigen Vorsprung aufweist. Die qualitätvolle Arbeit steht stilistisch zwei weiteren Ornamentsteinen nahe und dürfte wie diese zum bauplastischen Schmuck des Gründungsbaus der Lorscher Basilika gehört haben. H.S.

Literatur: siehe I/8

I/9

I/10 Plattenmosaiken

Weißer, roter und farbig geäderter Marmor, Ziegelplatten; Lorsch, Ende 8. Jh. bis Ende 10 Jh.; Verwaltung der Staatlichen Schlösser und Gärten Hessen, ehemaliges Benediktinerkloster Lorsch, Lapidarium.

Die Fragmente reicher Plattenmosaikböden wurden zwischen 1890 und 1933 an verschiedenen Stellen des Klostergeländes Lorsch gefunden. Kein Stück fand sich *in situ,* alle erhaltenen Platten traten in einer Füllschicht auf, der augenscheinlich eine Brandkatastrophe vorangegangen war.
Die einzelnen Mosaikplatten von unterschiedlicher Größe lassen sich zu in der Mosaikkunst seit der Antike gebräuchlichen Mustern zusammenlegen. Es finden sich Rauten-, Dreiecks-, Waben-, Kreis-, Quadrat- und Schuppenmuster in vielfacher Farbenvariation. Besser erhaltene Fußböden zeigen, daß alle diese Muster, etwa in einzelnen Feldern zu einem Band geordnet, durchaus in einem Boden gleichzeitig auftreten können. Da zudem der Marmor mit großer Sicherheit Spolienmaterial aus römischen Bauten ist, wird eine Datierung der Fußböden extrem erschwert.
Mehrfach ist zwischen den Jahren 778 und 998 in den Eintragungen der Annalen des Klosters Lorsch das Anlegen oder Erneuern eines Fußbodens erwähnt, zumeist bezogen auf die unmittelbare Umgebung des Altares und den Chorraum der Kirche.
Wenn man auch die Entstehungszeit und Anordnung der Mosaiken kaum mehr wird näher festlegen können, so bleibt doch die Tatsache bemerkenswert, daß die Klosterkirche von Lorsch einen marmornen Bodenbelag besaß, eine Ausstattung, wie sie selbst für die höchsten Bischofskirchen im 9. Jahrhundert nicht selbstverständlich war.

A.T.

Literatur: KIER, H., *Der mittelalterliche Schmuckfußboden,* Düsseldorf 1970.

II. QUELLEN

Durch die Gnade Gottes, nach apostolischer Genehmigung und auf Befehl unseres allerfrömmsten Herrn, König Karls, wurden in dessen 26. Königsjahr alle Bischöfe und Priester des Frankenreichs, Italiens, Aquitaniens und der Provence zu einer Synode versammelt. Er selbst, der Mildherzigste, nahm an der hl. Versammlung teil.

Zur Bedeutung des Frankfurter Kapitulars

von Hubert Mordek

Die unmittelbaren Zeugnisse von Karls des Großen Aufenthalt in Frankfurt sind rasch aufgezählt:
I. die originale Königsurkunde vom 22. Februar 794 (vgl. Kat. I, Nr. 1/3),
II. das Kapitular in Abschriften des späten 9. und des 10./11. Jahrhunderts,
III. das Lorscher Annalenfragment, vielleicht ein zeitgenössisches »Original-Dokument« des Jahres 794,
IV. einige ergänzende »Aktenstücke« zum Adoptianismus und zum Bilderstreit.
Den übergreifenden Kontext dieser Quellen bildet die Gesamtheit der Reformbestrebungen Karls des Großen. Eigens hingewiesen werden soll im folgenden auf das Recht und auf die Einführung der karolingischen Minuskel.

Königliche Kapitularien sind von den fränkischen Herrschern (Kaisern, Königen, Hausmeiern) ausgehende, meist in Kapitel – daher der Name – gegliederte Erlasse, Verordnungen, Verlautbarungen von gesetzgeberischem, administrativem und religiös-belehrendem Charakter. Im Zuge einer sich ausbreitenden Schriftlichkeit sollten sie das Bemühen der Zentrale unterstützen, das durch Eroberungen stark vergrößerte Reich nach einheitlichen Richtlinien zu regieren, die unterschiedlichen Teile zu einem homogenen Ganzen zusammenzuführen sowie Große und Volk im Sinne des Christentums zu kooperativen Gliedern von Staat und Kirche heranzubilden.
Daß Kapitularien ein bestimmtes Aussehen haben müßten, wäre eine moderne Vorstellung. Die Form variierte sehr stark, von knappen Rubrikenlisten über reine Kapitelreihen bis hin zu urkundlichen Vollformen.
Zahlreiche Aspekte dieser Formenvielfalt, sonst üblicherweise geschieden in den einzelnen Kapitularien, vereinen sich im Frankfurter Kapitular. Sein kleines Proöm bietet, was keineswegs zum Kapitularienstandard gehört, eine Datierung, das 26. Regierungsjahr Karls des Großen. Die ersten zehn und die letzten zwei Kapitel (1–10, 55–56) sind in der Regel länger als die anderen und handeln – weitgehend im Stil eines Protokolls – von Spezialthemen, oft Personalfragen, die einer politischen Entscheidung bedurften, während die Kapitel 11–54 allgemeingültige Bestimmungen enthalten, meist redigierte Übernahmen oder thematische Anregungen aus der *Admonitio generalis* (789) (Kat. II/3), den beiden etwa gleich alten *Duplex legationis edictum* (künftig besser *Duplex capitulare missorum* genannt) und *Breviarium missorum Aquitanicum* sowie dem Kapitular von Herstal (779).
Einfache, an Ausfertigungen für Königsboten (*Capitularia missorum*) erinnernde Lemmata wie Kapitel 34 »Über die Verachtung von Habsucht und Begierde« (»*De avaricia et cupiditate calcanda*«) oder Kapitel 35 »Über die Befolgung der Gastfreundschaft« (»*De hospitalitate sectanda*«) gewinnen eigentlich erst Klarheit in Verbindung mit Kapitel 33 bzw. 75 der *Admonitio generalis.* Auch die Gründe für eine vorzeitige Jungfrauenweihe im unbestimmten Kanon des 46. Kapitels (»es soll gesucht werden, was im Kanon steht« – »*ea quaerantur, quae in canone scripta sunt*«) beispielsweise werden erst deutlich, wenn man den Quellenbeleg des entsprechenden Kapitels der *Admonitio* (c. 46) heranzieht. Doch gerade weil das Frankfurter Kapitular weniger perfekt und geschliffen erscheint als die *Admonitio,* verraten uns die changierenden, mitunter eigenwilligen Formulierungen mehr von seinem Werdegang als die meisten anderen Kapitularien.
Freilich, die auf den ersten Blick verwirrend uneinheitliche Form ist zwar selten, stellt aber im Kapitularienbereich kein Unikum dar. Sie findet sich etwa auch im *Capitulare missorum generale* von 802 oder im erst kürzlich entdeckten *Capitulare ecclesiasticum* von 805/813 (wahrscheinlich 813) und dürfte übrigens neben der zum Teil fehlerhaften Sprache ein weiterer Grund dafür sein, von einer an sich möglichen Verfasserschaft Alkuins auch am Frankfurter Dokument abzurücken. Andererseits spricht wenig dafür, in ihm nur die private Mitschrift eines Konzilsteilnehmers zu sehen. Vom Inhalt her muß man es als ein ganz ungewöhnliches Kapitular bezeichnen, denn es läßt sich unter Karl dem Großen kein zweites namhaft machen, das eine solche Fülle weitreichender, für die allgemeine Reichs- wie für die Kirchengeschichte hochbedeutsamer Entscheidungen und kanonischer Bestimmungen vereint und ihm somit an die Seite zu setzen wäre. Konzentrieren wir uns im folgenden neben der Inhaltsauch auf die bislang weniger beachtete Formenanalyse (für Einzelheiten ist der oben wiedergegebene Text heranzuziehen):
»Am Anfang der Kapitel stand die Erörterung der gottlosen Häresie des Bischofs Elipandus von Toledo, Felix' von Ur-

gel und ihrer Anhänger«, heißt es protokollarisch strikt nach der Tagesordnung zu Beginn des 1. Kapitels über den Adoptianismus, den die versammelten Väter einstimmig verdammten, ohne daß das Problem damit endgültig aus der Welt geschafft war. Auch die meisten karolingischen Annalen sehen in der spanischen Irrlehre den Hauptverhandlungsgegenstand des Konzils, und es gibt für uns keinen Grund, dem Thema der adoptianistischen Häresie als einer Kernfrage fränkischer Theologie die ihm von der Synode eingeräumte Spitzenstellung abzusprechen. Erich Caspar könnte recht haben mit der Annahme: »Der Umstand, daß in dieser Sache der König und der Papst einmütig vorgingen, mag Veranlassung gewesen sein, sie mit der heiklen Bilderfrage gleichzeitig zu behandeln und jener gegenüber sogar in den Vordergrund zu rücken.«

Die Bilderfrage des Konzils von Nicaea 787 – in Konstantinopel fand nur die Schlußsitzung statt – wurde jedenfalls erst in Kapitel 2, das denselben synodalen Konferenzstil widerspiegelt, als weiteres dogmatisches Problem »in den Mittelpunkt gerückt« (»*Allata est in medio questio de nova Grecorum synodo*«). Die Behauptung, »unsere heiligsten Väter« hätten die – hier angenommene – nicaenische Position der Bilderanbetung und des Bilderdienstes »völlig« (»*omnimodis*«) und »übereinstimmend« (»*consentientes*«) verworfen, klammert die in diesem Punkt doch herrschenden Differenzen zwischen König und Papst aus, obwohl die römischen Legaten in Frankfurt zugegen waren.

Nach zwei dogmatischen Entscheidungen geht es nun um die Lösung dreier Fragen des weltlichen Rechts (cc. 3–5), oder, anders ausgedrückt: nach Gott tritt in gewiß bewußter Abfolge der König ins Zentrum der Verhandlung, danach erst die Kirche.

In Kapitel 3, das in langatmig-narrativem Ton berichtet, wie Tassilo »inmitten des Konzils erschien«, »sichtlich um Gnade bat« und für sich und seine Nachkommen auf sämtliche Herrschaftsrechte und jeden Eigenbesitz im Herzogtum Baiern verzichtete, ist von Karl als »unserem Herrn« die Rede, der Tassilo – wiederum sichtbar und so allseits zu bezeugen – in seine Gunst aufnahm (»*domnus noster ... visus est suscepisse*«; »*visus est*« findet sich gern in Urkunden und scheint dem Text der »drei Urkunden« [»*tres breves*«] entnommen, die nach Auskunft des Kapitulars den Vorgang dokumentierten). Karls Gunst bestand freilich nur darin, dem gedemütigten einstigen Vasallen das nackte Leben zu lassen. Tassilo, der glücklose letzte Baiernherzog aus agilolfingischem Hause, »verschwindet damit aus der Geschichte« (Engelbert Mühlbacher).

Auch das 4. Kapitel, das mit seinen detaillierten Preisvorschriften für Getreide und Brot in den Bereich karolingischer Sozialgesetzgebung gehört, erwähnt zunächst Karl in der dritten Person (»Unser frömmster Herr König hat unter Zustimmung der heiligen Synode beschlossen, daß niemand ... das Getreide überteuert verkaufen soll.«), um ihn am Ende selbst auftreten zu lassen: »Und wer von uns ein Lehen hat, soll sich sorgfältigst darum kümmern, ... daß keiner der Leibeigenen, die zu jenem Lehen gehören, Hungers sterbe.«

Ähnlich hierauf das wichtige, in seiner Bedeutung nicht unumstrittene 5. Kapitel zur Münzreform: »Über die Denare aber sollt ihr genauestens unser Gesetz kennen«, und ausdrücklich werden jene mit hoher Buße belegt, die den neuen, das »Monogramm unseres Namens« (»*nominis nostri nomisma*«) tragenden Silbermünzen die Anerkennung versagen. Das Münzregal war schließlich ureigenes königliches Recht.

Auf gleiche Formalia treffen wir im zweiten Teil des ersten Themenblocks, in den Kapiteln 6–10, die sich allgemein (cc. 6–7) wie specialiter (cc. 8–10) mit Bischöfen befassen (vgl. dazu und zum Inhalt des kirchenrechtlichen Hauptteils den Artikel »Karls des Großen Kirchenrechtsreform am Beispiel des Frankfurter Kapitulars«, Seite 134f.). In unvermitteltem Wechsel der Person wird in Kapitel 6 aus »Der Herr König und die heilige Synode haben beschlossen, daß die Bischöfe in ihren Sprengeln (über den Klerus) Recht sprechen« am Ende, wenn es um die höchste, königliche Gerichtsinstanz geht: »... damit wir den wahren Sachverhalt kennen«, und auf beide Instanzen heben auch die Kapitel 7, 9 und 10 ab. Karls Stimme erklingt dann unzweifelhaft nochmals in Kapitel 16: »Wir haben nämlich gehört, daß manche Äbte aus Habgier Gebühren für die Aufnahme ins Kloster verlangen«, und das folgende Verbot beschlossen »wir und die heilige Synode«. Auch das »Wir«, in das Kapitel 25 kurz nach der Berufung auf frühere Kapitularien »des Herrn Königs« (»*secundum priorum capitularum domni regis*«) und der Aufforderung zur vollen Entrichtung des Zehnten verfällt, dürfte Karls Sicht wiedergeben: »Aus eigener Anschauung haben wir im Jahr (793), als jene schwere Hungersnot sich einschlich, erfahren, daß leeres, von Dämonen verschlungenes Getreide aufflog unter hörbaren Stimmen des Vorwurfs.«

Die beiden letzten Kapitel 55 und 56 lenken in ihrer Berichtsform und im Beschluß konkreter Einzelfälle zum Anfangsteil zurück mit dem Unterschied, daß Karl hier als Antragsteller (in dritter Person), nicht als Gesetzgeber auftritt: »Der Herr König sagte auch auf derselben Synode ... Er bat dieselbe Synode ... Er forderte auch dazu auf ...« (»*Dixit etiam domnus rex in eadem synodum ... Deprecatus est eadem synodum ... Commonuit etiam ...*«); es sind protokollarisch angefügte Ersuche um Ausnahmegenehmigungen für höchste Hofgeistliche (Hildebald von Köln und Alkuin), Bitten, denen »die gesamte Synode auf Antrag des Herrn Königs zustimmte«.

Der Subjektwechsel im Frankfurter Kapitular reflektiert jenen Prozeß, der sich bei der Entstehung der Texte abgespielt hat: hier die Bischöfe, die untereinander nach bereits vorgezeichneter Thematik die Beratungen pflegten, dort Karl, der die bischöflichen Beratungsergebnisse zur Kenntnis nahm und in Einzelfällen eingriff, wenn er etwas verdeutlicht oder überhaupt erst aufgenommen wissen wollte. Dabei fühlte sich der Herrscher auch für rein kirchliche, ja dogmatische Fragen verantwortlich. Karl brachte seine Autorität ein, ohne autokratisch zu diktieren, fragte die Bischöfe nach ihrer Meinung, ohne den eigenen Standpunkt zurückzuhalten. Wahrscheinlich wirkten neben König und Episkopat im Hintergrund auch einflußreiche Laien mit. Immerhin berichten die sogenannten Einhardsannalen von einer parallel tagenden allgemeinen Reichsversammlung, und es ist naheliegend, daß zur Verhandlung mit Tassilo (c. 3) oder zum Gottesurteil über Bischof Petrus von Verdun (c. 9) auch weltliche Augenzeugen geladen waren. »Ihr sollt unser Gesetz genauestens kennen« – diese Aufforderung Karls zur Beachtung der Münzreform (c. 5) richtete sich an alle, Kleriker wie Laien, und dasselbe gilt *mutatis mutandis* für das gesamte, durch königliche Approbation zum Kapitular erhobene Frankfurter Dokument, trotz oder gerade wegen seiner inhaltlichen und formalen Vielseitigkeit, die es zum typischen, zugleich aber auch atypischen Musterbeispiel karolingischer Kapitularien werden läßt.

Literatur: GANSHOF, F. L., *Observations sur le Synode de Francfort de 794,* in: Miscellanea historica in honorem Alberti De Meyer, Louvain/Bruxelles 1946. – HARTMANN, W., *Die Synoden der Karolingerzeit im Frankenreich und in Italien,* Paderborn 1989. – MORDEK, H., Art. »*Kapitularien*«, in: Lexikon des Mittelalters, Bd. 5, München/Zürich 1991. – DERS., *Bibliotheca capitularium regum Francorum manuscripta* (im Druck).

II/1 Frankfurter Kapitular

Sammelhandschrift, Pergament; 171 Bl., 24,5 x 20 cm; Reims, letztes Viertel 9. Jh.; Paris, Bibliothèque Nationale, Ms. Lat. 10758.

An der Spitze der Überlieferung des Frankfurter Kapitulars vom Juni 794 steht fraglos die einst Reimser, heute Pariser Handschrift Lat. 10758, die vielleicht noch unter dem Pontifikat Erzbischof Hinkmars (gest. 882) geschrieben ist. Von ihr leiten sich die erheblich jüngeren Traditionen Paris Lat. 4628 A (Kat. II/2) und 4631 ebenso ab wie die Teilkopien Paris Lat. 4760 (10. Jh.) und Hamburg, Staats- und Universitätsbibliothek, Theol. 1717 (a. 1604, aus der Bibliothek Friedrich Lindenbruchs), welche das Frankfurter Kapitular auslassen.

Gleich im ersten Teil der Pariser Handschrift (pp. 1–56) dominieren zwei Frankfurter Dokumente: die dem Konzil vorgelegte Denkschrift der italischen Bischöfe gegen den Adoptianismus (*Libellus sacrosyllabus*) in einer primär hier auftauchenden Version, aus der Paulinus von Aquileia, der eigentliche Verfasser, persönlich spricht, dann das Kapitular von Frankfurt (pp. 25–35), dessen verwildertes Latein wohl eher einer Stufe des im Reimser Kodex noch sichtbaren Traditionsstranges anzulasten ist als der zu vermutenden authentischen Fassung. Den Schluß bildet Karls wenig ältere, in Frankfurt ausgiebig herangezogene *Admonitio generalis* von 789 (Kat. II/3).

Daß aus einem reichen Quellenschatz geschöpft wurde, zeigt auch der zweite Teil der Handschrift (pp. 57–136). Das Inhaltsverzeichnis (p. 58) nennt über die tatsächlich kopierten Texte hinaus – salisches Frankenrecht mit voraufgehenden novellierenden Kapitularien – ein Exposé über die acht königlichen Bannfälle (*Memoratio de octo bannos*), Karls des Großen Heeresaufgebot wegen der Hungersnot a. 807 (»*qualiter ordinavit propter famis inopiam*«), das ribuarische Frankenrecht und das Alamannenrecht, während mit *Lex suauorum* (wohl verschrieben für *Lex seruorum*) sicher kein schwäbisches Sonderrecht gemeint ist. Der Verlust der Texte, die alle in einer Vorstufe der Sammlung gestanden haben müssen, wiegt wegen der seltenen Überlieferung von *Memoratio* und Aufgebot besonders schwer.

Die Teile 3 und 4 (ab p. 137) stehen unter dem Einfluß Hinkmars von Reims. Nicht nur, daß Hinkmar die Zusätze kannte, mit denen die Kapitulariensammlung Ansegis' von Fontenelle angereichert ist (unter anderem auf dem eingehefteten Pergamentblättchen p. 200bis), er war auch Autor des Breve über die wechselvolle Lehensgeschichte des Reimser Landguts Neuilly (*De villa Noviliaco*) und wahrscheinlich auch der kleinen, daran anschließenden Rechtssammlung; beide dürften um dieselbe Zeit verfaßt sein wie das jüngste datierbare Stück der Sammlung, das Protokoll der Bestätigung der Kaiserkrönung Karls des Kahlen durch die Synode von Ravenna (877), das Hinkmar für die *Annales Bertiniani* heranzog. Es ist wohl Hinkmar zu danken, wenn Reims, das übrigens enge Kontakte zu Mainz unterhielt, der für Frankfurt zuständigen Metropole, das Frankfurter Kapitular in seinem reichen Bücherschatz barg und weitergab. H.M.

Literatur: Devisse, J., *Hincmar et la loi*, Dakar 1962. – Eckhardt, W. A., *Die von Baluze benutzten Handschriften der Kapitularien-Sammlungen*, in: Mélanges Charles Braibant, Brüssel 1959. – Ders., *Das Protokoll von Ravenna 877 über die Kaiserkrönung Karls des Kahlen*, in: Deutsches Archiv für Erforschung des Mittelalters, 23, 1967. – Ders., *Die Decretio Childeberti und ihre Überlieferung*, in: Zeitschrift der Savigny-Stiftung für Rechtsgeschichte, Germanistische Abt. 84, 1967. – Higounet, C., *Notes sur la tradition du de villa Noviliaco d'Hincmar*, in: Lejeune, R./ Deckers, J., (Hrsg.), Mélanges d'histoire ... offerts à Jacques Stiennon, Liège 1982. – Mordek, H., *Karolingische Kapitularien*, in: Überlieferung und Geltung normativer Texte des frühen und hohen Mittelalters, Sigmaringen 1986. – Ders., *Weltliches Recht im Kloster Weißenburg/Elsaß*, in: Litterae Medii Aevi. Festschrift für J. Autenrieth, Sigmaringen 1988. – Ders., *Bibliotheca capitularium regum Francorum manuscripta* (im Druck).

II/2 Frankfurter Kapitular

Sammelhandschrift, Pergament; 182 Bl., 23 x 18 cm; Nordfrankreich, 10./11. Jh.; Paris, Bibliothèque Nationale, Ms. Lat. 4628 A. (Abbildung S. 9–18)

Der Schreiber, der die Reimser Handschrift Paris Lat. 10758 oder zumindest eine sehr ähnliche Überlieferung im ausgehenden 10. oder beginnenden 11. Jh. kopierte, ging mit Bedacht ans Werk. Er verglich seine allenthalben verderbte Vorlage mit anderen Textzeugen oder verbesserte sie, wie im Falle des Frankfurter Kapitulars, mit kritischem Sachverstand (sichtbare Rasuren und Korrekturen), ohne daß der glattere, zuweilen mißverstandene Text auch zum ursprünglicheren avancieren mußte. An neuen Quellen trug er vor allem Kapitularien Karls des Großen und Ludwigs des Frommen nach, unter die ein sehr seltenes Stück, das fränkische Chamavenrecht (*Lex Francorum Chamavorum*), gemischt ist. Ab fol. 46r übernahm er die Hauptmasse des Materials aus Cod. Paris Lat. 10758. H.M.

Literatur siehe II/1, dazu: Nebbiai-Dalla Guarda, D., *La bibliothèque de l'abbaye de Saint-Denis*, Paris 1985.

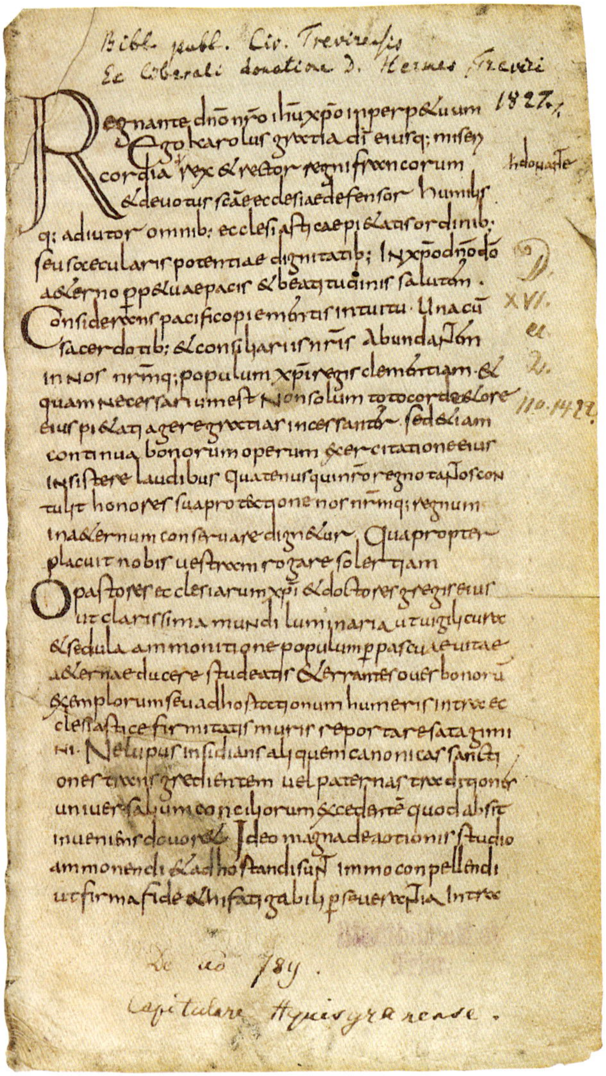

II/3 fol. 1r

II/3 Admonitio generalis

Sammelhandschrift, Pergament; 10 Bl., 22 x 13 cm; wohl mittelrheinisch, Anfang 9. Jh.; Trier, Stadtbibliothek, Hs. 1202/501.

Zahlreiche Bestimmungen des Frankfurter Kapitulars (cc. 7, 11, 19–24, 27–28, 30–37, 39–46, 48–51 und 53) sind in durchweg redigierter Form Karls des Großen programmatischem Kapitular vom 23. März 789 entnommen, der Aachener *Admonitio generalis*, die Alkuin, an der Frankfurter Synode offiziell beteiligt (siehe dortiges Kapitular c. 56), allem Anschein nach mitverfaßt hatte.
Der Trierer Textzeuge der *Admonitio* gehört, obgleich von bescheidenem Äußeren, zu den ältesten und besten überhaupt (foll. 1r–8r; danach Brief Abt Theodomars von Montecassino an Karl).
Vielleicht waren die Blätter einst Teil der beiden Gesetzbücher Karls und anderer Kaiser, die um 1100 im Kloster St. Maximin (Trier) bezeugt sind: »*libri duo de legibus Karoli et aliorum imperatorum*«. H.M.

Literatur: Haeften, B. van, *S. Benedictus illustratus sive disquisitionum monasticarum libri XII,* Antwerpen 1644. – Hallinger, K. (Hrsg.), Corpus consuetudinum monasticarum 1, Siegburg 1963. – Keuffer, M./Kentenich, G., *Beschreibendes Verzeichnis der Handschriften der Stadtbibliothek zu Trier 8,* Trier 1914. – Laufner, R., *Vom Bereich der Trierer Klosterbibliothek St. Maximin im Hochmittelalter,* in: Armaria Trevirensia, hrsg. von G. Franz, Wiesbaden 1985. – Mordek, H., *Bibliotheca capitularium regum Francorum manuscripta* (im Druck).

Die Entstehung der karolingischen Minuskel

von Herrad Spilling

Als Karl der Große 768 die Herrschaft antrat, wies die Schrift des Gebietes, das er übernahm, eine Vielfalt stilistischer Erscheinungen auf. Generationen von Paläographen haben sich mit diesem Phänomen auseinandergesetzt, die Voraussetzungen und Umstände seines Werdens und Vergehens erforscht und aus dem Vergleich nach Herkunft und Alter zu unterscheidender Handschriften den heute mehrheitlich vertretenen Schluß gezogen, daß die gemeinsame Wurzel aller mittelalterlichen Minuskelschriften, angefangen bei stark kursiven Frühformen bis hin zu Prägungen, wie sie etwa Dagulf in seinem goldenen Psalter vorführt (Kat. IV/11), in der jüngeren römischen Kursive und der aus ihr hervorgegangenen Halbunziale zu suchen ist. Diese beiden im ausgehenden 3. bzw. 4. Jahrhundert entstandenen spätrömischen Minuskelschriften haben zu persönlichem und geschäftlichem Gebrauch sowie – neben der Unziale – als Buchschrift gedient, und zwar solange, bis sie sowohl im Bereich des Urkunden- als auch des Buchwesens allmählich von neuen Stilisierungen abgelöst worden sind.
Dieser Prozeß vollzog sich freilich in den einstigen Provinzen des römischen Reiches auf unterschiedliche Weise: auf der iberischen Halbinsel sowie im mittleren und südlichen Italien führten jeweils eigenständige Entwicklungen zu Formen, die erst vom 11. Jahrhundert an dem mitteleuropäischen Schriftstil zu weichen begannen; aus England sind keine Zeugnisse einheimischer Weiterentwicklung römischer Minuskelschriften überliefert, und in Irland hielt im 5. Jahrhundert römische Schrift überhaupt erst als Import merowingischer Halbunziale ihren Einzug, um dort in origineller Weise umgewandelt und schließlich in dieser veränderten Gestalt nach England weitergegeben zu werden. In den übrigen ehemals römischen Gebieten hingegen verlief die Entwicklung der karolingischen Minuskel, soweit sich erkennen läßt, verhältnismäßig einheitlich.
Grundlage war die geschmeidige Kursive, deren einst oft geniale Ligaturen außer Kontrolle geraten und ebenso verwildert waren wie weithin auch die Sprache. Konnte im 7. Jahrhundert noch danach gestrebt werden, »entartete« Kursive zu kalligraphischen Formen zurückzuführen und damit eine virtuose Halbkursive zu schaffen, wie es etwa in Luxeuil gelang, so steht den Bestrebungen der Schreiber des 8. Jahrhunderts ein anderes Leitbild vor Augen: das der Halbunziale, also einer Schrift, die zwar Berührungen zwischen benachbarten Buchstaben erlaubte, Ligaturen jedoch ausschloß. Sobald aber Verbindungen zwischen zwei oder mehr Buchstaben wegfielen und jeder Buchstabe klar umrissen für sich stand, klärte sich nicht nur der Gesamteindruck der Zeile, es wurde vielmehr das Erscheinungsbild jedes einzelnen Buchstabens auf eine bestimmte Gestalt festgelegt, die wiederum durch verbindliche Ausrichtung und Abfolge der nötigen Federstriche definiert war. Für den Schreiber bedeutete das Einbuße an Bequemlichkeit und Geschwindigkeit, für den Leser hingegen eine Erleichterung, brauchte er doch nun nicht mehr den Weg der Feder mit seinem inneren Auge zu verfolgen, um Buchstabenknäule zu entwirren. Normierung und Reduzierung des Formenreichtums bewirkten freilich einen Verlust an Schwung und Lebendigkeit, doch da es einerseits nur wenigen Kursiven gelungen war, ein ästhetisch anspruchsvolles Niveau zu erreichen, und andererseits die neue, geregelte Minuskel über den Gewinn einer für Optik und Sprache gleichermaßen segensreichen Ordnung hinaus in vielen Skriptorien eine elegante Stilisierung erfuhr, treten die Vorteile dieser Schriftentwicklung offen zutage. Kursives Schreiben verschwand im übrigen auch im Bereich der Buchschrift nicht völlig: vor allem im westlichen Reichsgebiet wurde seit der Mitte des 8. Jahrhunderts die Kenntnis der tironischen Noten zurückgewonnen oder in bereinigter Form neu gelehrt. Im übrigen zeigen die Ligaturen, mit deren Hilfe Schreiber scheinbaren Platzmangel am Zeilenende meisterten, daß sie oftmals weit mehr kursive Bildungen beherrschten, als sie innerhalb ihrer gepflegten Minuskel anwandten.
Die in verschiedenen kontinentalen Skriptorien gleichzeitig, aber unabhängig voneinander erwachenden Bestrebungen, sowohl das Schriftbild zu klären, als auch Texte wieder zugänglich zu machen und zu vervielfältigen, setzten bereits vor dem Regierungsantritt Karls des Großen ein. Das erste, aufgrund historischer Anhaltspunkte datierbare Beispiel der aus diesen Anstrengungen hervorgegangenen karolingischen Minuskel ist die unter Abt Maurdramnus (ca. 772–780) in Corbie geschriebene mehrbändige Bibel, die zugleich ein Beispiel für die Sorge um Vollständigkeit und philologische Qualität eines grundlegenden Textes bietet.

Manches Merkmal, das als Kriterium dafür gilt, ob eine neu geprägte Stilisierung bereits als karolingische Minuskel zu bezeichnen ist – nicht umsonst wird häufig von »frühkarolingischer« Minuskel gesprochen –, findet sich bereits in Schriften der Jahrhundertmitte, zum Beispiel das unziale a in Tours, während, umgekehrt, ältere a-Formen das ganze 9. Jahrhundert über und auch später noch Bestandteil selbst kalligraphischer karolingischer Minuskel geblieben sind. Wenn der Maurdramnus-Typ als die früheste karolingische Minuskel aufgefaßt wird, so muß betont werden, daß gerade in Corbie verschiedene Stilisierungsversuche ausgereift sind und ihre Ergebnisse Jahrzehnte lang nebeneinander genutzt wurden, ehe der Maurdramnus-Typ die anderen verdrängen konnte. Die Durchsetzungskraft erwuchs der jungen karolingischen Minuskel letztlich aus der Klarheit ihres Erscheinungsbildes, die sie sowohl der Struktur ihrer einzelnen Buchstaben als auch deren Gefüge innerhalb der Wörter verdankt. Als Maßstab hat ihr die Halbunziale gedient, die ja im übrigen in Nordfrankreich als Auszeichnungsschrift beibehalten und ihrerseits bewußt stilisiert worden ist.

Einfluß auf die Herausbildung der karolingischen Minuskel übten vermutlich auch insulare Schreibgewohnheiten aus: die ursprünglich weder in der Kursive noch in der Halbunziale vorhandenen linksseitigen Verstärkungen am Ansatz der in mittlerer Höhe beginnenden Schäfte, die einen zusätzlichen Federstrich erforderten, finden sich nämlich auf allen Stufen des insularen Schriftsystems und könnten von dort aus bereits in die merowingische Kalligraphie eingedrungen sein. Da dieses Element jedoch auch in spanischen, mittel- und süditalienischen Buchschriften auftritt, müßte seine Entstehung und Verbreitung in einem weiter gesteckten Rahmen ausgelotet werden.

Gewisse Spuren ihrer Herkunft aus der Kursive hat die karolingische Minuskel allerdings bewahrt, vielleicht sogar zurückgewonnen. Die keulenartigen Verdickungen ihrer Oberlängen gehen auf das einstige Mitschreiben der Luftlinien zurück, das heißt, ein in der Minuskel funktionslos gewordenes Element kursiven Schreibens wurde unter ästhetischen Gesichtspunkten zu einem festen Bestandteil des Buchstabens umgeformt. Einzelne Ligaturen blieben erhalten, selbst wenn sie weder Platz sparten, noch in ihrer nunmehr stilisierten Gestalt den Schreibvorgang zu beschleunigen vermochten; im Laufe der Zeit nahm ihre Zahl wieder zu, genauso wie die der Abkürzungen, deren Einsatz zugleich ein Licht auf grammatikalische Sicherheit wirft. Ob die leichte Rechtsneigung, durch die sich manche voll entwickelte karolingische Minuskel von der starr aufgerichteten Maurdramnus-Minuskel unterscheidet, noch als Erbe der Kursive gelten darf, wird sich kaum entscheiden lassen.

Aufgrund der Überlieferungslage läßt sich das Heranwachsen der karolingischen Minuskel aus kursiven und halbkursiven Schriften am besten im heutigen Nordfrankreich verfolgen; als beispielhaft im Hinblick auf das erhaltene Material wie auf seine Erforschung darf Tours gelten. Vergleichsweise gut bezeugt ist ferner die Entwicklung in St. Gallen, wo dank der in vorkarolingischer Minuskel geschriebenen Urkunden aus der Mitte des 8. Jahrhunderts sowie der Hinterlassenschaft des als Buch- und Urkundenschreiber tätigen Winithar der Werdegang der alemannischen Minuskel zu erkennen ist, jenes oft kalligraphisch gestalteten runden Minuskeltyps des Bodenseeraumes, der sich jahrzehntelang gegenüber der karolingischen Minuskel zu behaupten wußte. In Baiern setzt die Überlieferung dagegen erst eine Generation später ein, kursive Vorstadien baierischer Minuskel sind nicht bezeugt. Daß hier aber nicht ausschließlich bodenständige Kräfte am Werk waren, zeigt die Beteiligung englischer, alemannischer und oberitalienischer Schreiber an Freisinger und St. Emmeramer Handschriften, und geradezu einen Stileinbruch verursachten in Salzburg die französischen Mönche aus St. Amand.

Im ersten Drittel des 9. Jahrhunderts verschwanden jedoch allmählich die lokalen Schriftschöpfungen, und selbst solche, die den Anforderungen einer klaren, stilsicheren Buchschrift gerecht geworden waren, machten der karolingischen Minuskel Platz. Dieser Vorgang ist als Ergebnis der Kulturpolitik Karls des Großen zu verstehen, geht aber nicht auf einen ausdrücklichen Befehl des Königs zurück, denn in keinem seiner einschlägigen Erlasse, nicht einmal in seinem Brief an die angelsächsische Minuskel schreibenden Fuldaer Mönche (Kat. II/4) findet sich ein Wort über die Gestalt der Schrift. Auch die Kalligraphen in Karls Umgebung, Dagulf und Godescalc (Kat. IV-11 und IV-21), sprechen in ihren Widmungsversen nicht vom Bau der Buchstaben, von Form und Ausrichtung der Schrift, vom Bilden eines Stiles, sondern allein von der Pracht der Goldschrift auf purpurnem Grund, dem Schmuck und Glanz, der dem geschriebenen Wort Gottes gebühre und das »goldene Zeitalter« unter Karls Herrschaft spiegele. Aber wenn auch keine Normierung gefordert war, so hat doch das Vorbild der am Hof gepflegten Minuskel Maßstäbe gesetzt und einen Formenkanon umrissen, der in allen abendländischen Skriptorien früher oder später zum gemeinsamen Gut geworden ist. Der Trieb zu kalligraphischer Gestaltung, die Anforderungen, die einzelne Schreiber an ihr eigenes Können wie an die Fähigkeiten ihrer Schüler stellten, führten freilich dazu, daß sich im 9. Jahrhundert erneut hauseigene Stile herausbildeten, die bei gleichartigem Formenschatz vielfältige Wandlungen im Erscheinungsbild der karolingischen Minuskel hervorgebracht haben.

II/4 fol. 1r

Literatur: Bischoff, *Schreibschulen.* – Ders., *Ein wiedergefundener Papyrus,* in: Archiv für Kulturgeschichte 29, 1939, S. 25–38. – Ders., *Kalligraphie in Bayern,* 1981. – Ders., *Mittelalter I.,* S. 6–16. – Ders., *Paläographie des römischen Altertums und des abendländischen Mittelalters,* ²1986. – Bruckner, A., *Scriptoria Medii Aevi Helvetica,* II/III, 1936/1938. – Ganz, D., *Corbie in the Carolingian Renaissance,* 1990. – Rand, E. K., *Studies in the Script of Tours I/II,* Tours 1929/1934.

II/4 Epistola de litteris colendis

Handschrift, Pergament; 260 Bl., 28,5 x 21,5 cm; Chelles, Mitte 8. Jh. (fol. 1 und 260 nachträglich beschrieben, Würzburg, 8./9. Jh.); Oxford, Bodleian Library, Ms. Laud misc. 126. (Foto von fol. 1r)

Der Oxforder Augustinus-Kodex Laud. misc. 126 tradiert am Anfang ein sehr seltenes Dokument: Karls des Großen *Epistola de litteris colendis* an Abt Baugulf von Fulda, entworfen offenbar von Alkuin, um zum Studium der *litterae* anzuhalten, zum Erlernen rechten Schriftverständnisses und korrekter Formulierung. Bis zur Erstedition des schwer lesbaren Textes (1927) war der Brief nur in der redigierten, an einen Erzbischof (Angilram von Metz?) gerichteten Fassung des ungleich jüngeren Cod. Metz, Bibliothèque Municipale, 226 (11./12. Jahrhundert) bekannt, der 1944 verbrannte.

Neuerdings wegen sachlicher und sprachlicher Gemeinsamkeiten kurz vor der *Admonitio generalis* datiert (also vor dem 23. März 789), entspricht die *Epistola de litteris colendis* doch auch c. 29 des Frankfurter Kapitulars, und vor dogmatischen Zerreißproben wie in Frankfurt scheint die Epistola zu warnen, wenn sie klagt: »Wir alle wissen, daß – so gefährlich Wortfehler auch sein mögen – Sinnfehler noch viel gefährlicher sind«. (»*Et bene novimus omnes, quod, quamvis periculosi sint errores verborum, multo periculosiores sunt errores sensuum*«). Daß Mönche, wie zu guter Letzt verlangt, Gerichtsversammlungen fernbleiben sollen, schärft neben c. 73 der *Admonitio* auch c. 11 des Frankfurter Kapitulars ein.

Bald nach seiner Abfassung (spätes 8. Jahrhundert) wurde Karls Brief auf der noch freien ersten Seite des Mitte des 8. Jahrhunderts in Chelles entstandenen Oxoniensis nachgetragen, wahrscheinlich von derselben, wohl Würzburger Hand, die am Ende des Kodex (fol. 260r) Titel der heimischen Dombibliothek und von vier nach Fulda verliehenen Büchern festhielt. H.M.

Literatur: Bischoff, *Mittelalter III.* – Lehmann, P., *Fuldaer Studien,* 1927. – Martin, Th., *Bemerkungen zur Epistola de litteris colendis,* in: Archiv für Diplomatik, 31, 1985. – Mordek, H., *Bibliotheca capitularium regum Francorum manuscripta* (im Druck). – Stengel, E. E., *Urkundenbuch des Klosters Fulda,* 1, Marburg 1958. – Wallach, L., *Charlemagne's De litteris colendis and Alcuin,* in: Speculum, 26, 1951; überarbeiteter Wiederabdruck in: Ders., *Alcuin and Charlemagne,* Ithaca, N.Y. 1959.

II/5 Lorscher Annalen

Handschrift (Fragment), Pergament; III, 8, IIx Bl., 23,6 x 16,5 cm; Lorsch oder Oberrhein, erhaltene Teile 794 bis 803 geschrieben; Wien, Österreichische Nationalbibliothek, Cod. 515. (Foto von fol. 1r)

Die Handschrift von herausragender historischer Bedeutung verzeichnet in kurzen Absätzen wichtige politische Ereignisse der karolingischen Herrschaft bis zum Jahre 803. Der Zufall der Erhaltung wollte es, daß der Text auf fol. 1r mit der Nachricht über die Frankfurter Reichssynode als einer »heiligen und universalen Synode« (»*sacra et universalis sinodus*«) (Zeile 9) einsetzt. Es wird über die Auseinandersetzung mit der Häresie des Adoptianismus berichtet und abschließend der Verzicht Tassilos III. auf alle Macht erwähnt: »... und auf derselben Synode trat Tassilo auf und wurde begnadigt« (»*et in ipso sinodo advenit tassilo et pacificatus est*«) (Zeile 16f.).
Von der Eröffnung der Synode und der Anwesenheit päpstlicher Legaten wurde auf der vorangehenden Seite berichtet, die heute verloren, aber durch spätere Abschriften bekannt ist. Angaben über die Verurteilung der byzantinischen Synode von Nicaea fehlen indessen völlig.
Der historische Wert des vorliegenden Fragmentes liegt in der Tatsache, daß es nicht wie die Abschriften in einem Zuge heruntergeschrieben ist, sondern daß es sich um das »Original« der karolingischen Annalen handelt, die von einem direkten Zeugen des Geschehens Jahr für Jahr einem Schreiber in die Feder diktiert wurden. Dieser »Autor« der Annalen war mit großer Sicherheit Richbod, der seit 784 Abt des Klosters Lorsch und ab 791 Bischof von Trier war und im Jahr 804 verstarb. Als einer der höchsten Würdenträger des karolingischen Reiches wird er an der Frankfurter Synode teilgenommen haben. A.T.

Quellen: MGH SS I, Hannover 1826.
Faksimile: Unterkircher, F., *Fragment der Lorscher Annalen*, Graz 1967.
Literatur: Bischoff, *Lorsch*. – Ders., *Schreibschulen*. – *Katalog Aachen*, Nr. 343. – *Katalog Karl der Große und die Wissenschaft*, Wien 1993. – Wattenbach–Levison–Löwe, *Deutschlands Geschichtsquellen im Mittelalter, II.*, Weimar 1953.

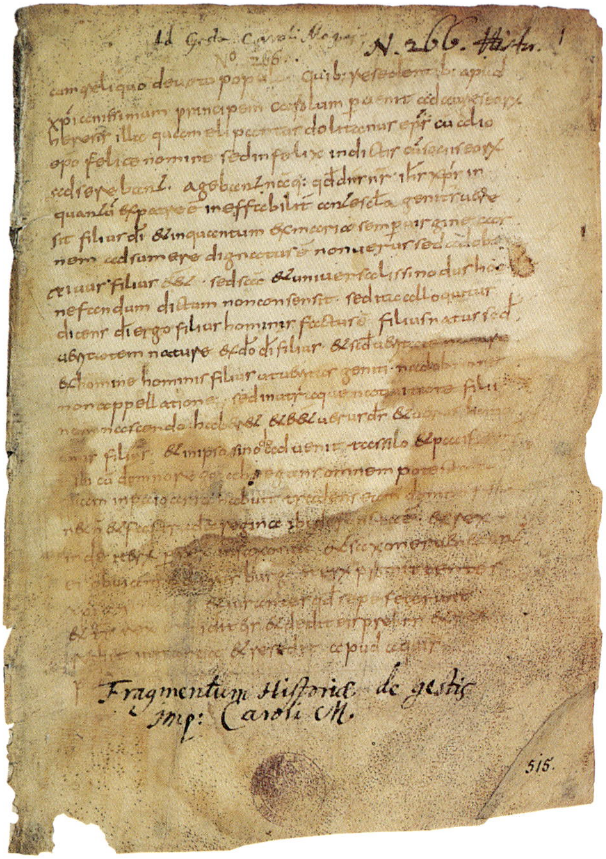

II/5 fol. 1r

III. ADOPTIANISMUS

Dort beschäftigte man sich in den Kapiteln zuerst mit der gottlosen und verruchten Häresie des Elipand, des Bischofs von Toledo, und des Felix, des Bischofs von Urgel, sowie ihren Anhängern, die in falschem Glauben die Adoption zum Gottessohn behaupteten: Diese Lehre wiesen alle die genannten hochheiligen Männer zurück, widersprachen ihr einstimmig und setzten fest, daß diese Häresie mit Stumpf und Stiel aus der hl. Kirche auszurotten sei.

Der spanische Adoptianismus

von Matthias Theodor Kloft

Das Frankfurter Kapitular beginnt mit einer Verurteilung des sogenannten Adoptianismus, der von Spanien aus ins Frankenreich vordrang.
Seit 711 war Spanien in der Hand islamischer Herrscher. Der Islam garantierte zwar die Religionsausübung der anderen Buchreligionen, des Christentums und des Judentums, beeinflußte aber auch deren Theologie. Besonders anstößig für den Islam war die Gottessohnschaft des Menschen Jesus von Nazareth, der im Islam als Gesandter (»*rasul*«) fast dem Propheten Mohammad gleichgestellt ist. Nach dem Koran hat Gott »weder gezeugt, noch ist er gezeugt worden« (Sure 112,2). Darüberhinaus hatte sich die spanische Kirche erst gut hundert Jahre vor der arabischen Eroberung auf der Synode von Toledo (589) gänzlich der katholischen Richtung des Christentums zugewandt. Bis zu diesem Zeitpunkt hatte gerade das westgotische Königshaus noch den Arianismus befördert, der nur eine »Wesensähnlichkeit«, keine »Wesensgleichheit« des Gottessohnes mit dem Vater annahm. Diese Konstellation bedingte, daß sich die spanische Kirche anders als die anderen westeuropäischen Kirchen weiterhin mit der Frage nach der Göttlichkeit und Menschlichkeit Jesu auseinandersetzen mußte, die schon die großen Konzilien der Spätantike beschäftigt hatte.
Der spanische Metropolit Elipand von Toledo († nach 800) trennte in seinen christologischen Vorstellungen strikt die beiden Naturen Christi. Im Falle der göttlichen Natur sei Christus, übereinstimmend mit der allgemeinen Lehre, eingeborener Sohn (»*filius proprius*«) in seiner menschlichen Natur sei er jedoch nur Adoptivsohn (»*filius adoptivus*«). Daß diese theologische Frage Ende des 8. Jahrhunderts zu einer heftigen Diskussion in der abendländischen Kirche führte, hängt eng mit der Entwicklung der spanischen Kirche unter dem Vorzeichen der islamischen Eroberung zusammen, auch wenn die Formel Elipands keine direkte Anbiederung an die Theologie der neuen Herren darstellt. Trotz der Unterwerfung unter den Islam hatte sich in der spanischen Kirche die Erinnerung an die große Zeit des 6. und 7. Jahrhunderts erhalten, in der die Schriften des Isidor von Sevilla sowie des Ildefons und Julian von Toledo entstanden waren, die das weitere Mittelalter prägten. Als sich um einen gewissen Migetius eine rigoristische, gerade im Umgang mit den neuen Herren kompromißlose Sekte gebildet hatte, fühlte sich der Toledaner Metropolit herausgefordert, dieser Sekte mit der Lehrautorität der spanischen Kirchentradition entgegenzutreten. Ein Problemfeld der migetianischen Lehre war deren Sicht der Dreieinigkeit, die uns jedoch nur durch die Brille ihres Gegners Elipand, wohl polemisch entstellt, überliefert ist. Elipand schreibt, daß Migetius die drei Personen der Trinität mit Personen der biblischen Geschichte identifiziert habe, das heißt Gottvater mit David, Gottsohn mit Jesus und den Heiligen Geist mit Paulus. Dieser Vorstellung setzte Elipand in seinem Brief gegen Migetius neben der gänzlichen Ablehnung einer Bindung des Vaters und des Geistes an menschliche Gestalten die Trennung von göttlicher und menschlicher Person in Jesus Christus entgegen, die in ihren Formulierungen des »*filius adoptivus*« durchaus mozarabisch-spanischer Liturgietradition entsprach, wenn sie auch inhaltlich über bisherige Traditionen hinausging.
Migetius hatte in derselben Zeit einen Fürsprecher gewinnen können, der mit dazu beitrug, der theologischen Kontroverse europäische Dimensionen zu verleihen. Erzbischof Wilchar von Sens hatte im Zusammenwirken mit Karl dem Großen einen Bischof für Spanien geweiht, der im Auftrag der römisch-fränkischen Kirche mit päpstlicher Rückendeckung jenseits der Pyrenäen deren Vorstellungen verbreiten sollte. Der neue Bischof Egila fand auf dem Hintergrund der fränkischen Kirchenreform gerade in der rigoristischen Sekte eine Reihe von positiven Ansatzpunkten, während die westgotische Kirche mit anderen, vor allem nichtrömischen Traditionen eher suspekt erschien. Die christologischen Thesen des Migetius standen jedenfalls sicher nicht im Vordergrund. Der in den Augen des Franken 783 nicht nach römischer Tradition – also falsch – gefeierte Ostertermin wie auch weitere nicht eingehaltene römische Vorschriften und Gebräuche mußten dem in der fränkischen Reformtradition stehenden Egila die spanische Kirche als ketzerisch erscheinen lassen. Eine besondere Ausrichtung des Migetius auf Rom mag die Verbindung von Egila und dem Sektierer noch befördert haben, so daß die Verurteilung des Migetius durch Elipand und das Konzil von Sevilla 785 im Frankenreich und auch bei Papst Hadrian I. nicht nur reserviert aufgenommen wurde, sondern im Zusammenhang mit Elipands Adoptianismuslehre zu dessen Verurteilung führte.

Eine erste Kampffront gegen den Bischof von Toledo entstand auf spanischem Territorium, in dem von muslimischer Herrschaft freien Königreich Asturien. Der Mönch Beatus von Liébana, der im frühmittelalterlichen Spanien besonders durch einen Apokalypsenkommentar Einfluß ausübte, und dessen Schüler Bischof Etherius (Heterius) von Osma (Oxoma) sowie ein gewisser Felix setzten sich schriftlich mit der neuen Christologie auseinander und verwarfen sie, während Elipand seinerseits heftig gegen seine Kritiker polemisierte. In seinen Briefen nannte Elipand Beatus einen »Schüler des Teufels«. Der Konflikt wurde noch verstärkt, weil Elipand mit einem aus westgotischen Zeiten herrührenden Toledaner Primatsanspruch gegen die in Entwicklung befindliche asturische Landeskirche stand.

Im Einflußbereich der fränkischen Kirche wurde der spanische Adoptianismus jedoch erst wahrgenommen, als in dem von Karl eroberten Nordspanien Elipands dogmatisch versiertester Verteidiger, Bischof Felix von Urgel, seine Stimme erhob. Auf ihn gingen viele der problematischen Begriffe zurück, die Christi menschliche Natur in ihrer Göttlichkeit als unvollkommen charakterisieren.

Felix' Bischofssitz Seo de Urgel gehörte seit Karls Pyrenäenzügen zur fränkischen Kirche und rief diese deshalb auf den Plan. In den Konzilien von Regensburg 792 und Frankfurt nahm sie den Kampf mit dem Adoptianismus auf. Ein fränkischer Bischof, der Falsches glaubte, war gefährlich für das fränkische Reich, denn er konnte nach damaliger Vorstellung den Zorn Gottes hervorrufen, der den Bestand des Reiches in Gefahr brachte. 792 zitierte man Felix deshalb vor eine Kirchenversammlung in Regensburg, die unter dem Vorsitz Karls des Großen stand. Die Synode verurteilte Felix' Lehre und schickte ihn in Begleitung des Abtes Angilbert von St. Riquier nach Rom, wo Felix widerrufen mußte. An seinen Sitz zurückgekehrt, floh er in das islamische Spanien. Auf dem Frankfurter Konzil 794 stand Felix' Haltung in der Adoptianismusfrage deshalb erneut auf der Tagesordnung. In Abwesenheit wurde seine Lehre ein zweites Mal verurteilt. Der geistige Kampf wurde nun von zwei Männern getragen, die im Umfeld Karls auch in den folgenden Jahren eine große Rolle spielen sollten, dem Angelsachsen Alkuin und dem Patriarchen Paulinus von Aquileja. Die Auseinandersetzung führte zu umfangreichen Schriften der beiden Theologen. Alkuin schrieb unter anderem eine Kampfschrift gegen Felix in sieben Büchern und eine gegen Elipand in vier Büchern. Paulinus legte seine Gedanken gegen Felix in drei Büchern nieder. 799 oder 800 wurde die Auseinandersetzung mit Felix von Urgel auf einer Synode in Aachen weitergeführt und abgeschlossen. Diesmal disputierte Alkuin mit Felix mehrere Tage über die strittige Glaubensfrage. Felix unterwarf sich schließlich. Karl ließ ihn jedoch nicht mehr in sein Bistum zurückkehren, sondern übergab ihn dem Bischof von Lyon. Dort ist Felix irgendwann nach 800 gestorben.

Quellen: MGH Conc. II, 1, Hannover 1906. – MGH Epp. IV, Hannover 1895. – Migne, Bde. 96/101.

Literatur: Angenendt, A., *Das Frühmittelalter.* Stuttgart/Berlin/Köln 1990. – Boshof, E., *Erzbischof Agobard von Lyon,* Köln 1969. – Grillmeier, A., Art. »*Adoptianismus*«, in: LThK, 3/1993. – Heil, W., *Alkuinstudien I,* Düsseldorf 1970. – Ders., Art. »*Adoptianismus*«, in: Lexikon des Mittelalters, Bd. 1. – Ders., *Der Adoptianismus. Alkuin und Spanien*, in: Karlswerk II. – Kempf, F., *Primatiale und episkopalsynodale Struktur der Kirche vor der gregorianischen Reform,* in: AHP 16, 1978. – Schäferdiek, K., *Der adoptianische Streit im Rahmen der spanischen Kirchengeschichte,* in: ZKG 80/81, 1969/70. – Schedl, C., *Muhammad und Jesus,* Wien 1978. – Williams, R., Art. »*Adoptianismus*«, in: TRE 1.

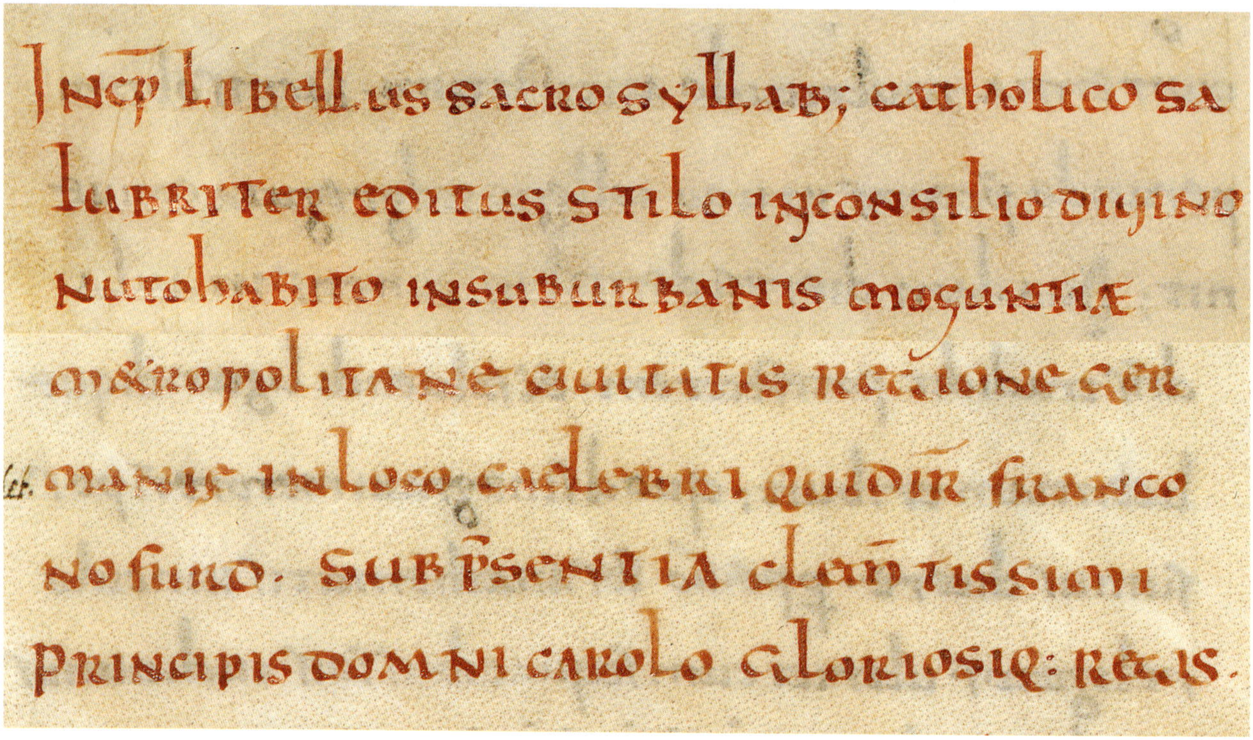
INCP LIBELLUS SACROSYLLAB; CATHOLICO SA
LUBRITER EDITUS STILO IN CONSILIO DIUINO
NUTO HABITO IN SUBURBANIS MOGUNTIAE
METROPOLITANE CIUITATIS REGIONE GER
MANIAE IN LOCO CAELEBRI QUIDIR FRANCO
NOFURD. SUB PSENTIA CLEMTISSIMI
PRINCIPIS DOMNI CAROLO GLORIOSIQ: REGIS.

III/1 fol. 47r/v

III/1 Akten und Briefe zum Adoptianismus

Sammelhandschrift, Pergament; 112 Bl., 24,2 x 17,5 cm; Regensburg, 821; München, Bayerische Staatsbibliothek, Clm 14468.

Die Handschrift wurde im Auftrag des Regensburger Bischofs Baturich im Jahr 821 geschrieben. Sie enthält wichtigstes Aktenmaterial zum Adoptianismus, darunter auch jene Interventionen der »Italiener« und »Franken«, die auf der Frankfurter Synode vorgebracht wurden. Der von Paulinus von Aquileia verfaßte *libellus sacrosyllabus* wird von einem Lemma eingeleitet, welches das älteste Lob Frankfurts enthält: »*... in concilio divino nuto habito in suburbanis Moguntiae metropolitane civitatis, regione Germaniae, in loco caelebri, qui dicitur Franconofurd, sub praesentia clementissimi principis domni Caroli gloriosique regis ...*« (auf der Synode, die auf göttliche Eingebung hin veranstaltet wurde im Vorfeld von Mainz, der erzbischöflichen Stadt, im Land Germanien, an dem berühmten Ort, der Frankfurt heißt, in der Gegenwart des gnädigsten Fürsten und glorreichen Königs Karl). Die Handschrift ist fol. 1r durch ein Kolophon datiert: »*hoc volumen ut fieret ego Baturicus scribere iussi episcopus pro divino amore et remedio animae meae anno domini DCCCCXXI et V° ordinationis meae*« (diesen Band habe ich, Bischof Baturich, zu schreiben befohlen aus Liebe zu Gott und zum Heil meiner Seele im Jahr des Herrn 821, im fünften Jahr meiner Ordination). J.F.

Literatur: siehe Aufsatz »*Der spanische Adoptianismus*«, dazu: BISCHOFF, *Schreibschulen*.

III/2 Alkuin, De Trinitate et de Christo deo homine

Nachträglicher Eintrag in eine lat. Sammelhandschrift, Pergament; 122 Bl., 24 x 16 cm; Kloster Murbach (Oberelsaß), 7./8. Jh.; Gotha, Forschungs- und Landesbibliothek, Memb. I 75 (fol. 20v–22v).

Der um 740 in Northumbria geborene, in York ausgebildete und als Lehrer tätige angelsächsische Theologe Alkuin († 804) war von 781 bis 801 mit Unterbrechungen einer der einflußreichsten Berater Karls des Großen, nicht zuletzt als Leiter von dessen Hofschule. Besonderes Gewicht erlangte Alkuins Rat in der Auseinandersetzung mit den spanischen Adoptianisten, zu deren Abwehr er von einem Aufenthalt in England an den fränkischen Hof zurückberufen wurde. Auf der Frankfurter Synode verfaßte er zusammen mit Karl die Antwort der fränkischen Bischöfe auf ein Schreiben Elipands von Toledo. In der Folgezeit entfaltete Alkuin eine rege Korrespondenz mit den spanischen Bischöfen und schrieb unter anderem 799 seine »Sieben Bücher gegen Felix von Urgel«, einen der Hauptvertreter der spanischen Irrlehre. In diesen thematischen und zeitlichen Zusammenhang gehören auch mehrere der über 300 Gedichte Alkuins.

Drei dieser sogenannten »Rhythmen« sind 1916 von W. Meyer in der Gothaer Handschrift genauer identifiziert, aber zunächst nur einem »Kreise um Alkuin« zugeordnet worden. K. Strecker und B. Bischoff waren von der Verfasserschaft Alkuins überzeugt, und Bischoff sah sogar Alkuins eigene Schriftzüge.

III/2 fol. 20v/21r

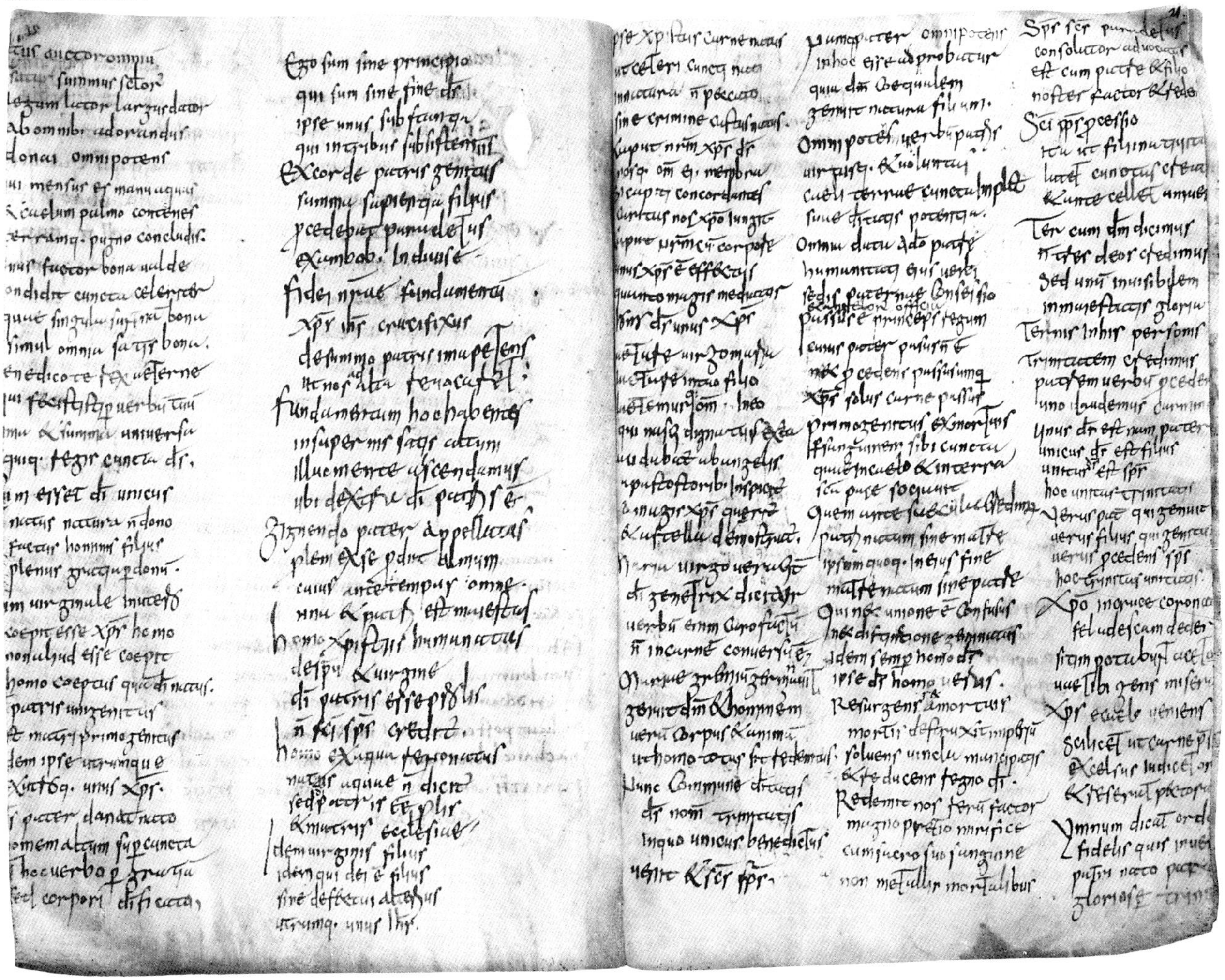

Unser Doppelblatt zeigt 168 der insgesamt 188 Verse des ersten Gedichts, dessen von W. Meyer verliehener Titel mit »Von der Dreifaltigkeit und von Christus, Gott und Mensch« zu übersetzen wäre. In 24 Strophen preist Alkuin das Geheimnis der Dreifaltigkeit und der Gottmenschlichkeit Christi. Jede Strophe (bis auf Strophe VII, der eine Hälfte fehlt; Bl. 20v, Sp. 2, Z. 17: *Gignendo ...*) besteht aus zwei Halbstrophen zu je vier Versen in freien Rhythmen, ohne Endreim, aber mit etlichen Alliterationen (W. Meyer erwägt allerdings auch eine Strophenform mit je vier Langzeilen). Die Anfangsbuchstaben der Halbstrophen (Strophen I–XXIII) folgen dem Alphabet von A bis Z (nach Beschnitt des Außenrandes haben die Strophen der jeweils ersten Spalte von verso-Seiten vielfach ihre Anfangsbuchstaben verloren; so ist etwa von »*Altus auctor*« in v. 1 nur noch »*ltus auctor*« zu lesen). Die beiden letzten Halbstrophen (Strophe XXIV auf Bl. 21v) jedoch beginnen entsprechend dem abschließenden Lobpreis mit *Gloria tibi.* H.D.S.

Quellen: MGH Poetae lat. IV.

Literatur: BISCHOFF, B., *Paläographie,* Berlin/Bielefeld/München [2]1986. – DERS., *Paläographie des römischen Altertums und des abendländischen Mittelalters,* Berlin 1979. – HEIL, W., *Alkuinstudien I,* Freiburg 1966. - MEYER, W., *Drei Gothaer Rhythmen aus dem Kreise um Alkuin,* in: Nachrichten der Königlichen Gesellschaft der Wissenschaften zu Göttingen, Berlin 1916.

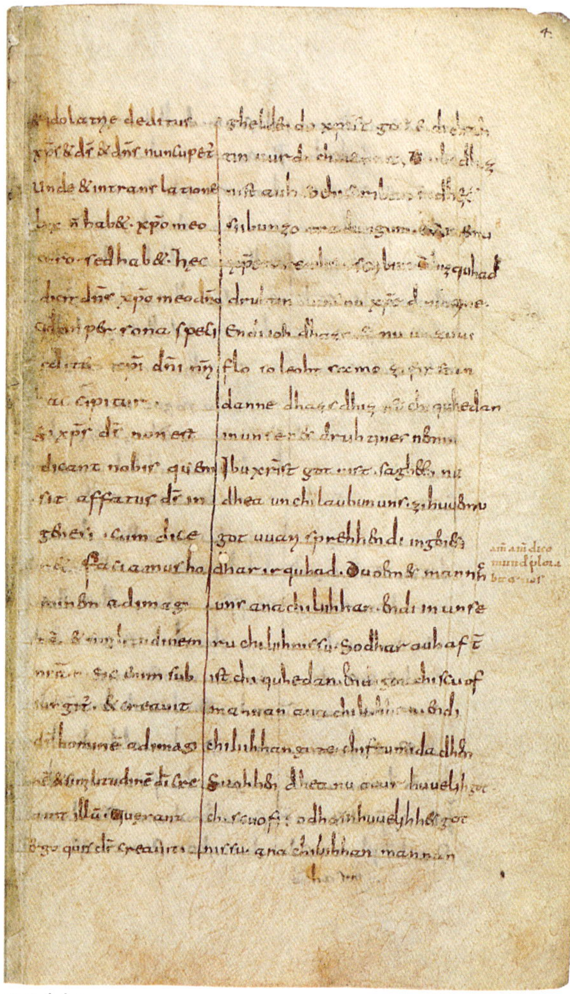

III/3 fol 4r

III/3 Isidor von Sevilla, De fide Catholica contra Judaeos

Sammelhandschrift, Pergament (Fragment); 88 Bl., 24,5 x 14,5 cm; wohl Diözese Metz, um 794/795; Paris, Bibliothèque Nationale, Ms. lat. 2326, fol. 1r–79r. (Foto)

Die offizielle Abwehr des Adoptianismus griff mit der Bereitstellung eines zweisprachigen Traktats über die Dreifaltigkeit Gottes offensichtlich ganz bewußt auf einen Verfasser zurück, der für die spanischen Adoptianisten eine besondere Autorität darstellte: auf den Kirchenlehrer Isidor, Bischof von Sevilla († 636). Im lateinischen Originaltraktat hatte bereits Isidor für theologische Auseinandersetzungen mit Juden die Wesensgleichheit aller drei göttlichen Personen nachzuweisen versucht.

Die althochdeutsche (südrheinfränkische) Übersetzung, hier jeweils in einer rechten Spalte dem lateinischen Text gegenübergestellt, sollte mit hoher Wahrscheinlichkeit der Argumentation all jener behilflich sein, die des Lateinischen gar nicht oder nur unzureichend mächtig waren, gleichwohl aber über die Irrlehre mitentscheiden sollten. Sie könnte also durchaus auch schon auf der Frankfurter Synode 794 ihre Dienste getan haben. Am Anfang der Handschrift fehlen Kapitel 1 und ein Teil von Kapitel 2; auf Bl. 22v bricht die althochdeutsche Übersetzung ab. Eine wenig jüngere bairische Bearbeitung im Kloster Mondsee bezeugt die Aktualität des Texts.

Das bis heute schwierigste Thema des christlichen Glaubens, die Trinität Gottes, erforderte am Beginn einer volkssprachlichen Beschäftigung mit theologischen Fragen ein hohes Maß an sprachlicher Kreativität, da grundsätzlich jeder abstrakte Schlüsselbegriff (insbesondere »Person«, »Wesen«, »Dreifaltigkeit«) neu gebildet oder umschrieben werden mußte, zum Beispiel Bl. 4r: lat. *persona* (Z. 7) durch *nemin* (Z. 10; eigentlich »Name«) oder lat. *similitudinem* (Z. 16) durch *chiliihnissu* (Z. 16; »Gleichheit«).

Daß diese Aufgabe im »Althochdeutschen Isidor« sprachlich so überzeugend gelöst ist, deutet auf eine sorgfältige Auswahl des Übersetzers durch den Hof Karls des Großen. Lange Zeit hat man sogar – allerdings unbeweisbar – geglaubt, das hier verwendete Idiom sei die an Karls Hof gepflegte Sprache, da auch noch andere sorgfältig gearbeitete und orthographisch normierte Texte dieselben südrheinfränkischen Merkmale aufweisen. Inzwischen nennt man diese Textgruppe behelfsmäßig nach unserem Beispiel die »Isidor-Sippe«. Die Zuweisung nach Metz (oder in die Diözese Metz) führt immerhin noch in eine Stadt oder Region, der Karl der Große persönlich eng verbunden war.

Die Blätter 2v/3r und 3v/4r bieten einen Ausschnitt aus Kapitel 3 mit der althochdeutschen Überschrift »*hear quidit umbi dhazs xps* (= Christus) *got endi druhtin ist*« (Bl. 2v, Z. 1/2; = »Hier spricht (Isidor) darüber, daß Christus Gott und Herr ist«. H.D.S.

Faksimile: Hench, G. A. (Hrsg.), *Der althochdeutsche Isidor,* Straßburg 1893.

Literatur: Bergmann, R./Tiefenbach, H./Voetz, L. (Hrsg.), *Althochdeutsch,* Heidelberg 1987. – Eggers, H., *Der althochdeutsche Isidor,* Tübingen 1964. – Lippert, J., *Beiträge zur Technik und Syntax althochdeutscher Übersetzungen unter besonderer Berücksichtigung der Isidor-Gruppe und des althochdeutschen Tatian,* in: Medium Aevum 25, 1974. – Matzel, K., *Althochdeutscher Isidor und Mondsee-Wiener Fragmente,* in: K. Ruh, et al. (Hrsg.), Die deutsche Literatur des Mittelalters. Bd. 1, Berlin/New York ^{2}1978. – Ders., *Untersuchungen zu Verfasserschaft, Sprache und Herkunft der althochdeutschen Isidor-Sippe,* in: Rheinisches Archiv 75, 1970.

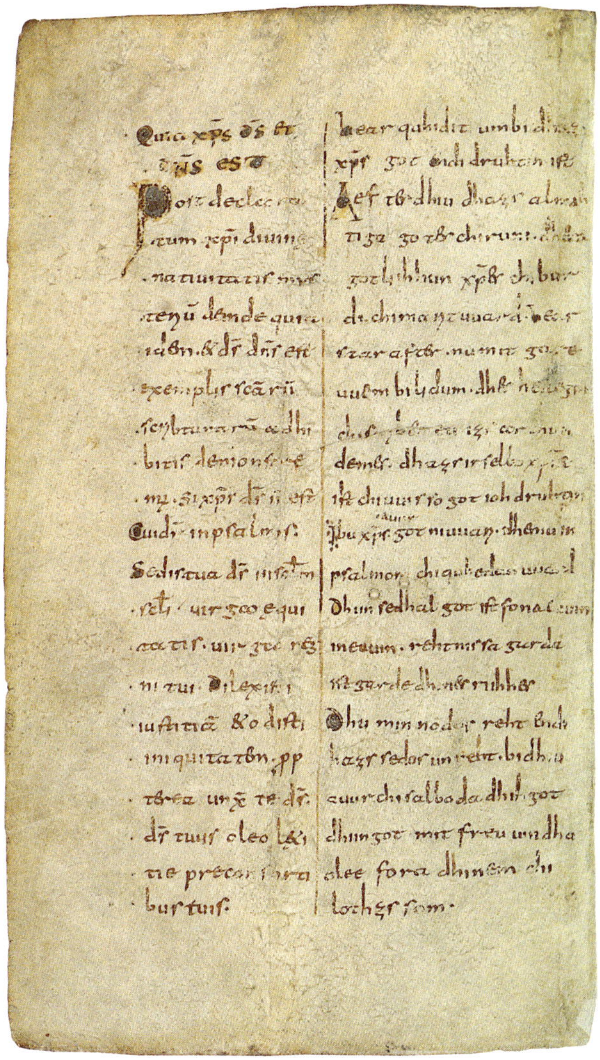

III/3 fol.

IV. BILDERSTREIT

Geklagt wurde in dieser Versammlung auch über die jüngste Synode der Griechen, die sie über die Anbetung der Bilder in Konstantinopel abhielten, und in der schriftlich festgehalten wurde, daß mit dem Anathem zu bestrafen sei, wer den Bildern der Heiligen nicht gleich der göttlichen Dreifaltigkeit diene und sie anbete. Unsere vorgenannten allerheiligsten Väter verwarfen Anbetung und Dienst völlig und verurteilten sie einmütig.

Der Bilderstreit in Byzanz

von Andreas Thiel

Das zweite große Thema in Frankfurt war der Bilderstreit, der in Byzanz für schwerwiegende Auseinandersetzungen sorgte. Diese waren durch eine Überlagerung theologischer Streitpunkte durch politische Ziele geprägt. Im byzantinischen Reich war das kein Widerspruch. Im Frankenreich dagegen konnte man dieses Vorgehen nicht nachvollziehen.
Der Bilderstreit, die Auseinandersetzung um die Darstellung Christi auf gemalten Bildern, bedeutete für den byzantinischen Staat im 8. und bis weit in das 9. Jahrhundert hinein eine Erschütterung, die sich bis zu kriegerischen Unruhen in Konstantinopel steigerte. Bis zum 7. Jahrhundert hatte sich in Byzanz ein Bilderkult entwickelt, der, getragen vor allem durch das Mönchtum, gegen heftige Widerstände in Teilen des Klerus zu kämpfen hatte. Insbesondere Kirchenlehrer aus den östlichen Teilen des Reiches, aus Kleinasien und Syrien lehnten die Verehrung eines Bildes als eine dem rein geistigen Charakter der christlichen Religion fremde Handlungsweise ab. Daneben standen strenge bilderfeindliche Maßnahmen der islamischen Nachbarreiche und der immer vorhandene Einfluß des jüdischen Bilderverbotes.
Kaiser Leon III., der Gründer der syrischen Dynastie, brachte den schwelenden Konflikt 726 zum Ausbruch, indem er ein hochverehrtes Christusbild vom Hauptportal des Kaiserpalastes entfernen und durch das Kreuz ersetzen ließ. Nicht allein in der Hauptstadt erhob sich Aufruhr, ganze Provinzen – vornehmlich in Griechenland – schlossen sich gegen die Bilderfeinde zusammen. Sie stellten einen Gegenkaiser auf und unternahmen sogar eine Flottenexpedition gegen Konstantinopel, die der Kaiser zurückschlug.
Weder Papst Gregor II. noch den Patriarchen Germanos von Konstantinopel konnte Leon III. jedoch von seiner bilderfeindlichen Politik überzeugen. Es scheint vielmehr, als hätte Rom zusätzlich versucht, den Streit anzufachen, um die politische Stellung des Kaisers zu schwächen und über die päpstlichen Patrimonien mehr Einfluß auf das byzantinisch beherrschte Süditalien zu gewinnen. Der Kaiser rächte sich, indem er alle Kircheneinkünfte als Steuer einzog. In dieser gespannten Lage kam es nach 730, als der Patriarch kurzerhand abgesetzt wurde und ein Edikt des Kaisers der Bilderfeindlichkeit Gesetzeskraft gegeben hatte, zum Bruch mit Rom. Während Gregor III. auf einem römischen Konzil die Vorgehensweise des Kaisers verdammte, begann im byzantinischen Reich die Zeit des Bildersturmes, des sogenannten Ikonoklasmus, das heißt der planmäßigen Vernichtung aller Darstellungen christlicher Thematik mit Ausnahme des Kreuzes.
Neben dem Papst hatte Leon III. vor allem in dem griechischen Theologen Johannes Damaszenos einen Gegner, der durch seine Predigten und Schriften gegen die Bilderstürmer auch eine neue Bildertheologie entwickelte. So befruchtete die Auseinandersetzung um die Bilder den theologischen Diskurs im oströmischen Reich und zwang dazu, sich mit den Texten antiker Philosophen und Kirchenväter, die zwar bekannt, aber lange nicht mehr benutzt worden waren, auseinanderzusetzen. Die Zeit des Bilderstreites war eine Blütezeit der byzantinischen Schulen und Literatur.
Die theologischen Streitigkeiten erschütterten das politische Klima zwischen Rom und Byzanz zusehends, und unter dem Sohn Leons III., Konstantin V., wandte sich das Papsttum von Byzanz als seiner Schutzmacht ab, denn der oströmische Kaiser konnte eine neu heraufziehende Gefahr für Rom, das expandierende Reich der Langobarden in Norditalien, kaum mehr wirksam bekämpfen. 754 leitete Papst Stephan II. durch sein Treffen mit dem Frankenkönig Pippin die Verbindung zum Reich der Karolinger ein.
Unter Konstantin V. erlebte der Bildersturm seinen Höhepunkt, sowohl was die Zerstörung der Bilder, als auch was die theologische Diskussion um das Wesen der Bilder betraf. Es trat die Auseinandersetzung um das Bild Christi in den Vordergrund. Während etwa Johannes Damaszenos ein Bild Christi mit Hinweis auf dessen Menschwerdung gestattete, verwarf es Kaiser Konstantin V. in seinen theologischen Schriften mit dem entgegengesetzten Hinweis auf die Göttlichkeit Christi. Damit war der Bilderstreit in einer neuen Form die Fortsetzung des uralten christologischen Streites um die Wesenheit Christi.
Bis 754 hatte Konstantin V. die höchsten kirchlichen Ämter mit Personen seines Vertrauens besetzt. In diesem Jahr ließ er eine Synode im Kaiserpalast zusammentreten, die jeglichen Bilderdienst erneut und in scharfer Form verurteilte sowie die Vernichtung aller Kultbilder anordnete.
Soweit die Macht des byzantinischen Kaisers und des bilderfeindlichen Klerus reichte, wurden diese Beschlüsse in

den nächsten zwanzig Jahren mit Gewalt in die Tat umgesetzt. Zahlreiche Denkmäler in Konstantinopel und den Provinzen zeugen von einer Umgestaltung in bilderfeindlicher Zeit. Wo sich jedoch Anhänger der Bildfreunde aufhielten, insbesondere in den monastischen Zentren des Reiches und in entlegenen Gegenden wurde dem Beschluß keine Folge geleistet. Zudem flüchteten sich bilderfreundliche Mönche nach Süditalien und sorgten dort für eine kulturelle Blüte. Mit dem Tod Konstantins V. endete diese erste Phase fanatischer Verfolgung und Zerstörung. Auf die nur fünfjährige Regierung Leons IV. (775–780) folgte dann dessen zehnjähriger Sohn Konstantin VI., für den die Mutter, Kaiserin Eirene, die Regentschaft übernahm.

Als Griechin aus Athen stammte sie aus einer bilderfreundlichen Umgebung, und so war es ihr Bestreben, der Bilderfeindschaft ein Ende zu bereiten. Dies konnte allein durch eine neuerliche Synode geschehen, die die Edikte der Kirchenversammlungen von 726 und 754 verwarf. 784 wurde Tarasios, ein bilderfreundlicher Patriarch, in Konstantinopel eingesetzt, und für 786 lud man den Papst und die Patriarchen des Reichs zu einer ökumenischen Synode nach Konstantinopel ein. Hadrian I. schickte Vertreter, da er die Möglichkeit sah, das theologische Zerwürfnis mit Byzanz beizulegen.

Im Juli 786 versammelte sich die Synode in der Apostelkirche in Konstantinopel, wurde aber kurz nach Beginn der Verhandlungen durch eine Truppe der Palastgarde gesprengt, die den Edikten Konstantins V. noch immer die Treue hielt. Kaiserin Eirene mußte der Gewalt weichen, tauschte mit List die Truppen aus, indem sie die illoyalen Teile auf einen Feldzug entsandte, und berief die Synode im Mai 787 erneut ein. Diesmal tagten die etwa 350 Bischöfe unter dem Vorsitz von Konstantin VI. und Eirene in der Hagia Sophia von Nicaea. Allein die feierliche Schlußsitzung, während der die Edikte unterzeichnet wurden, fand im Palast von Konstantinopel statt.

Abschriften der Entscheidungen der Synode wurden nach Rom gesandt. Daß mit dieser Synode der innere Friede in Byzanz durchaus noch nicht wiederhergestellt war, beweist der Fortgang der Ereignisse. Die herrschsüchtige Eirene wollte die Regierung nicht an den Sohn Konstantin VI. abgeben, der sich daraufhin mit den verbliebenen Anhängern der Bilderfeinde zusammentat. Eirene mußte 790 den Palast verlassen, konnte aber 792 zurückkehren. Fünf Jahre später ließ sie ihren Sohn, der es verstanden hatte, sich in der Zeit seiner Alleinregierung auf allen Seiten Feinde zu schaffen, blenden. Bis 802 hielt sich Eirene als Kaiserin an der Regierung, dann wurde sie selbst von Nikephoros I. gestürzt.

Die durch Eirene vorangetriebene Wiederherstellung des Bilderkultes hatte keinen dauernden Bestand. 815 stellte eine Synode unter Vorsitz des Kaisers Leon V. das Bilderverbot wieder her, indem es sich auf die Edikte Konstantins V. von 754 berief. Diese zweite Periode der Verfolgung erreichte zwar kaum mehr die bürgerkriegsähnlichen Formen, die sie unter Konstantin V. hatte, doch sie richtete sich erneut gegen das einflußreiche byzantinische Mönchtum.

Erst mit dem Tod des letzten bilderfeindlichen Kaisers Theophilos im Jahr 842 setzte sich die Verehrung der Bilder endgültig durch.

Literatur: Belting, H., *Bild und Kult,* München [2]1991. – Classen, P., *Karl der Große, das Papsttum und Byzanz,* Sigmaringen 1985. – Krautheimer, R., *Rom – Schicksal einer Stadt 312–1308,* München 1987. – Ostrogorsky, G., *Geschichte des byzantinischen Staates,* München 1963. – Schreiner, P., *Der byzantinische Bilderstreit,* in: Bisanzio, Roma e l'Italia nell'Alto Medioevo. Settimane di Studio 34, Spoleto 1988.

IV/1 fol. 108r

IV/1 Das Konzil von Nicaea (Menologion)

Handschrift, Pergament; 217 + X Bl., 36,4 x 28,4 cm; Konstantinopel, um 985; Rom, Biblioteca Apostolica Vaticana, Vat. gr. 1613, fol. 108r. (Foto)

Das Menologion des byzantinischen Kaisers Basileios II. ist Teil eines christlichen Festkalenders, der neben den Hochfesten des Jahres und Heiligenviten auch einzelne, für die Kirchengeschichte bedeutende historische Ereignisse verzeichnet. Unter den 430 Bildern der Handschrift findet sich daher neben Reliquientranslationen und ähnlichem auch eine Miniatur der Synode von Nicaea (787), die durch die Wiedereinführung der Bilderverehrung bei der Orthodoxie einen hohen Rang einnahm. Die Darstellung der großen ökumenischen Konzilien hatte in Byzanz eine lange Tradition. Aus der frühbyzantinischen Zeit weiß man von Zyklen im Kaiserpalast von Konstantinopel, und auch die Bilderfeinde verzichteten nicht auf dieses Thema.

Die Miniatur zeigt den traditionellen Typus eines byzantinischen Konzilsbildes: Auf einer sigmaförmigen Bank sitzen die nimbierten Vertreter des rechtgläubigen (bilderfreundlichen) Klerus in ihrem bischöflichen Ornat und mit reich verzierten Evangelienbüchern in Händen. Durch einen erhöhten Thron mit Fußbank (*Suppedaneum*) wird allein Kaiser Konstantin VI., auch er in vollem Ornat mit Krondiadem und Nimbus, herausgehoben. Mit herrscherlichem Gestus bestätigt er das Urteil des Konzils gegen die Bilderstürmer. Diese werden, als die Unterlegenen durch einen inmitten der Konzilsversammlung zu Boden gestürzten Bilderfeind repräsentiert. Den Hintergrund dieses bei aller Statuarik durchaus dramatischen Geschehens bilden die Gruppen der Konzilsteilnehmer und das um einige Stufen erhöhte Kreuz im Zentrum. An seiner Stelle kann in anderen Darstellungen der Konzilien auch der Altar oder ein Thron mit dem Evangelienbuch stehen. A.T.

Faksimile: Il Menologio di Basilio II., Turin 1907.
Literatur: *Katalog Köln 1992, Biblioteca Apostolica Vaticana,* Nr. 19. – NERSESSIAN, S. DER, *Remarks on the Date of the Menologium and the Psalter Written for Basil II.,* in: Byzantion 15, 1940/41. – SEVCENKO, I., *The Illuminators of the Menologium of Basil II.,* in: DOP 16, 1962. – WEITZMANN, K., *Die byzantinische Buchmalerei des IX. und X. Jahrhunderts,* Berlin 1935.

IV/2 Zwei byzantinische Solidi

A: Münze, Gold; Dm. 2,0 cm, 4,45 g.; Konstantinopel, 751–757; Hannover, Kestner-Museum, 1930.304.
B: Münze, Gold; Dm. 1,9 cm, 4,48 g.; Konstantinopel, 797–802; Hannover, Kestner-Museum, 1927.50.

Der Goldsolidus (*Aureus*) wurde unter Konstantin I. zu Beginn des 4. Jahrhunderts eingeführt und war während des ganzen byzantinischen Zeitalters bis weit ins Mittelalter hinein eine der wertbeständigsten und am weitesten verbreiteten Münzen überhaupt.
Nach dem Vorbild der Münzprägung der römischen Kaiserzeit nutzten auch die byzantinischen Kaiser die Münzbilder zur Verherrlichung des Kaisertums und zur politischen Propaganda.
Seit 726 waren Darstellungen Christi und der Heiligen verboten, und so tauchen sie auf den Münzen, die sie zuvor gelegentlich geziert hatten, nicht mehr auf. Auch das Kreuz ist auf den Prägungen in Gold selten anzutreffen.
In der Periode des Bilderstreites betonten die Kaiser insbesondere die dynastische Abfolge. Es erschienen auf den Goldsolidi die regierenden Kaiser, ihre Mitregenten und manchmal auch ihre Vorgänger.

IV/2 Konstantin V. und Leon IV. (avers); Leon III. (revers)

IV/2 Eirene (avers/revers)

Die erste hier gezeigte Münze ist eine Prägung des fanatischen Bilderstürmers Konstantin V. Ihm zur Seite erscheint sein damals noch jugendlicher Sohn und Mitkaiser Leon IV. Auf die Rückseite der Münze ließ Konstantin ein Bildnis seines Vaters Leon III., des ersten Bilderstürmers und Gründers der syrischen Dynastie, prägen. Die zweite Münze entstand in der Zeit der Alleinherrschaft der Kaiserin Eirene nach 797. Hier erscheint das Bild der Kaiserin beidseitig. A.T.

Literatur: BERGER, P., *Die Byzantinischen Münzen im Kestner-Museum Hannover,* Hannover 1987. – RESTLE, M., *Kunst und byzantinische Münzprägung von Justinian I. bis zum Bilderstreit,* Athen 1964.

IV/3 Quadrigastoff

Seidengewebe (Fragment); 76 x 75 cm; Konstantinopel (?), 8. Jh.; Aachen, Domschatzkammer.

Das Fragment eines byzantinischen Seidenstoffes stammt nach der Aachener Tradition aus dem Grab Karls des Großen, wo es bis zu dessen Erhebung in einen neuen Schrein die Gebeine des Königs umhüllt hat.
Auf blauem Untergrund reihen sich große gelbe Bildmedaillons aneinander, die durch kleine, knotenartige Kreismuster verbunden sind. Begrenzt werden die Bildfelder von einer breiten Borte stilisierter Lotosblüten. Während die Zwickelfelder zwischen den Tondi mit gegenständigen Widdern gefüllt sind, zeigen die runden Hauptfelder eine Quadriga mit siegreichem Wagenlenker. Ihm assistieren vier symmetrisch angeordnete Diener, die Siegeskronen reichen und aus Säcken das gemünzte Preisgeld schütten. Darstellungen wie die des siegreichen Wagenlenkers gehören zur spätantiken Ikonographie und finden sich gleichermaßen auf monumentalen Denkmälern (Porphyrios-Monument, Konstantinopel, um 500) wie auf elfenbeinernen Konsulardiptychen. Sie gehören in den weiten Bereich der Triumphdarstellungen, die sich auf den byzantinischen Kaiser und seine Umgebung beziehen.
Die Pracht byzantinischer Seidenstoffe – im Aachener Fragment ist der Farbenklang blau/gelb Ersatz für das wertvollere purpur/gold – ist im Abendland immer hochgeschätzt worden. So haben die Seidenstoffe als Staatsgeschenke des oströmischen Basileus Eingang in die Schatzkammern kirchlicher Zentren gefunden und dort vielfach als Reliquientaschen oder – wie möglicherweise in diesem Fall – als Grabtücher hoher Persönlichkeiten bis heute überdauert.

IV/3

Religiöse Themen sind auf den Stoffen selten anzutreffen, und so erklärt es sich, daß die Seidengewebe auch in der Zeit des Bilderstreites hochgeschätzt waren und in den kaiserlichen Werkstätten produziert wurden. Dies zeigt, daß sich der Bildersturm des 8. Jahrhunderts fast ausschließlich auf die sakralen Bildwerke, insbesondere die Darstellungen Christi auswirkte, daß aber die bilderreiche Repräsentationskunst des Kaiserhauses davon weitgehend ausgenommen war. A.T.

Literatur: *Katalog Paris* 1992/93, *Byzance*, Nr. 129. – FALKE, O. von, *Kunstgeschichte der Seidenweberei*, Berlin 1913. – MIGEON, G., *Les arts du tissue*, Paris 1929. – VOLBACH, W. F., *Spätantike und frühmittelalterliche Stoffe*, Mainz 1932, Nr. 49.

Zur karolingischen Haltung gegenüber dem Bilderstreit

von Lieselotte E. Saurma-Jeltsch

Durch eine mehrbändige Streitschrift, die *Libri Carolini,* und einen eigenen Beschluß in der Synode von 794 in Frankfurt reagierte die karolingische Administration mit vehementer Ablehnung auf die Wiedereinführung der Bilderverehrung in Byzanz durch das zweite Konzil von Nicaea. Trotz der klaren Verurteilung eines kultischen Gebrauchs von Bildern – im zweiten Abschnitt des Kapitulars wird jegliche Verehrung (*adoratio*) des Bildes sowie jeglicher Dienst (*servitium*) am Bild verweigert – kann von einer karolingischen Bilderfeindlichkeit nicht gesprochen werden. Dies kommt allein schon darin zum Ausdruck, daß gleichzeitig – zumindest in den Handschriften – eine Bilderkultur entwickelt wurde, wie sie im weströmischen Bereich seit dem noch von der Spätantike beeinflußten frühen Christentum nicht mehr bekannt gewesen war. Zwar läßt sich in der Zeit Karls des Großen bei der Bilderdichte und den Themen eine gewisse Zurückhaltung beobachten, ohne daß hier aber eine Bilderfeindlichkeit zum Ausdruck käme, wie man sie eigentlich aufgrund der schriftlichen Aussagen zu diesem Thema erwarten möchte. Allerdings dürfte dieser scheinbare Widerspruch damit zusammenhängen, daß auch die Texte selbst nicht so sehr mit den Bildern als vielmehr mit deren Verwendung argumentieren. Der verehrende Umgang mit dem Bild, seine Besetzung mit einer Heiligkeit, die eigentlich dem Urbild – also etwa Christus – zusteht, werden in der Synode wie in den *Libri Carolini* (III,16) unmißverständlich verworfen.

Diese Ablehnung eines kultischen Umgangs mit Bildern, die auf eine verfälschende Übersetzung der Beschlüße des zweiten Nicaenums reagiert, wird auf verschiedenen Ebenen begründet. Als von Menschenhand hergestellte Objekte unterliegen Bilder gemäß den *Libri Carolini* (III,16) menschlichen Irrtümern, führen wegen ihrer Mehrdeutigkeit zu Mißverständnissen und benötigen die Schrift zur Klärung. Im Gegensatz zur Schrift sind Bilder nicht Ausdruck göttlicher Offenbarung. Bezeichnend für diese Argumentation ist etwa das Beispiel der Bundeslade, die – gemäß den *Libri Carolini* (I,15) – nicht wegen ihrer künstlerischen Gestaltung verehrungswürdig sei, sondern lediglich deswegen, weil Gott selbst ihre Herstellung veranlaßt habe. Das Bild enthalte nichts Heiliges wie etwa ein Kelch, welcher im Gottesdienst der Wandlung des Weins in das Blut des Herrn diene (LC II,27). In beiden Beispielen beruft sich die Argumentation nicht nur auf Gottes Wort, sondern dieses wird belegt durch die entsprechenden Schriftstellen, wogegen eben gerade für die Bilder keinerlei Legitimation aus der Schrift gewonnen werden kann. Keiner der alttestamentlichen Propheten beispielsweise habe gemalt, sie hätten eben geschrieben (LC II,30).

Die Überlegenheit der Schrift als Offenbarung Gottes bezieht sich zunächst auf die Bibel, betrifft aber – und dies wird das ganze Mittelalter gültig bleiben – die Schrift insgesamt. Eine entsprechende Wertschätzung kann manchen Äußerungen Karls und seiner Berater entnommen werden, ist es doch eines der wichtigsten Anliegen des karolingischen Reformwerkes, verbindliche Texte – der Bibel, der liturgischen Bücher, der Kommentare, der großen Kirchenväter, aber auch von Gesetzestexten – zu schaffen und weiterzuverbreiten. Immer wieder ermahnt Karl zur Sorgfalt in der Schrift, im Lesen und Vermitteln von Texten (Kat. II/4).

Besonders in der Gestaltung der Bücher kommt die Verehrung der Schrift zum Ausdruck. Zwar kennen einzelne Manuskripte vorkarolingischer Zeit, etwa aus dem insularen Bereich oder aus Skriptorien, die von insularen Traditionen beeinflußt waren, gepflegte Schriftbilder. Ebenso finden sich hier Tendenzen zu einer Gliederung der Texte, einer abgewogenen Hierarchisierung verschiedener Schrifttypen und einer hochentwickelten Kalligraphie mit Schmuckcharakter (Kat. IV/18). Jedoch erst am Hofe Karls werden Auszeichnungssysteme entwickelt, in denen je nach Gewichtung der jeweiligen Texte eine unterschiedliche Gestaltung der Seiten oder Zeilen gewählt werden konnte. Bereits in den ältesten erhaltenen Codices aus der Zeit Karls des Großen – dem Godescalc-Evangelistar (Kat. IV/21) und dem Evangeliar aus St. Martin des Champs (Kat. IV/10) – wird mit Hilfe einer konsequenten Hierarchisierung der einzelnen Schrifttypen eine Gliederung der Texte angestrebt. Sowohl der Dagulf-Psalter (Kat. IV/11) als auch das wesentlich bescheidenere Evangeliar aus St. Martin sind denn auch reine Texthandschriften, bei denen die Organisation der Texte als vordringliche Aufgabe gesehen wird. Purpurseiten wie im Godescalc-Evangelistar oder die mit Goldschrift auf blauem Grund gestalteten Ornamentenseiten des Dagulf-Psalters, sind Zeugen einer perfektionierten Auffassung von Schrift.

Hier wird jede einzelne Seite zu einer ästhetischen Einheit, ohne daß dadurch – man denke an die kalligraphischen Ornamentseiten irischer Handschriften – der Textzusammenhang verlorenginge. Ein Vergleich zweier analoger Seiten aus der Handschrift von St. Martin und aus dem angelsächsischen Codex Aureus mag dies verdeutlichen. Während das Initium zum Matthäusevangelium im angelsächsischen Codex Aureus (Kat. IV/18) nach dem ornamentalisierten Christusmonogramm mit goldenen Großbuchstaben fortgesetzt wird und damit der Zug der Schrift und Linien betont werden, besitzt die Initialseite zum Markusevangelium in der Handschrift von St. Martin eine ganz andere »Bildhaftigkeit«. Der die Schrift umspannende gemeinsame Rahmen, der purpurne Hintergrund und die gleichsam der Rhythmisierung der Schrift dienende Ornamentik schaffen aus diesem Evangelienanfang eine in sich geschlossene ästhetische Einheit.
Die Heilige Schrift als »Instrument der himmlischen Lehre« (LC II,30), als geoffenbartes Wort Gottes, ist für das karolingische Glaubensverständnis Maßstab und Zentrum. Da einzig Gott Verehrung und Dienst gebührt, stellt sich die Frage nach einer Heiligung von Bildern, für die in der Bibel keinerlei Hinweis zu finden ist, aus karolingischer Sicht gar nicht. Was nun allerdings die Aufgabe der Bilder in diesem ausschließlich an der Schrift sich orientierenden System sein könnte, wird in den Texten lapidar dargelegt: Sie sollen dem Gedächtnis historische Taten in Erinnerung rufen (LC praefatio) und auch schmücken. Mit einer Ausnahme ist allerdings aus der Zeit Karls des Großen kein Beispiel bekannt, in dem Bilder von historischen Ereignissen überliefert worden wären. Einzig die Ausmalung der Ingelheimer Pfalz (Kat. I/1), die üblicherweise als Auftrag Ludwigs des Frommen angesehen wird, führt eine bis zu Karl dem Großen reichende Herrscherabfolge auf und bietet damit eine heilsgeschichtliche Interpretation der Weltgeschichte im Sinne des Kirchenlehrers Orosius.
Nicht Ereignisse sind also das Thema der Bilder am Hofe Karls des Großen, sondern wiederum die Schrift selbst ist ihr Gegenstand. Zentrale Gestalten hierfür sind die Evangelisten, die in allen bebilderten liturgischen Handschriften der sogenannten Hofschule zum festen Programm der Ausstattung gehören. An ihren Schreibpulten sitzend, zeugen sie nicht nur in der Art spätantiker Autorenporträts für die Richtigkeit des Textes, sondern sind in allen Beispielen auch damit beschäftigt, die Worte aufzunehmen und mit den ihnen zugeordneten Symbolen zu kommunizieren. Im Evangeliar von Saint Médard in Soissons (Kat. IV/22) beispielsweise wird diese Funktion des Evangelistenbildes in subtiler Weise dargelegt: Der geflügelte Löwe, das Symbol des Evangelisten Markus, scheint sich mit dem geöffneten Buch, in welchem der Beginn des betreffenden Evangeliums in Goldlettern geschrieben steht, aus seiner Lünette zum Evangelisten herunterzubeugen. Dieser wendet sich zum Löwen hinauf und weist, gleichsam wie um eine Bestätigung für die Richtigkeit der entsprechenden Worte bittend, mit der Feder auf den Text seines Buches. Auf der dem Bild gegenüberliegenden Seite liest man wiederum den Evangelienanfang, welchen das Symbol – der Löwe – im Bild präsentiert. Bild- und Schriftseite sind gleichgesetzt durch einen identischen Aufbau von Schmuckelementen mit Perlschnüren, Edelsteinen, antiken Gemmen, vor allem aber den in den Schmuckrahmen eingestellten Säulenarkaden. Das Bild übernimmt damit nicht jene Rolle, die wir ihm üblicherweise zubilligen, nämlich glanzvolle Auszeichnung zu sein, sondern erhält die Funktion einer exegetischen Erörterung des der Schrift gebührenden Rangs.
Der Vergleich mit dem Evangelisten Matthäus im Codex Aureus (Kat. IV/18), der als Typus durchaus in die Vorbildreihe der karolingischen Evangelistendarstellungen gehören dürfte, mag die spezifische inhaltliche Aussage der karolingischen Miniatur noch weiter verdeutlichen. In hieratischer Strenge übereinander angeordnet und durch die Architektur voneinander getrennt, präsentieren der Evangelist und sein Symbol im angelsächsischen Codex zwei verschiedene Formen der Schrift. Der geflügelte Engel hält in der verhüllten Hand ein geschlossenes Buch hoch, während der Evangelist einen Rotulus mit dem Evangelienanfang vor dem Betrachter entrollt. In den zu Tondi gewordenen Kapitellen der Bogenarchitektur präsentieren überdies zwei heilige Figuren je einen gerollten Rotulus und eine Urkunde. Keine der Gestalten steht – ganz im Gegensatz zur karolingischen Darstellung – in irgendeiner Weise in Verbindung mit der anderen, vielmehr ist das feierliche Präsentieren der verschiedenen Schriftformen das Zentrum dieser Darstellung. Damit wird eine sozusagen juridische Legitimation der Schrift vorgeführt, indem diese gleichgesetzt wird mit anderen geheiligten Äußerungen von Schriftlichkeit, insbesondere mit eben jenem Buch, welches das Symbol zeigt. Nicht zufällig dürfte hier eine sehr ungewöhnliche Ikonographie gewählt worden sein, trägt doch der Matthäusengel – in Angleichung an den Evangelisten – ebenfalls eine Tonsur, wodurch sowohl die Übereinstimmung von Symbol und Evangelist bekräftigt als auch die Verwaltung der Schrift mit dem geistlichen Amt als solchem in Verbindung gebracht wird.
In der karolingischen Handschrift ist somit die Gestalt des Evangelisten nicht so sehr als Autor, aber auch nicht als Hüter und Verwalter der Schrift verstanden; er präsentiert sie nicht, sondern ist mit ihrer Herstellung so beschäftigt, daß daraus die Entstehung der Schrift als Offenbarungsakt deutlich wird. Besonders ausführlich betont wird dieses Thema im Godescalc-Evangelistar, der ältesten Bilderhandschrift, die vom Hofe Karls des Großen überliefert ist (Kat. IV/21): Johannes der Evangelist hat eben seine

Feder in die Tinte getaucht, nachdem er in das vor ihm liegende Doppelblatt die ersten Worte des Evangeliums geschrieben hatte: *In principio erat verbum* (Am Anfang war das Wort); es sind jene Worte, die der über ihm aufgeregt hin- und hereilende Adler – eine Metapher für den um Eingebung ringenden Evangelisten – bereits dank göttlicher Inspiration erfahren hatte. Auf der Gegenseite erscheint in menschlicher Gestalt genau jenes Wort, von dem Johannes schreibt (1,14): »*Und das Wort ward Fleisch und wohnte unter uns, und wir sahen seine Herrlichkeit als des eingeborenen Sohnes vom Vater, voller Gnade und Wahrheit.*« Dieser Logos mit Kreuznimbus, der in seiner strahlenden Jugendlichkeit an den triumphierenden Christus aus dem byzantinischen Osten erinnert, als der er beispielsweise auf dem Lorscher Deckel (Kat. IV/25) zu sehen ist, ist von einer mit wenigen Pflanzen angedeuteten Paradieseslandschaft umgeben. Das Buch in seiner Hand, dessen Deckel ein Gemmenkreuz schmückt – eine Anspielung auf Sterben und Sieg Christi –, bestätigt nochmals die Richtigkeit der Schrift, die Johannes auf der vorhergehenden Seite zu schreiben beginnt, und verspricht zugleich die Erlösung. Nicht als Ikone Christi ist diese Darstellung zu verstehen, ihr Sinn eröffnet sich dem Betrachter vielmehr erst in der Zusammenschau mit dem Johannes, dessen Schreiben als Niederschrift der Offenbarung Gottes belegt wird.

Wie ausschließlich die am Hofe Karls des Großen hergestellten Illustrationen die Aufgabe hatten, im Dienst der Schrift zu stehen und meist die entsprechenden Auslegungen zu erläutern, kann durch ein so komplexes Bild wie die sogenannte Anbetung des Lammes im Evangeliar von Saint Médard von Soissons (Kat. IV/22) belegt werden. Die Darstellung wird üblicherweise als eine Illustration des vierten und fünften Buches der Apokalypse interpretiert. Dort nämlich wird jenes Lamm geschildert, das im Zenit der Miniatur auf einem Rotulus steht. Ebenso sind dort die sieben Gaben des heiligen Geistes erwähnt, die hier als vom Lamm ausgehende Strahlen zu sehen sind. Berichtet wird auch von den 24 Ältesten, die ihre goldenen Schalen darbieten, sowie von den Evangelistensymbolen in den Medaillons am Architrav und sogar vom gläsernen Meer zu Füßen der Ältesten. Die gesamte Anlage wird von vier kostbaren Säulen aus Marmor getragen, um die ein purpurfarbener Vorhang geschlungen ist, der in einen Löwenkopf mündet. Der Löwenkopf verbindet die untere Bildzone – einen Raum mit sphärischer, vor- und zurückspringender Architektur im Hintergrund – und den oberen Bereich mit dem Architrav und den 24 Ältesten vor dem Lamm. Diese Illustration zur Apokalypse enthält nun weitere Deutungsebenen: Die vier Säulen werden zu den vier Evangelien. Der purpurne Vorhang, der im Hebräerbrief (10,19–20) mit dem Leib Christi verglichen wird, eröffnet uns dank dessen Opfer den Blick

IV/22 fol. 1v

ins Allerheiligste. Dieser untere Bereich des Bildes, in dem die sphärische Architektur des himmlischen Jerusalem sichtbar wird, ist mit dem eschatologischen oberen Bildteil über die Evangelistensymbole auf ihren Büchern, die Offenbarung Gottes in der Schrift, untrennbar verbunden. Dieses scheinbar einheitliche Bild stellt sich bei näherer Analyse als eine komplexe Zusammenschau und Verknüpfung ganz unterschiedlicher Sinnzusammenhänge heraus. Entscheidend ist dabei, daß die einzelnen Assoziationen wiederum visualisierte Texte sind und das Bild in seiner primären Funktion die Auslegung der Schrift unterstützen soll.

Gehen wir davon aus, daß die Bilder für Karl den Großen und seine Berater immer im Dienste der Schrift zu stehen hatten, dann ist auch verständlich, weshalb deren Stellungnahmen zur Bilderfrage als Bilderfeindlichkeit ausgelegt werden konnten. Bilder bleiben untergeordnet, sie sind allenfalls exegetischen Erläuterungen vergleichbar. Vielleicht am deutlichsten wird dies in den Werken, die wir mit dem vermutlichen Autor der *Libri Carolini*, Theodulf von Orléans, in Verbindung bringen können. Hierzu gehört wohl das sogenannte Evangeliar von Fleury (Kat. IV/14), vor allem aber jenes Mosaik, das sich der Bischof von Orléans in Germigny-des-Prés (Kat. IV/13) in seiner Privatkapelle hatte anbringen lassen. Beide Werke werden in der Regel als Beispiele für die Bilderfeindlichkeit ihres Auftraggebers verstanden. Am Mosaik scheint insbesondere die Wahl der Bundeslade als Motiv diese Vermutung zu bestätigen. Mit der Bundeslade benützt Theodulf nämlich ausgerechnet jenes Thema, von dem ja in den *Libri Carolini* (I,15) gesagt wird, die Lade sei insofern ein zu verehrender Gegenstand, als ihre Herstellung von Gott geboten worden war. Ginge man vom Bild allein aus, so ließe sich daraus lediglich schließen, der Auftraggeber habe ein Motiv gewählt, das als Gegenstand selbst zwar keine Verehrungswürdigkeit verdiene, jedoch den Auftrag Gottes in Erinnerung rufe. Theodulf kann auch nach dieser Interpretation kaum als Bilderfeind verstanden werden, vielmehr darf man annehmen, er habe bewußt eines der wenigen Themen gewählt, in denen die Verehrungswürdigkeit den *Libri Carolini* zufolge besonders nahe liegt. Mit der sich unter dem Bild durchziehenden Inschrift allerdings wird die Wertigkeit des Bildes klar eingeschränkt. Allein schon die Zufügung einer Inschrift weist darauf hin, daß die ihrem Wesen nach mehrdeutigen Bilder der Erläuterung und Klärung durch Texte bedürfen. Außerdem fordert die Inschrift den Betrachter auf, sich dem Bild »schauend« und nicht verehrend zu nähern, dieses lediglich als Anreiz zur Vergegenwärtigung eines höheren, inneren Bildes zu benützen.

Die Bilderpraxis am Hofe Karls des Großen läßt den Schluß zu, daß die Verehrung von Bildern für die Karolinger eine von außen aufgedrängte und nur schwer nachvollziehbare Thematik war. Aus einer weitgehend bilderarmen Tradition stammend, war für sie eine kultische Besetzung von Bildern eher unverständlich, zumal bei den Franken die Wort- und dann allmählich auch die Schrifttradition einen überragenden Stellenwert besaß. Hiervon dürften Handschriften wie die Tegernseer Benediktregel zeugen (Kat. VIII/1). Bilder konnten nur im Dienst des Wortes stehen. Sie sollten dessen überragende Bedeutung unterstützen und exegetische Erörterungen visualisieren. Es fehlt denn auch nicht an Lesehinweisen, die diese eingeschränkte Bedeutung der Bilder ins Bewußtsein rufen sollen. In einer der prachtvollsten Doppelseiten des Evangeliars von Saint Médard in Soissons, dem mit blitzenden Perlschnüren, Edelstein- und Gemmenschmuck prangenden Beginn des Matthäusevangeliums, weist der Evangelist zum Beispiel auf die Textstelle von Matthäus 6,20 hin: »*thesaurizate vobis in caelo*« (Sammelt Euch aber Schätze im Himmel). Damit ist eine ähnliche Mahnung ausgesprochen, wie sie auch in der Inschrift zum Mosaik von Germigny-des-Prés zum Ausdruck gebracht wird, nämlich die Bilder als bloße Erklärungen und Erläuterungen zu sehen, die allenfalls – so Theodulf – zum »Schauen« der Schätze des Himmels ermahnen können.

Zentrum dieses strengen Bildverständnisses bleibt die Hofschule Karls des Großen, was vor allem die dort hergestellten Handschriften verdeutlichen. Ihre kostbaren Elfenbeineinbände dagegen nehmen – wie der Deckel des Lorscher Evangeliars (Kat. IV/25) eindrucksvoll zeigt – eine gewisse Sonderstellung ein. Der sieghafte Christus wird hier im Typus spätantiker Triumphalikonographie dargestellt. Raum wird auch der Schilderung von Ereignissen gewährt: In den unteren Feldern der beiden Deckel werden Szenen der Menschwerdung Gottes und der Suche der Weisen nach dem König der Juden sowie dessen Anbetung verbildlicht. Die Einbände, die den unmittelbaren Corpus der Schrift umgeben, leiten diesen gleichsam mit der Darstellung des Triumphes Christi ein. Die *res gestae,* die darzustellen ja den *Libri Carolini* zufolge durchaus erlaubt ist, werden – nun allerdings im Sinne der Ereignisse biblischer Geschichte – erst in der Zeit nach dem Tode Karls des Großen in die Handschriften selbst hineingenommen. Hierzu gehören vor allem Werke wie der Utrecht-Psalter (Kat. IV/32) und die Grandval-Bibel (Kat. IV/33), die nun bereits von einem ganz anderen Bildverständnis zeugen. Die Frage der Bildverehrung scheint schon in der Nachfolgegeneration gänzlich unwichtig geworden zu sein. Für die Unbefangenheit gegenüber Bildern konnte man sich nun wieder auf das berühmte Dictum Gregors des Großen berufen, wonach Bilder jenen als Bücher dienen, die nicht zu lesen vermögen. Nicht zur Verehrung seien sie bestimmt, sondern zur Belehrung des Geistes der Unwissenden.

Literatur: BELTING, H., *Bild und Kult,* München ²1991. – ELBERN, »*Libri Carolini*«. – FREEMAN, A., *Carolingian Orthodoxy and the Fate of the Libri Carolini,* in: Viator, 1985. – DIES., *Theodulf of Orléans and the Libri Carolini,* in: Speculum, 1957. – GRAPE, W., *Karolingische Kunst und Ikonoklasmus,* in: Aachener Kunstblätter, 45, 1974. – HAENDLER, G., *Epochen karolingischer Theologie,* Berlin 1958. – HARMON, J. A., *Codicology of the Court School of Charlemagne,* Frankfurt/Bern/New York/Nancy 1984. – HOMBURGER, O., *Eine unveröffentlichte Evangelienhandschrift aus der Zeit Karls des Großen,* in: Zeitschrift für Schweizerische Archäologie und Kunstgeschichte, 1943. – LADNER, G., *Der Bilderstreit und die Kunst-Lehren der byzantinischen und abendländischen Theologen,* in: Zeitschrift für Kirchengeschichte, 50, 1931. – MEYVAERT, P., *The authorship of the »Libri Carolini«,* in: Revue Bénédictine 90, 1979. – MÜTHERICH, F., *I Libri Carolini e la miniatura carolingia,* in: Culto cristiano politica imperiale carolingia, Todi 1979. – SCHADE, H., *Die Libri Carolini und ihre Stellung zum Bild,* in: Zeitschrift für katholische Theologie 79, 1957. – THÜMMEL, H. G., *Die Frühgeschichte der ostkirchlichen Bilderlehre,* Berlin 1992. – WALLACH, L., *Diplomatic Studies in Latin and Greek Documents from the Carolingian Age,* Ithaca/London 1977.

IV/4 Libri Carolini

Handschrift, Pergament; 194 Bl., 31,5 x 20,5 cm; Hofschule, 793; Rom, Biblioteca Apostolica Vaticana, Vat. Lat. 7207.

Angeregt durch Karl den Großen entstanden die *Libri Carolini* als grundlegender theologischer Traktat in vier Büchern zur Frage von Bildverehrung und Bildgebrauch. Der unmittelbare Anlaß ihrer Abfassung war die Auseinandersetzung mit den »bilderfreundlichen« Beschlüssen des siebten Ökumenischen Konzils in Nicaea im Jahr 787, dessen Akten »privat« in Rom übersetzt und irgendwie – keinesfalls »offiziell« – durch Papst Hadrian I. dem Frankenkönig zugesandt worden waren. Karl beauftragte 790/791 einen der glänzendsten Theologen seines Reiches, den Westgoten Theodulf, seit 788 Bischof von Orléans, mit der Aufgabe; doch wurde an der erhaltenen Redaktion, die wahrscheinlich zur Bestätigung der Frankfurter Synode vorgelegt und anschließend weiter verbreitet werden sollte, zweifellos auch der Angelsachse Alkuin beteiligt.
Die vorliegende, sorgfältig von vier verschiedenen Schreibern in karolingischer Minuskel geschriebene und korrigierte, heute an Anfang und Schluß verstümmelte Handschrift dürfte Theodulfs Arbeitsexemplar gewesen und im Sommer 793 in Regensburg entstanden sein. Sie läßt bei verschiedenen Wörtern westgotische Eigentümlichkeiten erkennen, die durchgehend verbessert wurden, und bietet überhaupt durch die häufigen Korrekturen mancherlei Hinweise auf den noch nicht völlig abgeschlossenen Arbeitsprozeß an diesem Traktat. Zahlreiche tironische Noten stehen am Seitenrand auf Rasur über dem ursprünglichen Text und könnten knappe Bemerkungen Karls des Großen festhalten. Da das Unternehmen der *Libri Carolini* insgesamt scheiterte, wurde die Handschrift nur selten abgeschrieben. Außer dem Reimser Codex (Kat. IV/5) existiert nur noch das Bruchstück eines Manuskripts aus dem Kloster Corbie (als Einbandblatt von Paris, Bibl.Nat. lat. 12125 fol. 157 mit dem Text von LC I,12f.), das etwa in die Mitte des 9. Jahrhunderts zu datieren ist, sowie der Hinweis auf ein 1559 oder bald danach in Rom untergegangenes Exemplar, geschrieben wahrscheinlich in Beneventanischer Schrift. Das weitere Geschick des Codex Vaticanus – bevor er, bereits verstümmelt, im Jahr 1784 als Geschenk des Kardinals F. S. Zelada an die päpstliche Bibliothek gelangte – ist unbekannt; doch trägt er einen Besitzvermerk, wonach er sich in einem Kloster Marienfeld (*Campus sancte Mariae*) befand, das in Deutschland zu suchen ist; und einige Indizien deuten darauf hin, daß ihn ein knappes Jahrtausend zuvor Erzbischof Hinkmar von Reims (845–882) aus der Hofbibliothek Kaiser Ludwigs des Frommen entwendet hatte. J.F.

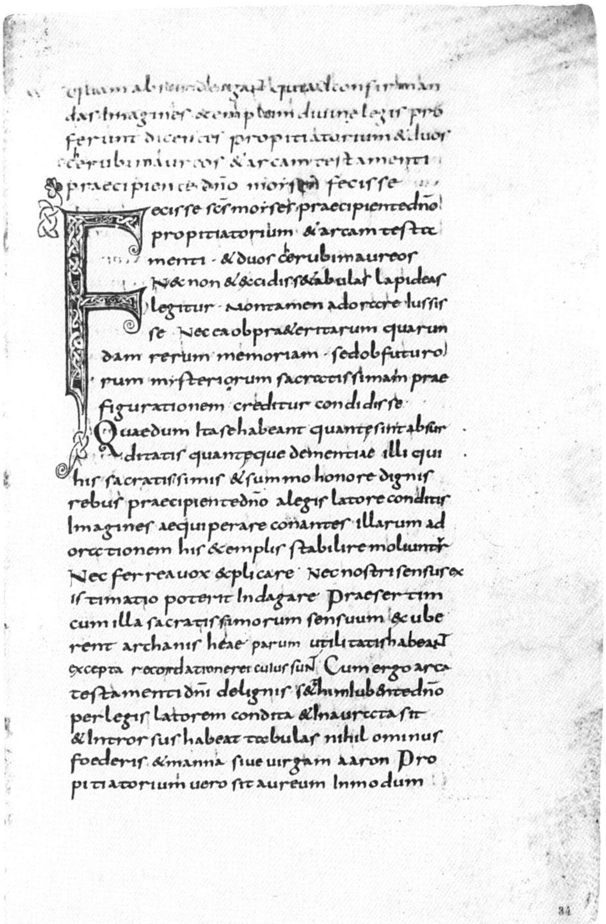

IV/4 fol. 34r

Quellen: MGH Leg. sec. III, Conc. II, supp., Hannover/Leipzig 1924.

Literatur: *Katalog Aachen,* Nr. 346. – Belting, H., *Bild und Kult,* München [2]1991. – Bischoff, B., *Die Hofbibliothek Karls des Großen,* in: Karlswerk II. – CLA I 52, Bd. 1, Oxford 1934. – Classen, P., *Karl der Große, das Papsttum und Byzanz,* Sigmaringen 1985. – Freeman, A., *Additions and corrections to the Libri Carolini,* in: Scire litteras, München 1988. – Dies., *Carolingian orthodoxy and the fate of the Libri Carolini,* in: Viator 16, 1985. – Dies., *Theodulph of Orleans and the Libri Carolini,* in: Speculum 32, 1957. – Gero, St., *The Libri Carolini and the Image Controversy,* in: Greek Orthodox Theological Review 18, 1973. – Haendler, G., *Epochen karolingischer Theologie,* in: Theologische Arbeiten 10, Berlin 1958.

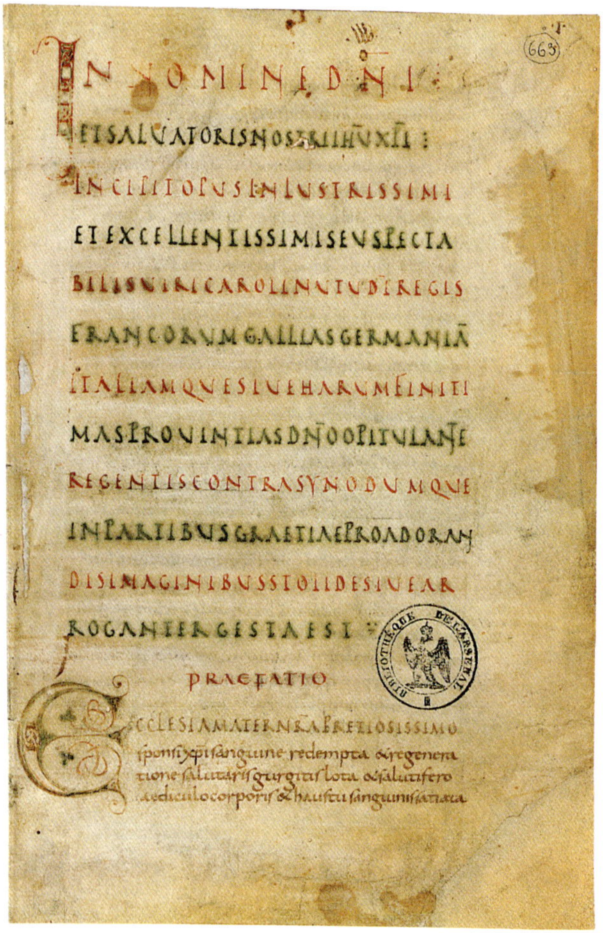

IV/5 fol. 1r

IV/5 Libri Carolini

Handschrift, Pergament; 122 Bl., 29,5 x 20 cm; Reims, 869/70; Paris, Bibliothèque de l'Arsenal, Ms. 663.

Dieses Manuskript ist eine unmittelbare Abschrift vom vatikanischen Codex Vat. Lat. 7207 der *Libri Carolini* (Kat. IV/4). Es überliefert deren vollständigen Text, einschließlich der im Vaticanus verlorenen Partien. Die Abschrift dürfte von Erzbischof Hinkmar von Reims veranlaßt worden sein, dessen Skriptorium Schrift und Initialornamentik zuzuweisen sind. Er hatte den Traktat als Kapellan am Hof Ludwigs des Frommen kennengelernt, vielleicht im Zusammenhang mit dem Wiederaufflammen des Bilderstreits in Byzanz, das im Jahr 825 auch die Theologen des Frankenreichs auf einer Synode in Paris erneut mit der Bilderthematik konfrontierte. Die Reimser Handschrift gehört freilich nicht in das Umfeld dieser Synode. Ein unmittelbarer Anlaß für ihre Entstehung ist nicht zu erkennen. J.F.

Literatur: siehe IV/4.

IV/6 Interventio Hadriani

Sammelhandschrift, Pergament; 10. Jahrhundert; Rom, Biblioteca Apostolica Vaticana, Vat. lat. 3827.

Die Argumentation der *Libri Carolini* richtete sich formal gegen die byzantinischen Theologen, doch bot Karl der Große mit seiner Polemik und der Nichtanerkennung des Konzils von Nicaea auch Rom die Stirn. Denn die Legaten Papst Hadrians I. hatten ja, wenn auch aus vorwiegend politischen Erwägungen, die byzantinischen Entscheidungen anerkannt. Die Franken suchten für ihr Vorgehen die Zustimmung des apostolischen Stuhls. Deshalb schickte Karl erst 60, dann weitere 19 Kapitel der gegen das Nicaenum erhobenen Einwände, den Grundstock der *Libri Carolini,* zur Begutachtung und Bestätigung nach Rom. Dort verteidigte Hadrian Kapitel für Kapitel die Beschlüsse des Konzils. Seine Antwort erreichte den Königshof im Sommer oder Frühherbst 793 zu Regensburg. In der Folge verzichtete Karl auf die ursprünglich wohl geplante »Publikation« der *Libri Carolini* durch die Frankfurter Synode.
Die vorliegende Handschrift bietet die einzige vollständig erhaltene Überlieferung der päpstlichen Antwort; lediglich die sogenannte *Collectio Britannica,* eine Kirchenrechtssammlung des späten 11. Jahrhunderts, tradiert daneben einige wenige Exzerpte. J.F.

Quellen: MGH Epp. 5, Nr. 2.
Literatur: siehe IV/4.

WORTTRADITION

IV/7 Evangeliar

Handschrift (Fragment), Pergament; 2 Bl., 30,4 x 26,2 cm; Echternach, frühes 8. Jh.; Freiburg i. Br.; Universitätsbibliothek, Ms. 702.

Auf den zwei erhaltenen Blättern des Evangelienbuches sind die Vorrede und ein Teil des Kapitelverzeichnisses zu Lukas erhalten. Der Text ist in angelsächsischer Unziale geschrieben. Ungewöhnlich ist die Gestaltung des Schriftspiegels beim Prolog: Innerhalb eines rechteckigen Rahmens ist ein kreuzförmiges Schriftfeld abgeteilt. Auf den Eckfeldern, die durch rote Punkte und Striche mit geometrischen Mustern verziert sind, steht auf fol. 1r in angelsächsischer Maiuskel: *Incipit/Argume/Secundum/Lucam.* Der Textbeginn des Prologs auf derselben Seite ist mit einer Initiale L und seitlich anschließender Zierschrift ausgezeichnet. Der Initialkörper ist mit insularer Tierornamentik in der Nachfolge des Evangeliars von Lindisfarne (London, British Library, Cotton Nero D. IV) gefüllt. Die Initialenden sind durch Spiralen erweitert; die ganze Initiale ist doppelreihig rot umpunktet und koloriert in Gelb, Grün, Rot und Violett. Eine Initiale Z am Anfang des Kapitelverzeichnisses (fol. 2v) ist ohne Füllmuster, die Enden gehen in Spiralen und Fadengeflecht über; sie ist gelb umpunktet.

Das einstmals wahrscheinlich vorzüglich ausgestattete Evangeliar ist einer Gruppe von Handschriften zugeordnet worden, die nach Echternach lokalisiert wurde. Dafür spricht zum einen die Schrift, die Beziehungen zum Echternacher Evangeliar in Paris (Bibliothèque Nationale, Lat. 9389) erkennen läßt, und zum anderen die Initialornamentik, die eng verwandt ist mit der des Evangeliars aus der Sammlung Öttingen-Wallerstein (Augsburg, Universitätsbibliothek, Cod. I.2.4° 2).

Echternach, eine Gründung des aus Northumbrien kommenden hl. Willibrord (kurz vor 700), war ein bedeutendes Missionszentrum und zugleich Sitz eines Skriptoriums, in dem insular geschulte Schreiber tätig waren. An einigen Handschriften aus der ersten Hälfte des 8. Jahrhunderts läßt sich auch ablesen, wie hier insulare und

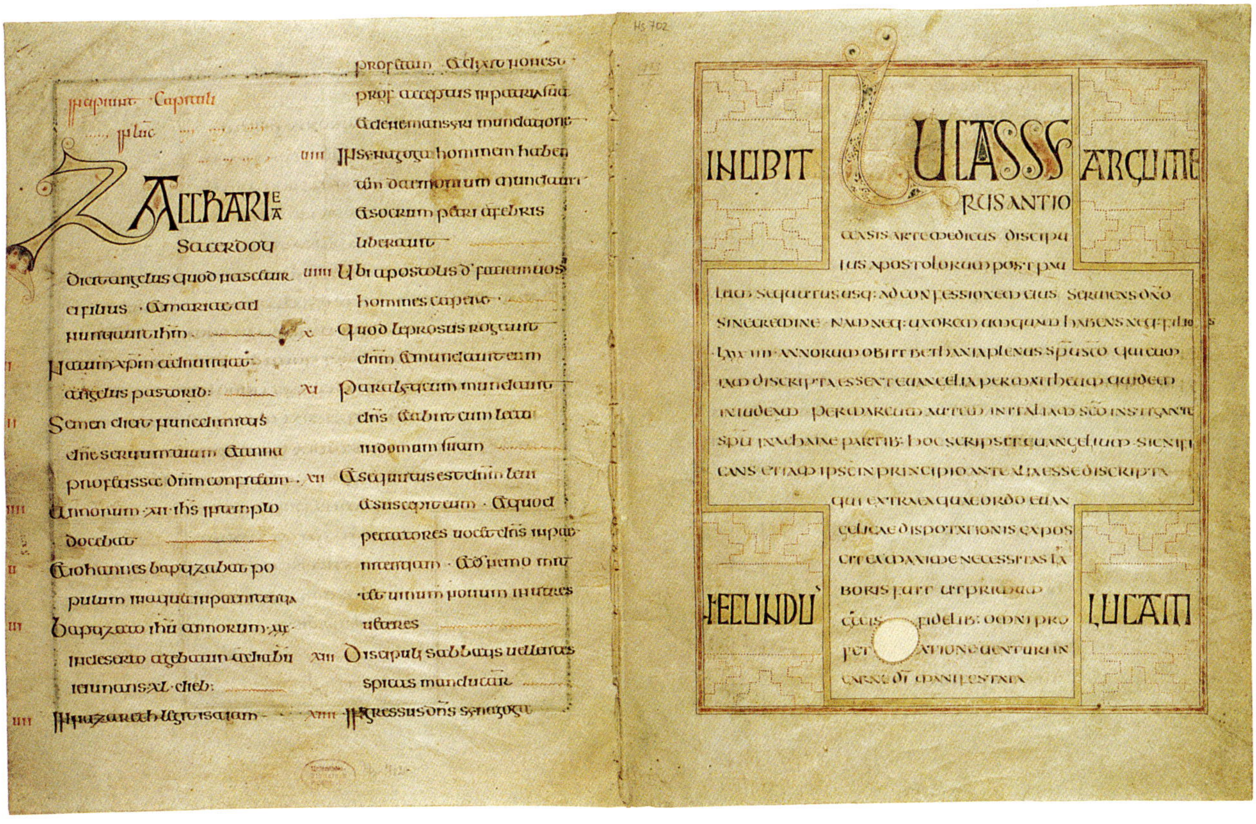

kontinentale Schreiber und Maler zusammenwirkten (vgl. besonders das Evangeliar des Trierer Domschatzes, Cod. 61). Das Fragment wurde in der Benediktinerabtei Tholey bei Trier in einem Zinsbuch gefunden und 1913 in Freiburg angekauft. K.B.

Literatur: ALEXANDER, J. J. G., *Insular manuscripts*, London 1978, Nr. 25. – CLA, Bd. VIII. Oxford 1959, Nr. 1195. – DOLD, A., *Eine kostbare Handschriftenreliquie,* in: Zentralblatt für Bibliothekswesen 52, 1935. – *Katalog Aachen* 1965, Nr. 396. – NETZER, N., *Willibrord's Scriptorium at Echternach and its Relationship to Ireland and Lindisfarne,* in: BONNER, G., ROLLASON, R., STANCLIFFE, C. (Hrsg.), St. Cuthbert, 1989. – DIES., *The early scriptorium at Echternach,* in: KIESEL, G., SCHROEDER, J. (Hrsg.), Willibrord, Luxemburg 1989.

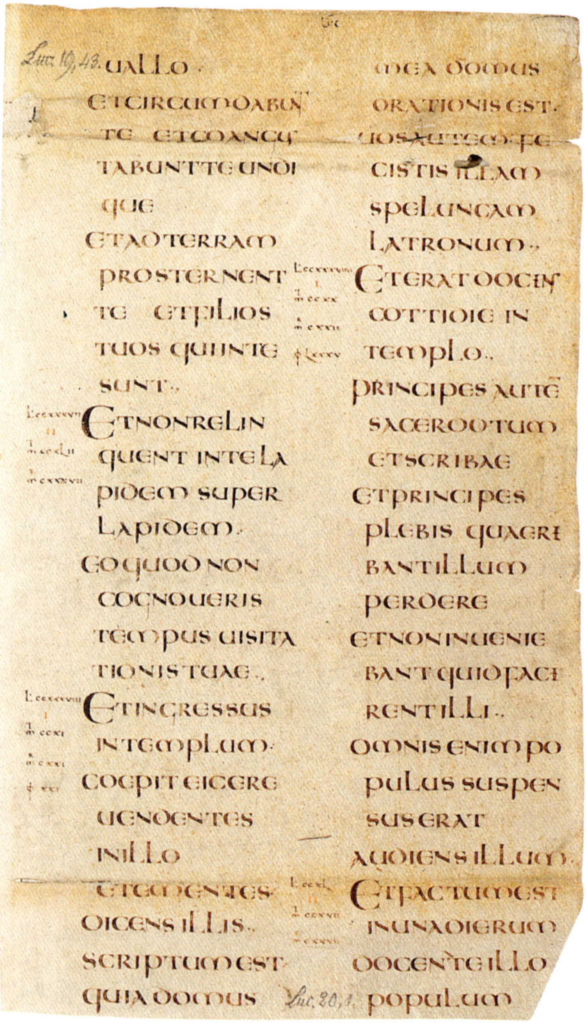

IV/8 Bl. 20b

IV/8 Evangeliar

Handschrift (Fragment), Pergament; Einzelblatt, Kloster Mondsee, um 800; Nürnberg, Germanisches Nationalmuseum, Hs. 27932.

Siehe Kat. IV/16.

IV/9 Caesarius von Arles, Homilien

Handschrift, Pergament; 114 Bl., 27,5 x 22 cm; Würzburg, Ende 8 Jh.; München, Bayerische Staatsbibliothek, Clm 6298.

Die Handschrift mit den Predigten des hl. Caesarius von Arles (470–542) wurde von mehreren Händen in angelsächsischer Minuskel geschrieben. Nach A. Weiner sind drei Hände beteiligt, die sich auch an der Ausführung der in Rot, Grün und Gelb kolorierten Initialen erkennen lassen. Für den Bereich des Buchschmuckes ist die erste Hand die qualitätsvollste; sie verwendet, wie auch die zweite, fast ausschließlich rein insulare Zierformen. Die große Anfangsinitiale »P« (fol. 3v) zeigt alle wesentlichen Elemente der Ornamentik: Flechtband als Füllung der Initialen, am Fuß und im Binnenraum Fadengeflechte, die in Tierköpfe auslaufen, wobei die Tierköpfe unterschiedlich ausgebildet sind (Raubvogelköpfe, hundeartige Köpfe). Links oben sitzt ein großer, schlanker Vogel mit gebogenem Hals.
Der dritte, umfangreichste Ausstattungsteil (ab fol. 25r bis Schluß) stammt von einer deutlich schwächeren Hand, bei der auch kontinental geprägte Formen auftreten. Vielfach wird die Ornamentik des ersten Teils aufgegriffen und variiert, einmal wird sogar eine Initiale fast »wörtlich« wiederholt (vgl. fol. 5r und 90v), so daß man an ein Lehrer-Schüler-Verhältnis denken könnte. Nur in diesem Teil der Handschrift begegnen mehrfach phantasievoll ausgestaltete Tierfiguren (Vögel und Vierfüßer, vgl. fol. 93v, 46v). Eigentümlich sind die aus armlosen menschlichen Wesen gebildeten »I«-Initialen (fol. 36v, 71v). Solche Initialbildungen sind der insularen Kunst fremd, sie dürften wohl auf kontinentale Vorbilder zurückgehen.
Die Handschrift ist auf das Ende des 8. Jahrhunderts zu datieren; sie entstand mit Sicherheit in einem Skriptorium mit ausgeprägter insularer Tradition, vermutlich lag es nicht im Gebiet um Fulda und Mainz oder in Fulda selbst, wie B. Bischoff bzw. H. Spilling vorgeschlagen haben, sondern aller Wahrscheinlichkeit nach in Würzburg, wo sich Vergleichshandschriften vor allem für den Buchschmuck finden lassen (A. Weiner). Die Handschrift stammt aus der Freisinger Dombibliothek und kam bei der Säkularisation nach München. K. B.

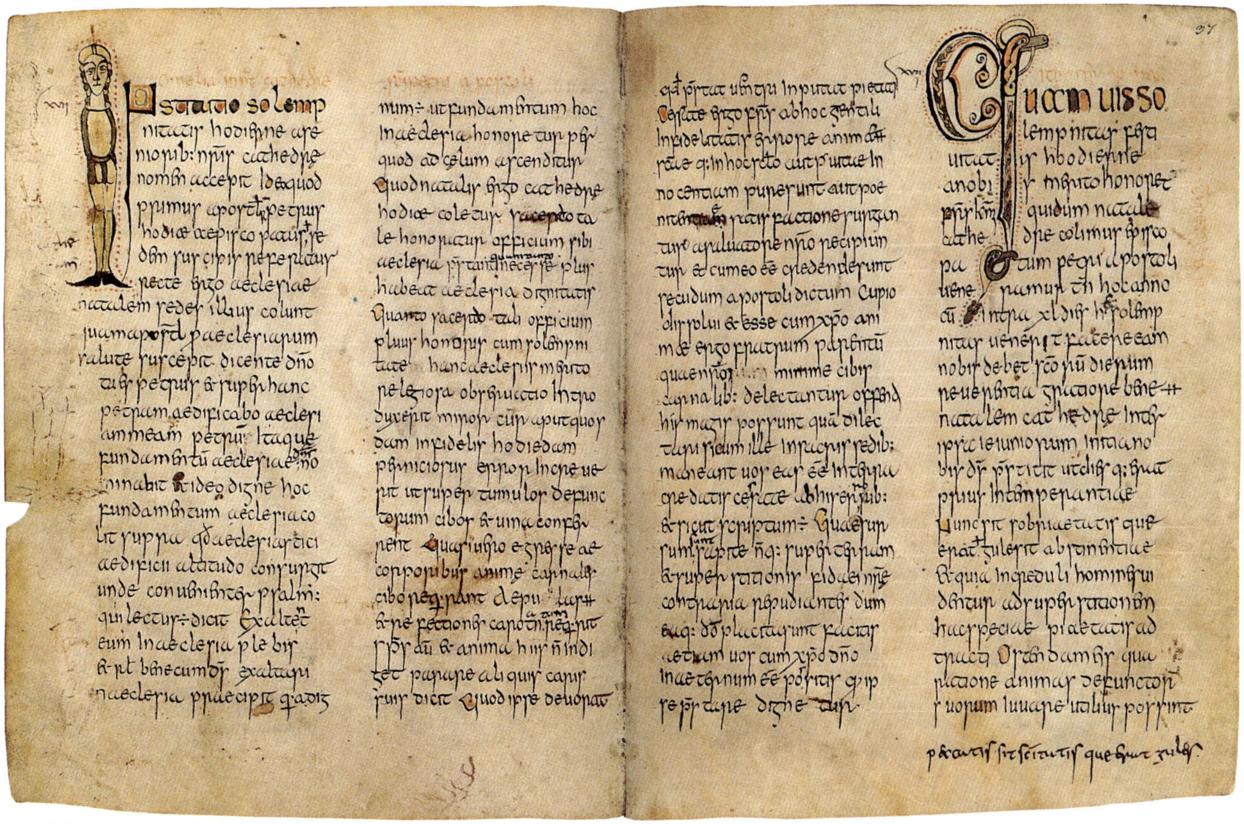

IV/9 fol. 36v/37r

Literatur: Bierbrauer, K., *Die vorkarolingischen und karolingischen Handschriften der Bayerischen Staatsbibliothek,* Wiesbaden 1990, Nr. 219. – Bischoff, *Schreibschulen I,* S. 141f. – CLA, Bd. IX, Oxford 1959, Nr. 1264. – *Katalog Rosenheim/Mattsee,* Nr. R 142 (A. Weiner). – Schlecht, J., *Das angebliche Homiliar des hl. Korbinian,* in: Wissenschaftliche Festgabe zum 1200jährigen Jubiläum des hl. Korbinian, München 1924, S. 177f. – Spilling, H., *Das Fuldaer Skriptorium zur Zeit des Hrabanus Maurus,* in: Kottje, R., Zimmermann, H. (Hrsg.), Hrabanus Maurus, Wiesbaden 1982. – Weiner, *Initialen,* S. 49ff., 146ff.

IV/10 Evangeliar aus St.-Martin-des-Champs

Handschrift, Pergament; 178 Bl., 26,5 x 19 cm (stark beschnitten); Aachen, Hofschule Karls des Großen, vor 795; Paris, Bibliothèque de l'Arsenal, Ms. 599.

Innerhalb der Reihe von Handschriften aus der Hofschule Karls des Großen ist der vorliegende Codex das älteste erhaltene Evangeliar; es ist zeitlich nach dem Godescalc-Evangelistar (Kat. IV/21) und vor dem Dagulf-Psalter (Kat. IV/11) einzuordnen. Die ganze Handschrift ist mit goldener Tinte geschrieben, der Text zweispaltig in Minuskel; für die Überschriften, Incipit und Explicit wurden Monumentalkapitalis, Rustika und Unziale verwendet. Die künstlerische Ausstattung besteht aus 16 Kanontafeln (fol. 8r-15v) und drei Initialseiten (fol. 16r, 61r, 134r); die Initialseite zu Lukas ist verloren. Das architektonische Rahmengerüst der Kanontafeln läßt Verbindungen zur insularen Buchmalerei und vor allem zu den im Zusammenwirken von insularen und kontinentalen Schreibern geschaffenen Werken erkennen. Besonders nah verwandt ist das Evangeliar im Schatz der Kirche Ste-Cathérine in Maaseyck. Die Ornamentik der Kanonbögen gibt das Wechselspiel der verschiedenen Vorbilder wieder: aus der insularen Malerei sind die aus Flechtknoten bestehenden Säulenbasen entnommen, auf die Spätantike gehen die marmorierten Säulen und die Varianten der spätantiken Massenornamente zurück; hinzu kommen verschiedene Rankenformen und kleinteilige geometrische Muster, meist in Form von Kästchen mit unterschiedlicher Füllung.

IV/10 fol. 134r

IV/11 fol. 24v/25r

Auf den Rahmen der Initialseiten erscheint eine ähnliche Ornamentik wie bei den Kanontafeln. Die Initialen, gefüllt mit Flechtband, geometrischen Mustern und Ranken, gehen an den Enden in Fadengeflechte über; auch sie stehen insularen Vorbildern nahe. An welchem Ort sich die Handschrift im Mittelalter befand, ist nicht mehr festzustellen; aus Einträgen im Vorder- und Rückdeckel geht hervor, daß sie im 18. Jahrhundert in St.-Martin-des-Champs lag. K.B.

Literatur: *Katalog Aachen,* Nr. 412. – Koehler, *Miniaturen II.* – Mütherich, *Buchmalerei,* in: Karlswerk III.

IV/11 Goldener Psalter des Dagulf

Handschrift, Pergament; 161 Bl., 19,4 x 12 cm (fol. 1–3 und 159–161 später hinzugefügt); Aachen, Hofschule Karls des Großen, zwischen 783 und 795; Wien, Österreichische Nationalbibliothek, Cod. 1861. (Faksimile)

Der Psalter enthält zu Beginn – auf einem Einzelblatt – zwei Widmungsgedichte; aus dem ersten (fol. 4r) geht hervor, daß der Psalter im Auftrag Karls des Großen für Papst Hadrian I. (772–795) geschrieben wurde, das zweite (fol. 4v) richtet der Schreiber, Dagulf, an Karl den Großen. Der Text des Psalters, bei dem es sich um ein

Psalterium Gallicanum handelt, ist in goldener Minuskel geschrieben, bis fol. 145 von Dagulf, der Rest von einer anderen Hand. Abgesehen von den besonders hervorgehobenen Psalmen wurde für die Überschriften rote Unziale verwendet, jeder Psalm beginnt mit einer goldenen Initialmaiuskel mit farbigen Binnenfüllungen, vielfach in Blau.

Der Buchschmuck besteht aus einer gerahmten Incipitseite mit goldener Monumentalkapitalis (fol. 24v) und gerahmten Initialseiten, entsprechend der Dreiteilung, zu Beginn von Ps 1, 51 und 101 (fol. 25r, 67v, 108v). Durch kleinere Initialen sind zusätzlich Ps 109 und 118 (fol. 120v, 125r) und das *Canticum Esaie* (fol. 146r) hervorgehoben. Die Rahmenfelder sind mit verschiedenen Ornamentformen gefüllt, unter anderem perspektivisch gezeichneten geometrischen Mustern, Ranken, Rosetten und Flechtband. Nur auf der Incipitseite erscheinen in den Ecken quadratische Felder mit flüchtig in Weiß gezeichneten stehenden Figuren. Das Innenfeld der Initialseiten ist in rötlichem und bläulichem Purpur eingefärbt. Die Initialen besitzen goldene Randbänder, als Füllmuster dient vorwiegend Flechtband, die Binnenräume sind durch komplizierte Fadengeflechte ausgefüllt. Die Anfangsworte der Psalmen stehen in vergrößerten Kapitalen neben den Initialen; die Zierschriften, die den Rest der Seite füllen, sind – zeilenweise wechselnd – in goldener und silberner Kapitalis geschrieben. Der prachtvolle Gesamteindruck der Seiten beruht auf der Wirkung von Gold, Silber und Purpur, die wenigen Farben (Rot, Gelb, Blau, Weiß) treten nur zurückhaltend in Erscheinung.

Auf Grund der Schrift wie der Ornamentik ist der Dagulf-Psalter später als das Godescalc-Evangelistar (Kat. IV/21) und der ältere Teil der Ada-Handschrift (Kat. IV/23) entstanden, also nach 783; den *terminus ante* setzt das Todesjahr Hadrians (795), für den er bestimmt war, in dessen Hände er aber vermutlich nicht mehr gelangte. Am Anfang des 15. Jahrhunderts lag die Handschrift nachweislich im Dom zu Bremen; dorthin kam sie wahrscheinlich 1065–66 als Geschenk Heinrichs IV. an den Erzbischof Adalbert von Bremen; zuvor gehörte sie vermutlich zu den Schätzen des Klosters Limburg a. d. Hardt, die Heinrich IV. teilweise nach Speyer bringen ließ. Mitte des 17. Jahrhunderts befand sich der Psalter, damals schon ohne die Elfenbeintafeln, in der Bibliothek Kaiser Leopolds I. in Wien, von dort kam er zwischen 1666 und 1674 in die Hofbibliothek. K.B.

Faksimile: Goldener Psalter, Graz 1980.

Literatur: CLA, Bd. X, Oxford 1963, Nr. 1504. – HOLTER, K., *Kommentar zu: Der Goldene Psalter,* Graz 1980. – *Katalog Aachen* 1965, Nr. 413. – *Katalog Wien* 1993, *Karl der Große und die Wissenschaft,* Nr. 9. – KOEHLER, *Miniaturen, II.* – MÜTHERICH, *Buchmalerei,* in: Karlswerk III.

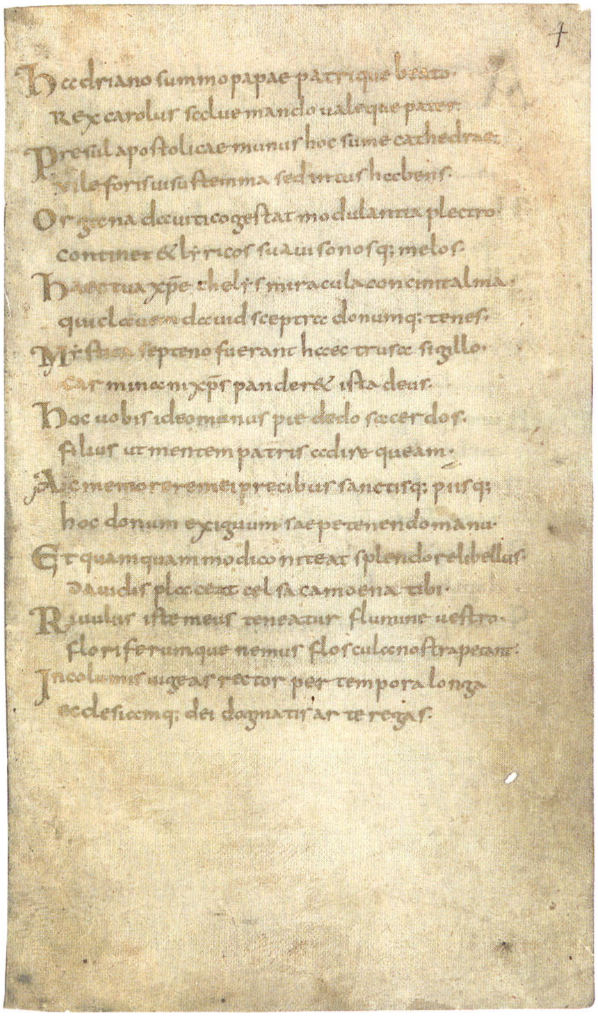

IV/11 fol. 4r

IV/12 Bibel des Theodulf

Handschrift, Pergament; 349 Bl., 32 x 23 cm; Orléans, Anfang 9. Jh.; Paris, Bibliothèque Nationale, Ms. lat. 9380.

Die Handschrift in Paris ist eine der Bibeln, die Theodulf, Bischof von Orléans (788–821) und Abt von Fleury, schreiben ließ; eine Schwesterhandschrift befindet sich in Le Puy (Domschatz). Zur gleichen Zeit wie Alkuin in Tours (796–804) arbeitete Theodulf an einer einbändigen Bibelausgabe. Für ihn kam es darauf an, »ein handliches wissenschaftliches Nachschlagewerk« zu schaffen. »Er wählt kleine Schrift und kleines Format. Er gliedert die Bibel exakt nach dem maßgeblichen Handbuch jener Zeit, nämlich Isidors Etymologien (6,1, 1–9)« (B. Fischer, Bibelausgaben, S. 94). Insgesamt sind sechs Theodulf-Bibeln erhalten; die beiden Handschriften in Paris und Le Puy nehmen in der von B. Fischer erarbeiteten chronologischen Reihung die mittlere Zeitstellung ein.

Die Buchschrift ist eine besonders kleine Minuskel, für Überschriften und Inhaltsverzeichnisse wurde Unziale – in Gold und in Rot – verwendet. Beide Handschriften sind Prachtexemplare; einzelne Teile der Bibel wie die Psalmen und die Evangelien, auch die Explicit-Seite und die Schlußverse, in denen Theodulf als Auftraggeber genannt und der kostbare Einband erwähnt wird, sind auf purpurgefärbtem Pergament geschrieben. Mehrfach wird Gold und Silber verwendet, nicht nur als Tinte, sondern auch bei der Kolorierung der zwölf Kanontafeln (fol. 248r–253v), die der kleineren lateinischen Kanonfolge angehören. Für ihre architektonischen Rahmen wurden marmorierte Säulen und ornamentierte große Umfassungsbögen verwendet; als Eckakroterien erscheinen Vögel unterschiedlicher Art, die auf Blattformen stehen.

Die Ornamentik der Bögen wie die gesamte Anlage der Kanontafeln schließen eng an spätantike Vorbilder an (Kat. IV/19). Das gleiche gilt für den kreisrunden Rahmen des Explicit und die Arkadenrahmen der Schlußverse (fol. 347r-349v).

Daß jeglicher figürliche Schmuck in den Theodulf-Bibeln fehlt, entspricht der bilderfeindlichen Haltung Theodulfs, dem die Abfassung der *Libri Carolini* zugeschrieben wird. Die Handschrift stammt aus der Kathedrale von Orléans; im 17. Jahrhundert kam sie in Privatbesitz und von dort in die Bibliothèque Nationale, wo sie im ersten Katalog nach der französischen Revolution unter der Nr. Supp. Lat. 687 verzeichnet ist. K.B.

IV/12 fol. 248v

Literatur: CLA, Bd. V., Oxford 1950, Nr. 576. – DELISLE, L., *Les Bibles de Théodulphe,* in: Bibliothèque de l'Ecole des Chartres 40, 1879. – FISCHER, B., *Bibelausgaben des frühen Mittelalters,* in: Lateinische Bibelhandschriften im frühen Mittelalter, Freiburg 1985. – *Katalog Aachen 1965,* Nr. 424 – PÉRIN, P./FEFFER, L. Ch., *La Neustrie,* in: Ausstellungskatalog Rouen 1985, Nr. 107. – PORCHER, J., *La peinture provinciale,* in: Karlswerk III. – VIEILLARD-TROIEKOUROFF, M., *Tables de canons et stucs carolingiens,* in: Stucchi e mosaici alto medioevali. Mailand 1962, S. 154ff.

IV/13 Apsismosaik

Mosaik, opus sectile; Gewölbespanne 2,36 m, Tiefe 2,36 m; Germigny-des-Prés, Kapelle des Theodulf von Orléans, um 806. (Foto).

Das Mosaik schmückt die Kalotte der östlichen Hauptapsis dieser von Theodulf von Orléans errichteten Kirche (Kat. VII/7). Es ist der einzige *in situ* erhaltene Rest der früher reichen Ausstattung mit Stukkaturen und Mosaiken. M. Vieillard-Troiekouroff nimmt Mosaizisten aus dem gallischen Raum als Künstler an. Trotz der Restaurierungen des 19. Jahrhunderts entspricht der heutige Zustand weitgehend dem ursprünglichen.

IV/13

Die Darstellung zeigt die Bundeslade als kassettierten flachen Kasten in umgekehrter Perspektive. Auf ihr stehen zwei kleine Cherubim, deren innere Flügel sich berühren. Zwei weitere, erheblich größere Cherubim breiten ihre Flügel, deren Spitzen sich in der Bildachse kreuzen, über die Lade aus. Zwischen den Köpfen des größeren Paars erscheint die Rechte Gottes. Sie weist ebenso wie die vier Engel auf die Lade. Am unteren Rand des Mosaiks befindet sich der Titulus: ORACLVM SCM ET CERVBIN HIC ASPICE SPECTANS ET TESTAMENTI EN MICAT ARCA DEI – HAEC CERNENS PRECIBVS QVE STVDENS PVLSARE TONANTEM THEODVLFVM VOTIS IVNGITO QVOESO TVIS. (Zu deutsch etwa: »Erblicke hier staunend das heilige Orakel und die Cherubim, und siehe, es leuchtet die Arche des Gottesbundes – und wenn du, dies betrachtend, versuchst, den Donnerer mit deinen Bitten zu erweichen, dann, so bitte ich, schließe in deine Gebete Theodulf ein.«)

Die Form der Bundeslade entspricht der Beschreibung in Exodus 25,8–22. Sie folgt allerdings, wie P. Bloch zeigt, einer älteren, »buchstabengetreuen« Bildtradition. Die Cherubim besitzen nur je zwei Flügel, genau wie jene, die im salomonischen Tempel aufgestellt waren (1. Kön 6,23–28). Stil und Haltung der großen Cherubim verweisen auf spätantik-hellenistische Bilderhandschriften und damit auf die Renovatio-Bestrebungen des karolingischen Hofes. In der etwa gleichzeitigen Luna-Miniatur der Kölner Aratea (Dombibliothek No. 83) wiederholt sich das nach innen flatternde Gewandteil des rechten großen Cherubs in Umriß und Faltenwurf genau. Auch

zeichnet sich die Kleidung dieser Luna durch einen zweiten wehenden Gewandzipfel aus – eine außerordentlich seltene Parallele zur komplizierten Gewandung der Cherubim von Germigny-des-Prés.
Seitdem Theodulf als Hauptverfasser der um 791 entstandenen *Libri Carolini* gilt (Kat. IV/4/5), wird versucht, mögliche Zusammenhänge dieser bilderfeindlichen Streitschrift mit der Ikonographie des Mosaiks aufzuzeigen. Wenn P. Bloch annimmt, Theodulf habe die Bundeslade als einziges, von Gott inspiriertes bildliches Kunstwerk zugelassen verfehlt er die Argumentation der *Libri Carolini.* Theodulf kritisiert gerade die Verwendung alttestamentlicher Stellen in ihrem historisch-literalen Sinn durch die Griechen und besteht auf dem Vorrang der typologisch-allegorischen Exegese (so etwa LC I,17; I,29). Auf die Bundeslade gehen die *Libri Carolini* an mehreren Stellen (vor allem LC I,15; I,20) ein, wobei sie sich weitgehend auf den Kommentar des Beda Venerabilis *De templo Salomonis* stützen. Sie bieten darin eine Überfülle an typologischen Deutungen. So ist die Bundeslade selbst ein Typus für Christus, während die zwei Cherubim auf der Lade mit dem Überschneiden ihrer Flügel die Übereinstimmung von Neuem und Altem Testament bedeuten. Die zwei großen Cherubim bezeichnen jeweils das Judentum und die ehemals heidnischen Völker. Die Verdoppelung der Cherubim, die erst im salomonischen Tempel erfolgt ist, verweist auf das Wachstum des Gottesvolks nach der Fleischwerdung. A. Grabar interpretiert den Gesamtbau als Typus des Tempels und gleichzeitig des Paradieses. Es wird deutlich, daß das Bild der Bundeslade einen der Hauptanstoßpunkte der *Libri Carolini* vermeidet, indem es nichts darstellt, was für sich selbst Anbetung zuließe. Vielmehr muß das Dargestellte auf eine Weise ausgelegt werden, die sich der Schriftexegese annähert. Erst durch diese geistige Anschauung erschließt sich das Bild und verweist dann auf Dinge, die durch Bilder nicht dargestellt werden können oder dürfen. In diesem Sinne kann das Mosaik mit der Bundeslade als eine durchdachte Weiterentwicklung der Position der *Libri Carolini* verstanden werden. C.W.

Literatur: Bloch, P., *Das Apsismosaik von Germigny-des-Prés,* in: Karlswerk III. – Dahlhaus-Berg, E., *Nova Antiquitas et antiqua Novitas,* Köln 1975. – Elbern, *Libri Carolini.* – Grabar, A., *Les mosaïques de Germigny-des-Prés,* in: Cah. Arch. 7, 1964. – Vieillard-Troiekouroff, M., *Germigny-des-Prés,* in: Les Dossiers de l'Archéologie, 30, 1978.

IV/14 Evangeliar aus Fleury

Handschrift, Pergament; 219 Bl., 24,8 x 19,8 cm; Fleury, um 820; Bern, Burgerbibliothek, Cod. 348. (Foto)

Das Evangeliar ist in einer feinen Minuskel geschrieben, allein in den Incipit-Seiten und einzelnen Überschriften treten Kapitalis oder Unziale im Text auf. Die malerische Ausstattung der Handschrift beschränkt sich auf eine Abfolge von Kanontafeln (fol. 1r–8r) und eine ganzseitige Miniatur mit der Darstellung der Evangelistensymbole (fol. 8v).
Diese Miniatur nimmt die Gestaltung der vorangehenden Kanontafeln mit Säulen und übergreifenden Bögen wieder auf. Wie durch ein Fenster erblickt man zwischen den Säulen einen tiefblauen und mit Sternen besetzten Grund, vor dem sich auf Wolkenbänken die Symbole der Evangelisten abheben. Während Engel, Löwe und Stier Bücher halten, trägt der Adler des Johannes eine Schriftrolle. In der Lünette über den Evangelistensymbolen erscheint die monumentale Hand Gottes vor einem Hintergrund aus verschiedenfarbigen Wolkenstreifen. Während die Farbigkeit der Miniatur verhalten ist und auf dem Zusam-

IV/14 fol. 8v

menklang von Rot und Blau gründet, zeigt die Malweise deutlich den Willen zu illusionistischer Darstellung, insbesondere in den mit nervösen Federstrichen hell gehöhten Partien (Stier). Diese malerischen Qualitäten sind ein Reflex der Vorlage für dieses Bild, welche im spätantiken Mittelmeerraum zu suchen ist. In römischen und ravennatischen Mosaiken des 5. Jahrhunderts hat sich motivisch und stilistisch Vergleichbares erhalten. Einmalig ist für die karolingische Kunst die Verbindung von Evangelistensymbolen mit von Augen besetzten Flügeln, einem Motiv der Apokalypse (4, 6–8).

Die Abtei Fleury, in der die Handschrift entstanden ist, gehörte zur Diözese des Theodulf von Orléans. Der Verzicht auf eine aufwendige malerische Ausstattung mit Evangelistenbildern und Initialen und die Auswahl eines so anspruchsvollen und der Deutung bedürfenden Miniaturbildes, wie es diese Seite mit ihren »apokalyptischen Evangelistensymbolen« darstellt, wirft wie das Mosaikbild der Kapelle Theodulfs (Kat. IV/13) ein Licht auf die Gedankenwelt ihres geistigen Vaters. A.T.

Literatur: HOMBURGER, O., *Eine unveröffentlichte Evangelienhandschrift aus der Zeit Karls des Großen,* in: Zeitschrift für Schweizerische Archäologie und Kunstgeschichte, 1943. – DERS., *Die illustrierten Handschriften der Burgerbibliothek in Bern,* 1962. – *Katalog Aachen,* Nr. 426.

IV/15 fol. 29v/30r

IV/15 Essener Münsterschatz-Evangeliar

Handschrift, Pergament; 188 Bl., 34,5 x 23,5 cm; Nordostfrankreich oder Westdeutschland, um 800; Essen, Münsterschatz. (Faksimile)

Die reich ausgestattete Handschrift enthält zwei Kreuzzierseiten, vierzehn Kanontafeln, Incipitseiten zu Beginn der Evangelienprologe, zahlreiche, vielfach ganzseitige Initialen und phantasievoll ausgestaltete Zierschriften; sie sind koloriert in Grün, Gelb und Rot. Das Evangeliar wurde von mehreren Händen in Minuskel geschrieben, nach B. Bischoff in einem Skriptorium Nordostfrankreichs oder im austrasischen Grenzgebiet. Aus demselben Skriptorium stammt auch der sogenannte Psalter Karls des Großen (Paris, Bibliothèque Nationale, Lat. 13159), dessen Buchschmuck eng mit dem des Evangeliars verwandt ist.

Auf den beiden Zierseiten (fol. 13v, 29v) erscheint jeweils ein großes Kreuz. Das erste Kreuz ist aus verschlungenen Bändern mit großen Flechtknoten gebildet; seitlich der Kreuzarme steht in Zierkapitalis: »*Crux almifica in christo credentes beatificia*«. Das zweite ist mit Flechtornament gefüllt; in seinem Zentrum ein Medaillon mit dem Brustbild Christi, welches mit »*rex*« bezeichnet ist. Seitlich der Kreuzarme sind die vier Evangelistensymbole als ganzfigurige, geflügelte Wesen dargestellt.

Auf den Kanontafeln (pag. 13–46) sind schlanke Säulen wiedergegeben, oben verbunden durch Bögen oder spitze Giebel; alle Teile sind ornamentiert (vorwiegend Flechtband und Blattmuster). Den hervorragendsten Teil des Buchschmuckes bilden die Incipit- und Initialseiten (vgl. fol. 25v, 26r, 30r, 30v, 68v, 69r, 71v, 95v, 96r, 100r, 137v, 138r). Bei den Initialen und Zierschriften dieser Seiten mischen sich insular beeinflußte Zierformen (Flechtband, Tierornament) mit solchen, die aus der Tradition kontinentaler Buchmalerei erwachsen sind; dies betrifft vor allem die Bildbuchstaben, bei denen die Buchstaben ganz oder einzelne Teile durch Tierfiguren ersetzt sind. In merowingischen Handschriften des 8. Jahrhunderts, vor allem aus Corbie und Chelles, begegnen die nächsten Verwandten dieser Bildbuchstaben, die im Essener Evangeliar für Zierschriften eingesetzt wurden; vorwiegend kommen hier vogelartige Tiere mit deutlich eingezeichneten Flügeln vor.

Nicht weniger eindrucksvoll sind die phantastischen Tierfiguren der Initialen, die häufig mit komplizierten Flechtornamenten kombiniert wurden (z. B. fol. 69r). Flechtband tritt auch als Füllmuster in den weitgehend »konventionell« gebildeten Initialen auf (vgl. fol. 96r), während florale Muster und Motive eine eher untergeordnete Rolle spielen (als Füllmuster in fol. 30r). Das Evangeliar ist sicher seit dem 13. Jahrhundert in Essen nachweisbar (Eintrag eines Bibliothekars).

(Zur Handschrift freundliche Auskünfte von U. Kuder, München–Osnabrück). K.B.

Literatur: Bischoff, *Panorama*. – Bierbrauer, K., *Die Ornamentik frühkarolingischer Handschriften aus Bayern,* München 1979. – CLA, Bd. VIII, Oxford 1959, Nr. 1192. – *Katalog Aachen,* Nr. 438. – Micheli, G. L., *L'enluminure du Haut Moyen Age et les influences irlandaises,* Brüssel 1939. – Pothmann, A., *Einführung,* in: Das Essener Evangeliar, Stuttgart 1991.

IV/16 Codex Millenarius (Evangeliar)

Handschrift, Pergament; 348 Bl. (+ 46 Papierblätter), 30 x 20,5 cm; Kremsmünster oder Kloster Mondsee, 2. Jahrzehnt des 9. Jhs.; Stift Kremsmünster, Stiftsbibliothek, Cim. 1. (Faksimile)

Der Beiname *Codex Millenarius* (Maior) geht zurück auf den Ausruf »*Codex vere millenarius*« des päpstlichen Nuntius Joseph Garampi, der das Stift Kremsmünster während der Tausendjahrfeier 1777 besuchte. Seit der ersten Hälfte des 11. Jahrhunderts ist der Codex in Kremsmünster nachzuweisen.

Bei der Neubindung der Handschrift am Ende des 16. Jahrhunderts wurde – vermutlich wegen des schlechten Erhaltungszustandes – der Anfang entfernt und durch Papierblätter (16) ersetzt, auf diesen kopierte man die allgemeinen Vorreden, die Vorreden zu Matthäus und die Kanontafeln. Der Hauptteil des Codex ist in Unziale geschrieben, möglicherweise von einer Hand. Zierschriftzeilen aus Hohlkapitalen, gefüllt mit Gold und Silber, bilden den Textanschluß zu den Initialen. Der Text der Handschrift gehört zur Vulgata-Überlieferung in einer »Salzburger Sonderform«; den gleichen Text enthalten der Cutbercht-Codex (Wien, Österreichische Nationalbibliothek, Cod. 1224) und die New York–Nürnberger Evangeliar-Fragmente (New York, Pierpont Morgan Library, M. 564, Nürnberg, Germanisches Nationalmuseum, Ms. 27932 [Kat. IV/8] und Nürnberg, Stadtbibliothek, Fragm. Lat. 1).

Der Buchschmuck umfaßt vier Evangelistenbilder, gefolgt von je vier ganzseitigen Darstellungen der Evangelistensymbole (fol. 17v/18r, 109v/110r, 174v/175r, 276v/277r) und vier großen ornamentierten Initialen zu Beginn der Evangelientexte (fol. 19r, 111r, 176r, 278r). Zur farbigen Ausmalung wurden Rot, Gelb, Grün, Blau und Violett sowie Gold und Silber verwendet, vor allem letztere sind stark abgerieben.

Alle Initialen sind mit Flechtband gefüllt; bei drei Initialen sind am oberen Ende die Köpfe der Evangelistensymbole angefügt, so ein menschliches Gesicht, ein Löwen- und ein Adlerkopf. Die davon abweichende »Q«-Initiale mit Tierköpfen und Flechtknoten am Ablauf zeigt insularen Einfluß.

Die Evangelisten wie die Symbole erscheinen auf gegenüberliegenden Seiten, jeweils unter Rundbogenarkaden.

Säulen und Bögen sind mit Flechtornament verziert, wobei langgezogene Bänder die einzelnen Flechtkompartimente verbinden; die Zwischenräume wurden farbig gefüllt. Alle Evangelisten sind sitzend und nach rechts, zu Pult und Buch gewandt wiedergegeben; Variationen treten bei der Armhaltung auf. Auch die ganzfigurigen geflügelten Symbole zeigen eine seitliche Stellung in Richtung der Evangelisten; sie tragen große Bücher.
Für die Evangelistenbilder wurden italienische, wahrscheinlich ravennatische Vorlagen des späten 5. oder 6. Jahrhunderts erschlossen. Auf die gleiche Vorlage gehen die ersten drei Evangelisten des Cutbercht-Codex zurück. Nach B. Bischoff entstand der Codex Millenarius sehr wahrscheinlich im zweiten Jahrzehnt des 9. Jahrhunderts entweder in Mondsee oder in Kremsmünster. Die Buchschrift ist der der New York-Nürnberger Fragmente aus Mondsee verwandt; die Minuskel der Bücher auf den Evangelistenbildern ist jüngeren Mondseer Schriften zuzuordnen. Auch der Buchschmuck weist eindeutig nach Mondsee; die Ornamentik und die Darstellung der Gesichter finden ihre nächsten Parallelen im Psalter in Montpellier (Kat. V/1) und in anderen Mondseer Handschriften dieser Zeit, wie dem Ingolstädter Evangeliar (München, Bayerische Staatsbibliothek, Clm 27270). K.B.

Faksimile: Codex Millenarius, Graz 1974.
Literatur: siehe V/1., dazu: BISCHOFF, *Schreibschulen, II,* S. 26f., – *Katalog Aachen,* Nr. 451 – *Katalog Rosenheim/Mattsee,* Nr. R 140. – WRIGHT, D., *The Codex Millearius and its model,* in: Münchner Jahrbuch der Bildenden Kunst, 3. F. 15.

IV/16 fol. 276v/277r

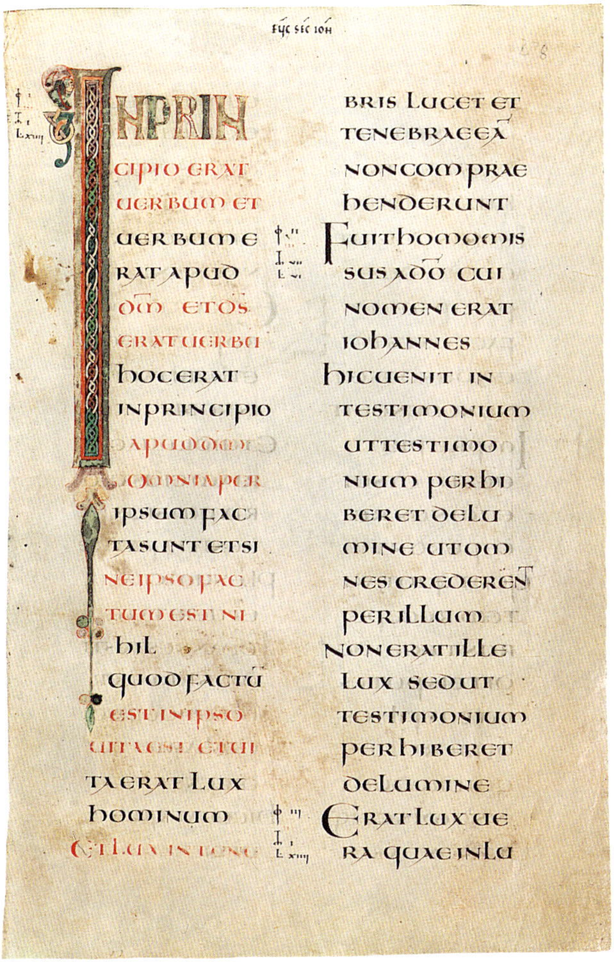

IV/16 fol. 278r

BILD

IV/17 Kreuzigung Christi

Wandbild, Freskomalerei; 229 cm x 189 cm; römisch, nach 741; Rom, Santa Maria Antiqua (Kapelle des Theodotus). (Foto)

Santa Maria Antiqua war im 8. Jahrhundert die Kirche der Griechen in Rom. Mehrfach verweisen ihre erhaltenen Wandmalereien – obgleich von römischen Künstlern geschaffen – auf Vorbilder aus dem christlichen Osten. So das Kreuzigungsbild in der Privatkapelle des Theodotus, das dieser als Andachtsbild in einer Nische der Stirnwand anbringen ließ.

Der gekreuzigte Christus, der im Zentrum des Bildes alle anderen Figuren überragt, trägt ein langes Obergewand, das *Colobium*. Sein Kopf, ausgezeichnet durch einen Kreuznimbus, ist leicht zur Seite geneigt und läßt keinerlei Leidenszug erkennen. Hervortretendes Merkmal sind dabei die geöffneten Augen, ein Hinweis auf die Überwindung des Todes durch den Sohn Gottes.

Ebenso monumental und ruhig wie die Figur Christi sind die trauernde Maria zur linken und der Apostel Johannes zur rechten des Kreuzes dargestellt.

Zwischen den Kreuzarmen erkennt man in einer hinteren Ebene der Darstellung zwei kleinere, bewegte Figuren: Longinus mit der Lanze und Stephaton mit dem Essigschwamm. Eine angedeutete Fels- und Hügellandschaft schließt die Szene ab.

Dieser Bildtypus ist östlichen Ursprungs. Die Szene der Kreuzigung forderte die Theologen des Ostens geradezu zu dem Streit heraus, ob es der Mensch, der Gott oder beide Naturen Christi waren, die am Kreuz starben. Wenn dort der Gekreuzigte leidend und mit geschlossenen Augen dargestellt wird, so ist dies ein deutlicher Hinweis auf eine Betonung seiner menschlichen Natur. Demgegenüber steht die Darstellung Christi mit geöffneten Augen und ohne Leidenszug für die göttliche Natur. A.T.

Literatur: BELTING, H., *Bild und Kult*, München ²1991. – DERS./BELTING-IHM, Ch., *Das Kreuzbild im »Hodegos« des Anastasios Sinaites*, in: Tortulae, Supp. 30, 1966. – GRÜNEISEN, W. de, *Sainte Marie Antique*, Rom 1911. – KITZINGER, E., *Römische Malerei vom Beginn des 7. bis zur Mitte des 8. Jahrhunderts*, München 1936. – KRAUTHEIMER, R., *Rom – Schicksal einer Stadt 312–1308*, München 1987. – ROMANELLI, P./NORDHAGEN, P. J., *Santa Maria Antiqua*, Rom 1964.

IV/17

IV/18 Codex Aureus (Evangeliar)

Handschrift, Pergament; 192 Bl., 39,5 x 31,5 cm; Canterbury, um 750; Stockholm, Kungliga Biblioteket, Cod. A 135.

Die Handschrift ist zu etwa gleichen Teilen aus ungefärbten und purpurgetränkten Pergamentblättern zusammengesetzt; sie sind blattweise wechselnd angeordnet. Auf den dunklen Purpurblättern wurde in weißer, goldener und silberner Tinte, auf den hellen Blättern in schwarzer und roter Tinte geschrieben. Für den Buchschmuck wurde gleichfalls reichlich Gold verwendet, außerdem zahlreiche, meist leuchtende Farben.
Die ursprüngliche Ausstattung ist nicht ganz vollständig erhalten: geblieben sind acht Kanontafeln (ursprünglich wohl zwölf), die Bilder von Matthäus und Johannes (Markus und Lukas sind verloren) und sieben Seiten mit Initialen. Hinzu kommen Seiten, auf denen innerhalb des Schriftfeldes geometrische und emblematische Figuren mit Hilfe von andersfarbiger Tinte und Umrißlinien hervorgehoben sind. Vorbild für diese Art der Gestaltung des Schriftbildes sind die *carmina figurata* des spätantiken Dichters Porphyrius (vgl. Kat. VIII/5).

Der Codex Aureus aus Stockholm vertritt eine Stilphase der insularen Buchkunst, in der verstärkt mediterrane Vorbilder aufgenommen wurden; sie tritt vor allem in Südengland auf. Künstlerisch eng verwandt ist der nur wenig ältere Vespasian-Psalter (London British Library, Cotton Vespasian A. 1). Die Ornamentik der Kanontafeln und der Initialseiten steht noch weitgehend in der Tradition hiberno-sächsischer Denkmäler; auf den Evangelistenbildern treten erstmals plastische und räumliche Vorstellungen zutage, die nicht ohne spätantike Vorbilder denkbar sind. Der Typus der Bilder – ein thronender Evangelist unter einer Rundbogenarkade, in deren Lünette das Evangelistensymbol erscheint – geht auf ältere italische Vorlagen, wohl des 6. Jahrhunderts, zurück. Eine Vorstellung von dieser Vorlage vermittelt das sogenannte Evangeliar des hl. Augustinus (Cambridge, Corpus Christi College, Ms. 286), das nach der Legende von dem römischen Missionar Augustinus († 604) selbst nach England gebracht worden ist. Der gleiche Bildtypus begegnet auch in der Hofschule Karls des Großen (vgl. vor allem den Johannes des Lorscher Codex Aureus, Kat. IV/24). Die Handschrift hat ein bewegtes Schicksal hinter sich: Als Beute-

IV/18 fol. 9v

IV/18 fol. 11r

gut der Wikinger gelangte sie im 9. Jahrhundert nach Dänemark; wenig später wurde sie von Graf Aelfred und seiner Gattin Weburgh »mit reinem Gold« (s. den Eintrag auf der Initialseite fol. 11v) zurückgekauft und der Kirche in Canterbury wiedergegeben; 1690 schließlich wurde sie von einem schwedischen Antiquar in Madrid für die königliche Bibliothek in Stockholm erworben. K.B.

Literatur: ALEXANDER, J. J. G., *Insular manuscripts,* London 1978, Nr. 30. – BOECKLER, A., *Die Evangelistenbilder der Adagruppe,* in: Münchner Jahrbuch der Bildenden Kunst, 3/4, 1952/53, S. 122ff. – *Katalog Aachen,* Nr. 397. – KOEHLER, W., *Buchmalerei des frühen Mittelalters,* München 1972, S. 78ff. – NORDENFALK, C., *A note on the Stockholm Codex Aureus,* in: Nordik Tidskrift för Bok- och Biblioteksväsen 38, 1951. – DERS., *Insulare Buchmalerei,* München 1977.

IV/19 Evangeliar aus San Vincenzo al Volturno

Handschrift, Pergament; 240 Bl., 38 x 31 cm; San Vincenzo al Volturno, Mitte 8. Jh.; London, British Library, Add. 5463.

Aus einer Subskription am Schluß der Handschrift (fol. 239v) geht hervor, daß sie von einem Mönch Lupus für einen Abt Ato geschrieben worden ist. Weitere spätere Einträge in beneventanischer Schrift lassen erkennen, daß der Codex im Gebiet Benevents benutzt wurde. Aus diesem Grund wurde der genannte Ato mit dem gleichnamigen Abt des Klosters San Vincenzo al Volturno (Molise) (736–760) gleichgesetzt.

Der in Unziale geschriebene Codex besitzt sieben Kanontafeln (fol. 1v–4v) mit einer ungewöhnlichen und zugleich fehlerhaften Verteilung der Zahlenreihen. Gegenüber den üblichen lateinischen Kanonfolgen (zwölf oder sechzehn Seiten) bedeutet die Verteilung auf sieben eine deutliche Reduzierung. Das von dem Maler vorgesehene architektonische Rahmengerüst enthält auf den ersten beiden Seiten fünf Kolumnen; dies entspricht nicht dem eusebianischen Vorbild (C. Nordenfalk). Hinzu kommt ein mangelhaftes Verständnis bei der Abschrift aus der Vorlage: Im Bemühen, die Zahlenreihen auf relativ wenige Seiten zu verteilen, wurde so unsystematisch vorgegangen, daß die letzten beiden vom Maler vorgesehenen Seiten leer blieben.

Wichtig für die Überlieferung der Kanontafeln sind diejenigen des Evangeliars aus San Vincenzo al Volturno wegen ihrer architektonischen Form, die dem Bogentypus entspricht. Die Säulen sind einfach gemustert, schraffiert oder marmoriert, sie besitzen stilisierte korinthische Kapitelle. Aufwendig ornamentiert sind die großen Umfassungsbögen, sie zeigen kleinteilige Blatt- und Blütenmotive, eine Fruchtgirlande und perspektiv gezeichnete geometrische Muster.

Die Form und die Ornamentik der Kanontafeln entsprechen unmittelbar und stilgenau spätantiken Vorbildern. Eine exakte Vorstellung von der möglichen Vorlage vermittelt ein wohl in Rom entstandenes Fragment des 6. Jahrhunderts in der vatikanischen Bibliothek (Vat. lat. 3806).

Kanontafeln, wie sie das Evangeliar aus San Vincenzo al Volturno überliefert, sind vorbildlich gewesen für Handschriften der Karolingerzeit. Die Ornamente der Umfassungsbögen wiederholen das Evangeliar aus Soissons (Kat. IV/22) und die Theodulf-Bibel in Paris (Kat. IV/12). K.B.

Literatur: CLA, Oxford 1972, Nr. 162. – *Katalog Aachen,* Nr. 390. – LOWE, E. A., *The Beneventan Script,* Oxford 1914. – NORDENFALK, C., *Die spätantiken Kanontafeln,* Göteborg 1938.

IV/19 fol. 4v

IV/20 fol. 23v/24r

IV/20 Purpurevangeliar

Handschrift, Pergament; 247 Bl., 31 x 20 cm; Augsburg (?), 1. Viertel 9. Jh.; München, Bayerische Staatsbibliothek, Clm 23631.

Mit Ausnahme zweier ungefärbter Einzelblätter besteht das Evangeliar aus Purpurblättern; der Text ist mit goldener und silberner Tinte geschrieben, bis fol. 192r in Unziale, von 192v bis zum Schluß in Minuskel.
Zwei Monogramme am Schluß der Handschrift, die über den Besitzer oder Auftraggeber des Codex Auskunft geben könnten, sind in Hantω Episcobus (!) aufzulösen; fraglich ist aber, ob es sich bei dem Genannten um den gleichnamigen Augsburger Bischof Hanto (807–816) oder um den Abt-Bischof von Reichenau–Basel, Hatto (806–823), handelt.
Zum Buchschmuck gehören 16 Seiten mit Kanontafeln (fol. 16r–23v), vier Initialen zu Beginn der Evangelientexte (fol. 25r, 87v, 130r, 196v) und eine Initiale am Anfang des Markus-Prologs (fol. 84v). Die Rahmen der Kanontafeln bestehen aus vier oder fünf dünnen Säulen, verbunden durch runde Bögen oder spitze Giebel. Alle Teile sind ornamentiert; an Mustern und Motiven kommen Flechtband, Ranken, ein Dreibogenmuster, ein Zickzackband mit Knospen und verschiedene geometrische Motive vor. Die gleichen Ornamente begegnen auch als Füll-

muster der Initialen, deren Buchstabenenden in Flechtknoten übergehen, die mit Tierköpfen besetzt sind. Kanontafeln wie Initialen sind rot gezeichnet und mit Gold und Silber ausgemalt, die Kanontafeln auch ein wenig mit Gelb und Weiß.
Von besonderem Interesse sind die buntfarbigen Darstellungen auf den beiden ungefärbten Einzelblättern (fol. 24r/v, 197r/v). Alle Seiten besitzen ein kreuzförmiges Bildfeld; nur einmal (fol. 197r) sind auf den Eckfeldern Medaillons mit den Evangelistensymbolen wiedergegeben. Das erste Blatt zeigt Szenen aus der Kindheitsgeschichte Jesu: (fol. 24r) der Zweifel Josephs (oben), die Anbetung der Magier (Mitte), Joseph führt Maria in sein Haus (unten); (fol. 24v) der Bethlemitische Kindermord. Das zweite Blatt zeigt Szenen aus den Erscheinungen des auferstandenen Christus: (fol. 197r) zwei Jünger im Gespräch (oben), die Erscheinung bei verschlossener Tür (Mitte), Christus und der ungläubige Thomas (unten); (fol. 197v) zwei Jünger im Gespräch (oben), die Erscheinung am See Tiberias (Mitte), Christus und zwei Jünger beim Mahl (unten).
Bei den Miniaturen handelt es sich mit Sicherheit um karolingische Kopien spätantiker Vorlagen, wahrscheinlich des 6. Jahrhunderts. Da sie auf Einzelblättern stehen, ist nicht zu entscheiden, ob sie zum ursprünglichen Bestand gehören oder ob sie nachträglich hinzugefügt wurden. Stilistisch lassen sie sich nicht näher zuordnen. Die Auswahl der Szenen ist ungewöhnlich; nur für einzelne Szenen – etwa die Anbetung der Magier – sind ikonographische Parallelen bekannt (K. Bierbrauer); vermutlich stammen sie aus einem umfangreicheren neutestamentlichen Zyklus.
Die Frage, an welchem Ort die Handschrift geschrieben wurde, ist nicht mit Sicherheit zu beantworten; der Buchschmuck ermöglicht keine Zuweisung an ein bestimmtes Skriptorium. Nicht zuletzt wegen der Monogramme lokalisierte sie B. Bischoff nach Augsburg, während W. Koehler, auch mit Rücksicht auf diese, an eine Entstehung auf der Reichenau dachte. Zuletzt ist der Purpurcodex von B. Bischoff in den Zusammenhang der Evangeliare in Brüssel (Bibliothèque des Bollandistes, Ms. 299) und Quedlinburg (Domschatz) gestellt worden, die beide Subskriptionen eines Schreibers Samuhel besitzen. Ohne Zweifel besteht zwischen dem Purpurcodex und der Handschrift aus Brüssel eine Verwandtschaft, die an übereinstimmenden Formen der Kanontafeln und ihrer Ornamentik zu erkennen ist. Eine nähere Beziehung zu dem Quedlinburger Evangeliar ist hingegen über den Buchschmuck nicht ersichtlich.
Folgt man der Auflösung der Monogramme im Sinne B. Bischoffs, so wäre zu folgern, daß die Handschrift für den Augsburger Bischof hergestellt wurde, sei es in Augsburg oder an einem anderen Ort. Für Augsburg selbst gibt es kein weiteres Vergleichsmaterial. Die Ornamentik der Kanontafeln läßt sich teilweise mit der südostdeutscher Handschriften verbinden; die Initialen weisen eher nach Südwesten, in das Bodenseegebiet. K.B.

Literatur: Bierbrauer, K., *Die Ornamentik frühkarolingischer Handschriften aus Bayern,* München 1979. – Dies., *Die vorkarolingischen und karolingischen Handschriften der Bayerischen Staatsbibliothek in München,* Wiesbaden 1990. – Bierbrauer, K./Bischoff, B., *Das Quedlinburger Evangeliar,* München 1991. – Bischoff, *Schreibschulen I,* S. 8ff. – Ders., *Kalligraphie in Bayern,* in: Katalog München 1981, Wiesbaden 1981. – *Katalog Aachen,* Nr. 456. – Koehler, W., *Die Denkmäler der karolingischen Kunst in Belgien,* in: P. Clemen (Hrsg.), Belgische Kunstdenkmäler 1, München 1923, S. 4.

IV/21 Evangelistar des Godescalc

Handschrift, Pergament; 127 Bl., 31 x 21 cm; Aachen, Hofschule Karls des Großen, zwischen 781 und 783; Paris, Bibliothèque Nationale, Ms. nouv. acq. lat. 1203. (Foto)

Wie aus dem Widmungsgedicht am Ende der Handschrift (fol. 126v–127r) hervorgeht, schrieb Godescalc sie im Auftrag Karls des Großen und seiner Gemahlin Hildegard. Das Gedicht erwähnt auch den Zug Karls nach Italien, auf dem Godescalc den König begleitete, und die Taufe des Sohnes Pippin in Rom; die Handschrift ist also zwischen 781 (Romzug) und 783 (Tod Hildegards) entstanden. Sie besteht ausschließlich aus Purpurblättern, die zweispaltig mit goldener und silberner Tinte beschrieben sind: der Text in Unziale, die Überschriften in Capitalis, das Widmungsgedicht in Minuskel. Zur prachtvollen Ausstattung gehören sechs Miniaturen am Beginn des Codex und Initialen am Anfang von einzelnen Lesungen, außerdem ist jede Seite von einem Rahmen mit Ornamentfüllungen umgeben. Die ersten vier Blätter zeigen Darstellungen der Evangelisten (fol. 1r–2v), die in der Haltung der Körper – vor allem der Köpfe – auf die Evangelistensymbole in der linken oder rechten oberen Bildecke Bezug nehmen. Im Gegensatz zu den späteren Evangelistenbildern der Hofschule stehen hier beide innerhalb eines rechteckigen, ornamentierten Rahmens. Das gleiche gilt für die daran anschließende Darstellung des thronenden Christus (fol. 3r). Die sechste Miniatur

IV/21 fol. 2v/3r

zeigt den Lebensbrunnen (fol. 3v); es ist das älteste Beispiel dieses in der karolingischen Kunst seltenen Bildthemas (vgl. Kat. IV/22).
Das Godescalc-Evangelistar steht am Anfang einer Reihe von Handschriften aus der Hofschule Karls des Großen. In allen Bildern sind Vorlagen aus Italien und Byzanz verarbeitet, teilweise lassen sie künstlerische Unsicherheiten erkennen, vor allem in der Wiedergabe des Figürlichen. Die Initialen hingegen bringen meisterhaft spätantike und insulare Formen zu einer Einheit. Wohl seit dem 12. Jahrhundert befand sich die Handschrift im Schatz von Saint-Sernin in Toulouse, 1793 wurde sie dort gestohlen und in die Stadtbibliothek von Toulouse gebracht. 1811 schenkte sie die Stadt Napoleon I.; 1814 lag sie im Louvre, seit 1872 gehört sie der Bibliothèque Nationale. K.B.

Literatur: BELTING, H., *Probleme der Kunstgeschichte Italiens im Frühmittelalter*, in: Frühmittelalterliche Studien 1, 1967, S. 98ff. – KOEHLER, *Miniaturen II.* – MÜTHERICH, *Buchmalerei*, in: Karlswerk III.

IV/21 fol. 3v/4r

IV/22 Evangeliar von St. Médard in Soissons

Handschrift, Pergament; 239 Bl., 36,2 x 26,7 cm (stark beschnitten); Aachen, Hofschule Karls des Großen, Anfang 9. Jh.; Paris, Bibliothèque Nationale, Ms. lat. 8850. (Foto)

In der von dem Mönch Odilo von Saint-Médard in Soissons um 930 verfaßten *Translatio S. Sebastiano* ist überliefert, daß Ludwig der Fromme und seine Gemahlin Judith anläßlich der Reliquienübertragung an Ostern 827 dem Kloster in Soissons kostbare Geschenke aus dem Besitz Karls des Großen überreicht haben, darunter ein mit Gold geschriebenes Evangeliar. Die Gleichsetzung der erwähnten kostbaren Handschrift mit dem vorliegenden Codex erfährt eine Bestätigung durch die Inschrift von 1169 auf dem Bucheinband; diese Inschrift ist in einer Abschrift (1724) überliefert, der Einband selbst nicht erhalten. Bis 1790 blieb die Handschrift in St. Médard in Soissons, im Zuge der Revolution kam sie nach Paris. Das Evangeliar ist eine der besonders kostbar ausgestatteten Handschriften aus der Hofschule Karls des Großen; sie gehört in die Spätzeit der Schule.

Sie enthält zwölf Kanontafeln (fol. 7r–12v), vier Evangelistenbilder und jeweils gegenüberliegende Initialseiten zu Beginn der Evangelien (fol. 17v–18r, 81v–82r, 123v–124v, 180v–181r), hinzu kommen zwei ganzseitige Miniaturen am Anfang der Handschrift, auf denen die Anbetung des Lammes (fol. 1v, vgl. Aufsatz »Zur karolingischen Haltung gegenüber dem Bilderstreit«) und der Lebensbrunnen (fol. 6v) dargestellt sind. Die ganze Handschrift ist mit goldener Tinte geschrieben, die Evangelien-

texte und die Vorreden in Unziale, das *Capitulare evangeliorum* in Minuskel, jeweils zweispaltig. Alle Schriftseiten sind gerahmt, die Seitentitel auf Purpurstreifen fast ganz abgeschnitten. W. Koehler unterscheidet drei Maler. Auf den prachtvoll ausgestalteten Kanontafeln sind als architektonische Rahmenformen Säulen und ein übergreifender Bogen wiedergegeben, in den Lünetten erscheinen die Evangelistensymbole, Bücher oder Schriftrollen haltend. Zwei gegenüberliegende Kanonseiten zeigen abweichend von den übrigen in der Lünette eine Darstellung von Christus im Purpurmantel mit Stab und Buch vor der Weltkugel (fol. 10v) und die Enthüllung des Lebensbrunnens durch die Evangelistensymbole (fol. 11r).
Die Bildseiten mit den Evangelistenporträts sind von breiten, mit gemalten Perlreihen, Edelsteinen und Gemmen geschmückten Rahmen umgeben. Die Evangelisten sitzen unter Rundbogenarkaden, in der Lünette das jeweilige Evangelistensymbol. Auf dem Markus-Bild (fol. 81v) erscheint in den Zwickeln zwischen Bogen und Rahmen eine Landschaftsdarstellung mit der Figur des Engels (links), der auf Johannes den Täufer (rechts) weist. Auch bei den Bildern von Lukas und Johannes finden sich kleine neutestamentliche Szenen in den Zwickeln und seitlich auf den Rahmen.
Die jeweils gegenüberliegenden Initial-Zierseiten entsprechen in der Anlage und dem Schmuck des Rahmens weitgehend den Evangelistenbildern. Die Initialen sind vorwiegend mit Flechtband gefüllt, auf fol. 18r gehen die Initialenden in große Fadengeflechte über; hier auf dieser Seite wird die Abhängigkeit von insularen Vorbildern besonders deutlich. Bei drei Initialen sind in den Stamm figürliche Darstellungen integriert. Auf fol. 82r handelt es sich um nimbierte Brustbilder von nicht identifizierten Heiligen; ähnliche Darstellungen befinden sich auch bei

IV/22 fol. 6v/7r

IV/22 fol. 81v/82r

der Initiale fol. 181r, wo in der Mitte ein Brustbild Christi, oben und unten Heilige mit Tonsur, Nimbus und Buch erscheinen. Eine größere Darstellung findet sich im Binnenraum der »Q«-Initiale zu Beginn von Lukas (fol. 124r): in der Mitte der thronende Christus, seitlich im Buchstabenkörper zwei stehende Heilige (ohne Beischriften). Im Binnenraum des seitlichen, kleineren »O« ist die Heimsuchung wiedergegeben. Alle diese Szenen, zu denen auch ein Fragment in London (British Library, Cotton Claudius B.V mit der Verkündigung an Zacharias) gehört, sind Teile eines großen neutestamentlichen Zyklus, der am Hofe Karls des Großen bekannt gewesen sein muß; nach W. Koehler geht er auf ein Vorbild des 6. Jahrhunderts aus Italien zurück. Ältere Vorlagen stehen auch hinter den beiden großartigen Bildern am Anfang der Handschrift, der Anbetung des Lammes (fol. 1v, vor dem Prolog *Plures fuisse*) und dem Lebensbrunnen (fol. 6v, vor Beginn der Kanontafeln); als Bildkompositionen sind sie karolingische Neuschöpfungen.

Die Darstellung des Lebensbrunnens entspricht in vielem dem entsprechenden Bild im älteren Godescalc-Evangelistar (Kat. IV/21), doch anders als dort steht der Lebensbrunnen vor einem räumlich gestalteten Architekturhintergrund. Wie C. Nordenfalk nachgewiesen hat, bildete eine entsprechende Darstellung ursprünglich die Schlußseite der eusebianischen Kanontafeln; in der karolingischen Kunst steht sie wie hier vor den Kanontafeln. Das gleiche Thema begegnet auch auf einer der Kanontafeln im Bildfeld der Lunette. K.B.

Literatur: *Katalog Aachen*, Nr. 417. – KOEHLER, W., *Buchmalerei des frühen Mittelalters,* München 1972, S. 119ff. – KOEHLER, *Miniaturen II.* – MÜTHERICH, *Buchmalerei,* in: Karlswerk III. – NORDENFALK, C., *Die spätantiken Kanontafeln,* Göteborg 1938, S. 102ff.

IV/23 Evangeliar der Ada

Handschrift, Pergament; 172 Bl., 36,6 x 24,5 cm; Aachen, Hofschule Karls des Großen, um 800; Trier, Stadtbibliothek, Cod. 22. (Foto)

Eine *Ada Ancilla Dei* wird in einem nachträglich hinzugefügten Gedicht (fol. 172r; etwa Mitte des 9. Jahrhunderts) als Auftraggeberin genannt; der lokalen Tradition nach soll diese Ada eine Schwester Karls des Großen gewesen sein, was sehr unwahrscheinlich ist. Möglicherweise gehört der Name zu einem Eintrag im Nekrolog von St. Maximin (geschrieben um 1200, teilweise auf ältere Überlieferung zurückgehend). Im ältesten Bücherverzeichnis von St. Maximin in Trier aus dem 12. Jahrhundert ist das Evangeliar erwähnt.

Die Handschrift enthält einen älteren Kern (Lagen II-V), zu dem die Kanontafeln (fol. 6v–11r) und die einzige Initialseite (fol. 16r) gehören; alles andere (Lagen I, VI–XXII) wurde etwas später hinzugefügt. Zum jüngeren Teil gehören die Evangelistenbilder (fol. 15v, 59v, 85v, 127v), wobei das Bild von Matthäus nachträglich in die III. Lage eingeschoben wurde. Der ganze Codex ist zweispaltig in goldener Tinte geschrieben, im älteren Teil in Minuskel und teilweise in Unziale, im jüngeren ausschließlich in Minuskel; ornamentierte Seitenrahmungen finden sich nur im älteren Teil (fol. 11v–23r).

Die architektonische Rahmenform der zehnseitigen Folge von Kanontafeln gehört dem Bogentypus an, der auch in den nachfolgenden Handschriften der Hofschule beibehalten wird. Bei der Ornamentik der Kanontafeln werden

IV/23 fol. 15v/16r

IV/23 fol. 10v

einige der von den Seitenrahmungen des St. Martin-Evangelistars (Kat. IV/10) bekannten Motive wiederholt. Die Initialseite zu Beginn von Matthäus entwickelt die aus dem Dagulf-Psalter (Kat. IV/11) bekannten Formen weiter. Die Evangelistenbilder, die zum jüngeren Teil der Handschrift gehören, zeigen den Stil der Hofschule auf ihrem Höhepunkt. Alle Evangelisten sitzen auf hoch aufgerichteten und reich drapierten Thronen vor perspektivisch gezeichneten Architekturkulissen; die mächtig ausgreifenden Formen der Evangelisten und ihrer Hintergründe werden von rahmenden Rundbogenarkaden begrenzt. In den Lünetten erscheinen die Evangelistensymbole mit ausgebreiteten Schriftrollen. In der französischen Revolution wurde die Handschrift nach Paris gebracht, 1818 gelangte sie über Aachen wieder nach Trier. K.B.

Literatur: *Katalog Aachen,* Nr. 416. – *Katalog Trier* 1984, *Schatzkunst Trier,* Nr. 15. – KOEHLER, W., *Buchmalerei des frühen Mittelalters,* München 1972, S. 122ff. – KOEHLER, *Miniaturen II.* – MÜTHERICH, *Buchmalerei,* in: Karlswerk III.

IV/24 Lorscher Evangeliar

Handschrift, Pergament; 222 S. (Alba Julia) und I + 124 Bl. (Rom); 37 x 26,8 cm bzw. 37,4 x 27,1 cm; Hofschule Karls des Großen, um 810; Teil I.: Alba Julia, Biblioteca Batthyáneum, II.1, Teil II.: Rom, Biblioteca Apostolica Vaticana, Pal. lat. 50. (Faksimile)

Die Handschrift ist im ältesten Bibliothekskatalog des Klosters Lorsch aus dem 9. Jahrhundert verzeichnet: möglicherweise ist auch erst in Lorsch das *Capitulare evangeliorum* (fol. 116r–124v) nachgetragen worden. Sie lag hier bis 1479, wie aus einem Eintrag bezüglich der Neubindung der Handschrift hervorgeht. Jegliche Nachrichten über den Zeitpunkt der Teilung des Codex fehlen; denkbar ist, daß sie im Zuge der Neubindung geschah.
Der erste Teil (p. 1–222) enthält die Vorreden, die Kanontafeln sowie das Matthäus- und das Markusevangelium; Er gehörte Ende des 18. Jahrhunderts Kardinal-Erzbischof Migazzi in Wien; von diesem erwarb sie Anfang des 19. Jahrhunderts der Bischof von Siebenbürgen, Graf

IV/24 pag. 148

+QUATTVOR ERGO VIROS
ANIMALIA SCA FIGURANT
SACRA SALUTIFERI
NARRANTES MUNERA XPI

IV/24 pag. 36

IV/24 pag. 26/27

Ignaz Batthyány für seine neu gegründete Bibliothek. Der zweite Teil (fol. 1–124 mit Vorsatzblatt A) enthält das Lukas- und das Johannesevangelium und das *Capitulare evangeliorum:* dieser Teil gelangte durch Kurfürst Ottheinrich Mitte des 16. Jahrhunderts in die Heidelberger Palatina; als »Kriegsbeute« wurde die Handschrift 1623 in die Vatikanische Bibliothek gebracht. Die Handschrift ist prachtvoll ausgestattet: sie besitzt zwölf Kanontafeln (pag. 13–24), vier Evangelistenbilder (pag. 26, pag. 148, fol. Av, fol. 67v), außerdem eine Darstellung der Vorfahren Christi (pag. 27) und eine Maiestas Domini (pag. 36). Das Matthäusevangelium beginnt mit einer Initialseite (pag. 37). Die ganze Handschrift ist in goldener Tinte geschrieben, fast ausschließlich in Unziale; die zweispaltig beschriebenen Textseiten besitzen ornamentierte Seitenrahmungen.

Der Lorscher Codex ist das Spätwerk der Hofschule Karls des Großen. Kennzeichnend ist eine beruhigte Formensprache, die in der Ornamentik, auf den Kanontafeln und bei den Evangelistenbildern zum Ausdruck kommt. Von den spätantiken Vorbildern, die in der Hofschule aufgenommen wurden, vermitteln am unmittelbarsten die Kanontafeln und die Johannes-Miniatur eine Vorstellung. Die Kanontafeln zeigen in den Lünetten Titeltafeln, gehalten von Engeln und umgeben von locker geschwungenen Blattranken. Auf dem Johannes-Bild erscheint unter einer Rundbogenarkade ein sitzender jugendlicher Evangelist, flankiert von seitlich hochgezogenen Vorhängen.

Auf ältere Bildvorlagen, die sonst in der Hofschule nicht vorkommen, gehen das Bild der Vorfahren Christi und die Maiestas Domini zurück. Die Darstellung der Vorfahren Christi ist als Bildtafel über schlanken Säulen vor dem Beginn des Matthäus-Prologs placiert: in der Mitte oben der thronende Christus, seitlich und unten die Gruppen der dreimal vierzehn Generationen mit den Bildern der drei Stammväter (Mt. 1,1–17).

Eine ganze Seite vor Beginn des Matthäusevangeliums nimmt die Maiestas Domini ein: in der Mitte der thronende Christus, umgeben von einem breiten kreisrunden Rahmen, auf dem in den Achsen Medaillons mit den Evangelistensymbolen wiedergegeben sind; die Ornamentfelder des Rahmens sind achtmal durch Brustbilder von Engeln unterbrochen.

Die Handschrift besaß einen prachtvollen Elfenbeineinband, der zur gleichen Zeit wie die Handschrift in der Hofschule Karls des Großen entstanden ist (Kat. IV/25).

K.B.

Faksimile: BRAUNFELS, W., *Das Lorscher Evangeliar,* München 1967.

Literatur: *Katalog Aachen* 1965, Nr. 418. – *Katalog Heidelberg* 1986, Biblioteca Palatina, Nr. C 4. – KOEHLER, W., *Miniaturen II.* – MÜTHERICH, *Buchmalerei,* in: Karlswerk III.

IV/25 Buchdeckel des Lorscher Evangeliars

Thronende Maria (Vorderseite)

Elfenbein, 38,5 x 27,5 cm; Aachen, Hofschule Karls des Großen, um 810; London, Victoria & Albert Museum, 138–1866. (Kopie, Verwaltung der staatlichen Schlösser und Gärten Hessen, ehemaliges Benediktinerkloster Lorsch).

Triumphierender Christus (Rückseite)

Elfenbein, 38,5 x 27 cm; Aachen, Hofschule Karls des Großen, um 810; Rom, Musei Vaticani, Museo Sacro.

Die Größe des Lorscher Codex Aureus (37 x 26,8 cm, Kat. IV/24) entspricht fast genau den Gesamtmaßen der Elfenbeintafeln; eine breite und aufwendige Rahmung war nicht vorhanden. Es ist daher auch erlaubt, von den zahlreichen runden Löchern die drei größeren, später wieder verfüllten Bohrungen, die sich am linken Rand der Marientafel und am rechten Rand der Christustafel befinden, in Zusammenhang mit der ursprünglichen Bindung zu bringen: sie erweisen die Marientafel als den Vorderdeckel der Handschrift und die Christustafel als den rückwärtigen Einband.
Fast lehrbuchhaft zeigen die beiden Einbandtafeln die stilistischen Charakteristika der Elfenbeinarbeiten der Hofschule: untersetzte, kräftige Gestalten mit großflächigen, gerundeten Gesichtern und großen Augen. Reiche, sehr bewegte Falten umspielen die Körper der Figuren. Auch die Ornamentik entstammt dem Formenrepertoire der Hofschule und findet sich nicht nur bei den Reliefs, sondern auch in den Miniaturen der Handschriften wieder. Innerhalb der Hofschulwerke werden die beiden Deckel meist an das Ende der Regierungszeit Karls des Großen gerückt.
Der aus fünf Tafeln zusammengesetzte Deckel folgt dem Schema des spätantiken fünfteiligen Diptychons. Darunter versteht man elfenbeinerne Klapptafeln, die in der Spätantike als Geschenke des Kaisers oder an den Kaiser dienten. Um das Format über das Maß hinaus zu steigern, das durch die natürlichen Abmessungen des Elfenbeins vorgegeben ist, setzte man diese Tafeln aus fünf Teilen zusammen, wodurch sie eine repräsentative Größe erhielten. Das einzige in einiger Vollständigkeit erhaltene Exemplar ist das sogenannte Barberini-Diptychon aus dem 6. Jahrhundert im Louvre. Es zeigt in der Mitte die Darstellung des triumphierenden Herrschers zu Pferde, dem von anderen Figuren auf den seitlichen Feldern und im unteren Querstreifen gehuldigt wird. Als Hinweis auf die gottgegebene Machtposition wird ein Medaillonbildnis des segnenden Christus im oberen Querstreifen von zwei Engeln getragen. Frühzeitig war diese Triumphal- und Huldigungsthematik in die christliche Bildersprache übernommen worden; elfenbeinerne Diptychen des 5. und 6. Jahrhunderts zeigen diese Aufteilung im Zusammenhang mit christlichen Darstellungen. So folgen die beiden Lorscher Buchdeckel letztlich einem spätantiken Schema, das aus der imperialen in die christliche Ikonographie übertragen wurde. Nicht nur formal, sondern auch inhaltlich entsprechen sie diesen Vorläufern: die zentrale Tafel zeigt den siegreichen, triumphierenden Herrscher, dem die seitlichen Figuren zugeordnet sind.
Das Bildprogramm der Marientafel ist ganz auf die Menschwerdung Christi bezogen. Auf dem Schoß der riesenhaften Marienfigur sitzt Christus mit dem Buch, die beiden Engel im oberen Bildfeld halten zwischen sich einen Clipeus mit dem Brustbild Christi, und in der dadurch betonten Mittelachse erscheint unten noch einmal Christus, als Kind in der Krippe liegend, von Ochs und Esel verehrt. Links davon setzt sich die Geburtsdarstellung mit den Figuren von Maria und Joseph fort, und im rechten Teil ist die Verkündigung an die Hirten dargestellt. Auch die beiden Figuren zu Seiten Mariens deuten auf Christus: rechts steht – in der Tracht eines alttestamentarischen Priesters – Zacharias, der das Kommen Christi vorausge-

IV/25

IV/25

sagt hat, und auf der anderen Seite, kenntlich am weisenden Gestus der rechten Hand, sein Sohn Johannes der Täufer, der mit den Worten »*Ecce agnus dei*« Jesus als den erwarteten Gottessohn bezeichnet hat.

Dieses Bildprogramm hat seine Quellen in der oströmischen Kunst des 6. Jahrhunderts; die engsten ikonographischen Parallelen finden sich in den Apsisprogrammen justinianischer Kirchen. So weist die Mosaikausstattung der Kirche im istrischen Parenzo (Poreč) die figürlichen Bestandteile auf, die auch das Programm der Marientafel im wesentlichen bestimmen.

Die ursprünglich rückwärtige Einbandtafel des Codex Aureus aus Lorsch ist dem Thema »Christus als Sieger über die Untiere« gewidmet, wie er in Psalm 91 (90),13 beschrieben wird: »*Super aspidem et basiliscum ambulabis et conculcabis leonem et draconem.*« (Über Aspis und Basilisk wirst Du schreiten und besiegen den Löwen und den Drachen.) Löwe und Drache sind unterhalb der Füße Christi angebracht; die beiden anderen Tiere, für die dem Schnitzer offensichtlich eine konkrete Vorstellung fehlte, sind in kleiner Gestalt zu Seiten Christi in das Bildfeld eingefügt.

Die Verbildlichung dieses Psalmverses ist bereits in der frühchristlichen Kunst nachzuweisen; auffallend häufig vertreten ist dieses Thema in der karolingischen Zeit. Wie kaum ein anderes ist es geeignet, auf das Schema des fünfteiligen Diptychons mit seiner ausgesprochen triumphalen Bildtradition übertragen zu werden. Der Psalmtext ist auch Grundlage für die Darstellung der beiden seitlichen Engel; so heißt es in den Versen 11 und 12: »Denn er befiehlt seinen Engeln, dich zu behüten auf allen deinen Wegen. Sie tragen dich auf ihren Händen, damit dein Fuß nicht an einen Stein stößt.« Die Engel auf dem Lorscher Deckel entsprechen in Anbringung und Haltung ganz den Beamten oder Soldaten, die auf den fünfteiligen Kaiserdiptychen an dieser Stelle dem Kaiser huldigen.

Die reichgeschmückten Arkaden, unter denen die Figuren stehen, nehmen in ihrer Dreizahl Formen spätantiker Palastarchitektur auf und steigern die feierliche Würde der Darstellung. Gleichzeitig weisen sie auf die Vorlagen, die für diese Formulierung hinzugezogen wurden. Immer wieder genannt wird in diesem Zusammenhang die Maximianskathedra in Ravenna. Neben solchen östlichen Werken justinianischer Zeit, die vor allem für die Gesamtform und Komposition verantwortlich zu machen sind, gehören in den Kreis möglicher Vorlagen auch weströmische Werke aus dem 4./5. Jahrhundert, von denen der Stil der Tafeln abgeleitet werden kann.

Auf der unteren Querleiste sind zwei Szenen aus der Geschichte der Weisen einander gegenübergestellt. Wie ungefähr bis zur Jahrtausendwende üblich, tragen sie die skythische Tracht mit enganliegenden Hosen und einer phrygischen Mütze. Links befragen sie Herodes nach dem neugeborenen König der Juden, rechts beten sie Christus an, der auf dem Schoß seiner Mutter sitzt. Formal entsprechen sich die Szenen fast spiegelbildlich. In der spätantiken Kunst sind einige Vergleichsbeispiele für diese Parallelisierung überliefert, und auch in der karolingischen Buchmalerei, in einer Initiale des Drogo-Sakramentars (Kat. VII/22), ist sie nachzuweisen. Es ist die Gegenüberstellung des falschen und des wahren Herrschers, die hier thematisiert wird. M.R.

Literatur: Braunfels, W., *Karolinger,* S. 154. – Fillitz, H., *Die Elfenbeinreliefs zur Zeit Kaiser Karls des Großen,* in: Aachener Kunstblätter 32, 1966. – Gaborit-Chopin, D., *Elfenbeinkunst im Mittelalter,* Berlin 1978, Nr. 38–39. – Goldschmidt, *Elfenbein, Nr. 13–14.* – Harbison, P., *Earlier Carolingian Narrative Iconography,* Mainz 1984. – *Katalog Aachen,* Nr. 520/Nr. 522. – *Katalog Heidelberg* 1986, Bibliotheca Palatina, Nr. C 4.1/Nr. C 4.4. – Little, Ch. T., *A new Ivory of the Court School of Charlemagne,* in: Festschrift für Florentine Mütherich zum 70. Geburtstag, München 1985. – Pawelec, K., *Aachener Bronzegitter,* Köln 1990, S. 158–163. – Schnitzler, H., *Die Komposition der Lorscher Elfenbeintafeln,* in: Münchner Jahrbuch der Bildenden Kunst, 3. I, München 1950.

IV/26

IV/26 Erzengel Michael

Elfenbein, Glaspaste; 34 x 10 cm; Aachen, Hofschule Karls des Großen, um 810; Leipzig, Grassimuseum – Museum des Kunsthandwerks, 53.40.

Das steile Hochformat der Tafel ist ausgefüllt mit der Schilderung des Kampfes des Erzengels Michael mit dem Drachen. Die Figur des Engels nimmt fast die gesamte Fläche ein. Mit dem Nimbus, den Armen und dem rechten Knie stößt er an die Begrenzungen des Bildfeldes. Im Gegensatz zu der fast riesenhaft erscheinenden Figur des Engels ist der durch den Lanzenstich besiegte Drache sehr klein dargestellt. In der oberen rechten, zum Teil ausgebrochenen Ecke sind zwei Finger der Hand Gottes zu sehen.

Die Bewegtheit des Kampfes findet in der stilistischen Ausformung eine Entsprechung. Die Falten sind weitgehend von den darunterliegenden Körperteilen losgelöst, sie führen ein turbulentes, die Anatomie vernachlässigendes Eigenleben.

Die Zugehörigkeit zu den Elfenbeinwerken der Hofschule ist nie bestritten worden – zu deutlich sind die stilistischen und formalen Entsprechungen. Der Muschelnimbus, die Ornamentik, die Gestaltung der Locken, selbst die eingelegte Glaspaste bei den Augen finden in anderen Werken der Hofschule Parallelen. Übereinstimmend wird in der Literatur immer wieder die stilistische Nähe zu den Einbandtafeln des Lorscher Evangeliars genannt. Vor allem auf der Marientafel (Kat. IV/25) findet sich Vergleichbares zu dem ungestümen Faltenverlauf des Gewandes. Die darüber allerdings noch hinausgehende Steigerung der formalen Mittel, so die noch stärkere Eigenständigkeit des Gewandes gegenüber den Körperformen, zeigt eine weiter vorangeschrittene stilistische Entwicklung der Michaelstafel. Daß damit ein zeitlicher Abstand zu dem Lorscher Einband verbunden werden muß, ist nicht zwingend; zeigen doch gerade dessen beide Tafeln, daß stilistisch Verschiedenartiges auch gleichzeitig entstehen kann.

Vermutlich hat die Tafel mit dem hl. Michael ursprünglich einen Codex geschmückt, auch wenn es keinerlei Hinweise auf eine bestimmte Handschrift gibt. Als Gegenstück für die andere Seite hat bereits A. Goldschmidt die Darstellung des siegreichen Christus nach dem 90. Psalm vermutet, ein in der karolingischen Kunst sehr verbreitetes Thema. Einer solchen Kombination entspräche der hl. Michael in seiner triumphalen Gestalt als siegreicher Kämpfer über dem Untier. Die auffällige Betonung des Triumphalen ist ein Charakteristikum der Bildkunst in der ersten Hälfte des 9. Jahrhunderts.

Die Bewegtheit der Figur und der Komposition, die reiche Ornamentik und die fast strudelnd erscheinenden Faltenmotive verleihen der Darstellung eine Dynamik und

Kraft, die das Format zu sprengen scheinen. Ist die gemäßigtere Formensprache der Lorscher Maria der Betonung des Hoheitsvollen in diesem Werk angemessen, so erfährt hier die ganz anders geartete Darstellung die ihr zukommende kraftvoll-lebendige Schilderung. Die Herausforderung des ungemein steilen Formates ist kompositionell überragend gemeistert. Der Leipziger Michael ist daher zu den künstlerisch hochstehendsten Elfenbeinschnitzereien der Hofschule zu rechnen. M.R.

Literatur: siehe IV/25.

IV/27 Sedulius, Carmen paschale

Handschrift, Pergament; 76 Bl., 25 x 16,5 cm; Mainz (?), Anfang 9. Jh.; Antwerpen, Museum Plantin-Moretus, M. 17.4.

In dem *Carmen paschale* (Osterhymnus) des lateinischen Dichters Sedulius († nach der Mitte des 5. Jahrhunderts) wird Christus, das Osterlamm, hymnisch gefeiert, und es werden Wunder des Alten und Neuen Testamentes geschildert; das Gedicht ist in Hexametern abgefaßt und in fünf Bücher gegliedert. Der hintere Teil der Handschrift enthält die Epigrammata des Prosperus von Aquitanien († um 463). Die vorliegende Abschrift des *Carmen paschale* enthält ein Titelbild und 16 ungerahmte Illustrationen, koloriert in Braun, Grün, Gelb und Rot. Sie sind in den Text eingeschoben oder auf den oberen und unteren Rand der Seiten gemalt. Der Text ist einspaltig in Minuskel geschrieben, nach fol. 16 und nach fol. 34 fehlen jeweils zwei Blätter (sehr wahrscheinlich auch eine Illustration). Die Handschrift besitzt auch eine Reihe von Initialen, meist gefüllt mit Flechtband, vielfach mit Blättern besetzt, teilweise auch mit Tierköpfen.
Das Titelbild (fol. 1r) zeigt den thronenden Christus unter einer Rundbogenarkade. Als Illustrationen erscheinen alt- und neutestamentliche Szenen, unter anderen: Isaaks Opferung, Jonas und der Wal, Daniel in der Löwengrube, die Anbetung der Magier, der Bethlehemitische Kindermord, Petrus als Fischer, Christus und die Ehebrecherin, die Auferweckung des Lazarus, der Einzug in Jerusalem, Christus vor Pilatus, die Verleugnung des Petrus; auf fol. 13r eine Darstellung der vier Evangelistensymbole.
Auf fol. 68r ist von späterer Hand eingetragen worden: *Finit. Fines Cuduini.* Die Notiz bezieht sich auf Cuthwine, Bischof von Dunwick (um 720); Cuthwine soll nach Beda (*Liber quaestiones*) aus Rom eine illustrierte Paulusgeschichte nach England gebracht haben; möglicherweise, so ist geschlossen worden, auch ein illustriertes *Carmen paschale.* Nach C. Nordenfalk geht die karolingische Abschrift des Codex in Antwerpen auf eine northumbrische

IV/27 fol. 1r

Vorlage der Zeit um 700 zurück; diese wiederum ist auf ältere Vorbilder – vielleicht der Zeit um 500 (W. Koehler) – zurückzuführen. Offen ist, ob der Bilderzyklus ursprünglich einer Bibelhandschrift oder von Anfang an zu dem Sedulius-Gedicht gehörte.
Unterschiedliche Meinungen bestehen in Bezug auf den Entstehungsort der Handschrift. Nach B. Bischoff entstand sie wahrscheinlich in Lüttich (nach 814), A. Weiner lokalisierte sie zuletzt wegen der Initialornamentik nach Mainz. Die Handschrift trägt einen Besitzvermerk des Benediktinerklosters St. Jakob in Lüttich aus dem 13. Jahrhundert. Sie wurde von Th. Poelman für eine Textausgabe genutzt (1560) und kam nach seinem Tod (1581) mit seinem Nachlaß an seinen Freund Chr. Plantin. K.B.

Literatur: ALEXANDER, J. J. G., *Insular manuscripts*, London 1978, Nr. 65. – BISCHOFF, *Panorama*. – CAESAR, C., *Die Antwerpener Handschrift des Sedulius*, in: Rheinisches Museum für Philologie 56, 1901. – DENUCE, J., *Museum Plantin Moretus*, Anvers 1927, Nr. 176. – *Katalog Aachen*, Nr. 442. – KOEHLER, W., *Die Denkmäler der karolingischen Kunst in Belgien*, in: Belgische Kunstdenkmäler 1, München 1923, S. 7–11. – WEINER, *Initialen*, S. 69ff., 125f.

IV/28 Trierer Apokalypse

Handschrift, Pergament; 74 Bl., 26,2 x 21,6 cm; Nordfrankreich (?), 1. Viertel 9. Jh.; Trier Stadtbibliothek, Cod. 31. (Faksimile)

Die Handschrift bietet den umfangreichsten Illustrationszyklus zur Apokalypse. Nach dem der Apokalypse von Valenciennes ist er zugleich der älteste erhaltene.
Der Text der Trierer Apokalypse ist in Minuskel und Halbunziale geschrieben, er entspricht der Fassung der Vulgata. Die Umarbeitung des Textes im 11. Jahrhundert, bei der größere Teile ausradiert und neu, wiederum nach der Vulgata, abgeschrieben wurden, diente dazu, Bild und Text genauer aufeinander abzustimmen und eine Kapitelzählung einzufügen.
Die Handschrift enthält 74 ganzseitige Bilder, die als kolorierte Federzeichnungen ausgeführt sind, die Zeichnung stammt wohl von einer Hand. Bei der Farbgebung sind Hellgelb, Ocker, Rot-Orange, Rot und Grau-Blau vorherrschend, Braun und Grün sind vereinzelt als Farbwerte eingesetzt, selten wird Weiß verwendet. Da bei der Kolorierung qualitative Unterschiede zu erkennen sind, stammt sie wahrscheinlich von mindestens zwei Händen. Bis auf die erste (fol. 1v) beziehen sich alle Illustrationen auf den vorausgehenden Text, das heißt, sie sind nach den entsprechenden Textabschnitten eingefügt. Die Verteilung von Text und Bild auf Recto- und Verso-Seiten ändert sich innerhalb der Handschrift etwa nach dem ersten Drittel: Bis fol. 20 nehmen die Illustrationen die Verso-Seite ein, auf fol. 21r erfolgt eine Umstellung, da dort Text und Bild auf einer Seite zusammengedrängt sind, ab fol. 22 hingegen die Recto-Seite, eine Lösung, bei der sich Text und Bild unmittelbar gegenüber stehen. Die Bilder sind nach der Art der zyklischen Methode (K. Weitzmann) als relativ gleichmäßige, fortlaufende Folge von Illustra-

IV/28 fol. 61r

IV/28 fol. 71r

tionen zu kleineren Textabschnitten angelegt; dies bedingt eine häufige Wiederholung immer wiederkehrender Figuren wie Johannes, Engel und anderer. Sie beziehen sich ausschließlich auf den Apokalypse-Text in erzählender Form, enthalten keine Hinweise auf theologische Interpretationen und nehmen auch nicht Bezug auf Apokalypsekommentare. Mit Sicherheit gehen die Illustrationen auf spätantike Vorbilder zurück. Wie die Vorlage ausgesehen hat, ob sie einen entsprechend vollständigen Zyklus bot, wann und wo sie entstanden ist, alle diese Fragen sind Gegenstand vieler Untersuchungen. Nach der grundlegenden Bearbeitung der Handschrift durch P. Klein läßt sich heute folgendes festhalten: Bereits die Vorlage dürfte den gesamten Zyklus enthalten haben; Abweichungen ihr gegenüber betreffen vor allem Figuren in zeitgenössischer (fränkischer) Tracht und Darstellungen von Personen ohne oder mit falschem Bezug zum Text; das gleiche gilt für Ungereimtheiten der Komposition (Zuschauer, Füllfiguren). Wahrscheinlich handelt es sich bei der Vorlage um eine italische Handschrift des 6. Jahrhunderts mit rot gerahmten Illustrationen, die in den einspaltig geschriebenen Text eingefügt waren. Vermutlich waren die Illustrationen von kleinerem Format (kaum ganzseitig) und zahlreicher. Die nicht erhaltene Vorlage der Trierer Apokalypse geht ihrerseits auf einen ebenfalls nur rekonstruierbaren Archetypus – wohl des 5. Jahrhunderts (vielleicht aus Rom oder seiner Umgebung) – zurück, der die Grundlage auch der anderen überlieferten Zweige von Apokalypse-Illustrationen bildet (P. Klein). Allgemein übereinstimmend wird heute die Trierer Handschrift in das erste Viertel des 9. Jahrhunderts datiert. Umstritten ist nach wie vor die Lokalisierung; vor allem wegen der Halbunziale ist an Tours oder seinen Umkreis als Entstehungsort gedacht worden; kunsthistorische Argumente sprechen eher für eine Lokalisierung nach Nordfrankreich. Anfang des 10. Jahrhunderts muß sich die Handschrift in einem Skriptorium Nordfrankreichs, vielleicht in Cambrai, befunden haben, da sie zu dieser Zeit als direkte Vorlage für die Apokalypse von Cambrai diente. Spätestens seit dem 12. Jahrhundert lag sie in dem Trierer Kloster St. Eucharius (Besitzvermerk fol. 1v/73r). K.B.

Faksimile: Trierer Apokalypse, Graz 1972.

Literatur: BISCHOFF, *Panorama,* S. 240 Anm. 49. – FISCHER, B., *Bibeltext und Bibelreform unter Karl dem Großen,* in: Karlswerk II, S. 185. – KEUFFER, M., *Beschreibendes Verzeichnis der Handschriften der Stadtbibliothek zu Trier,* Trier 1888, S. 34f. – LAUFNER, R./KLEIN, P., *Kommentar zur Trierer Apokalypse,* Graz 1972. – NEUSS, W., *Die Apokalypse des hl. Johannes in der altspanischen und altchristlichen Bibel-Illustration,* Münster 1931, S. 248–267. – PÉRIN, P./FEFFER, L.-Ch., *La Neustrie,* in: Ausstellungskatalog Rouen 1985, Nr. 97.

IV/29 Stuttgarter Psalter

Handschrift, Pergament; 168 Bl., 26,5 x 17,5 cm; St.-Germain-des-Prés, um 820/30; Stuttgart, Württembergische Landesbibliothek, Bibl. fol. 23. (Faksimile)

Der Stuttgarter Psalter ist eine der beiden vollständig illustrierten Psalterhandschriften der Karolingerzeit (vgl. Kat. IV/32); ihr Text entspricht weitgehend der im *Psalterium Gallicanum* überlieferten Fassung. Das *Gallicanum* geht auf die 386/87 von Hieronymus erarbeitete Revision eines altlateinischen Psaltertextes nach der *Hexapla* des Origenes zurück. Die unmittelbare Textvorlage des Stuttgarter Psalters dürfte nach den Untersuchungen B. Fischers aus Nord- oder Ostfrankreich (entstanden 770 bis 790) stammen.
Die Handschrift ist von zwei Händen in Minuskel geschrieben worden, für die Überschriften und Textanfänge wurden Unziale und Kapitalis verwendet. Der Anfang der Handschrift ist nicht mehr vollständig erhalten. Sehr wahrscheinlich enthielt der Psalter, wie auch in anderen Psalterien üblich, ein Titelbild mit der Darstellung Davids und seiner Musikanten; der Prolog (fol. 1r) steht unter einer Doppelarkade.
Durch Auszeichnungsschriften und größere, reicher ornamentierte Initialen sind folgende Psalmen hervorgehoben: Ps 1 (fol. 2r), Ps 26 (fol. 32r), Ps 38 (fol. 49v), Ps 52 (fol. 65r), Ps 68 (fol. 79r), Ps 77 (fol. 90r), Ps 97 (fol. 111v), Ps 101 (fol. 114r), Ps 109 (fol. 127v), Ps 118 (fol. 132v). Diese Hervorhebung bestimmter Psalmen entspricht der liturgischen Teilung, hinzu kommt aus der Dreiteilung die Betonung von Ps 101; die Auszeichnung von Ps 77 entspricht dem Gebrauch byzantinischer Psalterien.
Die Initialen stammen sicherlich von mehreren Händen. Sowohl in ihrer Gestaltung als auch in der Verwendung der Initialornamentik wird ein breites Spektrum unterschiedlicher Formen sichtbar, die mit der Entwicklung frühkarolingischer Ornamentik zu verbinden sind. Die wesentlichen Anteile der Ornamentik verteilen sich auf vegetabile und geometrische Formen, hinzu kommen Flechtband, vorwiegend als Füllmuster, teilweise auch als Ablaufmotiv, und Tierformen. Selten wurden menschliche Figuren eingesetzt, wie beispielsweise die Gestalt Christi bei der Initiale zu Beginn von Ps 1.
Die Initialornamentik war für W. Koehler das ausschlaggebende Argument, die Handschrift nach St. Germain-des-Prés zu lokalisieren, eine Zuschreibung, die sich durch den Vergleich mit weiteren Handschriften des Klosters bestätigen ließ.
Von Bedeutung für die Geschichte der frühmittelalterlichen Buchmalerei und besonders der Psalterillustration ist der Stuttgarter Psalter aber wegen seiner 316 Bilder, die in unterschiedlicher Größe (streifenförmig bis nahezu ganzseitig) in den Text eingeschoben sind. Sie sind mit

IV/29 fol. 2r

Deckfarben ausgemalt, wobei die gesamte Farbpalette in vorwiegend kräftigen Tönen eingesetzt wird; insgesamt entsteht der Eindruck einer starken Buntheit. Mit Sicherheit sind die Bilder das Werk mehrerer Maler; die qualitativ beste Hand ist im ersten Teil der Handschrift tätig gewesen.
Die Darstellungen beziehen sich auf ganze Psalmen, auf Abschnitte oder einzelne Verse, teilweise auch auf die Überschriften oder auf die sogenannten *Tituli Psalmorum,* letztere sind nachträglich hinzugefügte Überschriften, die der Charakterisierung und Interpretation der Psalmen dienen.
Etwa die Hälfte der dargestellten Szenen sind Wortillustrationen, bei denen der Text unmittelbar in Bilder umgesetzt wird. Eine kleinere Gruppe umfaßt Darstellungen historischer Ereignisse, vor allem aus der Geschichte der Kinder Israels und aus dem Leben Davids. Eine dritte Gruppe bilden die typologisch-symbolischen Darstellungen, in denen auf das Neue Testament (vor allem in einem Passionszyklus) oder auf exegetische und kommentierende Literatur Bezug genommen wird.
Für den gesamten Illustrationszyklus ist aus verschiedenen Quellen geschöpft worden. Ein Teil stammt aus einer spätantiken Vorlage der Zeit um 400, dazu kommen Vorbilder unterschiedlicher Zeitstellung aus der byzantinischen Psalter-Illustration, eine dritte Komponente bildet ein altlateinischer Psalter aus Oberitalien oder Südgallien. Als unmittelbare Vorlage ist ein oberitalienischer Psalter des 6. Jahrhunderts wahrscheinlich gemacht worden (F. Mütherich); die schöpferischen Anteile der Karolingerzeit werden unterschiedlich beurteilt (C. Nordenfalk). Über den Verbleib der Handschrift im Mittelalter ist nichts bekannt; im April 1787 kam sie aus dem Besitz des Tübinger Advokaten D. Fischer in die Bibliothek von Herzog Karl Eugen nach Stuttgart. K.B.

Faksimile: Der Stuttgarter Bilderpsalter, Stuttgart 1965.
Literatur: Boese, H., *Zum Stuttgarter Bilderpsalter,* in: Codices manuscripti 6, 1980, S. 1–8. – Hoffman, W./Bischoff, B./Eschweiler, J./Fischer, B./Frede, H. J./Mütherich, F., *Kommentar zum Faksimile,* Stuttgart 1968. – *Katalog Aachen,* Nr. 490. – Nordenfalk, C., *Die Malerei,* in: A. Grabar/C. Nordenfalk, *Das Frühe Mittelalter,* Genf 1957, S. 145. – Ders., *Rezension der Faksimile-Ausgabe,* in: Zeitschrift für Kunstgeschichte 32, 1969, S. 158–170. – Périn, P./Feffer, L.-Ch., *La Neustrie,* in: Ausstellungskatalog Rouen 1985, Nr. 104. – Wald, E. Th. de, *The Stuttgart Psalter,* Princeton 1930.

IV/30 Evangeliar

Handschrift, Pergament; 182 Bl., 30 x 20,2 cm; Lorsch, 1. Hälfte 9. Jh.; Manchester, John Rylands University Library, Ms. lat. 9.

Die Handschrift in Manchester ist nicht vollständig erhalten, es fehlen die Kanontafeln, und von den Evangelistenbildern ist nur noch eines, das des Markus (fol. 50v), vorhanden. Ornamentierte Initialen besitzt der Codex nicht. Das Evangeliar ist in karolingischer Minuskel geschrieben, die Schrift wurde von B. Bischoff dem jüngeren Lorscher Stil zugerechnet.
Zur Ausstattung gehören ungerahmte ganzseitige Incipit-Seiten in goldener Monumentalkapitalis vor Beginn der Evangelientexte (fol. 6v, 53v, 87v; eingeschränkt auch fol. 133v). Die Texte selbst beginnen gleichfalls mit Monumentalkapitalis, meist gefolgt von Unziale. Für die Explicit wurde Kapitalis Rustika verwendet, häufig in Rot, auch in Silber.

IV/30 fol. 50v/51r

Die einzige Miniatur, das Markus-Bild, ist mit Gold und Silber, Weiß, Rot und weiteren Farben ausgemalt. Der Evangelist sitzt unter einer Rundbogenarkade, die Rechte erhoben, die Linke hält das Buch auf dem seitlich stehenden Pult; in der Lünette das geflügelte Evangelistensymbol mit Buch. Da die Haltung des Evangelisten und das Symbol dem Markus im Lorscher Codex aus der Hofschule Karls des Großen (Kat. IV/24) entsprechen, wurde die Miniatur als Kopie des Bildes im Lorscher Codex angesehen. F. Mütherich hat auf die Abweichungen zwischen Vorbild und »Kopie« hingewiesen; sie betreffen vor allem die Fensterreihen im Hintergrund und die Bildung der Kapitelle. Vergleichbare Formen finden sich nicht im Lorscher Codex, wohl aber in anderen Handschriften der Hofschule Karls des Großen. Die Darstellung in Manchester geht also sehr wahrscheinlich auf eine andere – verlorene – Handschrift der Hofschule zurück. K.B.

Literatur: BISCHOFF, *Lorsch*, S. 45f., 108f. – EXNER, M., *Die Reste frühmittelalterlicher Wandmalerei in der Lorscher Torhalle*, in: Kunst in Hessen und am Mittelrhein 32/33, 1933, S. 50ff. – JAMES, M. R., *A descriptive Catalogue of the Latin Manuscripts in the John Rylands Library at Manchester*, Manchester 1921. – MÜTHERICH, *Buchmalerei*, in: Karlswerk III.

IV/31 Buchdeckel mit der Versuchung Christi und Szenen aus der Kindheitsgeschichte

Elfenbein; 21,8 x 17,5 cm; Metz, um 850; Frankfurt, Stadt- und Universitätsbibliothek, Ms. Barth. 180. (als Leihgabe im Liebieghaus Frankfurt)

Der Zyklus der Jugendgeschichte Christi beginnt oben mit der Verkündigung an Maria und setzt sich nach rechts mit den Darstellungen von Heimsuchung, Geburt, Ochs und Esel an der Krippe und Verkündigung an die Hirten fort. Den unteren Querstreifen füllen zwei Szenen mit Herodes: rechts seine Beratung mit den Schriftgelehrten und links die Weisen vor Herodes. Daran schließen sich die Darbringung im Tempel (das Kind ist verloren) und die Hirten an der Krippe an. Die letzten vier Szenen schildern sehr ausführlich weitere Stationen des Magier-Zyklus: die Reise der drei Weisen, wie sie den Stern erblicken, die Anbetung des Kindes und schließlich die Traumwarnung durch den Engel. Diese Aufzählung macht bereits deutlich, daß die Reihenfolge der Tafeln gestört ist; eine Anordnung der einzelnen Tafeln gegen den Uhrzeigersinn stellte eine dem Evangelientext entsprechende Reihenfolge wieder her, brächte die auseinandergerissenen Szenen von Hirtenverkündigung und Anbetung wieder zusammen und gäbe auch dem Magierzyklus eine stimmige Abfolge.

Auf der zentralen Tafel wird die Versuchung Christi geschildert. Seitlich eines Baumes stehen sich der menschengestaltige Versucher und Christus gegenüber; die Steine, die Christus nach der Aufforderung des Versuchers in Brote verwandeln soll, sind am Fuße dargestellt (heute stark berieben). Der Versucher ist durch seine Haltung als der Drängende gekennzeichnet, Christus hingegen erscheint frontal und hoheitsvoll und weist das Ansinnen seines Gegners zurück.

Trotz der Gemeinsamkeit der durchbrochen gearbeiteten Reliefs ist der stilistische Unterschied der seitlichen Szenen zur Mitteltafel unübersehbar. Die elegante Schönlinigkeit dieser Tafel und ein Menschenbild, das deutlich an antiken Vorlagen geschult ist, machen diese Szene zu einem der Höhepunkte karolingischer Elfenbeinkunst. Doch besitzen auch die seitlichen Täfelchen große Qualität, vor allem im Erzählerischen. Sie sind von erstaunlicher Lebendigkeit in den Details, wie es die neugierigen, erregten Hirten an der Krippe und der bedrückte, nachdenkliche Joseph in der Geburtsszene belegen.

Die Ausführlichkeit, mit der die Jugendgeschichte Christi geschildert wird, hat nur wenige Parallelen in karolingischer Zeit. Vergleichbar ist allenfalls der szenische Reichtum in den Initialen des Drogo-Sakramentars aus der gleichen Werkstatt (Kat. VII/22). Auch wenn sich die Erzählfreude in zahlreichen kleinen Einzelfeldern entfaltet, entspricht der Frankfurter Buchdeckel noch dem Schema des spätantiken fünfteiligen Diptychons. Die anderen Buchdeckel dieses Typus – seien sie spätantik oder frühmittelalterlich – zeigen als mittlere Szene zumeist ein ausgesprochen triumphales Motiv (vgl. Kat. IV/25). Die zunächst so wenig repräsentativ wirkende Versuchung Christi entspricht diesen Darstellungen aber durchaus: Christus widersteht in dieser Szene dem Versucher und überwindet ihn dadurch. Die Parallelisierung dieser Inhalte läßt sich mehrfach nachweisen: so zeigen auch einige etwas spätere Psalterien als Illustration des 90. Psalms die Versuchung Christi (z. B. Kat. IV/29).

Ursprünglich besaß die Handschrift vermutlich einen dem vorderen Einband ähnlich gestalteten Rückdeckel mit Szenen der Passion Christi. Darauf deutet ein in Stil und Maßen entsprechendes Fragment mit Fußwaschung und Abendmahl, das sich bis zum Zweiten Weltkrieg im Berliner Kaiser-Friedrich-Museum befand. M.R.

Literatur: BRAUNFELS, *Karolinger.* – GABORIT-CHOPIN, D., *Elfenbeinkunst im Mittelalter,* Berlin 1978, Nr. 50. – GOLDSCHMIDT, *Elfenbeinskulpturen,* Nr. 75. – HOMBURGER, O., *L'Art Carolingien de Metz,* in: Gazette des Beaux Arts 62, 1963. – *Katalog Aachen,* Nr. 535. – RIBBERT, M., *Untersuchungen zu den Elfenbeinarbeiten der Älteren Metzer Gruppe,* Bonn 1989, [2]1992. – STEENBOCK, F., *Der kirchliche Prachteinband im frühen Mittelalter.* Berlin 1965, Nr. 18. – WEIZSÄCKER, H., *Die mittelalterlichen Elfenbeinskulpturen in der Stadtbibliothek,* in: F. C. Ebrard, Die Stadtbibliothek von Frankfurt am Main, Frankfurt 1896.

IV/32 Utrecht-Psalter

Handschrift, Pergament; IV + 92 Bl., 33,2 x 25,9 cm; Reims, um 825; Utrecht, Bibliotheek der Rijksuniversiteit, Ms. 32. (Faksimile)

Bei dem nach seinem Aufbewahrungsort benannten Psalter handelt es sich um ein *Psalterium Gallicanum* (vgl. Kat. IV/29). Im Anschluß an die Psalmen folgen die *Cantica,* das Vaterunser und das Apostolische Glaubensbekenntnis sowie der apokryphe Psalm 151. Der Text ist dreispaltig in brauner Kapitalis Rustika von einem Hauptschreiber und einer zweiten Hand geschrieben. Die Überschriften und die erste Textzeile sind in goldener (Ps 2–17), dann in roter Unziale ausgeführt. Die Handschrift besitzt nur eine einzige, wenig aufwendig ornamentierte Initiale zu Beginn von Ps 1 (fol. 2r).

Wie der Stuttgarter Psalter (Kat. IV/29) ist auch der Utrecht-Psalter durchgehend illustriert. Doch anders als dort stehen die Illustrationen immer vor dem zugehörigen Text, jeweils in der Breite der Kolumnen, in der Höhe unterschiedlich (streifenförmig bis nahezu ganzseitig); sie

IV/31

sind ausschließlich in brauner Federzeichnung ausgeführt. In vielen Fällen beruhen die Illustrationen auf einer wörtlichen Umsetzung des Textes in Bilder (Wort-Illustrationen). Daneben finden sich aber auch Darstellungen, die sich auf historische Ereignisse oder eine heilsgeschichtlich-eschatologische Interpretation beziehen. Zu diesen gehören Szenen aus dem Alten (Moses, David) und aus dem Neuen Testament (vor allem Szenen aus dem Leben Christi, unter anderen Verkündigung, Geburt, Kreuzigung, Himmelfahrt).
Alle Zeichnungen sind von hervorragender Qualität, auch wenn im einzelnen kleinere Unterschiede zu erkennen sind; insgesamt sollen acht Hände beteiligt gewesen sein. Charakteristisch für den Stil der Zeichnung ist der schnelle, expressive Strich, der alle Figuren einschließlich ihrer Gewänder in eine lebhafte innere Bewegung versetzt; sie sind eingebunden in illusionistisch wiedergegebene Landschaftshintergründe. Den gleichen Stil zeigen die Miniaturen des Ebo-Evangeliars (Epernay, Bibliothèque Municipale, Ms. 1). Beide Handschriften dürften etwa gleichzeitig – um 825 – in demselben Reimser Skriptorium entstanden sein. Bei einer Reihe von Darstellungen gibt es ikonographische Übereinstimmungen mit dem ebenfalls um diese Zeit entstandenen, stilistisch so unterschiedlichen Stuttgarter Psalter (Kat. IV/29). Anderes hingegen ist ohne Parallele. Die Frage nach den Vorlagen des Utrecht-Psalters ist bis heute nicht abschließend geklärt. Mit Sicherheit sind spätantike Vorbilder – möglicherweise des 5. Jahrhunderts – verarbeitet worden; ohne Zweifel darf ein erheblicher Teil der Illustrationen aber auch als karolingische Neuschöpfung gelten. Bis zum Jahr 1000 ist über den Verbleib des Psalters nichts näheres bekannt; wahrscheinlich wurde er im Umkreis Karls des Kahlen um 870 als Vorlage benützt (Elfenbeinthron, s. Mütherich mit Hinweis auf Weitzmann). Nach 1000 war die Handschrift in England, wo sie dreimal kopiert wurde (London, British Library, Harley 603, frühes 11. Jahrhundert; Cambridge, Trinity College Library, Ms. R. 17.1, um 1150; Paris, Bibliothèque Nationale, Lat. 8846, um 1200). Sie blieb bis zur Reformation in Canterbury, Christ Church, gelangte dann in Privatbesitz und schließlich in die Hände Sir Robert Cottons (1571–1637), der dem Psalter ein insulares Evangeliarfragment des frühen 8. Jahrhunderts anfügte und die Handschrift neu binden ließ.

K.B.

Faksimile: Utrecht-Psalter, Graz 1982/1984.
Literatur: Birch, W. de Gray, The *Utrecht Psalter,* in: The Latin Psalter in the University of Utrecht, London 1875. – Ders., *The History, Art and Palaeography of the Manuscript styled the Utrecht Psalter,* London 1876. – De Wald, E. D., *The illustrations of the Utrecht Psalter,* Princeton/London/Leipzig 1932. – Dufrenne, S., *Les illustrations du Psautier d'Utrecht,* Paris 1978. – Gaehde, J. E., *The Draughtsmen of the Utrecht-Psalter,* in: Festschrift für Florentine Mütherich, München 1985, S. 49–52. – Goldschmidt, A., *Der Utrecht-Psalter,* in: Repertorium für Kunstwissenschaft 15, 1892, S. 156–169. – Horst, K. van der, *Kommentar zum Faksimile,* Graz 1984. – Koehler, *Miniaturen VI.* – Nordenfalk, C., *Die Malerei,* in: A. Grabar und C. Nordenfalk, Das frühe Mittelalter, Genf 1957, S. 144f.

IV/32 fol. 59r

IV/33 Grandval-Bibel

Handschrift, Pergament; 449 Bl., 51 x 37,5 cm; Tours, um 840; London, British Museum, Add. Ms. 10 546. (Foto)

Die um 840 im Kloster Saint Martin (Tours) geschriebene Grandval-Bibel ist einer der ältesten illustrierten Bibeln. Benannt ist sie nach ihrem ehemaligen Aufenthaltsort, der Abtei Moutier-Grandval. Innerhalb der in Tours entstandenen Gruppe von Bibelhandschriften mit Illustrationen ist die Grandval-Bibel das früheste Exemplar; auf sie folgen die sogenannte Alkuin-Bibel in Bamberg und die Vivian-Bibel in Paris.

IV/33 fol. 5v

Die Handschrift besteht aus einer Incipitseite (fol. 1v), 55 Initialen zu den einzelnen Büchern, vier Kanontafeln sowie vier ganzseitigen Miniaturen: Szenen zur Schöpfungsgeschichte (fol. 5r) und zur Übergabe der Gesetze an Moses (fol. 25v), der Maiestas Domini (fol. 352v) und Szenen zur Offenbarung des Johannes (fol. 449r).

Bei den uns überlieferten Bibelhandschriften aus frühchristlicher Zeit und dem byzantinischen Bereich handelt es sich in der Regel um mehrbändige Werke. Einzelne Bücher daraus, vorwiegend die fünf Bücher Mosis, waren bereits illustriert. Im Rahmen des karolingischen Reformwerkes entstanden in Saint Martin unter Abt Alkuin (796–804) großformatige, meist zweibändige Handschriften. In diesen redigierten Bibeln wurde besonderer Wert auf einen präzisen Text und eine klare Schrift gelegt. Erst unter Alkuins Nachfolgern, den Äbten Adalhard (834–843) und Vivian (844–851), wurde die Ornamentik und die Buchillustration stärker gefördert und konnte sich so besser entfalten. Diese fortschreitende Entwicklung der Buchmalerei, deren Bildkonzeptionen und Formenvokabular sowie die Entwicklung zur einbändigen Bibel, gewann an Bedeutung und Einfluß für eine breite Nachfolge.

Die Genesis-Seite illustriert in narrativer Weise die Erschaffung und den Sündenfall des Menschen. In vier horizontal gegliederten Streifen wird in einzelnen, in sich abgeschlossenen Szenen die Geschichte Adams und Evas erzählt. Die in Gold gehaltenen Bildüberschriften in den purpurfarbenen Rahmen trennen die einzelnen Bildbereiche voneinander und dienen zugleich der Erläuterung der Szenen. Erster Streifen: Die Formung Adams und die Entnahme einer Rippe, um daraus Eva zu schaffen; zweiter Streifen: Eva wird Adam zugeführt und der Schöpfer verweist auf den Baum der Erkenntnis und dessen verbotene Früchte; dritter Streifen: Sündenfall, der Herr verweist die Sünder; vierter Streifen: Vertreibung aus dem Paradies und die Mühen des Erdenlebens (Eva säugt Kain, Adam bearbeitet den Boden). Der dargestellte Erdboden, auf dem sich in den oberen drei Streifen die Ereignisse abspielen, ist durchgängig gleich. Dagegen sollen der Freiraum und das sich daran anschließende massive Erdreich im unteren Erzählstreifen den starken Verlust der Menschheit zum Ausdruck bringen, den sie durch die Vertreibung aus dem Paradies erlitten hat.

Als Vorlage für die touronischen Maler dürften verschiedene, durch Alkuin und seine Nachfolger zusammengetragene Bibelexemplare gedient haben. Für die Genesis-Seite nahm man lange Zeit die sogenannte Leo-Bibel – eine im Auftrag Papst Leos im 5. Jahrhundert in Rom entstandene, mit vier Miniaturseiten ausgestattete Bibel – als maßgebliche Vorlage an. Jüngere Forschungen allerdings gehen von mehreren Vorlagen aus, unter denen die sogenannte Cotton-Genesis (London, British Library, Cod. Cotton Otho B IV) und deren zu rekonstruierender Archetypus besondere Bedeutung haben dürften. Daraus scheinen die Maler jeweils verschiedene Elemente zu kompilieren und diese dem in horizontalen Streifen angeordneten Erzählsystem einzugliedern. S.P.

Faksimile: Duft, J., *Die Bibel von Moutier-Grandval,* Bern 1971.
Literatur: Kessler, H., *The illustrated Bibles from Tours,* Princeton 1977. – Köhler, *Miniaturen I.* – Mütherich, F., *Karolingische Buchmalerei,* München 1976.

V. TASSILO

(...) Tassilo stand inmitten des hochheiligen Konzils und bat um Gnade für die aufgehäufte Schuld, die er zur Zeit des Herrn Königs Pippin gegen denselben und das Frankenreich und später, unter unserem allerfrömmsten Herrn König Karl, auf sich geladen hatte, indem er den Treueid brach. Man sah, wie er demütig beim König um Gnade flehte, wie er, soweit es ihn betraf, allen Zorn und allen Aufruhr und alles, was er Schlimmes gegen ihn getan wußte, fahren ließ. (...) Da verzieh unser Herr, von Barmherzigkeit bewegt, dem genannten Tassilo huldvoll die aufgeladene Schuld, schenkte ihm seine uneingeschränkte Gnade wieder, erbarmte sich seiner und nahm ihn in seine Liebe auf, damit er künftig durch Gottes Barmherzigkeit sicher sei. (...)

Zum Prozeß gegen Tassilo

von Johannes Fried

Das Stammesherzogtum Baiern reichte in der Zeit Karls des Großen im Osten an den Böhmerwald und über die Enns hinaus, im Süden ins Puster- und Etschtal jenseits von Bozen, im Westen an den Lech und im Norden das Naabtal hinauf bis Premberg; sein Zentrum lag um Regensburg. Es hatte seine politische und ethnische Formung während des 6. Jahrhunderts im Frankenreich der Merowinger empfangen, zu dem es seitdem gehörte und aus dessen Bannkreis es sich nicht mehr zu lösen vermochte. Doch wurde es von eigenen Herzögen aus der wohl fränkischen Familie der Agilolfinger regiert und gewann während der Auflösung der merowingischen Monarchie wachsende Eigenständigkeit. Politische, verwandtschaftliche, kirchliche, kulturelle und wirtschaftliche Kontakte zu den Langobarden in Italien und auch zum Papst sorgten für den nötigen Rückhalt; und schon zu Beginn des 8. Jahrhunderts verfolgte Herzog Theodor († um 717) den zukunftsträchtigen Plan einer eigenen baierischen Kirchenprovinz. Es kam nicht dazu. Die karolingischen Hausmeier Karl Martell († 741) und seine Söhne Karlmann († 754) und Pippin († 768), letzterer Vater Karls des Großen und späterer König, erneuerten mit wiederholten Kriegszügen die Einbindung der Bayern ins Frankenreich, gewährten ihnen aber unverändert große Autonomie. Spannungen und Feindschaften innerhalb des einheimischen Adels trieben im Jahr 740 den agilolfingischen Herzog Odilo ins Exil an den karolingischen Hof, wo ihn Karl Martell unter dem Einfluß seiner jungen Gemahlin Suanahilt, Odilos Nichte, mit offenen Armen empfing. Auch Karls Tochter Hiltrud fand Gefallen an dem landflüchtigen Mann; sie wurde schwanger, noch bevor von Ehe die Rede war. Ein Eheschluß zwischen Angehörigen bedeutender Adelsfamilien war damals eine hochpolitische Angelegenheit. Jede Ehe erhöhte oder verminderte die Chancen und die Durchsetzungsfähigkeit der Beteiligten im Kampf um Macht und Herrschaft. Es überrascht deshalb nicht, wenn Pippin und Karlmann die Verbindung ihrer Schwester mit dem Agilolfinger mißtrauisch und voller Argwohn betrachteten und die Liebschaft diskriminierten, um ihre Folgen zu diskreditieren; noch Jahrzehnte später erinnerte die Lebensbeschreibung von Pippins Enkel, Kaiser Ludwig dem Frommen, an den Skandal. Odilo konnte zwar bald nach Baiern zurückkehren, mußte aber nach verlorener Schlacht die Oberhoheit seiner Schwäger neuerlich anerkennen. Hiltrud hatte er schon zuvor gegen den Willen ihrer Brüder als seine Gemahlin zu sich genommen. So wurde das Kind jener Liebe, Tassilo (* 741), als Erbprinz von Baiern erzogen, ungeliebt von Oheim und Vettern.

Odilo war ein tüchtiger Herr. Er erneuerte die Beziehungen zum apostolischen Stuhl in Rom, errichtete mit Bonifatius' Hilfe vier Bistümer – Regensburg, Salzburg, Freising und Passau – und trat schließlich als Klostergründer hervor. Als er 748 starb, übernahm Hiltrud die Regentschaft für den siebenjährigen Sohn; ihr Bruder Pippin, seit 751 König, ließ sie gewähren und trat, als sie 754 starb, vielleicht an ihre Stelle. Volljährig geworden, erschien Tassilo gelegentlich am karolingischen Hof und in Pippins Heer. Vor allem aber verstärkte er die Beziehungen nach Italien, indem er eine Tochter des Langobardenkönigs Desiderius, Liutpirg, heiratete. Die Handels- und Kulturkontakte, die die Länder nördlich und südlich der Alpen verbanden, nahmen abermals zu. Der Herzog gewann im Jahr 772 Kärnten, wo er die slawische Westwanderung zum Stehen brachte, und ließ seinen Sohn Theodo, Desiderius' Enkel also, von Papst Hadrian taufen. Anderthalb Jahre später eroberte Karl der Große Pavia und machte sich zum König der Langobarden. Manch einer seiner neuen Untertanen durfte fortan in Liutpirgs Gemahl einen Hoffnungsträger langobardischer Restauration gesehen haben. Tatkräftig packte Tassilo die inneren Probleme seines Landes an. Die zerstrittenen Adelsgruppen mußten befriedet, die kirchliche Disziplin sollte erneuert werden, die Organisation des Herzogsguts war zu straffen, zahlreiche Klöster wurden gegründet: Altaich, Innichen, Kremsmünster, Mondsee, Polling, Tegernsee, Wessobrunn, um nur einige der berühmtesten zu nennen. Die Schriftlichkeit breitete sich aus; Literaten begegneten am Herzogshof und im Episkopat, die ersten lateinischen Werke auf rechtsrheinischem Boden, auch die ältesten althochdeutschen Texte, die überhaupt bekannt sind, entstanden, Buchmalerei, Silber- und Goldschmiedekunst etablierten sich. Das tassilonische Baiern war ein blühendes Land, eine aufstrebende Macht. Die geistige Kultur entfaltete sich hier mit einer Intensität wie selbst zur Römerzeit nicht. Sein Herr, »der starke Herzog Tassilo«, wie ihn die Inschrift des berühmten Kelches aus Kremsmünster (Kat. V/2) nennt, Agilolfinger von Vater- und Karolinger von Mutterseite, tatkräftig und begabt, war seinem jüngeren Vetter Karl in jeder Hinsicht ebenbürtig – und damit nicht zuletzt eine stete Gefahr für den künftigen Kaiser. Derselbe ließ es ihn spüren und beseitigte, indem er Tassilo ausschaltete, die letzte selbständige Herrschaft innerhalb des Frankenreiches.

Der Karolinger bereitete seinen Schlag sachte vor. Zuerst – im Jahr 781 – wurde Papst Hadrian gegen den Baiern gewonnen, und auch im baierischen Adel und Klerus wußte Karl seine Anhänger zu mehren. Dann wurde Tassilo selbst an den Hof geladen, um ihn an seine Unterordnung unter den König zu gemahnen, und bald – 784 – setzten Kämpfe an den Grenzen ein. Abermals vorgeladen, verweigerte Tassilo jetzt die Gefolgschaft. 787 war es endlich soweit. Von drei Seiten, von Franken, Alemannien und Italien aus, drangen königliche Truppen nach Baiern vor und zwangen den Herzog zu einer raschen Kapitulation und zur Ergebung in Karls Vasallität; sein Land, auf das er durch Übergabe seines Szepters verzichtet haben soll, nahm er vom König zu Lehen. Das folgende Jahr brachte das Ende. Tassilo wurde, nichts Arges ahnend, unter dem Schutz vorgespiegelter Freundschaft samt seiner Familie nach Ingelheim gelockt, dort, auf fränkischem Boden, doch von baierischen Großen verklagt, vor Gericht gestellt und von den Repräsentanten der Völker in Karls Reich zum Tode verurteilt, vom König begnadigt, zum Kleriker geschoren und ins Kloster gesteckt. Seiner Gemahlin, »dem königlichen Reis«, so die Inschrift des Tassilokelchs, und seinen Kindern erging es nicht besser. Doch weckte Karls Härte Widerspruch, vielleicht gar Widerstand, der den König nötigte, sein Handeln nachträglich zu legitimieren. Als Forum diente die Frankfurter Synode, zu deren Information eine tendenziöse Geschichtsdarstellung, die sogenannten »Fränkischen Reichsannalen«, vielleicht eigens fertiggestellt, wenn auch nicht ausschließlich geschrieben wurde. Es war bezeichnend, daß Karl die in ihrer Legitimität umstrittene Ausschaltung Tassilos auf jenem Konzil manifest werden ließ, auf dem er selbst, der Frankenkönig, als Hüter der Wahrheit schlechthin, des katholischen Glaubens nämlich, in Erscheinung trat. Jetzt rächte sich bitter, daß die Agilolfinger, so hervorragend ihre Leistungen in Baiern auch waren, keine eigene Geschichtsschreibung initiiert hatten. Ohne eine solche war die Kenntnis des Geschehens dem natürlichen Gedächtnis überantwortet, und dieses ließ sich durch wenige geschriebene Worte nur allzu bereitwillig täuschen. Allein splitterhafte, weit verstreute Nachrichten liegen von unbeteiligter Seite vor. So folgt die Geschichte von Tassilos Untergang bis heute weithin der verzerrenden fränkischen Perspektive und kann sich nur mühsam von ihr lösen. Sie läßt das Bild eines Rebellen entstehen, der von langer Hand Unbotmäßigkeit, Treubruch und Landesverrat plante, der, obwohl er König Pippins Vasall gewesen sei und sein Herzogtum von ihm zu Lehen getragen habe, das Heer seines Herrn vorzeitig und unerlaubt verlassen und damit das todeswürdige Verbrechen des *harisliz,* der Fahnenflucht, begangen und schließlich auch seinen Lehnsherrn Karl hintergangen habe. Nichts von all dem, so legen neueste Untersuchungen nahe, dürfte zutreffend sein, jedenfalls sind stärkste Vorbehalte am Platz. Erst in der Not, in die ihn Karl selbst gebracht hatte und gegen die er sich zu wehren trachtete, suchte Tassilo, so ergibt sich, die Hilfe der Awaren gegen den Frankenkönig und verletzte damit die Treue, die er demselben unmittelbar zuvor und nicht bereits seinem Vater hatte schwören müssen. Den Zeitgenossen hat dieses »Verbrechen« genügt, um die erfundene Vergangenheit widerspruchslos als wahres Geschehen hinzunehmen.

Literatur: Becher, M., *Eid und Herrschaft,* Sigmaringen 1993. – Classen, P., *Bayern und die politischen Mächte im Zeitalter Karls des Großen und Tassilos III.,* Sigmaringen 1983. – Kolmer, L., *Zur Kommendation und Absetzung Tassilos III.,* in: Zeitschrift für bayerische Landesgeschichte 43, 1980. – Wanderwitz, H., *Quellenkritische Studien zu den bayerischen Besitzlisten des 8. Jahrhunderts,* in: Deutsches Archiv für die Erforschung des Mittelalters 39, 1983. – Wolfram, H., *Tassilo III. und Karl der Große – Das Ende der Agilolfinger,* in: Katalog Rosenheim/Mattsee.

Das Tassilokelch-Stil im Reich Karls des Großen

von Egon Wamers

Mit dem Namen des Baiernherzogs Tassilo, ist ein Kunstwerk und mit diesem ein Kunststil verbunden, die in der Forschung seit mehr als vier Jahrzehnten größte Aufmerksamkeit erfahren. Vermutlich anläßlich seiner Gründung 777 stifteten Tassilo und seine Frau, die Langobardenprinzessin Liutpirc, dem Benediktinerkloster Kremsmünster einen reich verzierten Spendekelch, den sogenannten Tassilokelch (Kat. V/2). Wegen seiner charakteristischen Tiergeschlinge wurde er lange Zeit als insulares, also irisches oder englisches, meist nordhumbrisches Produkt angesehen. Seit den grundlegenden Untersuchungen G. Haseloffs zur Ornamentik des Kelches ist jedoch erwiesen, daß er lediglich e i n herausragender Vertreter einer großen kontinentalen Denkmälergruppe ist, die stark von insularen Kunststilen des 8. Jahrhunderts beeinflußt ist.

Bei diesen im sogenannten »Tassilokelch-Stil« verzierten Denkmälern, insgesamt über 90 Einzelobjekten, davon die überwiegende Anzahl Bodenfunde, handelt es sich zu einem kleinen Teil um Sakralgeräte wie Kelche, Pyxiden (Kat. VII/25), Reliquiare, Räuchergefäße, Buchdeckel (Kat. V/4), steinerne Chorschranken und ähnliches, in ihrer ganz überwiegenden Zahl aber um kleinformatige Beschlagteile von karolingischen Wehrgehängen und Reitzeug einschließlich Sporen; hinzu kommen einige wenige Schmuckstücke, wie etwa der Armreif von Truchtlaching (Kat. V/3). Während die Kleinstücke fast nur Tierornamente tragen, weshalb auch von einem »insularen Tierstil kontinentaler Prägung« gesprochen wurde, zeigen die bedeutenderen Kunstwerke wie etwa der Tassilokelch oder der Lindauer Buchdeckel, daß dieses Tierornament nur ein Teil einer komplexen christlichen Ikonographie darstellt. Mediterraner Figuralschmuck, architektonische Gliederungen der Schaufläche, Kreuze, Inschriften, Flechtbänder und besonders die Gattungstiere der Schöpfung in Lebensbaum und -ranke bilden das reiche, heterogene Motivensemble, aus dem die Künstler schöpften. Viele dieser Motive, vor allem die vegetabilen, animalen und Flechtband-Ornamente, finden sich auch in der zeitgenössischen, insular geprägten Buchmalerei, vor allem in der Initialornamentik. Die ikonographische Bedeutung – auch auf den kleinen Beschlägen des Reit- und Waffenzeugs – bleibt dabei stets heilsgeschichtlich auf das Erlösungwerk Christi bezogen.

Die Lebenszeit dieses »Tassilokelch-Stiles« läßt sich kunsthistorisch und archäologisch auf die zweite Hälfte des 8. Jahrhunderts und das frühe 9. Jahrhundert begrenzen, also etwa auf die Regierungszeit Karls des Großen. Der große Fundzuwachs der letzten Jahrzehnte zeigt, daß die sakralen Werke durchweg im süddeutschen oder alpinen Raum verbreitet waren, abgesehen von wikingischem Raubgut in Skandinavien. Die große Masse der »profanen« Bestandteile vom Reit- und Waffenzeug des karolingischen Adels findet sich indes in weiter Streuung im ganzen Ostteil des Reiches: von Friesland und Sachsen an der Nordsee über Westfalen und Nordhessen, Rhein, Main und Neckar bis in den oberen Donauraum, aber auch in westslawischem Gebiet, bei den Awaren, in Kroatien und in Oberitalien – überall dort also, wo fränkische Truppen und fränkische Oberhoheit belegt sind und wo wir Bodenquellen wie Grab- und Siedlungsfunde haben, die zu ihrer Bergung führten. Während man zu Recht die Fertigung herausragender Werke wie des Tassilokelches oder des Lindauer Buchdeckels in kirchlichen oder klösterlichen Zentren – etwa Salzburg oder Mainz – vermutet, ist mittlerweile die Produktion einfachen Zierguts an lokalen Plätzen – etwa dem Königshof Karlburg am Main – nachgewiesen. Somit können diese Denkmäler und mit ihnen der ganze »Tassilokelch-Stil« nicht als direkte Zeugnisse der insularen Mission auf dem Kontinent gelten, sondern als Ausdruck einer Kunstmode im Reich Karls des Großen. Die – neben den mediterranen – insularen Wurzeln dieses Stils und seiner Motive gründen in dem geistigen Klima jenes Jahrhunderts, das von irischen und angelsächsischen Geistlichen, Gelehrten und Künstlern geprägt wurde – nicht zuletzt am Hofe Karls des Großen.

Interessant ist indes, daß nach Ausweis der Bodenfunde dieser Kunststil nur im Ostreich vertreten war, im Westen etwa bis zur heutigen germanisch-romanischen Sprachgrenze reichend. Dies belegt nicht nur eine gewachsene Bedeutung des Ostteils des Fränkischen Reiches unter Karl, sondern auch, daß beim alten, immer noch und wieder verstärkt römisch geprägten gallo-fränkischen Adel ein anderer Lebensstil als beim germanisch-fränkischen Adel vorherrschte, welcher sich im Sinne des *Miles christianus* zu seinem christlichen Auftrag auch auf seiner militärischen Ausrüstung demonstrativ bekannte.

V/1 fol. 2v/3r

Literatur: Elbern, V. H., *Zwischen England und Oberitalien: Die sog. insulare Kunstprovinz in Salzburg,* in: Jahres- und Tagungsbericht der Görres-Gesellschaft, 1989. – Haseloff, G., *Der Tassilokelch,* München 1951. – Ders., *Die frühmittelalterlichen Chorschrankenfragmente in Müstair,* in: Helvetia Archaeologica 11, 1980. – Ders., *Zum Stand der Forschung über den Tassilokelch,* in: Ausstellungskatalog Linz 1977. – Wamers, E., *Insular Art in Carolingian Europe,* in: J. Higgitt, M. Spearman (Hrsg.), The Age of Migratin Ideas, Edinburgh 1993. – Ders., *Pyxides imaginatae,* in: Germania, 69.1, 1991. – Werner, J., *Frühkarolingische Silberohrringe von Rastede (Oldenburg),* in: Germania, 37, 1959. – Ypey, J., *Fundstücke mit anglo-karolingischer Tierornamentik in den niederländischen Sammlungen,* in: Berichten ROB (Amersfoort), 18, 1968.

V/1 Psalter von Montpellier

Handschrift, Pergament; 346 Bl., 21,3 x 12,5 cm; Kloster Mondsee, vor 788; Montpellier, Bibliothèque Interuniversitaire – Section Médecine, Ms. 409. (Foto)

Das kleine Format, die reiche künstlerische Ausstattung und die Entstehung des Psalters in Mondsee lassen darauf schließen, daß der Psalter für ein Mitglied der baierischen Herzogsfamilie, möglicherweise sogar für Herzog Tassilo III. selbst geschrieben wurde und somit vor 788 entstanden ist. Dafür spricht auch, daß der Schluß der Handschrift nachträglich verändert worden ist: Aus der letzten Lage wurden fünf Blätter entfernt, die möglicherweise

Hinweise auf die herzogliche Familie enthielten (B. Bischoff). Hinzugefügt wurden die heutigen Blätter 331–346. Auf ihnen ist der Schluß des 150. Psalms und das Explicit des Psalters nachgetragen worden; es folgen die *Cantica,* eine lange Litanei und die *Laudes regiae,* in denen Papst Hadrian I., Karl der Große, seine Söhne Pippin der Bucklige und Karl sowie die Königin Fastrada und die Könige Pippin und Ludwig genannt sind. Zuletzt ist von anderer Hand ein Gebet für eine Rotrut eingetragen; dies ist wahrscheinlich auf die im Kloster Notre-Dame in Soissons lebende Tochter Karls des Großen (gestorben 810) zu beziehen, möglicherweise auch auf die gleichnamige Tochter Tassilos. Durch die Erwähnung Fastradas sind die nachgetragenen Teile einschließlich der *Laudes* in die Zeit zwischen 788 und 794 (Tod der Königin) zu datieren; sie entstanden in einem westfränkischen Skriptorium, vielleicht in Soissons. Für die Lokalisierung des Psalters nach Mondsee, dem 748 von Tassilos Vater, Herzog Odilo, gegründeten Kloster, spricht sowohl die Schrift (B. Bischoff) wie der Buchschmuck.
An der Buchschrift in vorkarolingischer Minuskel sind zwei Schreiber beteiligt; der Beginn der Psalmen (fol. 17r) ist durch Zierkapitalis in Gold, Silber und Rot, zeilenweise wechselnd, ausgezeichnet. Die Psalmtitel, geschrieben in Unziale mit roter und grüner Tinte, stammen von mehreren Händen, eine von ihnen ist der des »Ingolstädter Evangeliars« (München, Bayerische Staatsbibliothek, Clm 27270) verwandt, einer etwa gleichzeitig in Mondsee entstandenen Handschrift, die auch beim Buchschmuck enge Beziehungen zu dem Psalter aufweist.
Die sorgfältige künstlerische Ausstattung des Psalters umfaßt zwei ganzseitige Miniaturen zu Beginn der Handschrift, 165 größere und über 2000 kleinere Initialen. Neben Gold und Silber wurde Rot, Grün und Gelb zur farbigen Ausmalung verwendet. Flechtband dient vor allem bei den größeren Initialen als Füllung des Initialkörpers; die kleineren sind vielfach mit geometrischen Motiven wie Zickzack- und Stufenband, auch Schrägkreuzen und Rautenmustern gefüllt, hinzu kommen unterschiedlich ausgebildete Blattformen. Runde Buchstabenteile sind häufig durch Fische ersetzt. Alle diese Ornamentformen gehören zu einem in südostdeutschen Handschriften der frühen Karolingerzeit verbreiteten Formenschatz, der sich nicht näher zuordnen läßt. Bekannt ist der Psalter vor allem wegen seiner beiden Miniaturen, der Bilder von David und Christus (fol. 1v, 2v), jeweils als Standfiguren unter einer Rundbogenarkade wiedergegeben. Christus mit Nimbus hält ein Buch in der Hand, David eine Harfe. Als Bildtypus gehen diese Darstellungen auf spätantike, wohl ravennatische Vorlagen des 6. Jahrhunderts zurück.
Stilistisch ähnlich in der Wiedergabe der Gesichter ist eine andere Salzburger Handschrift dieser Zeit, das von dem Angelsachsen Cutbercht geschriebene und nach ihm benannte Evangeliar (Wien, Österreichische Nationalbibliothek, Cod. 1224). Die beiden Bilder sind heute falsch eingebunden, ursprünglich stand die Christus-Miniatur am Anfang des Psalters und das David-Bild auf der dem Textbeginn (fol. 17r) gegenüberliegenden Verso-Seite. Noch im 9. Jahrhundert kam der Psalter nach Auxerre; 1721 gehörte er zur Sammlung des Präsidenten Bouhier in Lyon, nach seinem Tode erwarb ihn das Kloster Citeaux; nach der französischen Revolution wurde er nach Montpellier gebracht. K.B.

Literatur: BISCHOFF, *Schreibschulen II,* S. 9f., 16–18. – CLA, Bd. VI, Oxford 1953, Nr. 795. – HOLTER, K., *Der Codex Millenarius,* in: W. NEUMÜLLER/K. HOLTER, *Der Codex Millenarius,* Linz 1959. – KANTOROWICZ, E. H., *Laudes regiae,* Berkeley–Los Angeles [2]1958. – SCHRAMM, P. E./MÜTHERICH, F., *Denkmale der deutschen Könige und Kaiser,* München [2]1981. – UNTERKIRCHER, F., *Die Glossen des Psalters von Mondsee,* Freiburg/Schweiz 1974.

V/2 Tassilokelch

Kupfer, getrieben, Innen- und Außenvergoldung, Silberplattierung und -tauschierung, Niello- und Glaseinlagen; Kuppaeinsatz von 1795; 27 cm; Salzburg (?), nach 768/69 und vor 788; Benediktinerstift Kremsmünster, Schatzkammer. (Kopie)

Der Kelch besteht aus zwei miteinander vernieteten Teilen: einer halbeiförmigen Kuppa und einem Ständer aus in eins gearbeitetem geschweiftem Fuß mit gestauchtem Nodus; die Naht umzieht ein Perlband. Die gesamte Außenwandung wird von einem geometrischen Muster gegliedert, die einzelnen Felder sind figural und ornamental gefüllt. Auf dem Bodenstreifen des Fußes läuft die Inschrift: TASSILO DVX FORTIS – LIVTPIRC VIRGA REGALIS (*Tassilo, erlauchter Herzog, Liutpirc aus königlichem Geschlecht*), die den Baiernherzog Tassilo (748–788) und seine Frau Liutpirc als Stifter des Kelches ausweist – wahrscheinlich für Stift Kremsmünster anläßlich seiner Gründung 777.
Der Inschriftenfries und vier miteinander verbundene gerahmte Ovale auf dem Fuß, ein rautenförmiges Gittermuster auf dem Nodus, fünf ebensolche Ovale auf der Kuppa sowie ein kleinteiliges Arkaden-Giebel-Muster auf dem Randfries verleihen dem Korpus eine architektonische Gliederung – offenkundig ein mehrgeschossiges Bauwerk mit komplizierter Dachbildung wiedergebend. Damit kann auf eine ideale heilsgeschichtliche, aber auch auf eine konkrete Architektur in Kremsmünster Bezug genommen worden sein. In den ovalen Ausschnitten, deren flächige Versilberung ihnen einen fensterartigen Charakter verleiht, sind auf der Kuppa Halbbilder des segnenden Christus und der vier Evangelisten mit ihren Symboltieren wiedergegeben, in denen des Fußes vier Heilige, von denen zwei durch lateinische und griechische Buchstabenkürzel als Johannes Baptista (IB) und als Got-

V/2

tesmutter (MT) identifizierbar sind, ein weiterer vielleicht als der Namenspatron des agilolfingischen Hauses, Theodor Matyr (TM). In dieser Anordnung entspricht das zentrale Bildprogramm des Kelches frühchristlichen Apsiskompositionen. Die Rahmen der Fensterovale sind mit Flechtbändern und Efeuranken bedeckt; ihr pflanzlicher Charakter wird durch die mittigen Bündelungen verstärkt, die unter anderem auch auf dem Rauchfaß von Cetina vorkommen und aus der Weinstock-Ornamentik übernommen sind. Während die Rauten des Nodus mit versilberten Zirkelschlagmustern und kleineren Kerbschnitt-Rauten gefüllt sind, bedecken alle sonstigen architektonischen Flächen kerbgeschnittene ornamentale Darstellungen von Weinstöcken und Vierfüßlern, die im sogenannten »Tassilokelch-Stil« ausgeführt sind. Diese »Lebensbaum«-Ikonographie aus mit Tieren der Schöpfung belebten Weinstöcken und Efeuranken symbolisiert die paradiesische Heilserwartung, der sich der damalige geistliche und weltliche Adel verpflichtet fühlte.
Seiner Morphologie und seinem Figurenschmuck nach steht der Kelch in italisch-mediterraner Tradition. Der Ornamentschmuck insularer Tradition war im östlichen Frankenreich bis in den Alpenraum hinein weit verbreitet und wurde sicherlich an vielen, auch abgelegenen Orten gepflegt. Die Herstellung eines so wohl durchkomponierten, beziehungsreichen und kunstvollen eucharistischen Spendekelches kann nur in einem Zentrum mit sowohl italischen wie insularen Traditionen stattgefunden haben; Salzburg ist hier der nächstliegende Ort. E.W.

Literatur: siehe Aufsatz »Tassilokelch-Stil«, dazu: STOLLENMEYER, P., *Der Tassilokelch*, in: Professoren-Festschrift, Kremsmünster 1949.

V/3 Armreif

Bronze, teilvergoldet; max. Dm. 7,1 cm; Fundort: Truchtlaching an der Alz (Bayern), zweite Hälfte 8. Jh.; München, Prähistorische Staatssammlung, 1919/81.

Der zweiteilige, mit einem Scharnier versehene Armreif ist innen glatt und außen gebuckelt und durch Querkerben in 16 Felder unterteilt. Diese sind mit je einem Vierfüßler im Stil des Tassilokelches verziert, die sich aber wegen der starken Verwitterung nur noch teilweise identifizieren lassen. Sowohl der Typ des massiven, profilierten Scharnierarmreifs wie auch die Gliederung in buckelige Metopen ist charakteristisch für karolingische Metallarbeiten der zweiten Hälfte des 8. Jahrhunderts. Der Reif von Truchtlaching ist eines von mittlerweile mehr als 90 Fundstücken mit Verzierungen im Tassilokelchstil, die im gesamten Ostreich verbreitet waren. Neben den sakralen Werken sowie Waffen- und Reitzubehör des karolingischen Adels gibt es darunter nur ganz wenige echte Schmuckstücke wie Fibeln, Finger- oder Armringe. Dies mag einerseits daran liegen, daß in dieser Zeit die Bestattungen durchweg beigabenlos erfolgten, andererseits geht Waffen- und Reitzubehör leichter verloren – womit auch die Fundwahrscheinlickeit höher ist – als fest anliegender Körperschmuck der Frauen. E.W.

Literatur: siehe Aufsatz »Tassilokelch-Stil«.

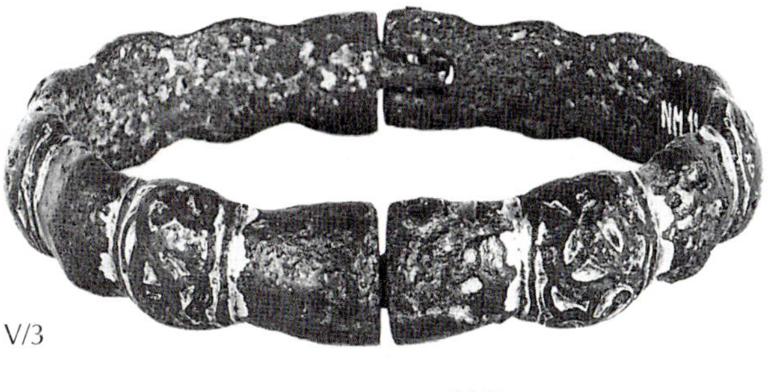

V/3

V/4 Älterer Lindauer Buchdeckel

Silber, vergoldet, Email, Almandineinlagen, Halbedelsteine, (Niello?), Holzunterlage; 34,4 x 26,2 cm; Alpenraum, um 800; New York, Pierpont Morgan Library, Ms. 1. (Kopie)

Der bis zur Säkularisierung 1802 im Adeligen Damenstift Lindau am Bodensee aufbewahrte sogenannte »Ältere Lindauer Buchdeckel« diente einer St. Gallener Handschrift der Mitte des 9. Jahrhunderts als Rückendeckel, während die Vorderseite einen Deckel aus dem Umkreis Karls des Kahlen – den »Jüngeren Lindauer Buchdeckel« – erhielt. Wahrscheinlich wurde er 1594 in Prag repariert und war vorher vermutlich im Kloster St. Gallen. In seiner heutigen Fassung hat er mehrere spätere Zusätze: die Randbleche der Längsseiten und einer Schmalseite, die vier viertelrunden Figurbleche, vier der quadratischen Einsätze zwischen den Kreuzarmen und im Zentrum, zwei Einsätze in Feldern auf den waagerechten Kreuzarmen sowie einige der Halbedelsteine.

Auf dem Buchdeckel ist eine Vielzahl verschiedenartiger Zierdetails zu einer polychromen Komposition vereinigt. Beherrschend ist die große *Crux ansatae*, ein Kreuz mit ausgezogenen Armen, dessen quadratisches Zentrum von vier Halbfiguren Christi mit Kreuznimbus in Senkschmelz umgeben ist. Wie das Zentrum und die Halbfiguren sind auch die anderen Felder auf den Kreuzarmen durch Almandincloisonné-Streifen voneinander getrennt. Diese Felder tragen in vielfarbiger Senkschmelztechnik Vogel- und Vierfüßlerdarstellungen im Profil, in der Längsrichtung »aufgeklappte« Tierleiber mit anthropomorphem en-face-Kopf und langzipfligen »Ohren« (Zwickelfelder der horizontalen Kreuzarme) sowie Alpha-und-Omega-Zeichen. Auf den Vertikalarmen sind zudem noch zwei Medaillons mit durchbrochen gegossenen »Greiftieren« angebracht. Die zwei noch originalen Randstreifen sind mit rechteckigen Zellenschmelzplatten mit Vögeln, Fischen und Vierfüßlern bedeckt, alternierend mit kleineren Almandincloisonné-Feldern mit runden und Kreuzmotiven. Die großen Flächen zwischen den Kreuzarmen füllen, einen Hintergrund bildend, vier Kerbschnittplatten mit einem verwirrenden Geflecht von Vierfüßlern und Amphibien mit quergestrichelten Leibern, die in ein dichtes Pflanzennetz eingebunden sind.

Wie V. H. Elbern erstmals erkannt hat, geben die Tiere in den Emails die in Genesis 1,20–25 genannten Gattungen der *tria genera animantium* wieder, die unter dem Zeichen des Kreuzes die von Christus bewirkte Neuschöpfung repräsentieren – ein Bildprogramm, das auch den gesamten Tassilokelch-Stil bestimmt. Die Kerbschnittplatten stellen eine späte Phase dieses Stils und eine Variante dar. Bei genauer Betrachtung muß man auch die »Greiftier«-Medaillons hinzuzählen, die sich als neue Derivate des späten Tassilokelch-Stils zu erkennen geben mit gestrichelten Gliedmaßen, Schenkelspiralen, »aufgeklappten« Leibern, Nackenzotteln, vegetabilen Geflechten mit »sphärischen« Dreiecken und en-face-Köpfen, welche sich auch bei den »Tieren« in den Endfeldern der horizontalen Kreuzarme finden. Frühe Greiftiere gibt es vereinzelt auch an anderen karolingischen Metallarbeiten der Zeit »um 800«. Sie dürften zur Ausbildung des frühen skandinavischen Greiftierstils angeregt haben.

Ähnlich wie am Tassilokelch sind beim Älteren Lindauer Buchdeckel mediterrane (Kreuzform, Christusfiguren, Inschriften, Almandinzellenwerk) und insulare Elemente kontinentaler Prägung (»Tierstil«) miteinander verwoben. Die späten Formen des Tier-Pflanzenornaments, der frühe Greiftierstil sowie die Almandinrundel und -kreuze, die auf die Emailfibeln des 9. Jahrhunderts verweisen, lassen indes an eine Datierung des Buchdeckels in die Jahre um 800 denken, vielleicht sogar in das frühe 9. Jahrhundert. Seine Entstehung dürfte im süddeutsch-alpinen Raum, vielleicht in Salzburg oder St. Gallen liegen. Er zeigt die stilistische Unsicherheit und die unruhige Orientierungssuche, die die karolingische Kunst zur Jahrhundertwende mit der Abkehr vom insularen Erbe und der Hinwendung zum neuen Programm der klassischen *renovatio* kennzeichnet.

E.W.

Literatur: Braunfels, *Karolinger.* – Elbern, V. H., *Zwischen England und Oberitalien: Die sog. insulare Kunstprovinz in Salzburg,* in: Görres Gesellschaft, 1989. – Haseloff, G., *Email im frühen Mittelalter,* Marburg 1990. – Wilson, D. M., *The Lindau Gospel Cover,* in: Ausstellungskatalog London 1991, The Making of England, Kat.-Nr. 132.

V/4

VI. MÜNZ-, MASS UND GEWICHT

Was die Denare betrifft, so sollt ihr unser Edikt ganz genau zur Kenntnis nehmen: An jedem Ort, in jeder Stadt und an jedem Marktort sollen die neuen Denare gleichermaßen kursieren und von allen akzeptiert werden. Tragen aber die Münzen unseren Namen und sind sie von reinem Silber und von gutem Gewicht, und verweigert irgendjemand irgendwo bei irgendeinem Kauf oder Verkauf ihre Annahme, dann soll er, ist er freigeboren, an den König fünfzehn Schilling Buße zahlen (...)

Unser allerfrömmster Herr König setzte in Übereinstimmung mit der hl. Synode fest, daß niemand, sei er Kleriker oder Laie, die Ernte jemals teurer verkaufe, weder zur Zeit der Fülle noch zur Zeit der Teuerung, als: den neu definierten Königsscheffel Hafer zu einem Denar, den Scheffel Gerste zu zwei Denaren, den Scheffel Roggen zu drei Denaren, den Scheffel Weizen zu vier Denaren. (...)

Münze, Maß und Gewicht im Frankfurter Kapitular

von Harald Witthöft

Die Kapitel 4 und 5 des Frankfurter Kapitulars verkünden Anordnungen zum Münz-, Maß- und Gewichtswesen. Sie halten fest, daß ein *modius publicus* (Königsscheffel) neu festgelegt, dazu vollwiegende *novi denarii* (neue Pfennige) aus reinem Silber in Umlauf gebracht und Strafen in *solidi* (Schillingen) angesetzt worden sind. Mit Hilfe von *modius* und *denarius* werden zudem im 4. Kapitel Getreide und Brot, *annona* (Ernte) und *annona publica domni regis* (Erntevorräte des Königs) in feste Relationen gebracht:
I. Niemand solle die *annona* teurer verkaufen als die *modii* Hafer, Gerste, Roggen und Weizen für einen *denarius*, beziehungsweise zwei, drei oder vier *denarii*.
II. Soll Brot (*in pane*) verkauft werden, dann muß man für einen *denarius* 12, 15, 20 beziehungsweise 25 Brote dieser vier Getreidearten geben, von denen jedes zwei *librae* (Pfund) schwer ist.
III. Für die Erntevorräte des Königs gelten im Verkauf die *modii* dieser vier Getreidearten jedoch einen halben, einen *denarius*, zwei beziehungsweise drei *denarii*.
Diese Nachrichten von einem *modius publicus* und den *novi denarii* haben in der historischen Forschung dazu geführt, das Frankfurter Kapitulare mit einer Münz-, Gewichts- und Maßreform Karls um das Jahr 794 in Verbindung zu bringen. Ergänzende Fakten stützen diese These. Dem *Capitulare missorum item speciale* (802?) durfte man entnehmen, daß ein älterer *modius* um ein Drittel kleiner gewesen ist.
Karolingische Fundmünzen bestätigen zudem, daß auf einen leichteren *denarius* von etwa 1,3 g in einer zweiten Münzphase Karls ein schwererer *denarius* von etwa 1,7 g gefolgt sein muß. Das Frankfurter Kapitular gibt einer Datierung des neuen Münzfußes auf die Zeit um 793/94 den nötigen Rückhalt.
Die metrologischen Aspekte dieser Reform haben seit mehr als 200 Jahren die Forschung beschäftigt. Die wichtigsten schriftlichen Quellen waren schon François Leblanc um 1690 bekannt. Noch heute jedoch sind viele Fragen offen. Für den *modius publicus* finden sich in der Literatur Angaben zwischen 41,96 l und 68 l. Ein *pondus Caroli* (Karlspfund) hat man auf 15, 16 oder 18 Unzen und mit Gewichten zwischen 367,13 g und 491,179 g rekonstruiert. Dieser Diskussion kommt Bedeutung zu, weil zwischen der Metrologie der Antike und der des hohen und späteren Mittelalter eine Lücke klafft, die die Forschung noch nicht zweifelsfrei geschlossen hat. Das »missing link« ist im Frankfurter Kapitular und seinem Umfeld zu vermuten. Die Suche nach den *metrischen* Größen eines *modius* und eines »Pfundes« hat das Problem bisher nicht lösen können.
Die Hypothese, daß dem Maßdenken des Kapitulars fundamentale, ältere statische Vorstellungen von der Ordnung der Welt zugrundeliegen, erlaubt eine numerische Interpretation der Texte auf eine komplexe neue Weise. Die ewige Ordnung der Dinge hatte ihr Pendant in der weltlichen Ordnung von Herrschaft und Gesellschaft, sie spiegelte sich in ihr – zwischen beiden bestand eine Relation, die sich in Zahlen erkennen und verstehen ließ. Bestimmte Zahlen fanden ihre Verkörperung in real gefertigten Münzen, Gewichten und Maßen. Das Verstehen der numerischen Aussagen der fränkischen Überlieferung ist von elementarer Bedeutung für das Verständnis jener Epoche.
Auf diesem Wege zum Verständnis des Frankfurter Kapitulars waren bereits A. Soetbeer und K. T. v. Inama-Sternegg weit vorangekommen. Soetbeer hat »die nächste und hauptsächliche Veranlassung« der Maßbestimmungen des Kapitulars »in der vorangegangenen Anordnung eines neuen allgemeinen Getreidemaßes und des neuen schwereren Münzgewichts« vermutet (1866). Die Regelungen zu Korn und Brot interpretierte er als »eine Art amtlicher Reductionstabellen nach den bisherigen mittleren Preisen«. Sie sollten jedem Versuch vorbeugen, die Maßvergrößerung zu einer Preissteigerung zu nutzen. Einen unmittelbaren Zusammenhang mit Hungersnöten und Teuerungen sah er nicht.
Die Reform und ihre Normen hatten über mehr als tausend Jahre Bestand. Sie wurden zwar niemals reichsrechtlich formuliert, verloren aber erst nach dem Ende des Alten Reiches im Jahre 1806 allmählich ihre sehr reale Bedeutung.
Um dieses ältere Gewichtswesen zu verstehen, muß man generell zwischen rechnerischen Größen und ihren praktischen Verkörperungen unterscheiden. Die geprägte Münze und eine Gewichtseinheit Edelmetall waren um 800 identisch. Sie standen als Basiseinheiten für ein Gewichtssystem, das weitere reale, nach dem Gewicht gestaffelte Stücke umfaßte – zum Beispiel als Teile einer

libra. Die Einteilung der Rechensysteme einerseits und die Vergleichung von Leitgrößen andererseits erschließen uns die Struktur des älteren Umgangs mit Münze und Gewicht. Vor allem aber muß die numerische Kommunikation seit dem frühen Mittelalter unter den Aspekten von Statik und Dynamik, von Kontinuität und Veränderung betrachtet werden, um den Sinn zeitgenössischer Begriffe wie zum Beispiel der *aequalitas* (Gleichwertigkeit) begreifen zu können.

Ein Prüfstein jeden Verständnisses fränkischer numerischer Überlieferungen ist die Nachricht von einer Rentenzahlung in Mailand aus dem Jahre 799. Sie wurde eingefordert *in auro aut in argento* (in Gold oder in Silber). Einmal aufmerksam geworden, wird man auf eine Vielzahl von vergleichbaren Passagen in den Texten des frühen und hohen Mittelalters stoßen. Eine alternative Zahlung von Gold und/oder Silber verstand man offenbar ohne jede weitere Erläuterung.

Wir haben es mit statischen Wertvorstellungen zu tun, wie sie uns das *Capitulare Saxonicum* aus dem Jahre 797 exemplarisch vor Augen führt. Es zeigt zugleich, auf welche Weise unterschiedliche regionale Leitwerte im Reich Karls rechnerisch zusammengeführt werden konnten. Silberne *denarii*, Ochsen und *modii* verschiedener Getreidearten wurden in festen Relationen zum Münzwerte eines *solidus* in Silber gerechnet:

Reich	1 *solidus* (Ag)	=	12 silberne *denarii*
Sachsen	1 *solidus* (Ag)	=	1 einjähriger Ochse
Bortrini	1 *solidus* (Ag)	=	40 Scheffel Hafer oder 20 Scheffel Roggen
Septemtrionales	1 *solidus* (Ag)	=	30 Scheffel Hafer oder 15 Scheffel Roggen.

Die Erklärung ist ebenso ungewohnt wie einfach. Die Grundlage der ökonomischen Ordnung und des Umgangs mit Geld und Gütern in fränkischer Zeit war ein Denken in konstanten Tauschwerten. Das *iustum pretium* (der gerechte Preis) eines Gutes war idealiter statisch, das *negotium* (Handelsgeschäft) festgelegt. Es galt im Prinzip: ein Maß – ein Preis. Was in der Praxis – aus welchen Gründen auch immer – gezahlt wurde, ist eine andere Frage. Das eine war ebenso real wie das andere. Die Basis der Ordnung von Staat und Gesellschaft, von Diesseits und Jenseits war um 800 in den Kapitularen eine Welt der ewigen, der statischen Werte.

Gold und Silber als Grundlage der fränkischen Währung wurden wertkonstant wie 1:12 gerechnet und gewogen. Einem bestimmten Gewicht Goldes entsprach in diesem System genau das Zwölffache an Silber – einem *solidus* von 4,5479 g Gold (1/72 römische *libra*) also ein Silbergewicht von 54,575 g. Fränkische Silbermünzen dieser Größe hat es nicht gegeben, wohl aber entsprechende Gewichtsstücke. Sie sind aus nordeuropäischen Funden hinlänglich bekannt.

Wenn die Relation von Gold zu Silber auch konstant blieb, so weist dennoch die Überlieferung zur Rechnung in *auro et argento*, die sich als Teil eines Gefüges von festen Tauschwerten für die fränkische Zeit hat rekonstruieren lassen, charakteristische Brüche auf. Markant ist der Übergang von einem *solidus* zu 40 *denarii* auf einen jüngeren zu 30 *denarii* Silber. Wir dürfen ihn mit der Reform des Münz- und Gewichtswesens um 793/94 in Verbindung bringen, das heißt mit dem Übergang von der ersten in die zweite Münzphase Karls.

Das Frankfurter Kapitular überliefert uns offenbar eine Veränderung von grundlegender Bedeutung im fränkischen Reich, die unmittelbar vorausgegangen ist. Nicht länger der konstantinische *solidus* Gold, sondern der karolingische *denarius* Silber war die Leitmünze und das Leitgewicht der Währung. Die fränkischen Münzgewichte wurden nunmehr als Vielfache des silbernen *denarius* gerechnet und real benutzt. Die traditionelle römische *libra* zu zwölf Unzen behielt vermutlich im Bereich der Kirche ihre Geltung. In Wirtschaft und Verwaltung des Reiches jedoch waren karolingische *librae* nach Denargewicht die Regel.

Welchen Erkenntnissen und politischen oder gar wirtschaftlichen Absichten die Urheber der Münzreform am Hofe Karls folgten, sei dahingestellt. Es spricht vieles dafür, daß in den Regionen des Reiches zahlreiche Varianten an Gewichten und auch Münzen verwurzelt waren, die gegebenenfalls als Recheneinheiten weiterhin benutzt werden konnten. Sie wurden nicht beseitigt. Einige dieser Varianten kamen seit dem 11. Jahrhundert als »regionale« Pfennige und Marken zutage. Die Kapitulare Karls verklammerten Münz-, Gewichts-, Währungs- und Zahlungsbräuche von Gebieten unterschiedlicher Ausbildung der Natural- und der Geldwirtschaft. Die Rechnung *in auro et argento* war das Instrument, dessen sich auch die Verwaltungen Karls im Umgang mit Gold und Silber als den Leitmetallen der Währung im Reich bedienen konnten.

Das Verlassen des Solidus-Standards um das Jahr 794 hat eine besondere Bedeutung. Es kam einem Bruch mit der römischen Tradition gleich. Nicht die metrischen Werte, sondern die Vergleichungen der Leitmünzen führen zu dieser These. Der silberne *denar* Karls ließ sich seit 794 weder mit dem *solidus* Konstantins noch mit der römischen *libra* in einer einfachen ganzzahligen Relation vergleichen und rechnen – sehr wohl hingegen mit Gewichts- und Münzeinheiten der islamischen Welt, auch Englands oder Skandinaviens. An die Stelle des antiken *solidus* war eine Goldeinheit getreten, die dem islamischen Dinâr entsprach (4,2525 g).

Anders als die Münzreform, für die sich politische Motive abzeichnen, blieb Karls Reform von Gewicht und Maß im Kern vermutlich ein Ordnungsakt, eine notwendige Folge der Anhebung des Münzgewichts. Für die Annahme, der König habe im Reich eine bewußte Geld- und Währungspolitik als Instrument der Wirtschaftsförderung mit wohltätigen Zielen betreiben können, gibt es keinen Beweis – wenn man nicht das Bemühen um die Wahrung des gerechten Preises dafür halten möchte. Die Einsicht, daß wir es in fränkischer Zeit mit einer Währung zu tun haben, die auf einem statischen Gefüge von Tauschwerten ganz unterschiedlicher Güter beruhte und in der Gold und Silber nur eine Leitfunktion zukam, fordert zu weiteren Überlegungen heraus.
Ein Währungsgebiet erstreckte sich *per definitionem* so weit, wie zum Beispiel die Rechnung *inter aurum et argentum* mit einer bestimmten Leitmünze/-ware akzeptiert wurde. In diesem Gebiete waren die Tauschrelationen grundsätzlich konstant, es sei denn, das Maß/Gewicht eines bestimmten Tauschgutes und/oder die räumliche Ausdehnung eines Gebietes änderten sich. Einem konstanten Binnenwert der Währung stand ein flexibler Außenwert gegenüber, da zum Beispiel um 793/94 die Leitmünzen Gold und/oder Silber zweier Währungsgebiete ihr Verhältnis ändern konnten.
Die Entwicklung des Binnenwertes und des Außenwertes einer Leitmünze darf als ein Indikator angesehen werden für die Intensität und den Wert der Güterbewegungen innerhalb eines Währungsgebietes im frühen Mittelalter. Mit dem Übergang vom leichteren (1,299 g) zum schwereren *denarius* Silber (1,701 g) stieg – stets gemessen am Edelmetallgewicht der Münze als Tauscheinheit – der Binnenwert des letzteren um 30,9 Prozent. Da zugleich die korrespondierende Goldeinheit vom konstantinischen *solidus* (4,5479 g) auf das Gewicht des islamischen Dinârs herabgesetzt wurde (4,2525 g), verbesserte sich der Außenwert des *novus denarius* gegenüber dem älteren um 28,6 Prozent. Das ist eine bemerkenswerte Tatsache, die einen markanten Anstieg der Güterbewegungen in der zweiten Hälfte des 8. Jahrhunderts sehr wahrscheinlich macht. Modern ausgedrückt, haben wir es mit einer kräftigen Aufwertung der karolingischen Währung gegenüber den mittelmeerischen Währungen zu tun.
Wäre es allein bei einem Anstieg des Binnenwertes von Silber – und in konstanter Relation dazu auch von Gold – geblieben, dann hätte das Reich eine sprunghafte Verschlechterung der Tauschwerte aller übrigen Güter hinnehmen müssen. Wir wissen nicht von allen Sektoren der Wirtschaft, wie die Reform von 794 sich ausgewirkt hat. Es wird jedoch deutlich, daß mit der Münzeinheit auch die grundlegenden Gewichtseinheiten erhöht worden sind. Alle in Relation zur Leitmünze nach Gewicht gehandelten Güter haben deshalb vermutlich ihren Tauschwert bewahren können.
Es kann kaum einen Zweifel geben, daß um 794 im Zusammenhang mit der Reform von Münze und Gewicht auch die Leiteinheit, das heißt das Leitmaß für Getreide, auf eine Weise geändert worden ist, die ihren Tauschwert bewahren half. Es spricht alles dafür, daß die Bestimmungen des 4. Kapitels im Frankfurter Kapitular dafür sorgten, daß das höhere Gewicht der silbernen Leitmünze den Tauschwert des Getreides im Innern des Reiches nicht herabsetzte und den Preis nicht in die Höhe trieb. Die Ursache der Reform des Gewichts- und Maßwesens im ganzen und damit auch der Festsetzung eines neuen *modius* war mit hoher Wahrscheinlichkeit die Änderung des Außenwertes des fränkischen *denarius.*
Das 4. Kapitel regelt den Umgang mit dem neu festgesetzten *modius publicus* auf dreierlei Weise – für *annona* (I), *panis* (II) und *anona publica domni regis* (III). Diese Regelungen waren einfach und umfassend, sind für uns allerdings sehr schwer zu verstehen und darzustellen (s. u.).
Die Forschung hat diese Bestimmungen als Maßnahmen einer karolingischen Höchstpreisgesetzgebung und Wohlfahrtspolitik, einer königlichen Regulation der Preise gegen Hungersnot und Teuerung interpretiert. Was ist von diesen Thesen zu halten? Sie gründen in der Vorstellung, daß der König aus eigener Macht nicht nur Münze, Gewicht und Maß, sondern auch die Preise der Güter habe setzen können. Die Rechtsgeschichte wie auch die Wirtschaftsgeschichte des frühen Mittelalters wecken Zweifel an diesen Annahmen. Sie sind mit den Begriffen, den Bildern und den numerischen Fakten der Quellen nicht zu vereinbaren. Hingegen lassen die Begründungen und Erläuterungen, die das 4. Kapitel für den *modius publicus* nennt, sich ohne jede Schwierigkeit als dessen

I. Ernte	II. Brot	III. Erntevorräte des Königs
1 *modius* Hafer für 1 *denarius*	12 Brote Weizen von je 2 *librae* für 1 *denarius*	2 *modii* Hafer für 1 *denarius*
1 *modius* Gerste für 2 *denarii*	15 Brote Roggen von je 2 *librae* für 1 *denarius*	1 *modius* Gerste für 1 *denarius*
1 *modius* Roggen für 3 *denarii*	20 Brote Gerste von je 2 *librae* für 1 *denarius*	1 *modius* Roggen für 2 *denarii*
1 *modius* Weizen für 4 *denarii*	25 Brote Hafer von je 2 *librae* für 1 *denariusius*	1 *modius* Weizen für 3 *denarii*

Rechtfertigung im frühmittelalterlichen Rechtsdenken verstehen, wenn man von der Bewahrung der Tauschwerte und somit des gerechten Preises in einer prinzipiell statischen Wirtschaftsordnung ausgeht.
Auf die Relationen der *modii* und *denarii* reduziert, ergibt sich folgendes Bild:

Getreide	I.	*modii/den.* I:III	III.
Hafer	1 *modius* = 1 d.	1:2	2 *modii* = 1 d.
Gerste	1 *modius* = 2 d.	1/2:1	1 *modius* = 1 d.
Roggen	1 *modius* = 3 d.	1/3:1/2	1 *modius* = 2 d.
Weizen	1 *modius* = 4 d.	1/4:1/3	1 *modius* = 3 d.

II.			
Weizen	12 Brote	à 2 *librae*	= 24 *librae* = 1 d.
Roggen	15 Brote	à 2 *librae*	= 30 *librae* = 1 d.
Gerste	20 Brote	à 2 *librae*	= 40 *librae* = 1 d.
Hafer	25 Brote	à 2 *librae*	= 50 *librae* = 1 d.

Bei näherer Betrachtung der Kolonnen I und II fällt auf, daß – gemessen an den Denar-Werten – die *modii* Getreide und Brotgewicht sich im Gegensinne staffeln. Das müßte der Fall sein, wenn das Litergewicht der verschiedenen Getreidesorten bei dieser Anordnung eine Rolle gespielt hätte. Weizen hat das höchste Gewicht pro Volumeneinheit, Hafer das niedrigste. Berechnet man für die *modii* der vier Getreidearten das äquivalente Brotgewicht mit Hilfe ihrer jeweiligen Denar-Werte, dann ergibt die Zusammenführung der beiden Kolonnen durchaus einen Sinn (s. u.)
Die Litergewichte stimmen erstaunlich genau mit den heute gebräuchlichen Werten überein. Das stärkt die Vermutung, daß einerseits der *denarius novus* und andererseits das Volumen und das Volumengewicht von vier Getreidearten (Brot) der Leit-Einheit eines *modius publicus* in einer konstanten, dem Gewicht der Füllung entsprechenden Tauschwert-Relation gedacht worden ist. Das 4. Kapitel definiert offenbar das relative Getreidegewicht eines *modius publicus* für Hafer, Gerste, Roggen und Weizen – mit Hilfe von Denar-Relationen und Brotgewichten.

Auch für die Kolonnen I und III des Textes ergibt das Zusammenführen mit Hilfe der Denar-Werte einen Sinn. Geht man davon aus, daß die fränkische Währungsordnung um 794 auf einer Relation von 1:1 zwischen *novus denarius* und *modius publicus* beruhte, dann findet sich dieses Grundverhältnis in der Kolonne I beim Hafer, in der Kolonne III bei der Gerste. Nennt das Frankfurter Kapitular *modii publici* verschiedenen Volumens?
Ein *denarius novus* scheint mehr Getreide der *annona publica domni regis* (III) zu kaufen als der *annona* (I) – was nicht wahrscheinlich ist. Plausibel ist es vielmehr anzunehmen, daß die *modii* Hafer, Gerste, Roggen und Weizen der Kolonne III größer waren als die *modii* gleichen Getreides der Kolonne I. Wir stoßen damit auf Relationen von *modii* gleichen Getreides, aber verschiedenen Volumens. Sie alle waren in ganzen Zahlen vergleichbar und somit *aequaliter* – in ebendiesen Verhältnissen blieb der gerechte Preis gewahrt. Wir dürfen in diesen Relationen des 4. Kapitels eine zeitgenössische Definition von unterschiedlichen Getreidemaßen aus verschiedenen Regionen des Reiches und/oder für variierende Praktiken und nicht zuletzt auch von *modii* verschiedenen Alters vermuten.
Welche metrischen Größen hatten der *modius publicus* von 794 und die derart überlieferten Varianten? Die *Revelatio quae ostensa est* des Eldefonsus aus dem Jahre 845 erlaubt es m. E., das Volumen des *modius publicus* in der Summe von sechs *sextarii* (Getreidemetzen) à 13,063 l zu suchen. Er hat nach dieser wohl zuverlässigen Quelle mit einiger Wahrscheinlichkeit 78,382 l gefaßt. Damit läßt sich das Getreidevolumen der verschiedenen *modii* metrisch definieren, die uns das Frankfurter Kapitulare in zeitgenössischen Begriffen überliefert: 78,382/156,764 l (Hafer) – 39,191/78,382 l (Gerste) – 26,127/39,191 l (Roggen) – 19,595/26,127 l (Weizen).
Die Rechnungen führen auf widerspruchsfreie Maß- und Gewichtsgrößen. Der *modius publicus* erscheint in doppelter Bedeutung als das Volumen- und Gewichtsäquivalent für das Silbergewicht eines *denarius novus*. Die Kapitel 4 und 5 des Frankfurter Kapitulars definieren die Leiteinheiten der fränkischen Währung. Sie beruhte auf der Rechnung mit konstanten Relationen *inter aurum et argentum* sowie zwischen dem *denarius* Silber und dem *modius publicus*.

Getreide-Volumen (I)		Getreide (I):Brot (II)	Brot-Gewicht (II)	Gewicht:Volumen
Hafer	1 *modius*	1 d. : 1 d.	1 d. à 50 *librae* = 50 lb. Brot	(390 g/l)
Gerste	1 *modius*	2 d. : 2 d.	2 d. à 40 *librae* = 80 lb. Brot	(625 g/l)
Roggen	1 *modius*	3 d. : 3 d.	3 d. à 30 *librae* = 90 lb. Brot	(703 g/l)
Weizen	1 *modius*	4 d. : 4 d.	4 d. à 24 *librae* = 96 lb. Brot	(750 g/l)

So plausibel diese Interpretation ist, sie gibt noch keine erschöpfende Antwort auf die Frage, welche Rolle diesen beiden Kapiteln im Kontext des Kapitulars zukam. Das Brotgewicht weist eine weitere Spur. Dieses für die Kirche und ihre Klöster Sinn und Ordnung stiftende Gut könnte mit Bedacht in einen Gewichtszusammenhang gerückt worden und ein Grund für die Bestimmungen des 4. Kapitels gewesen sein.

Wenn auch seit dem 11./12. Jahrhundert die ältere Wirtschaftsordnung sich grundsätzlich zu wandeln begann, so wirkte die elementare statische Denkweise des frühen Mittelalters dennoch lange fort. Die Bindung des Brotgewichts an den Scheffelpreis für Getreide blieb Praxis über das Mittelalter hinaus und erinnert an die Regelungen von 794. In Währungsfragen wurde die Gold-Silber-Relation von 1:12 zum Beispiel in England und Polen noch im 16. Jahrhundert für naturgegeben erachtet. Und im Herzogtum Preußen galt noch um die Mitte des 17. Jahrhunderts als Regel, daß die Scheffel ungleich sind, »*damit einerley Preis seyn möge*«.

Man steht auf dem Boden metrologischer Fakten, wenn man einige Akzente in der Interpretation des Frankfurter Kapitulars nunmehr anders setzt. Der Zusammenhang von Zahl, Maß und Gewicht und deren Bedeutung für die Reformen in der Regierungszeit Karls des Großen sind evident.

Literatur: GRIERSON, Ph., *Carolingian Europe and the Arabs,* in: Revue Belge de Philologie et d'Histoire, 32, 1954. – GRIERSON, Ph., *Money and Coinage under Charlemagne,* in: Karlswerk I. – INAMA-STERNEGG, K. Th. von, *Deutsche Wirtschaftsgeschichte bis zum Schluß der Karolingerperiode 2,* Leipzig 1909, 1965. – LEBLANC, F., *Traité historique des monnoyes de France,* Paris 1692. – SOETBEER, A., *Beiträge zur Geschichte des Geld- und Münzwesens in Deutschland,* in: Forschungen zur deutschen Geschichte 1, 2, 4, 6, Göttingen 1862–1866. – STEUER, H., *Gewichtsgeldwirtschaften im frühgeschichtlichen Europa,* in: Der Handel der Karolinger und Wikingerzeit, hrsg. v. Düwel, K. u. a., Göttingen 1987. – WITTHÖFT, H., *Die Rechnung und Zahlung mit Gold und Silber nach Zeugnissen des 6. bis 9. und 13./14. Jahrhunderts,* in: Hamburger Beiträge zur Numismatik 30/32 (1976/78), 1985. – DERS., *Maß und Gewicht im 9. Jahrhundert,* in: VSWG 70.4, 1983. – DERS., *Münzfuß, Kleingewichte, pondus Caroli und die Grundlegung des nordeuropäischen Maß- und Gewichtswesens in fränkischer Zeit,* Ostfildern 1984. – DERS., *Spuren islamischen Einflusses in der Entwicklung des fränkischen Münzwesens des 8. Jahrhunderts,* in: A. Zimmermann (Hrsg.), Orientalische Kultur und europäisches Mittelalter, Berlin/New York 1985. – DERS., *Thesen zu einer karolingischen Metrologie,* in: Science in Western and Eastern Civilization in Carolingian Times, hrsg. v. Butzer, P. L. und Lohrmann, D., Basel/Boston/Berlin 1993.

VI/1 Schatzfund von Ilanz

Schmuck, 70 Trienten, 48 karolingische Münzen, 3 angelsächsische Pennys, 2 arabische Dirhems; vergraben um 794, gefunden 1904 in Ilanz (Graubünden); Chur, Rätisches Museum. (Auswahl)

VI/1 Arabischer Dirhem (av./rev.)

VI/1 Angelsächsischer Penny (av./rev.)

Beim Bau einer neuen Straße bei Ilanz (Kanton Graubünden, Schweiz) wurden 1904 nach der Sprengung eines Felsens in einer Spalte 128 Gold- und Silbermünzen, Goldschmuck und Goldklümpchen entdeckt. Die alte Reichsstraße lief parallel zur neu angelegten Straße und führte vom Bodensee den Rhein hinauf in die Schweiz, über Chur und Ilanz nach Disentis und von dort zum Lukmanier-Paß. Über die Alpen zog die Straße weiter in die Lombardei. Daß von fränkischen Königen, bedeutenden Heerführern und reisenden Kaufleuten dieser Weg von Norden nach Süden häufig genutzt wurde, belegen die Regesten der Benediktinerabtei Disentis.
756 besiegte der Frankenkönig Pippin den Langobardenkönig Aistulf, der wiederholt den Papst in Rom bedroht hatte. Auch sein Sohn, Karl der Große, beschützte den Papst gegen die Langobarden. 773 zog er über die Alpen und belagerte den Langobardenkönig Desiderius in dessen Hauptstadt Pavia. 774 mußte sich Desiderius dem Frankenherrscher unterwerfen und ins Kloster gehen. Das Reich der Langobarden war untergegangen und der Reichsschatz wurde als Beutegut der Franken unter die siegreichen Heerführer verteilt.
Etwa zwei Drittel des Schatzfundes sind Goldmünzen und ein Drittel Silbermünzen. Bedeutungsvoll für den Schatzfund ist seine zeitliche Einordnung und die Herkunft der Münzen, bestimmt durch ihre Prägestätten. Die jüngste Münze ist ein Denar Karls des Großen mit Monogramm. Er gehört der II. Prägeperiode an, also der Zeit nach dem Münzwechsel der Frankfurter Synode von 794. Da diese Denare der II. Prägeperiode schwerer sind als die älteren, wurde eine Aufwertung des Silbergeldes erreicht. Auf eine Goldprägung konnte Karl gänzlich verzichten. Die spätesten Goldmünzen Karls des Großen sind die Trienten aus dem Gold der Langobardenbeute, Nachbildungen der Münzen des Desiderius.
Die Prägestätten der Münzen des Schatzfundes von Ilanz liegen zum überwiegenden Teil in Norditalien. Der nördlichste Prägeort ist Angelsachsen, und zwar für einen Penny König Offas, ein Dirhem aus Nordafrika bezeichnet die südliche Grenze. Die Denare Pippins stammen sämtlich aus fränkischen Münzstätten, die Goldtrienten von Desiderius und Karl dem Großen wurden ausschließlich in norditalienischen Orten geprägt. Aufgrund der Prägestätten läßt sich für die fränkische Zeit eine Handelsroute in Nord-Süd-Richtung nachweisen. G.F.

VI/1 Langobardischer Triens (av./rev.)

VI/1 Triens Karls des Großen (av./rev.)

Literatur: Jecklin, F., *Der langobardisch-karolingische Münzfund bei Ilanz,* in: Mitteilungen der Bayerischen Numismatischen Gesellschaft, XXV., 1906/07. – *Katalog Aachen,* Nr. 299. – Katalog Frankfurt, Nr. 153. – Morrison, K. F./Grunthal, H., *Carolingian Coinage,* 1967. – Völckers, H. H., *Karolingische Münzfunde der Frühzeit,* 1965.

VI/1 Pfennig Pippins (av./rev.)

VI/1 Pfennige Karls des Großen (av./rev.)
(I. Prägeperiode)

VI/1 Pfennig Karls des Großen (av./rev.)
(II. Prägeperiode)

VI/2 Münzschatz aus Wiesbaden-Biebrich

25 karolingische Silbermünzen, vornehmlich der II. Prägeperiode Karls des Großen, 1 arabischer Dirhem; vergraben nach 794, gefunden 1921 in Wiesbaden-Biebrich; Wiesbaden, Museum Wiesbaden, Sammlung Nassauischer Altertümer, 1923/7 (1–25), (2094–2118)

Der bisher größte Schatzfund aus karolingischer Zeit in Deutschland wurde in Wiesbaden-Biebrich am Rheinufer gehoben. Bei Bauarbeiten stieß man 1921 auf einen Ledersack, dessen Gewicht 8 bis 10 kg betragen haben soll. Einzelne »dünne Scheibchen« fielen aus dem Sack heraus und wurden aufgehoben, aber nicht als Gepräge erkannt. Der Sack verschwand in einer Betonfundamentierung. Die »Silberscheibchen« wurden verkauft und ein Teil der insgesamt 48 geretteten Münzen gelangte in das Wiesbadener Museum. Sie sind der klägliche Rest eines auf 4000 bis 5000 Exemplare geschätzten Schatzes.
Die Auswertung der wenigen erhaltenen Münzen ergab eine Datierung in das letzte Jahrzehnt vor 800. Die meisten Münzen sind nach den Richtlinien der von Karl dem Großen in Frankfurt einberufenen Synode geprägt worden, was den Schatzfund zu einer der bedeutendsten historischen Quellen unseres Gebietes macht. Das Münzgewicht des einzelnen Stückes liegt mit ca. 1,7 g deutlich über den älteren, 1,3 g leichten Denaren. Auch die ebenfalls aufgefundenen Münzen Papst Leos III. passen in dieses System, allein ein vereinzelter nordafrikanischer Dirhem hat fast das doppelte Gewicht. Vielleicht kann man daraus schließen, daß jede Münze ein Zollpfennig für eine Schiffsladung Waren am Rhein war. G.F.

Literatur: seihe VI/1.

VI/3 Pfennig Karls des Großen

Münze, Silber, Dm. 1,8 cm, 1,3 g.; norditalienisch, vor 774 (I. Prägeperiode, Schrifttypus); Brüssel, Bibliothèque Royale Albert Ier, Cabinet des Medailles.

Das Recht zur Münzprägung lag im Frankenreich des späten 8. Jahrhunderts allein beim König. So zeigt ein Stück aus der I. Prägeperiode exemplarisch den Typus: Der Name des Königs CARO LVS schmückt in zwei Zeilen die Vorderseite, vervollständigt wird er durch den Titel R[E]X F[RANCORUM] (König der Franken) auf der Rückseite. Damit weist Karl sich selbst als oberster Münzherr aus.
G.F.

Literatur: siehe VI/1, dazu: *Katalog Aachen,* S. 149ff.

VI/4 Pfennig Karls des Großen

Münze, Silber, Dm. 1,9 cm, 1,7g.; norditalienisch, nach 794 (II. Prägeperiode, Monogrammtypus); Brüssel, Bibliothèque Royale Albert Ier, Cabinet des Medailles.

Äußerlich unterscheidet sich der Pfennig (Denar) der II. Prägeperiode Karls des Großen von den älteren Prägungen auffällig durch das Münzbild; der neue Denar zeigt das berühmte Monogramm des Frankenkönigs aus den Buchstaben K A R O L V S. Die Umschrift nennt Namen und Titel des Königs CAROLVS REX FR. Auf der Rückseite ist im allgemeinen die Prägestätäte angegeben.
Das durch die Frankfurter Synode von 794 eingeführte neue Münzsystem beruhte ausschließlich auf Silberstücken. G.F.

Literatur: siehe VI/1.

VI/3

VI/4

VI/5 A

VI/5 Zwei Pfennige Karls des Grossen

A: Münze, Silber, Dm. 1,9 cm, 1,7 g.; Dorestat, nach 804 (Bildnistypus); Brüssel, Bibliothèque Royale Albert Ier, Cabinet des Medailles.
B: Münze, Silber, Dm. 2,3 cm (mit Öse), 1,7 g.; unbekannte fränkische Münzstätte, nach 804 (Bildnistypus); Stockholm, Kungl. Myntkabinettet, KMK 101 752.

Die berühmteste Gruppe karolingischer Münzen sind die Bildnismünzen Karls des Großen. Die Darstellung des Frankenherrschers orientiert sich an Münzbildern antiker Kaiser: der Profilkopf wird durch einen Lorbeerkranz ausgezeichnet, der Königsmantel durch eine große Fibel auf der Schulter gehalten. Eine solche Darstellung war erst nach der Kaiserkrönung Karls des Großen 800 in Rom möglich. Dies betont auch die Umschrift mit den Titeln IMP(ERATOR) AVG(GVSTVS), die seit der frühen römischen Kaiserzeit für den Herrscher gebräuchlich war.
Die Rückseiten der erhaltenen Bildnismünzen kennen im wesentlichen drei verschiedene Gestaltungen: I. ein Schiff mit hohem Mastbaum und als Umschrift den Prägeort (hier: DORESTADO). II. ein stilisiertes Stadttor mit seitlichen Türmen, als Umschrift den Prägeort. III. einen stilisierten Kirchenbau mit vier Säulen, einem Giebelfeld und einem Kreuz im Zentrum. Dazu die Umschrift XPISTIANA RELIGIO. Bei diesen Münzen tritt der Prägeort zumeist in Form eines einzelnen Buchstabens zum Beispiel F für die wahrscheinlich in Frankfurt geprägten Münzen auf der Vorderseite unter der Büste des Kaisers auf. A.T.

Literatur: siehe VI/1.

VII. KIRCHENRECHT

Jeder Bischof muß die kanonischen Bestimmungen und die Regel kennen.
Die Klöster, die Körper der Heiligen besitzen, sollen innerhalb der Klausur eine Kapelle haben, wo die Hochämter und Chorgebete gefeiert werden.

Zur Kirchenrechtsreform am Beispiel des Frankfurter Kapitulars

von Hubert Mordek

Die im beginnenden 8. Jahrhundert wiederauflebende kirchenrechtliche Aktivität erfuhr unter den Karolingern staatliche Unterstützung und mündete so ein in die allgemeine fränkische Kirchenreform. Synoden tagten wieder in zunehmender Zahl und faßten neue Beschlüsse, die sich aktueller Probleme annahmen, während päpstliche Entscheidungen weniger Gehör fanden. Was vornehmlich interessierte, war das alte kanonische Recht, das heißt Kanones und Dekretalen der Frühkirche; sie erlebten eine erstaunliche Rezeption in redigierten überkommenen wie neu kompilierten, in historisch-chronologisch geordneten wie systematischen Sammlungen, auf karolingischen Konzilen wie in Kapitularien. Auch im Kirchenrecht kam es Karl dem Großen dabei auf die Authentizität der Überlieferung an gemäß seiner Überzeugung, nur korrekte Texte könnten in der rechten Weise wirken. So nimmt es nicht wunder, daß die universales Recht der Frühkirche vereinende *Collectio Dionysio-Hadriana,* die er 774 von Papst Hadrian I. in Rom erhalten hatte, bald zum dominierenden *Liber canonum* (Kat. VII/1) der historischen Ordnung im Frankenreich aufstieg. Die *Dionysio-Hadriana* ist direkt und indirekt auch im Frankfurter Kapitular benutzt, in dem wir seinerseits ein wichtiges Zeugnis für Karls kirchenrechtliche Bestrebungen fassen.

Während das Frankfurter Kapitular im Bereich des weltlichen Rechts vor allem durch das Gewicht seiner Entscheidungen hervorragt – endgültige Resignation Tassilos, Preisverordnung für Grundnahrungsmittel und Münzreform (cc. 3–5) –, beeindruckt sein kirchliches Recht, soweit sich die beiden Bereiche überhaupt voneinander trennen lassen, ebenso durch die Qualität wie durch die Quantität der rezipierten oder neu geschaffenen Kanones. Am deutlichsten wird dies am Anfang (cc. 1–2, 6–10) und im großen Mittelteil (cc. 11–54). Viele Bestimmungen sind der *Admonitio generalis* (Kat. II/3) entlehnt, die systematisch das spätantike Kanones- und Dekretalenrecht der römisch legitimierten *Collectio Dionysio-Hadriana* ausgewertet hat, sind also schon 789 in engerem Kreis zu Aachen beschlossen und von Boten im Reich verkündet worden (»Botschaftsgesetz« – »*legationis edictum*« nennt sich die Admonitio im Eschatokoll).

In Frankfurt, wo eine ungleich größere Versammlung unter römischer und – so Karl – teilweise britannischer Beteiligung zusammentrat, erlangten die *Admonitio*-Wiederholungen gleichsam ihre höheren Weihen, wobei man nachweislich auch den Urtext der *Dionysio-Hadriana* konsultierte. So kann zum Beispiel der Heimurlaub des Bischofs, den Kapitel 41 mit der Wendung »*aut in propriis rebus suis manere*« ausdrückt, nicht vom entsprechenden, gleichfalls 41. Kapitel der *Admonitio* herrühren, wohl aber von der Vollform des dort verkürzt zitierten afrikanischen Kanons mit seiner Formulierung »*vel in re propria*«. Übergangen hat die Frankfurter Auswahl konsequent jene *Admonitio*-Kapitel, die nur Laien betrafen, etwa zum Eherecht, um sich ganz auf die Reform von Kirche, Mönchtum und Klerus zu konzentrieren.

Den Anfang macht das Klosterleben. Kapitel 11, dessen Gerichtsverbot für Mönche ähnlich in der *Admonitio generalis* (gleich zweimal, cc. 23 und 73), aber auch im *Duplex legationis edictum* (künftig besser *Duplex capitulare missorum,* wohl 789) (c. 30) und am Ende der *Epistola de litteris colendis* (spätes 8. Jh., Kat. II/4) auftaucht, lag Karl offenbar besonders am Herzen. Mehrfach wird im folgenden auf die Benediktregel verwiesen (cc. 11, 13–14, 16, 18, wohl auch 20), von der zu Karls Zeiten ein Exemplar in Aachen lag, das als Kopie des von Benedikt selbst geschriebenen Kodex galt. Und es dürfte kein Zufall sein, wenn der Block der Entlehnungen aus der *Admonitio generalis* im Frankfurter Kapitular ausgerechnet mit jenem Kapitel einsetzt, das in der *Admonitio* erstmals von Mönchen sprach: »... daß Mönche und Kleriker Gasthäuser zum Essen oder zum Trinken nicht betreten sollen«, hieß es in Kapitel 14 der *Admonitio.* In Frankfurt (Kapitel 19) lesen wir, unter Stillschweigen über das wohl allzu harte Speiseverbot, »daß Priester, Diakone, Mönche und Kleriker Gasthäuser nicht zum Trinken betreten sollen«.

Überhaupt wurde so manches Kapitel der Vorlagen in Frankfurt teils konkretisiert, teils nicht unerheblich abgewandelt. Erwähnt sei nur das Zehntgebot mit der vorwurfsvollen Anspielung, mangelnde Steuermoral sei schuld gewesen an der Hungersnot von 793 (c. 25). Es kann keinen Zweifel geben, daß auch die auf dem Konzil benutzten Quellentexte erst diskutiert und dann für die Rezeption von König und Synodalen in souveräner eigener Gesetzgebungskompetenz nach den aktuellen Erfordernissen ausgewählt und umformuliert wurden.

Andere Bestimmungen kamen neu hinzu (cc. 12, 17, 26, 29, 38, 47, 52, 54), vor allem natürlich solche, die, vom

überkommenen Kirchenrecht nicht vorgegeben, auf typisch fränkische Verhältnisse reagierten. Sie sollten die Ordnung in der Kirche und damit auch im Reich gewährleisten, oft mit Hilfe der bischöflichen Amtsträger und stets im Interesse des Königs. Bischöfe waren gehalten, etwa für den geistlichen Nachwuchs zu sorgen (c. 29) oder unkanonisch lebende Äbtissinnen dem König anzuzeigen (c. 47). Zu nennen wäre auch die Förderung der Volkssprache als Gebetssprache gegenüber der Exklusivität der drei (biblischen) Sprachen (c. 52) – schließlich mußten, so Frankfurt (c. 33) in Anlehnung an die *Admonitio* (c. 32), »katholischer Trinitätsglaube, Vaterunser und Glaubensbekenntnis allen gepredigt und vermittelt werden«, was im germanischen Sprachgebiet nur *theodisce* (diese Vorform von »deutsch« kommt unter Karl auf) geschehen konnte. Oder: Wenn Lehnsträger ihre Kirchen nicht nur verkommen ließen, sondern gar als Bauholz-, Stein- und Ziegelreservoir mißbrauchten (c. 26; Instandhaltungspflicht der Eigenkirchenherren in c. 54), wenn aufsässige, der Exkommunikation durch ihren Bischof verdächtige Priester mit Hofkaplänen (»*cum clericis qui in capella regis habitant*«) verkehrten (c. 38), so war der Gesetzgeber, nicht der Gesetzeserneuerer gefragt. So ist es eben: Reformen, auch Kirchen(rechts)reformen, die eigentlich nur zum besseren Alten zurückleiten wollen, schaffen zugleich auch so etwas wie eine neue Gesellschaftsordnung.
Wie ernst es Karl mit der Einhaltung, ja Verschärfung der kanonischen Vorschriften war, zeigt seine Rücksicht auf die Residenzpflicht der Bischöfe, wie sie Kapitel 7 des Frankfurter Kapitulars fordert, die einzige *Admonitio*-Anleihe im ersten Hauptteil des Kapitulars, oder Kapitel 41, das im Gegensatz zur vagen Formulierung der Vorlage die Abwesenheitsdauer auf maximal drei Wochen beschränkt. Für den Leiter der Hofkapelle, Erzbischof Hildebald von Köln, ersuchte und erhielt der König eigens die Dispens von Papst und Konzil (c. 55).
Karls Hochachtung vor dem Bischofsamt, das auch in Frankfurt gestärkt wurde (vgl. vor allem cc. 6, 30 und 39 über geistliche Gerichtsbarkeit), erhellt aus dem Hochverratsprozeß gegen Bischof Petrus von Verdun. Zwölf Jahre lang, so berichtet Berthar von St-Vanne in den Gesta der Verduner Bischöfe, habe sich Petrus nicht getraut, Karl unter die Augen zu treten. In Frankfurt sollte die Sache bereinigt werden, und Kapitel 9 des Kapitulars schildert denn auch ausführlich das Procedere (nur Kapitel 3 über Tassilo ist länger): König und Konzil schlugen einen Eid mit Eideshelfern vor, doch da sich unter den Bischöfen niemand fand, der Petrus' Unschuld beschworen hätte, bot dieser, über seinen Eid hinaus, einen Vertreter zum Gottesurteil an. Ausdrücklich wird betont, daß der Proband aus freien Stücken handelte, nicht auf Veranlassung des Königs oder des Konzils, und da er das Gottesurteil bestand, wurde Petrus rehabilitiert. Mag sich Jahre später die Untersuchung gegen Papst Leo III. nach Rang, Gegenstand und Lösung – freiwilliger alleiniger Reinigungseid – von der gegen Petrus unterscheiden, so spricht doch aus beiden Karls Ehrfurcht vor dem hohen kirchlichen Amt, auch wenn es von einer fragwürdigen Person bekleidet wurde.
Überdies läßt sich die Tendenz erkennen, die Position des Erzbischofs, nicht nur die des Bischofs zu stärken. Karl, der wenige Jahre später die baierische Kirchenprovinz mit der Metropole Salzburg schuf, hat in Frankfurt die unter dem Vorsitz des Metropoliten tagende Provinzialsynode eigens als oberste kirchliche Gerichtsinstanz für Kleriker anerkannt, über der nur noch der König stehe (c. 6; vgl. auch c. 10: Absetzung des Usurpators Gaerbod durch Metropolit und Mitbischöfe der Kirchenprovinz Rouen). Auch hat Karl ganz konkret mitzuhelfen versucht, eine drückende Altlast der abendländischen Metropolitanverfassung zu beseitigen: den Streit zwischen Arles und Vienne (c. 8). Nach Verlesung teils widersprüchlicher Papstbriefe seit Zosimus (417–418) einigte man sich auf die Teilung in vier Suffraganbistümer für Vienne und neun für Arles, wie sie im Prinzip schon Leo I. 450 vorgenommen hatte; präjudizierende Papstbriefe sollten auch 811 bei der Grenzziehung zwischen Aquileia und Salzburg eine Rolle spielen. Nur die Zugehörigkeit der Diözesen Tarentaise, Embrun und Aix, die offenbar selbst Anspruch auf den Rang von Erzbistümern anmelden konnten, wurde nicht geklärt und dem Entscheid des Papstes anheimgestellt.
Karls Reformen zielten auf eine intakte Kirche im personellen wie im institutionellen Bereich, denn der Kirche als legitimer Vermittlerin des Heils und als tragender Stütze seiner königlichen Macht hatte er eine wesentliche Rolle in seinem Riesenreich zugedacht.

Literatur: GAUDEMET, J., *Les sources du droit canonique VIIIe–XXe siècle,* Paris 1993. – MORDEK, H., *Kirchenrecht und Reform im Frankenreich,* Berlin/New York 1975.

VII/1 Kirchenrechtssammlung (Collectio Dionysio-Hadriana)

Handschrift, Pergament; 198 Bl., 36,5 x 23 cm; Reims, Anfang 9. Jh.; Reims, Bibliothèque Municipale, Ms. 671.

Die aus der Sammlung des Dionysius Exiguus (um 500) erwachsene *Collectio Dionysio-Hadriana*, die Karl dem Großen anläßlich seines Rombesuchs 774 von Hadrian I. überreicht wurde, diente schon 789 als Wegweiser und Zitatenhort für das Aachener Reformprogramm Karls (*Admonitio generalis*). In Frankfurt wurde sie erneut verglichen und vom König offenbar auch – wie schon 789 in Aachen – zum Studium weiterempfohlen, indem er 794 in Frankfurt Bischöfe und Priester gleich zweimal zur Kenntnis der Kanones anhielt (*Admonitio generalis* c. 55, Frankfurter Kapitular cc. 20 und 53). Von Rom sanktioniert, begünstigt vom Hofe, erlangte die ansprechend und übersichtlich präsentierte *Dionysio-Hadriana* – ein historisch-chronologisch geordnetes Werk mit *Canones apostolorum*, alten griechischen und afrikanischen Konzilsbeschlüssen sowie päpstlichen Dekretalen bis 721 – höchstes, wenn auch nicht exklusives Ansehen im Frankenreich.

Wie die meisten anderen Überlieferungen bewahrt die Reimser Handschrift weder Widmungsgedicht noch Authentizitätsvermerk, schickt dafür aber gelehrte Erläuterungen über Konzile und Päpste voraus und umgibt das *Corpus canonum* mit klar gegliederten Glossaren (einsprachig, einige Lemmata lateinisch-althochdeutsch). Auch in das Corpus selbst, vor allem in den Konzilsteil, streuten wenig jüngere Hände Glossen ein (teils in Kurzschrift). An Verwandten wären besonders eine Metzer und eine wiederum Reimser *Dionysio-Hadriana* zu nennen: Cod. Paris, Bibliothèque Nationale, Lat. 3843 (zweites Viertel des 9. Jahrhunderts) und Cod. Paris Lat. 12445 (drittes Viertel des 9. Jahrhunderts). H.M.

Literatur: *Catalogue général des manuscrits des bibliothèques publiques de France. Départements*, 39, Paris 1904. – Devisse, J., *Hincmar*, Genf 1976. – *Lexikon des Mittelalters*, 3, 1986. – Mayer, H., *Die althochdeutschen Glossen der Handschrift Paris, BN. lat.* 3843, in: Amsterdamer Beiträge zur älteren Germanistik, 15, 1980. – Mordek, H., *Kirchenrecht und Reform im Frankenreich*, Berlin/New York 1975.

VII/2 Kirchenrechtssammlung (Collectio Teatina)

Handschrift, Pergament; 160 Bl., 28 x 20 cm; Chieti, wohl Mitte 9. Jh.; Rom, Biblioteca Apostolica Vaticana, Vat. Reg. Lat. 1997. (Foto)

Das Kolophon zur Kirchenrechtssammlung (fol. 152r; danach Anhänge) nennt als Auftraggeber einen geistlichen Herrn Ingilramm (»*domno beatissimo praecipienti fieri Ingilrammo*«) und als Schreiber einen Priester Sicipert. In ersterem erkennt die Forschung Angilram wieder, seit 768 Bischof von Metz, dann Erzbischof und von 784 bis zu seinem Tode 791 Leiter der Hofkapelle Karls des Großen, der zweite dürfte der in Kanoneshandschriften Hildebalds von Köln, Nachfolger Angilrams am Hofe, auftauchende Bücherfreund und Schreiber Sigibert sein. Wir erinnern uns: Auf Antrag Karls und mit Erlaubnis des Papstes hatte die Frankfurter Synode Hildebald von seiner bischöflichen Residenzpflicht befreit, damit Karl den Kölner Erzbischof wie seinerzeit Angilram »ständig in seiner Pfalz habe zu kirchlichen Diensten« (»*in suo palatio assidue haberet propter utilitates ecclesiasticas*«; Frankfurter Kapitular c. 55).

Angilram, der an der Seite Karls auch in Rom und Umgebung weilte, hätte auf kirchenrechtlichem Gebiet kaum Besseres finden können: Die italische Sammlung der Handschrift von Chieti zählt zu den ältesten Kirchenrechtssammlungen, und die von ihr gebotene lateinische Übersetzung der Kanones von Nicaea (325), des ersten ökumenischen Konzils, scheint die älteste überhaupt zu sein, auch und gerade weil sie über den griechischen Urtext hinaus zum Zeichen ihrer Herkunft den römischen Primat betont.

Über Angilram, dessen Exemplar verlorenging, müßte die Sammlung nach Chieti gelangt sein, wo Sigiberts Kolophon um die Namen der Chietiner Bistumsheiligen Thomas und Justin bereichert wurde. Von Chieti führte der Weg der Abschrift nach Rom. H.M.

Literatur: Carusi, E./Bartholomaeis, V. de, *Monumenti paleografici degli Abruzzi*, 1, 1, Rom 1924. – Carusi, Enrico, *Notizie su codici della Biblioteca Capitolare di Chieti*, in: Bullettino della R. Deputazione Abruzzese di storia patria, Ser. 3, Bd. 4,1913. – Maassen, F., *Geschichte der Quellen und der Literatur des canonischen Rechts im Abendlande*, 1, Graz 1870. – Mordek, H., *Der römische Primat in den Kirchenrechtssammlungen des Westens*, in: Il primato del vescovo di Roma, Vatican 1991. – Supino Martini, P., *Per lo studio delle scritture altomedievali italiane*, in: Scrittura e civiltà, 1, 1977. – Turner, C. H., *Chapters in the History of Latin Mss. of Canons*, in: The Journal of Theological Studies, 31, 1930.

Kirchenbau, Ausstattung und Reliquienverehrung

von Renate Köchling-Dietrich

Mehrere Kapitel des Frankfurter Kapitulars gelten Bau, Unterhalt und Ausstattung von Kirchen (cc. 15, 26, 54).
In karolingischer Zeit erlebten Kirchenbau und -ausstattung eine Neuausrichtung, die mit einer Veränderung der religiösen Denkweise und ihrer wichtigsten Ausdrucksform, der Liturgie, in Beziehung stand. Viele der im 7. und 8. Jahrhundert gegründeten Kirchen waren Eigenkirchen. Wie aus dem Frankfurter Kapitular zu entnehmen ist, durften diese Kirchen wie Privatbesitz des jeweiligen Gründers behandelt werden. Der Eigentümer war verpflichtet, den Erhalt der Bauten, die ungestörte Abhaltung des Gottesdienstes und die wirtschaftliche Versorgung des Priesters zu sichern.

Die Saalkirche mit meist rechteckigem Chor war der für das fränkische Reich in der ersten Hälfte des 8. Jahrhunderts verbreitetste Kirchenbau (Kat. VII/3). Bekannte Vertreter dieses einfachen Grundrißtyps waren der sogenannte Pirminbau in Mittelzell auf der Reichenau (etwa Mitte des 8. Jahrhunderts) und die erste Abteikirche in Fulda (744–752), ein dreischiffiger Bau mit einer großen Halbkreisapsis im Osten. Die wenigen Großbauten, die nach der Mitte des 8. Jahrhunderts errichtet worden sind, folgten der gegebenen Grundrißkonzeption, allerdings mit einer entsprechenden Monumentalisierung. Ein Beispiel ist die in Lorsch zwischen 767 und 774 erbaute Abteikirche, ein dreischiffiger Bau mit Ostchor und Westbau. In St. Denis, der Kirche des heiligen Dionysius, des Schutzheiligen der Karolinger, finden wir eine abweichende Planung. Die Abteikirche, die wohl nach 768 errichtet und 775 geweiht wurde, ist dem Vorbild der konstantinischen Peterskirche in Rom nachgebildet: gestrecktes, dreischiffiges Langhaus, durchlaufendes Querhaus und daran unmittelbar anschließende, weit geöffnete Halbkreisapsis. Auch wenn damit die Aufnahme einer aus Rom stammenden Grundrißlösung wohl erstmals verwirklicht war, blieb die schlichte Kombination von Langhaus und Altarraum im fränkischen Reich noch verbreitet.
In den achtziger Jahren des 8. Jahrhunderts lassen sich anhand der Quellen verstärkte Beziehungen zwischen den Karolingern und den Päpsten beobachten, die deutlich die Forcierung von kirchlichen und liturgischen Reformgedanken im Sinne Roms widerspiegeln. Die Bemühungen um eine Kirchenreform, die sich an römischen Vorbildern und deren korrekter Rezeption orientierte, begannen sich auffällig auf den Kirchenbau auszuwirken. In Centula-St. Riquier (790–799), einer Eigenkirche der Karolinger, wurde die Idee des weit ausladenden Querhauses wieder aufgegriffen. Die von dem Bauherrn, Abt Angilbert, für die gesamte Klausur gestaltete aufwendige Prozessionsordnung richtete sich nach dem Vorbild der römischen und der Jerusalemer Stationsliturgie unter Aufnahme vorhandener Vorlagen aus der gallikanischen Liturgie. Die Abteikirche in Fulda, die mit ihrer Konzeption am Ende der Architekturentwicklung im Sinne einer ausgeprägten Rom-Orientierung steht, wurde seit 791 vergrößert. Nach 802 erfolgte die Erweiterung des Baus mit einem weit ausladenden Westquerhaus und einer halbkreisförmigen Westapsis. Wie ausführlich belegt ist, waren die Proportionen des Kirchenbaus mit denen der Peterskirche in Rom identisch. Zusätzlich stellte die Verlegung des liturgischen Zentrums in den Westchor einen klaren Bezug zu Rom her, der obendrein noch schriftlich bezeugt ist. Die Idee der Erweiterung des Kirchenbaus durch einen zweiten Chor und ein durchlaufendes Querhaus im Westen war schon zuvor für eine Reihe von weiteren Bauten maßgeblich. Die Abteikirche St. Maurice d'Agaune wurde um 787 durch einen querhausartigen Anbau, eine große Westapsis und eine Ringkrypta (wie sie zuerst Papst Gregor, 590–604, in St. Peter anlegen ließ) erweitert. In diese Serie gehört auch die Verlängerung des Kölner Domes (um 790/800) um ein durchlaufendes Querhaus und eine halbkreisförmige Apsis; der Altar im neugeschaffenen Westchor war Petrus geweiht.
Diese und andere Beispiele zeigen, daß in den letzten fünfzehn Jahren des 8. Jahrhunderts zeitlich parallel zu den an römischer Architektur sich orientierenden Reformen Doppelchöre häufig erbaut wurden. Diese Anlagen entstanden durch Umbauten, welche die Verlegung des liturgischen Zentrums in den Westchor zum Ziel hatten. Eine mögliche Ursache für diese Entwicklung ist in der Liturgiereform zu finden. Der elfenbeinerne Rückendeckel des Drogo-Sakramentars zeigt in seiner Mitte eine Szene, die das Problem, das sich aus der Übertragung der in Rom praktizierten Liturgie in die fränkischen Kirchen ergab, anschaulich macht. Der Zelebrant steht beim Anstimmen des »*in excelsio Deo*« mit dem Gesicht zur Apsiswand. Für bestimmte Handlungen während der Messe schrei-

ben die römischen *Ordines* – Anweisungen über den ordnungsgemäßen Vollzug einer rituellen Handlung – die Stellung des Liturgen »*versus ad orientem*«, also mit dem Blick nach Osten, vor. Da in Rom die Bischofskirchen alle gewestet waren, hatte der Liturge dabei gleichzeitig Blickkontakt mit der Gemeinde. Im fränkischen Reich, wo das geostete Kirchengebäude verbreitet war, wandte er bei bestimmten Handlungen der Gemeinde den Rücken zu, obwohl diese an die Gemeinde gerichtet sein sollten. Diese Problematik konnte durch die Nachahmung der Situation in Rom vermieden werden, indem nämlich das liturgische Zentrum nach Westen verlegt wurde.
Im gleichen Zeitraum wurden allerdings weiterhin geostete Kirchen, wie zum Beispiel in Centula-St. Riquier, erbaut. Doch gerade dieser Bau demonstriert, daß die Rezeption römischer Vorbilder nicht einheitlich oder verbindlich vorgegeben war. In Metz, das als Bistum zur Zeit Bischof Chrodegangs Vorbildfunktion im fränkischen Reich hatte, und in Centula-St. Riquier wurde die römische Stationsliturgie rezipiert, wohingegen in Fulda Grundrißkonzeption und Bauformen Aufnahme fanden. Meist wurden aus den Vorbildbereichen, die Rom anbot, einzelne Elemente herausgegriffen und unterschiedlich kombiniert.
In der darauffolgenden Zeit bewirkte die Kirchenpolitik unter Ludwig dem Frommen eine eigenständige Entwicklung der Klosterarchitektur. Er förderte die reichsweite Einführung und Vereinheitlichung der Benediktregel, wodurch die innere Einkehr innerhalb der Mönchsgemeinschaft programmatisch aufgewertet wurde. Dies belegt das von Benedikt von Aniane gegründete Reformkloster Inden (Kornelimünster) musterhaft. Die relativ kleine Klosterkirche zeigt im Grundriß einen dreiteiligen Westtrakt, ein kurzes, querrechteckig gestauchtes Langhaus und einen Ostabschluß mit drei Apsiden. Auf eine Krypta wurde verzichtet. In der Tradition von Kornelimünster steht auch die Einhardsbasilika in Michelstadt-Steinbach (Kat. VII/4). Dagegen folgt die Einhardsbasilika in Seligenstadt (Kat. VII/5) augenscheinlich römischen Vorbildern: T-förmiger Grundriß, ausladendes Querhaus, Halbkreisapsis, Ringkrypta. Dies trifft auch für die Abteikirche des Klosterplans von St. Gallen (Kat. VII/6) zu.

Im Mittelpunkt der liturgischen Feier steht der Altar (1. Kor. 11,20–26 und Hebr. 13,10), der im Frühchristentum – als die Versammlungsorte der Christen noch wechselten – transportabel war. In die Tradition der Tragaltäre *(tabulae)*, die im 8. Jahrhundert überwiegend von Missionaren und reisenden Mönchpriestern benutzt wurden, ist das Reliquiar aus Essen-Werden (Kat. VII/15) einzuordnen. Seit dem 4. Jahrhundert beginnt sich in den Kirchenbauten der aus Stein gefertigte Altar allmählich durchzusetzen. Unveränderliche Elemente der Tischform des Altars sind die Basisplatte (*crepido*), die Stützen *(stipes)* und die eigentliche Altarplatte *(mensa)* (Kat. VII/10). Entsprechend der Gestaltung der Stützen werden verschiedene Formen des Altars unterschieden. Die Elfenbeintafel aus dem Liebieghaus in Frankfurt am Main (Kat. VII/19) zeigt einen Blockaltar, dessen sichtbare Seite mit einem Antependium geschmückt ist. Hinter dem Altar erhebt sich ein Ziborium, ein auf Säulen ruhender Aufbau (Baldachin), den man sich über dem Altar angeordnet vorzustellen hat. Sowohl Altäre, die mit Reliquien ausgestattet waren, als auch Heiligengräber wurden mit Ziborien überbaut, so daß im vorliegenden Fall zumindest vom Vorhandensein einer Reliquie auszugehen ist. Der Altar wurde von den allgemein zugänglichen Teilen des Kirchenbaus bereits seit frühchristlicher Zeit durch Altarschranken abgegrenzt. Dabei handelte es sich zunächst um Steinbrüstungen, die teilweise mit Aufbauten aus Säulen und Gebälk (Trabesanlagen) erhöht sein konnten. Altarabtrennungen, die wahrscheinlich nach dem Vorbild der frühchristlichen Basiliken in Rom gestaltet waren (Kat. VII/12), sind beispielsweise in den St. Galler Klosterplan (Kat. VII/6) eingezeichnet oder auch fragmentarisch für Metz belegt. Anhand der Baubefunde ist sicher, daß Abschrankungen unterschiedlicher Art auch in den Einhardsbasiliken von Seligenstadt und Michelstadt-Steinbach vorhanden waren. In der Anbringung von Altarschranken zeigte sich das gewandelte Verständnis der Eucharistie: der Mysteriumscharakter wurde betont und der Wandlung ein gesonderter Bereich zugeschrieben. Der Standort des Altars richtete sich im allgemeinen nach der jeweils praktizierten Liturgie und den baulichen Gegebenheiten.
Für die Entwicklungsgeschichte, insbesondere die Ausstattung und die Symbolik des Altars ist der Reliquienkult wesensbestimmend. Im Zentrum der mittelalterlichen Frömmigkeit stand das nachahmenswerte Vorbild eines Heiligen, dessen Aufnahme in die Nähe Christi am ehesten gegeben schien. In dieser Position konnte der Heilige als Fürsprecher für die Anliegen der Menschen tätig werden. Gemäß deren Vorstellung beeinflußte die Art der Überreste – vollständige Leiber, Körper-, Berührungs- oder Ersatzreliquien – und die Nähe des Bittstellers zu dem Ort, am welchem sich die Überreste des Heiligen befanden, die Wirksamkeit der Fürsprache. Die Verehrung der Heiligen begann mit dem frühchristlichen Brauch, an den Gräbern von Märtyrern das Gedächtnis ihrer Zeugenschaft Christi zu feiern. In der weiteren Entwicklung führten der Wunsch nach Kontrolle des Reliquienkultes und seine Integrierung in die Liturgie schließlich zur Einbringung von Reliquien in die Altäre der Gemeindekirchen. Entsprechend dem Hinweis in der Apokalypse (6,9–11), daß die Heiligen in der Nähe des himmlischen Altars Platz gefunden hätten, und dem Zusammenhang zwischen dem Zeugentod der Märtyrer und der Opferhin-

gabe Christi war eine Verbindung von Märtyrergrab und Altar zwingend. Ein Heiligengrab konnte durch eine entsprechende bauliche Konzeption mit dem Altar in Verbindung gebracht werden, oder eine Reliquie wurde in einem Altar anläßlich dessen Weihe deponiert. Der in St. Peter zu Rom von Papst Gregor I. (590–604) entwickelte Zusammenhang zwischen Altar und Petersgrab, die so übereinander angeordnet sind, daß die Grabkammer selbst durch eine Ringkrypta begangen werden kann, wurde im fränkischen Reich mehrfach aufgegriffen.
Damit jeder Altar zum mindesten mit einer Reliquie ausgestattet werden konnte, wie dies im 6. Jahrhundert gebräuchlich war, mußten seit dem 4. Jahrhundert Reliquienteilungen vorgenommen und Ersatzreliquien geschaffen werden. Erst dadurch war die Grundlage für zahlreiche Translationen von Reliquien in solche Kirchen, die weder über Heiligengräber noch über Reliquien verfügten, gegeben. Die römischen Gesetze über die Unantastbarkeit von Gräbern verhinderten bis ins 7./8. Jahrhundert die Erhebung und anschließende Teilung von Märtyrerleibern bis auf wenige Ausnahmen, für die eine Genehmigung von kirchlicher Seite vorlag. Mehrfach sorgten die Karolinger mit Zustimmung des Papstes für die Überführung von vollständigen Gebeinen römischer Heiliger ins fränkische Reich – zum Beispiel die Überführung von Reliquien des heiligen Gorgonius nach Metz und der heiligen Petrus und Marcellinus nach Seligenstadt – wodurch zudem eine enge Verbindung zur Reliquienquelle begründet wurde. Außerdem wurden die Gebeine von bedeutenden Persönlichkeiten aus dem fränkischen Reich und eigenen Familienmitgliedern erhoben. Diese Maßnahmen zur Erhebung waren hochpolitisch, weil die Heiltumswirkung durch die Familienbande auch auf die Angehörigen zurückfiel. Sofern zum Zeitpunkt der Erhebung eines Leichnams noch kein Kult für den Verstorbenen existierte, wurde er unmittelbar eingerichtet, womit die Heiligmäßigkeit der Gebeine anerkannt war. Praktisch alle Translationen im fränkischen Reich, die nicht vom fränkischen König selbst veranlaßt worden sind, bedurften seiner ausdrücklichen Genehmigung. Anläßlich einer Translation in Verbindung mit der Weihe einer Kirche oder eines Altars wurden Schenkungen vorgenommen, wie dies in großzügiger Weise für Karl den Großen belegt ist. Als Gegenleistung für eine Schenkung an den jeweiligen Heiligen erfolgte die Aufnahme der Herrscherfamilie und des fränkischen Reiches in das Gebetsgedenken. Das starke persönliche Engagement Karls des Großen bei der Manifestation des Heiligenkults zeigt die hier zugrundeliegende Vorstellung von einer engen Beziehung zwischen der Präsenz von Reliquien und dem Wohlergehen von Reich und Herrscherfamilie. Wie dem Frankfurter Kapitular zu entnehmen ist, sah Karl der Große die Notwendigkeit, die Erhebung und Transferierung von Heiligenleibern zu reglementieren. Ob er damit die Heiltumswirkung im wesentlichen auf seine Familie beschränken oder einen Boom an Reliquien, wie er wahrscheinlich durch seine eigene Sammelleidenschaft ausgelöst worden war, kontrollieren wollte, muß offen bleiben.

Literatur: ANGENENDT, A., *Das Frühmittelalter – Die abendländische Christenheit von 400–900*, Stuttgart 1990. – BRAUN, J., *Der christliche Altar in seiner geschichtlichen Entwicklung*, München 1924. – JACOBSEN, *Renaissance*.

VII/3 Seligenstadt, ehemalige Pfarrkirche (*basilica nova* Einhards)

Längsschnittmodell 1:100, Holz; Planvorlagen: T. Ludwig, R. Mehl, H. Schefers, Bau: F. Pauly; Langhausbreite: 10 m, Länge vermutlich 24 m, Mauerstärke 0,95 bis 1,05 m; Seligenstadt, zwischen 815 und 827; Verwaltung der Staatlichen Schlösser und Gärten Hessen, Bad Homburg v. d. Höhe.

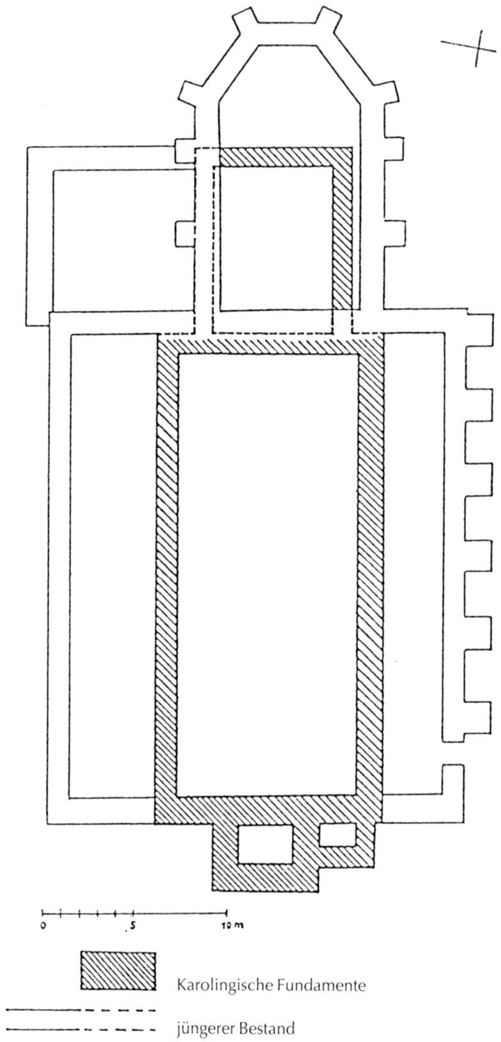

VII/3 (nach OSWALD)

Die 1817 abgebrochene ehemalige Pfarrkirche von Seligenstadt im Bereich des alten Friedhofs östlich der Basilika St. Marcellinus und Petrus (Einhardsbasilika; ehemalige Abteikirche) wurde 1961 durch O. Müller und G. Binding (Langhaus) und 1964 durch O. Müller und M. Schopp (Chor) ausgegraben. Dabei konnte anhand der unterschiedlich tiefen und zumeist aller Steinsubstanz beraubten Fundamentgruben der von P. Meissner 1906 mitgeteilte Grundriß im wesentlichen bestätigt werden. Die erst in romanischer Zeit um Seitenschiffe und Sakristei, 1438 um einen neuen Chor erweiterte Kirche geht auf eine karolingische Saalkirche zurück, die Einhard (ca. 770–840) erbaut und zu 828 in seiner *Translatio* in groben Zügen beschrieben hat.

Der im Vergleich zur Mehrzahl der aus dem 8. und 9. Jahrhundert bekannten Saalbauten ungewöhnlich große Steinbau bestand aus drei Teilen: einer Westempore, die als eine Art »Herrenloge« (*caenaculum*) fungierte und über einem querrechteckigen, nach außen offenen Narthex (*porticus*) mit vermutlich südlich anschließendem Treppenaufgang lag, dem längsrechteckigen, stützenlosen Langhaus, das im Westen durch das Hauptportal, im Süden durch ein archäologisch nicht mehr nachweisbares Seitenportal zugänglich war, und schließlich dem längsrechteckigen, eingezogenen Chorbereich im Osten (*absida*). Das von Einhard erwähnte weithin sichtbare Glockentürmchen (*turricula*) ist entweder als gemauerter Aufbau oberhalb der Westempore oder als auf den First des Langhauses aufgesetzter kleiner hölzerner Dachreiter mit Pyramidendach vorstellbar. Die Geschoßhöhen des vorspringenden Westteils, die Form des Glockentürmchens und der Portale im Westen und Süden, die Höhe des Langhauses und die Zahl der im Modell der Seligenstädter Einhardsbasilika in Größe und Form nachempfundenen Fenster in Langhaus und Chor sowie die bewußt flach gehaltene Dachkonstruktion nach dem Beispiel des für die Lorscher Torhalle gesicherten Neigungswinkels sind hypothetisch rekonstruiert.

Von der Innenausstattung der Kirche sind aus Einhards *Translatio* zwei Altäre bekannt: der von Schranken (*cancelli*) umgebene Hauptaltar im Chorbereich und ein Altar auf der Empore, in dem sehr wahrscheinlich die 827 über Michelstadt-Steinbach nach Seligenstadt überführten Reliquien der römischen Katakombenheiligen Marius, Martha, Habakuk und Audifax rekondiert waren. Die Reliquien der Heiligen Marcellinus und Petrus, die am 18. Januar 828 in der Kirche feierlich niedergelegt wurden, ruhten in einem Schrein (*loculus*) unter einem von Vortragekreuzen flankierten und mit Tüchern geschmückten Baldachin aus Holz (*culmen ligneum*) in der Rechteckapsis hinter dem Altar – ein Arrangement, das Einhard als typisch fränkisch beschreibt (*sicut in Frantia mos est*).

Diese von Einhard 828 als *basilica nova* bezeichnete Eigenkirche wurde zwischen 815 und Ende 827 erbaut und löste eine kleine steinerne Vorläuferkirche (die spätere Laurentiuskapelle) ab, die zu der königlichen Grundherrschaft *Mulinheim* (später Seligenstadt) gehörte. Die der *basilica nova* Einhards 828 unverhofft zugefallene Rolle als Ort der liturgischen Bestattung zweier prominenter Kanonheiliger der römischen Kirche verhalf ihr zum Ansehen einer anfangs vielbesuchten Wallfahrtskirche, in der sich zahlreiche Heilungswunder zutrugen. Einhards *basilica nova* kann außerdem als Vorläuferbau der bald nach 828/30 begonnenen späteren Abteikirche gelten und somit auch als erstes Zentrum einer speziell dem Heiligenkult verpflichteten Klerikerkommunität, die sich aus dem geistlichen Gefolge Einhards zusammensetzte und Keimzelle der späteren Benediktinerabtei wurde. H.S.

Quellen: MGH SS XV. 1, S. 238–264.
Literatur: BINDING, G., *Die einstige Pfarrkirche auf dem Friedhof in Seligenstadt,* masch., o. O., 1961. – DERS., *Die Kirchen Einharts in Steinbach und Seligenstadt,* in: Schülerfestgabe für Herbert von Einem, masch., o. O., 1965, S. 12–20. – BOECKELMANN, W., *Grundformen im frühkarolingischen Kirchenbau des östlichen Frankenreiches,* in: Wallraf-Richartz-Jahrbuch, Bd. 18, Köln 1956, S. 27–69. – CLAUSSEN, H., *Heiligengräber im Frankenreich,* Marburg 1950. – HAMPE, K., *Zur Lebensgeschichte Einhards,* in: Neues Archiv der Gesellschaft für ältere deutsche Geschichtskunde, Bd. 21, Hannover und Leipzig 1896, S. 509–631. – MEISSNER, P., *Zur Baugeschichte der Abtei Seligenstadt,* in: Archiv für hessische Geschichte und Altertumskunde, Neue Folge, 4, Darmstadt, 1907, S. 155–170. – MÜLLER, O., *Standort der einstigen Pfarrkirche auf dem Friedhof geklärt,* in: Seligenstädter Heimatblatt vom 18. Dezember 1964, S. 5. – NEUBAUER, F. X., *Zur Geschichte der einstigen Seligenstädter Pfarrkirche »Unserer Lieben Frau«,* in: Archiv für mittelrheinische Kirchengeschichte, 19, Speyer 1967, S. 265–302. – OSWALD, F., *Seligenstadt, St. Maria-Bartholomäus,* in: Vorromanische Kirchenbauten, München 1990, S. 311 f. – SCHEFERS, H., *Studie zu Einhards Heiligen- und Reliquienverehrung,* masch. Diss., München 1992. – WEISE, G., *Untersuchungen zur Geschichte der Architektur und Plastik des früheren Mittelalters,* Leipzig/Berlin 1916.

VII/4 Michelstadt-Steinbach, Einhardsbasilika

Längsschnittmodell 1:100, Holz; Planvorlagen: T. Ludwig, Bau: F. Pauly; Mittelschiffbreite 7,30 m, Länge 12,30 m, Chorraumtiefe 5 m, Breite der Kryptenzugänge 1,75 m. Michelstadt-Steinbach (Odenwald), um 824/26; Verwaltung der Staatlichen Schlösser und Gärten Hessen, Bad Homburg v. d. Höhe.

Die 1873 von G. Schaefer als karolingisch erkannte und in die Kunstgeschichte eingeführte Michelstadt-Steinbacher Einhardsbasilika, ein seit der Reformation profanierter Bau, ist der einzige aufgehend erhaltene Repräsentant einer von W. Jacobsen überzeugend mit Reformabsichten Benedikts von Aniane erklärten Bauidee, deren Wirksamkeit als relativ kurzzeitig – etwa zwischen 814 und 830 – bezeichnet werden kann. Die heute einzig von der Michelstadt-Steinbacher Einhardsbasilika vertretene Gruppe vergleichbarer Bauten hat bereits im 8. Jahrhundert Vorläufer in den frühen Klosterkirchen von Aniane (um 782?) und Argelliers (zwischen 780 und 799); unmittelbares Vorbild für Einhards Basilika dürfte jedoch Kornelimünster sein, eine Gründung Benedikts und Ludwigs des Frommen (geweiht 816 oder 817).

Die seit dem 11. Jahrhundert wiederholt veränderte Basilika von Michelstadt-Steinbach präsentierte sich zuletzt ohne Seitenschiffe, südlichen Nebenchor und ohne den ursprünglich dreiteiligen Westvorbau. Die Fundamente der im Laufe der Jahrhunderte abgegangenen Bauteile sind durch die Grabungen R. Adamys und F. Behns hinreichend gesichert.

Die Anordnung der Raumteile stellt sich wie folgt dar: Eine dem dreiteiligen Ostabschluß entsprechende Raumgruppe im Westen ist nur durch Fundamente belegt. Sie bestand aus einem zentralen quadratischen Mittelbau, flankiert von zwei zurücktretenden querrechteckigen Räumen. Der vorspringende Mittelbau wird allgemein als Zugang zur Basilika rekonstruiert, zu erreichen über eine vorgelagerte Treppe, die eine Höhendifferenz von etwa dreieinhalb Metern überwinden mußte. Treppe und Öffnungen sind aus karolingischer Zeit nicht belegt, ein (zusätzlicher ?) Zugang von Norden ist auf Grund von Grabungsergebnissen nicht ausgeschlossen. Die Rekonstruktion des vorspringenden Mittelbaus kann sehr unterschiedlich versucht werden – das Spektrum reicht vom eingeschossigen, niedrigen Vorbau bis hin zu einer Westlösung, wie sie für die Seligenstädter ehemalige Pfarrkirche durch Schriftquellen erwiesen ist. Für das Modell wurde die Höhe der Nebenchöre als Anhaltspunkt gewählt. Die drei westlichen Vorräume lagen zwei Stufen niedriger als das Langhaus. Dieses stellt sich als ein durch beiderseits sechs enge Arkaden mit Pfeilern aus Backstein und Kalktuffbögen in Mittelschiff und Seitenschiffe (Verhältnis 1:2,5:1) gegliederter Bauteil unterquadratischer, querrechteckiger Grundrißform dar. Seine östliche Begrenzung bildete eine etwa 3,80 m hohe gemauerte Chorschranke, die unzureichend fundamentiert war und ausgebrochen wurde, jedoch deutliche Spuren im Mauerwerk hinterlassen hat. Von den Seitenschiffen gab es keine Zugänge zu den Nebenchören, da sich hier auf beiden Seiten die Treppen zur Unterkirche (Krypta) befanden. Der Zugang zu den Nebenchören erfolgte vom Hauptchor aus durch hohe Bogendurchgänge. Die Beleuchtung des Langhauses wurde sowohl durch Obergadenfenster mit ihren – von W. Boeckelmann unter ikonologischen Gesichtspunkten untersuchten – Laibungsschrägen als auch durch die Fenster der Seitenschiffe gewährleistet, deren Form und Größe nicht bekannt ist. Der Chorbereich ist – entsprechend der Eingangszone – dreiteilig und

besteht aus dem querrechteckigen Hauptchor, dessen Breite der des Mittelschiffes entspricht, und zwei quadratischen Nebenchören oder -kapellen von gleicher Größe wie der westliche Mittelbau, die östlich um eine Mauerstärke gegenüber dem Hauptchor zurücktreten und über die Breite der Seitenschiffe hinausreichen. Hauptchor und Nebenchöre haben in der Größe stark unterschiedene eingezogene Halbrundapsiden. Die kleinen Nebenchöre waren durch je zwei Fenster erhellt, je eines in der Nordsüdachse und in der schmalen Apsis. Der Hauptchor hat drei Rundbogenfenster in seiner Apsis und zwei kreisrunde *oculi* unterhalb der anzunehmenden hölzernen Flachdecke. Ein dritter *oculus* belichtete den Dachraum. Im Bereich der Hauptapsis haben sich Reste des ursprünglichen Estrichs erhalten, die bezeugen, daß es in der Basilika keine Stufen gegeben hat. Die ursprüngliche Neigung der Pultdächer der Seitenschiffe, der Satteldächer der Nebenchöre und der Kegeldächer der Apsiden war exakt zu rekonstruieren, das Satteldach des Langhauses wird wohl auch in romanischer Zeit (Dachwerk von 1168 und 1182) die karolingische Neigung beibehalten haben. Die Höhe der drei westlichen Räume und ihre Dächer wurden den Nebenchören und den Seitenschiffen entsprechend rekonstruiert. Im Hauptchor und in den Nebenchören sind Altäre anzunehmen, deren genaue Stellung nicht bekannt ist. Malereireste oberhalb der Obergadenfenster (perspektivischer Konsolenfries) und an beiden Seiten der Hauptapsis (Figurengruppen) sowie die formvollendeten Sandsteinprofile innerhalb der schon ursprünglich verputzten und weiß getünchten Pfeiler und Wände lassen die hohe Qualität des Bauwerkes erkennen.
Im Unterschied zu allen vergleichbaren Kirchen jener Zeit weist diese Basilika eine kreuzförmige Gangkrypta auf. Ihre tonnengewölbten Gänge oder Stollen schneiden sich in der Form eines großen lateinischen Kreuzes mit Kreuzgewölbe unter dem Hauptchor der Oberkirche. Unter der Hauptapsis bekommt der Mittelgang jetzt über einem nachträglichen Blockaltar starken Lichteinfall. Die kreuzförmigen Erweiterungen des Querganges unter den Nebenchören hatten je ein Fenster und einen kleinen Blockaltar gegenüber den Zugängen aus den Seitenschiffen. Am westlichen Ende des Mittelschiffganges, etwa an der Stelle, über der ein Kreuzaltar anzunehmen wäre, befinden sich links und rechts in den Gangwänden überwölbte Sargnischen (Arkosolgräber), die leer blieben. Da die Basilika auf etwas abschüssigem Gelände errichtet wurde, liegen die kleinen kreuzförmigen Kulträume unter der Hauptapsis und den Nebenchören oberirdisch und empfangen Tageslicht. Der Fußboden des Querganges liegt in der Höhe des bei Baubeginn vorgefundenen Geländes. Lediglich das westliche Ende des Mittelstollens mit den Arkosolnischen mußte ein wenig in das leicht nach Westen hin ansteigende Gelände eingetieft werden.

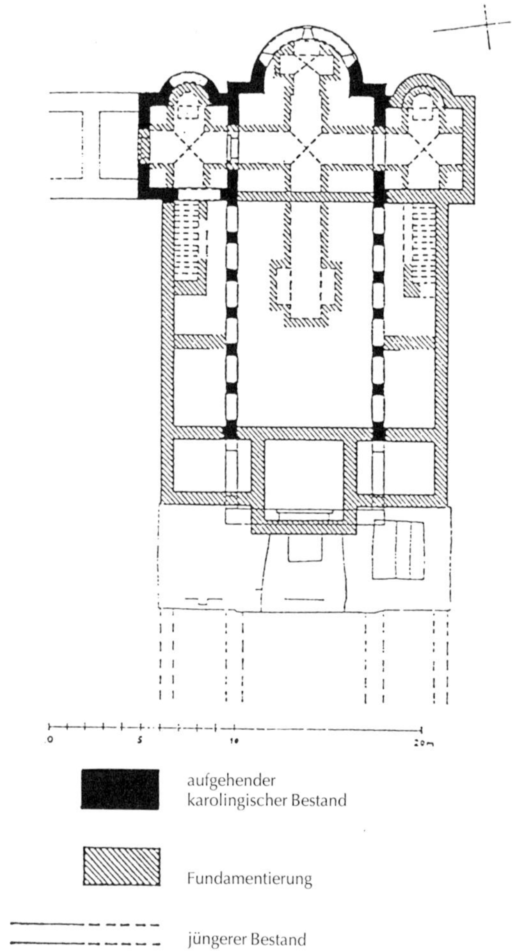

VII/4 (nach OSWALD)

Die beiden Treppen, die aus den Seitenschiffen in den Quergang der Krypta führten, waren durch diesen verbunden.
Aus Einhards *Translatio* ist bekannt, daß die 827 in die erst kurz zuvor vollendete Eigenkirche überführten Reliquien der Heiligen Marcellinus und Petrus in der Oberkirche unter einem Baldachin in der Hauptapsis aufgestellt wurden. Auffälligerweise hatte Einhard nicht die Krypta für das Heiligengrab bestimmt. Da er ursprünglich offenbar mit Reliquienpartikeln mehrerer Heiliger rechnete und diese Partikel wahrscheinlich in den jeweils drei Altären des Hauptchores und der Nebenchöre sowie der darunterliegenden kleineren Räume rekondiert wissen wollte, scheidet die Krypta als spezieller Ort der Heiligen- und

Reliquienverehrung wohl aus. Die Zahl von sechs Altären sowie der Bedarf an mehreren selbständigen Räumen der Ober- und Unterkirche hängt mit der in dieser Zeit zunehmenden Meßhäufigkeit zusammen, vor allem mit den rituell vereinfachten Normalfeiern ohne Allgemeinbeteiligung, den sogenannten Privatmessen. T.L., O.M., H.S.

Literatur: siehe VII/3, dazu: ADAMY, R., *Die Einhard-Basilika zu Steinbach im Odenwald*, Hannover 1885. – BEHN, F., *Die Einhards-Basilika zu Steinbach im Odenwald*, Mainz 1932. – BOECKELMANN, W., *Zur Konstruktion der Fensterbank- und -leibungsschrägen in der Einhartsbasilika zu Steinbach im Odenwald*, in: Karolingische und ottonische Kunst, Wiesbaden 1957, S. 141–149. – HUGOT, L., *Die ehemalige Abteikirche in Kornelimünster*, in: Kirche und Burg in der Archäologie des Rheinlandes, Düsseldorf 1962, S. 85–91. – DERS., *Kornelimünster*, masch. Diss., Aachen 1965. – JACOBSEN, *Klosterplan*. – DERS., *Renaissance*. – *Katalog Frankfurt*, Nr. 212. – KIESOW, G., *Romanik in Hessen*, Stuttgart 1984. – LUDWIG, T., *Michelstadt-Steinbach, Einhardbasilika. Amtlicher Führer*, Bad Homburg [2]1991. – MÜLLER, O., *Die Einharts-Basilika zu Steinbach bei Michelstadt im Odenwald*, Seligenstadt 1937. – DERS., *Bauformen und Mauertechnik an den Bauten Einhards in Michelstadt-Steinbach und in Seligenstadt*, in: Der Odenwald, 20, Breuberg 1973, S. 39–50. – NUSSBAUM, O., *Kloster, Priestermönch und Privatmesse*, Bonn 1961. – OSWALD, F., *Steinbach (Michelstadt; Odenwald), St. Maria (Einhard-Basilika)*, in: Vorromanische Kirchenbauten, München 1990, S. 320–322. – PETERMEISE, P., *Die Stiftskirche zu Herdecke und die Verwandten der Steinbacher Baugruppe*, Münster 1941. – SCHAEFER, G., *Die Einhard-Basilika bei Michelstadt im Odenwald*, in: Zeitschrift für bildende Kunst, 9, Leipzig 1874, S. 129–145. – SCHEFERS, H., *Einhards römische Reliquien*, in: Archiv für hessische Geschichte und Altertumskunde, Neue Folge, 48, Darmstadt 1990, S. 279–292. – SCHNEIDER, F., *Die Karolingische Basilika zu Steinbach-Michelstadt im Odenwald*, in: Annalen des Vereins für Nassauische Alterthumskunde und Geschichtsforschung, 13, Wiesbaden 1874, S. 99–134.

VII/5 Seligenstadt, Einhardsbasilika St. Marcellinus und Petrus

Längsschnittmodell 1:100, Holz; Planvorlagen: T. Ludwig, R. Mehl, H. Schefers, Bau: F. Pauly; Langhausbreite 20,80 m, Länge 33,16 m, Querhausbreite 9,16 m, Länge 29,60 m, Mittelstollen der Krypta 1,68 m breit; Seligenstadt zwischen 828/30 und bald nach 840; Verwaltung der Staatlichen Schlösser und Gärten Hessen, Bad Homburg v. d. Höhe.

Im Zuge der letzten großen baulichen Veränderung an der ehemaligen Seligenstädter Abteikirche wurde 1868 eine romanische Doppelturmfassade durch ein neues Turmpaar mit dazwischen liegender Vorhalle im historisierenden Stil der Zeit ersetzt, wobei leider auch die bis dahin erhalten gebliebene karolingische Westfassade unwiederbringlich zerstört wurde. Die als Folge dieses Eingriffes ermöglichten Beobachtungen, namentlich des Mainzer Dompräbendats F. Schneider, bereicherten die Kunstgeschichte um die Kenntnis einer weiteren in wesentlichen Teilen erhaltenen karolingischen Basilika, die Einhard wenige Jahre nach Fertigstellung seiner Basilika in Michelstadt-Steinbach nach 828/30 hatte errichten lassen. Grabungen von O. Müller brachten 1937 weitere Klarheit zur Gestalt des Chorraumes, der im 13. Jahrhundert völlig umgestaltet wurde.
Dem nicht lange nach 840 unter Einhards Nachfolger Ratleik vollendeten Gründungsbau näherte man sich von Westen her durch ein Atrium, dessen südliche Mauer zum Teil noch erhalten ist. Die Rekonstruktion überdachter Atriumsgänge aus Holz ist hypothetisch; auch ein einfacher, durch Mauern umfaßter Hof wie in Lorsch I (767–774) liegt im Bereich des Möglichen.
Der Westabschluß der Basilika bestand aus einer glatten, verputzten Fassade ohne Vorbauten mit einem Hauptportal und zwei Nebenpforten, die den Zugang zu den Seitenschiffen vermittelten. Ohne Zweifel enthielt die Fassade auch Fenster – ihre Zahl und Stellung lassen sich freilich nur mehr hypothetisch rekonstruieren. Altchristliche Vorbilder und etwa gleichzeitige römische Basiliken, zum Beispiel Santa Prassede, erbaut 817–824, mögen den einfachen Westabschluß inspiriert haben.
Neun Arkaden mit Rechteckpfeilern verbinden Mittelschiff und Seitenschiffe. Über den aus keilförmigen Ziegeln gemauerten Arkadenbögen, deren Backsteinpfeiler sorgfältig gearbeitete attische Basen und reicher profilierte Kämpfer (Kat. I/6) aus Sandstein aufweisen, zog sich im Mittelschiff ein profiliertes Gesims. Darüber befanden sich die axial zu den Bögen stehenden Rundbogenfenster des Obergadens. Die im 19. Jahrhundert abgebrochenen und neu aufgebauten Seitenschiffe wurden 1953 mit ihren Pultdächern und Fenstern dem erkennbaren Originalzustand angenähert. Die großen Wandflächen eigneten sich für Malereien, deren karolingische Schichten wegen der Putzerneuerung des 19. Jahrhunderts nicht erhalten blieben. Seitenschiffe und Mittelschiff besaßen hölzerne Flachdecken. Die in Höhe des zweiten Arkadenjochs von Westen beobachtete Fundamentmauer, die Seitenschiffe und Mittelschiff durchläuft, blieb unbenutzt und könnte ursprünglich – und zwar vor Festlegung der Arkadenfolge – für eine Vorhalle oder den Einbau einer Westempore gedacht gewesen sein. Der karolingische Chorbereich der Seligenstädter Einhardsbasilika war im Grundriß ein dreiteiliges Querhaus mit unmittelbar anschließender Apsis. Die auf ihren Fundamentquadraten über die Langhausbreite hinausgehenden Querhausarme erreichen beiderseits die Höhe des Mittelschiffes.

Sie waren durch Bogendurchgänge von den Seitenschiffen her zugänglich. Ihre Ost- und Westseiten enthielten jeweils zwei ursprüngliche Rundbogenfenster, deren Form und Größe auch die Fensterpaare der Querhausgiebel und die Obergadenfenster des Langhauses hatten. Die westliche Wand des Nordflügels enthält noch eine Außentür mit ursprünglichem Plattengewände. Vom Mittelschiff her war der Chorbereich wohl durch einen weiten Triumphbogen zugänglich. An den westlichen Vierungspfeilern des 13. Jahrhunderts, wo nur schmale Zugänge zu Nord- und Südflügel gewesen sein können, sind Spuren hoher Mauerverzahnungen festgestellt worden. Inmitten des Altarraumes, dessen östlichen Abschluß eine große, knapp eingezogene Halbkreisapsis bildete, verläuft quer eine Fundamentmauer. Sie kann als Widerlager einer Treppe gedeutet werden, die den durch die halbunterirdische Ringkrypta verursachten Höhenunterschied auszugleichen hatte. Die breite, podestartige Erhöhung, die im Modell mit glatten Wangen nach Norden und Süden dargestellt ist – zwingend wegen der an ihnen angelehnten Treppenzugänge zur Krypta –, wie auch die an den Vierungspfeilern gefundenen Mauerreste scheinen ein durchgehendes Querhaus nach dem Vorbild der Einhard zweifellos bekannten Basiliken von Alt-St. Peter am Vatikan (ca. 319–329), von St. Denis (768–775) oder Fulda III (ca. 802–819) auszuschließen. Es muß vielmehr mit einer Abschnürung der Querhausarme gerechnet werden, die sich nach der Planung dieses Modells anschaulicher beschreiben läßt als bisher. R. Mehl (Aachen) und Th. Ludwig (Bad Homburg) stellten bei der Planung dieses Modells fest, daß große Bögen zu den Seitenflügeln zwar durchaus in Frage kommen, aber ihre jeweils östlichen Stützen aus statischen Gründen – wegen der Druckkräfte – breiter gewesen sein müssen als die darunterliegenden, gewölbten Kryptazugänge. Diese Möglichkeit ist im Modell dargestellt. Eine von dieser Auffassung abweichende Alternative wäre eine völlige Abtrennung des Altarraumes durch große Mauerscheiben, eventuell mit Durchbrüchen für kleinere Portale und/oder Fenster, also eine Querhausbasilika mit ausgeschiedener Vierung. Offen bleibt die Frage, welche Funktion die nördlich und südlich an eine frühe Vierung als Altarraum anstoßenden Gebäudeflügel hatten. Als Nebenkapellen, die sie auch nach 1253 gewesen sind, wären sie eine monumentale Fortführung der Nebenchöre in Michelstadt-Steinbach.
Römischen Ursprungs ist eindeutig die Ringkrypta, die mit einer nach H. Claussens Feststellungen den Franken zunächst nicht naheliegenden Form der Heiligen- und Reliquienverehrung zusammenhängt. Über die Treppenzugänge erreichte der Besucher den an der Innenmauer der Apsis entlanggeführten Gang; gegenüber dem Scheitelpunkt der Apsis zweigt der Mittelstollen in westliche Richtung ab. Er endete vor einem kleinen Blockaltar, hin-

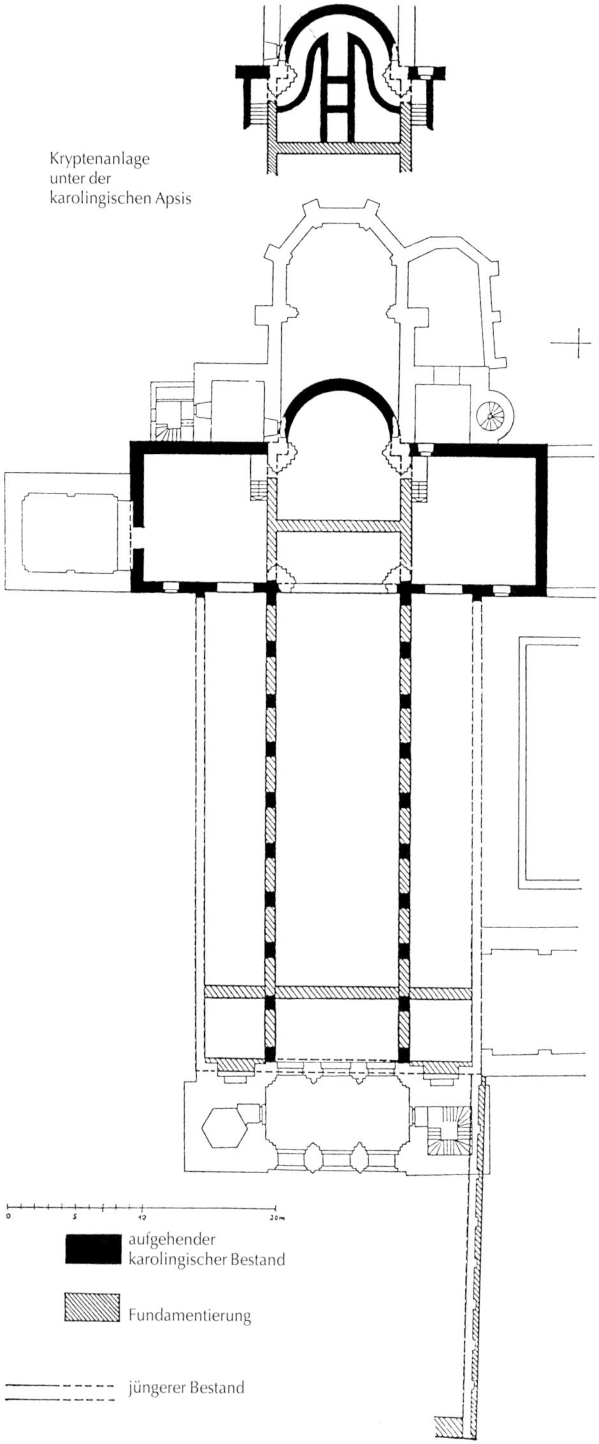

VII/5 (nach Oswald)

ter dem sich eine quadratische Kammer befand – vermutlich der Ort des Heiligengrabes, in das man wahrscheinlich durch eine *fenestella* über dem Altarblock hineinsehen konnte. Dahinter schließt sich in der Breite des Mittelstollens ein längsrechteckiges Fundament mit Resten aufgehenden Mauerwerks an, dessen westliche Begrenzung im Modell als Fundament des Treppenaufganges zum erhöht über der Krypta liegenden Altarbereich gedeutet wurde. Wenn diese begrenzende Fundamentmauer tatsächlich den unteren Absatz der Treppe bildete, dann kann die letzte Verlängerung des Mittelstollens der Krypta keine Kammer in Höhe des gewölbten Kryptaganges gewesen sein, sondern nur eine gemauerte Grube, deren Verschluß in der Höhe des Fußbodenniveaus im Langhaus denkbar erscheint. Die Annahme, daß sich die Treppen zum Altar links und rechts eines kleinen axialen Ganges geteilt haben, der von Westen her zum Heiligengrab führte, liegt nahe; die bisher übliche Deutung der rechteckigen Grube als Grabkammer des Stifters muß deshalb nicht aufgegeben werden. Wollte man an einer Kammer in voller Höhe des Mittelstollens festhalten, so würde das als Widerlager der Treppe angesehene Fundament funktionslos, und die Treppe müßte nach Westen ganz nahe an den Triumphbogen herangeführt werden.
Über die Ausstattung des Altarraumes liegen keine Quellennachrichten vor. Die im Modell vorgestellte Möglichkeit läßt die Annahme eines gemauerten Altars über dem Heiligengrab und damit den erstmals von Gregor dem Großen in Alt-St. Peter am Vatikan hergestellten unmittelbaren Bezug von Martyrium und Opfertod Christi im liturgischen Geschehen zu. Der Altarbereich dürfte von Schranken umgeben gewesen sein; vielleicht sind die Seligenstädter Säulchen (Kat. I/3) Bestandteile eines solchen Arrangements gewesen, das sich dann aus einer Brüstungsmauer oder durchbrochenen Schrankenplatten und darauf gestellten Säulchen, vielleicht mit einem Architrav – ähnlich der malerisch im Obergeschoß der Lorscher Torhalle dargestellten Situation – zusammengesetzt haben könnte. H.S.

Quellen: Servati Lupi Epistulae, ed. MARSHALL, P. K., Leipzig 1984, Nr. 60 – MGH Epp V, S. 105–145 (Nrn. 10, 33, 36). – MGH PL II, S. 240f. (Nr. 90).
Literatur: vgl. VII/3 und 4, dazu: BRADEN, E., *Die Pfarrkirche zu Seligenstadt vor der Restauration im Jahre 1868,* in: Archiv für hessische Geschichte und Altertumskunde, 13, Darmstadt 1873, S. 100–117. – *Katalog Frankfurt,* Nr. 213. – KRAUTHEIMER, R., *The Carolingian Revival of Early Christian Architecture,* in: The Art Bulletin, 24, New York 1942, S. 1–38. – MÜLLER, O., *Die Einhard-Abtei Seligenstadt am Main,* Königstein 1973. – DERS., *Kurze Beschreibung der Einhardsbasilika in Seligenstadt,* Michelstadt 1982. – OSWALD, F., *Seligenstadt am Main, St. Marcellinus und Petrus,* in: Vorromanische Kirchenbauten, München 1990, S. 309–311. – ROSNER, U., *Die ottonische Krypta,* Köln 1991. – SCHAEFER, G., *Kunstdenkmäler im Großherzogthum Hessen, Kreis Offenbach,* Darmstadt 1885, S. 165–229. – SCHNEIDER, F., *Über die Gründung Einhart's zu Seligenstadt,* in: Annalen des Vereins für Nassauische Alterthumskunde *und Geschichtsforschung,* 12, Wiesbaden 1873, S. 290–308. – SCHUCHERT, A., *Bericht über die Restauration und Ausgrabungen in der Einhards-Basilika zu Seligenstadt am Main,* in: Römische Quartalschrift für christliche Altertumskunde und für Kirchengeschichte, 45, Freiburg/Br. 1937, S. 63–66.

VII/6 Sankt Galler Klosterplan

Architekturgrundriß, Pergament; 112 x 77 cm; Reichenau, um 830; Sankt Gallen, Stiftsbibliothek, Ms. 1092. (Faksimile)

Die Bibliothek der Benediktinerabtei St. Gallen verwahrt mit diesem Blatt, welches die einzig erhaltene europäische Architekturzeichnung vor dem 13. Jahrhundert darstellt, eines der bedeutendsten architekturgeschichtlichen Dokumente des frühen Mittelalters. Es gestattet Einblick in die planerischen Überlegungen zur baulichen Gestalt und Organisation eines Benediktinerklosters in karolingischer Zeit. Die Genauigkeit seiner Ausführung und der Reichtum an logistischen Feinheiten und Details zeigen das Bemühen, ein ideales Baukonzept vorzustellen, das nicht nur den monastischen Bedürfnissen genau entspricht, sondern auch die politischen Ansprüche an ein Kloster als repräsentative Ordnungsmacht, Stützpunkt der Verwaltung eines landwirtschaftlichen Betriebes und als Bildungs- und Forschungsstätte berücksichtigt.
Die sorgsam geglättete Vorderseite aus fünf zusammengenähten Kalbshäuten zeigt die vielteilige Anlage eines unbefestigten Klosters. Die wohldurchdachte Anordnung der Bauten folgt der benediktinischen Ordensregel und gliedert sich in fünf Bereiche, die als autarke Einheiten eine hohe Funktionalität auf engstem Raum sicherstellen. Den Mittelpunkt bildet die große Abteikirche, eine dreischiffige Basilika mit Querhaus und Krypta im Osten sowie einem Gegenchor mit vorgelagertem Atrium und zwei runden Türmen im Westen. Schranken und Brüstungen gliedern im Inneren die Raumteile von Mönchs- und Laienkirche und ermöglichen einen Prozessionsweg durch die Seitenschiffe zur Krypta. An der Südseite der Kirche gruppieren sich um den Kreuzgang herum die zweigeschossigen Gebäude der Mönchsklausur. Im Ostflügel befindet sich unten die Wärmestube, darüber der Schlafsaal der Mönche, während der Trakt im Süden das geplante Refektorium mit der darüberliegenden Kleiderkammer aufnimmt. An den westlichen Kreuzgangflügel ist das Vorratshaus mit Weinkeller und Vorratskammer angebaut. Mit diesen zentralen Konventsbauten sind an allen Seiten kleinere Raumeinheiten verbunden, die der Versorgung

dienen, wie das Wasch- und Badehaus der Mönche, die Latrinen sowie die Küche mit Brauerei und Bäckerei. Im Süden schließen sich an die Klausur die Werkstätten und Wirtschaftsgebäude an, während sich im Osten das Krankenhaus und das Noviziat, die Gärten und der Friedhof erstrecken. Nördlich der Kirche liegen der Abtspalast, das Gästehaus und die Schule, und im Westen sind das Pilgerhospiz sowie die ausgedehnten landwirtschaftlichen Nutzräume wie Scheunen und Stallungen untergebracht.

Über vierzig verschiedene Gebäude, Wege, Zäune und Mauern sind in mennigroten Tuschlinien im Grundriß angegeben. Schriftliche Einträge erlauben die eindeutige Identifizierung der die zentrale Klosterkirche umgebenden Bauten, von Altären und Einrichtungen sowie der angepflanzten Bäume und Sträucher. Der Kern der Anlage scheint dabei als eine Reihe steinerner Gebäude konzipiert zu sein, um die herum die einfacheren, in Holzkonstruktion gedachten Häuser angeordnet sind. Eine verbindliche Größenangabe oder ein Maßstab fehlen.

An der oberen Schmalseite des Planes ist in blasser Schrift eine siebenzeilige lateinische Widmung lesbar, die als Adressaten Gozbert nennt, der in den Jahren 816 bis 837 Abt des Klosters St. Gallen war. Um 830 legte er die Otmar-Kirche nieder und begann den Neubau des Klosters mit einer großen Basilika, die 835 geweiht wurde. Dieses anstehende Neubauprojekt scheint der Grund für die Übersendung des Planes an Gozbert gewesen zu sein, der ihm als Entscheidungshilfe bei der Konzeption seiner Bauten dienen sollte. Der Klosterplan nimmt zwar auf die Geländesituation an der Steinach keine Rücksicht, ist aber bei der Wahl der Titelheiligen der Altäre in der Kirche auf den Reliquienbesitz St. Gallens bezogen. Auch die Bestimmungen der Aachener Reformsynode von 816/817, die, entgegen der Bestimmung im Kapitel 13 des Frankfurter Kapitulars, dem Abt einen eigenen Palast und den Mönchen eigene Bäder zugestehen, sind berücksichtigt. Werkstätten für eigene Handwerker sind vorgesehen, da sie den Verkehr mit der Außenwelt beschränken und den selbständigen Charakter des Klosters verstärken. Auch die Richtlinien zur Unterbringung durchreisender Mönche in der Nähe der Klosterkirche und zur separaten Verköstigung der Laien finden ihren Niederschlag. Den ungenannten Verfasser des St. Galler Planes lokalisiert die Forschung auf der Reichenau. Eine genauere Datierung ist nach wie vor umstritten. Der St. Galler Klosterplan ist ein einzigartiges Dokument architektonisch-planerischer Gestaltung, das die benediktinischen Lebensprinzipien in einen idealen Entwurf umzusetzen versucht. M.B.

Literatur: HECHT, K., *Der St. Galler Klosterplan*, Sigmaringen 1983. – HORN, W./BORN, E., *The Plan of St. Gall,* in: California Studies in the History of Art, 19, Berkeley/Los Angeles/London 1979. – JACOBSEN, *Klosterplan.* – *Katalog Aachen,* Nr. 570.

VII/7

VII/7 Theodulfkapelle

Germigny-des-Prés, Weihe vermutlich 806. (Foto)

Die Kirche ist von Theodulf von Orléans dem Erlöser gewidmet worden. Sie diente als Pfalzkapelle einer Klosterpfalz des nahegelegenen Klosters Fleury (St.-Benoît-sur-Loire) und wohl auch als Memorialbau für ihren Erbauer. Der Abtkatalog von Fleury (10. Jahrhundert) bezeichnet die Kirche als eine Kopie der Aachener Pfalzkapelle. Es ist nicht deutlich, ob sich dies auf die Funktion, die Ausstattung oder den Typus des Zentralbaus bezieht. Bereits im Mittelalter wurde die Kirche mehrfach umgebaut und im 19. Jahrhundert, wie J. Hubert nachweist, unsachgemäß restauriert. Die Baukörper des quadratischen Vierstützenbaus staffeln sich von den Eckräumen über die Kreuzesarme zum Mittelturm in die Höhe. Im Innern öffnen sie sich durch Hufeisenbögen zueinander, über denen sich von der Vierung aus zusätzlich Fenster befinden. Ob der

Vierungsturm eine Kuppel besaß, ist ungewiß. Die Eckjoche sind kuppel- oder kreuzgratgewölbt, die Kreuzarme besitzen Tonnengewölbe. An sie schlossen sich nach Westen, Norden und Süden je eine Apsis an. Nach Osten bildete die Kirche mit einer Hauptapsis und zwei Apsidiolen ein Chorhaupt aus. A. Khatchatrian bezweifelt die Ursprünglichkeit der Nord- und der Südapsis, die als einzige keinen hufeisenförmigen Grundriß besitzen. Die Kalotte der zentralen Ostapsis schmückt das Mosaik mit der Bundeslade (Kat. IV/13). Parallelen zum Aufbau der Kirche bieten ältere armenische Kirchen und San Satiro in Mailand. Am wahrscheinlichsten ist jedoch eine Verwandtschaft mit westgotischen Bauten in Spanien. C.W.

Literatur: HUBERT, J., *Germigny-des-Prés,* in: Congrès archéologique de France, 93, Orléans 1930. – KHATCHATRIAN, A., *Notes sur l'architecture de l'église de Germigny-des-Prés,* in: Cah. Arch., 7, 1964. – UNTERMANN, M., *Der Zentralbau im Mittelalter,* Darmstadt 1989.

VII/8 Drei Dachziegel

Ton; 40/45 x 31 x 5 cm; Maingebiet, um 830; Seligenstadt, Landschaftsmuseum, 29/131–133.

Durch vielfache Um- und Neubauten sind Dachziegel oder gar Bleiplatten, die man der Karolingerzeit zuweisen kann, sehr selten. Die in Seligenstadt im Bauschutt gefundenen Stücke stehen als rechteckige, flache Bordziegel gänzlich in der antiken Tradition. Eine Schmalseite des Ziegels überlappte jeweils den Nachbarziegel und wurde durch eine Nut am unteren Ende gehalten. Halbrunde Aufliegerziegel überdeckten die Längsfugen. Da die Tonplatten allein durch das eigene Gewicht auf den Dachsparren gehalten wurden, durfte die Dachneigung nicht zu stark sein. Die mit einer starken Neigung rekonstruierten Mittelschiffdächer der Einhardsbasilika in Seligenstadt fallen zu steil ab, als daß die vorliegenden Ziegel hätten Verwendung finden können. Da Einhard sich mehrfach nachdrücklich um Bleilieferungen bemühte, dürfte er für die Steildächer eine Bleideckung wie an der Aachener Pfalzkapelle vorgesehen haben. P.F. / A.T.

VII/9 Altarantependium

Relief, Sandstein (Fragment); 98 x 124–142 x 5–7 cm; Bodenseeraum, 9. Jh.; Bregenz, Vorarlberger Landesmuseum, VLM N 349.

Die an der rechten und der oberen Kante abgebrochene Reliefplatte zeigt ein an den Enden aufgebogenes Ankerkreuz mit zweistreifigem Flechtwerk, dessen mittlere Verkreuzungen einige Unsicherheit aufweisen. Der rechte Kreuzarm ist selbst auf dem Fragment noch als der längere zu erkennen. Unter den Kreuzarmen befinden sich zwei Lebensbäume. Über den Kreuzarmen hängt je eine Weintraube. Die Arkade rechts daneben ruht auf zwei basislosen Säulen, die mit zwei- und dreistreifigen Flechtbändern gefüllt sind, die einfachen trapezförmigen Kapitelle sind gefüllt mit Krabben und einem Zungenblatt. Den inneren Arkadenbogen schmückt ebenfalls ein zweistreifiges Flechtband. Außen ist der Bogen mit Krabben besetzt, die über einem Dreisproß ansetzen. Der Lebensbaum unter dem Arkadenbogen besteht aus einem vierstreifigen Stamm, der in einer Blüte ausläuft, und einfachen gefalzten Blättern. Ein Stern (links) und eine Blüte (rechts) sowie ein kleiner Dreisproß (unten links) füllen den Raum zwischen Arkade und Rahmen. Den rechten Abschluß bildet eine endlos geschlungene, offene, zweistreifige Ranke mit abwechselnd ungeränderten Weintrauben und Efeublättern, überhöht von einem griechischen Kreuz. Am oberen Rand ist noch fragmentarisch ein dreistreifiges Flechtband zu erkennen.
Die Platte wurde 1912 beim Abbruch des Pfarrhauses in Lauterach/Vorarlberg gefunden, der ursprüngliche Herkunftsort ist nicht feststellbar. Der Ort Lauterach wird zwar im 9. Jahrhundert erwähnt, aber von einem Kirchenbau ist erst 1227 die Rede. Die Platte könnte aus dem nahen Lustenau stammen, welches 888 als *curtis regia* erwähnt wird. Ergänzt man die Platte dem Muster nach symmetrisch, so erhält man eine Größe von ca. 200 x 114 cm, es dürfte sich also um eine Altarverkleidungsplatte (*antependium*) handeln.
Über die Diözese Chur, die zum Erzbistum Mailand gehörte, kamen langobardische Ornamentformen in das Vorarlberg-Gebiet, die hier mit fränkisch-karolingischen Formen zusammentrafen. Das Nebeneinander von zwei- und dreistreifigem Flechtwerk, die Rahmung der Weindolde und die zu einem eigenen Ornament verschmolzenen Krabben im Scheitelpunkt der Arkade weisen auf eine Entstehungszeit um die Mitte des 9. Jahrhunderts. Für einen einheimischen Meister spricht der Wille zur Ausfüllung der Fläche und die relativ grobe Arbeit.
Der Symbolgehalt der einzelnen Elemente der Platte erreicht mit dem in den *Libri Carolini* als vornehmstes Symbol der Christenheit bezeichneten Kreuz seinen Höhepunkt. Die Lebensbäume unterstützen die Bedeutung des Kreuzes als Zeichen der Erlösung. Dazu kommen die

VII/9

Weintrauben als Zeichen für das Blut Christi sowie Stern und Blüte als Zeichen für Sonne und Mond. B.G.

Literatur: KNOEPFLI, A., *Kunstgeschichte des Bodenseeraums*, Bd. 1, Konstanz/Lindau 1961. – SCHAFFRAN, E., *Eine langobardische Reliefplatte,* in: Zeitschrift für Schweizerische Archäologie und Kunstgeschichte 1, Zürich 1939.

VII/10 Altarmensa

Buntsandstein; 18 x 70 x 51 cm, Kleinlangheim (Unterfranken), 8./9. Jh.; München, Prähistorische Staatssammlung.

Während bereits mehrere Altarfundamente fränkischer Dorfkirchen ergraben wurden, fanden sich 1972/73 erstmals auch Fragmente einer karolingischen Altarplatte (*mensa*). Die fünf dicken Bruchstücke sind durch Brand geschädigt und zersprungen.
Die Oberseite der Platte ist sorgfältig geglättet, die Unterseite leicht gewölbt. Nahe dem Rand der Langseite ist eine Vertiefung für Reliquien vorgesehen, zur Mitte hin sind dazu korrespondierende Weihekreuze in den Stein eingearbeitet. Die Altarplatte bietet ein Zeugnis dafür, daß zu-

VII/10

mindest in einigen Kirchen die behelfsmäßigen hölzernen Altäre durch Steinmensen ersetzt wurden. Die Form und die schlichten Symbole verraten die liturgische Bestimmung. Die Reliquieneinlassung war sicher durch ein edles Material, etwa ein Plättchen aus Buntmarmor, verschlossen. P.F. / A.T.

Literatur: DANNHEIMER, Z./ZINK, R., *Zur frühmittelalterlichen Altarmensa von Kleinlangheim,* in: Archäologisches Korrespondenzblatt 15, Mainz 1985.

VII/11 Ingelheimer Flügelpferdrelief

Kalkstein; 44 x 63 x 11 cm (Fragment); langobardisch, 2. Hälfte 8. Jh.; Mainz, Landesmuseum.

Das als »Ingelheimer Flügelpferdrelief« bezeichnete Fragment wurde 1876 in der Burgkirche von Ingelheim aufgefunden, wo es in offensichtlicher Zweitverwendung mit der Bildseite nach unten als Treppenstufe zum Choreingang verbaut war. Das Relief zeigt eine nur noch unvollständig erhaltene Rankenbordüre, die das größere, mit einer Tierreihung versehene Bildfeld einst rahmte. Die Efeu- und Weinranken entwachsen einem kelchartigen Gefäß, das im Zentrum der linken Schmalseite sichtbar ist. Ein solcher Kelch ist wahrscheinlich in der Mitte jedes Bordürenabschnittes zu ergänzen. Das ebenfalls nur teilweise erhaltene, theriomorph verzierte Mittelfeld läßt linkerhand das namengebende Flügelpferd mit den weit geöffneten Flügelschwingen erkennen. Die sich nach rechts bewegende Stute säugt ein Jungtier, das sich in entgegengesetzter Ausrichtung unter dem Leib des Muttertieres befindet. Sowohl die entgegengesetzt ausgerichteten, der antiken Laufhaltung entsprechenden Vorder- und Hinterläufe als auch die ausschwingenden Flügel deuten eine Bewegung der beiden Fabelwesen an. Das sich rechterhand anschließende Tier steht aufgerichtet auf beiden Hinterläufen. Die Vorderläufe stützen sich gegen ein nicht mehr erhaltenes Objekt. Unterhalb der möglicherweise als Löwin zu deutenden Tierdarstellung sind die Überbleibsel eines kleineren Vierbeiners sichtbar. Die dem aufgebäumten Tier vergleichbare Schwanz- und Tatzengestaltung läßt auf ein zugehöriges Jungtier schließen, das sich hier analog dem Muttertier nach rechts bewegt.

Die vorliegende Wiedergabe einer rankengerahmten, sich in einer Hauptrichtung bewegenden Tiergruppe stellt einen auf Gürtelschnallen oder steinernen Bildwerken belegten Motivbestandteil dar, der eine Rekonstruktion des folgenden, heute verlorenen Bildteils erlaubt. Dieser zeigte eine übereinstimmende, entgegengesetzt angeordnete Tiergruppe, die sich, ihrem Pendant vergleichbar, auf einen zentralen Gegenstand zubewegte. W. Paeseler zufolge läßt sich dieser Bildmittelpunkt als Lebensbaum rekonstruieren, der beidseitig von den Tiergruppen flankiert wurde. Dieses formelhafte, vielfach belegte christliche Bildthema, das auch ein Kreuz oder einen Kantharos anstelle des Lebensbaumes sowie unterschiedliche flankierende Tiere aufweisen kann, wirft die Frage nach der Verwendung der Ingelheimer Bildplatte auf. Aufschluß darüber geben jedoch weniger der Bildschmuck als vielmehr die technischen Details auf der Rückseite der Kalksteinplatte. Krampenlöcher und Reste eines Eisenstabes, die nicht im Zusammenhang mit der Zweitverwendung als Treppenstufe in der Ingelheimer Burgkirche stehen können, belegen, daß die Platte einstmals hängend angebracht war. Die Anordnung der Löcher und ein Maßvergleich mit zeitgleichen Türstürzen veranlaßten W. Paeseler, die Reliefplatte als Verkleidung eines Türsturzes zu deuten, der ursprünglich ein Portal der Ingelheimer Pfalz schmückte. Nur im Zusammenhang mit dem karolingischen Baukomplex erklärt sich die Existenz dieser für den Mainzer Raum exzeptionellen Bildplatte, die ihre besten Vergleiche in den langobardischen Bildwerken Oberitali-

VII/11

ens findet. Ob das Relief von dort nach Ingelheim verbracht oder von einem oberitalischen Steinmetz in Ingelheim gearbeitet wurde, ist nicht eindeutig zu klären. Die motivischen und stilistischen Übereinstimmungen mit den in spätantiker Tradition stehenden langobardischen Bildwerken erlauben jedoch laut W. Paeseler eine Datierung des Ingelheimer Flügelpferdsteines in die frühen Regierungsjahre Karls des Großen. M.A.

Literatur: Paeseler, W., *Das Ingelheimer Relief mit Flügelpferden*, in: Festschrift Volbach, Mainz 1966.

VII/12 Schrankenplatte aus St. Peter

Relief, Marmor (Fragment); 114,5 x 66 cm; Rom, 2. Viertel des 8. Jh.; Berlin, Staatliche Museen zu Berlin – Preußischer Kulturbesitz, Museum für Spätantike und Byzantinische Kunst, 6588.

Die Reliefplatte zeigt von spiralförmig kannelierten Säulen auf einfachen Würfelbasen mit Blattwedelkapitellen getragene Arkaden, wobei die oberen Blätter der Kapitelle zu einer Art Kämpfer zusammengewachsen sind. Eine Wellenlinie mit wechselseitig eingefügten Punkten schmückt die Arkadenbögen. Darunter steht je eine Palme mit spiralförmigen Ranken, Fruchtständen in Form von Weintrauben und darüber unterschiedlich ausgebildeten Palmwedeln mit einer abschließenden Blüte. Der Rahmen der Platte ist dreifach gekerbt.

Das Fragment bildete den Mittelteil einer insgesamt ca. 1,95 m langen Schrankenplatte. E. Russo konnte zwei weitere Bruchstücke aus den Grotten von St. Peter in Rom als zugehörig nachweisen. Die Platte umfaßte somit insgesamt vier Arkadenbögen. Das Fragment gehörte zu der Schrankenanlage des Presbyteriums von Alt St. Peter in Rom, es war dort sehr wahrscheinlich zwischen den konstantinischen Spiralsäulen angebracht, die nach dem Umbau der Anlage unter Gregor III. (731–741) – überliefert in dem *Liber Pontificalis* – in einer Reihe vor dem Presbyterium aufgestellt wurden. Nach dem Abbau Ende des 16. Jahrhunderts haben sich Spuren in einer Putzschicht erhalten, die den Standort der Schranken erkennen lassen.

Während der Architrav der Schrankenanlage in Alt St. Peter reichen figürlichen Schmuck aufwies, zeigt die Schrankenplatte eine einfache Darstellung: Lebensbäume unter fortlaufenden Arkadenbögen. Dieses seltene Motiv findet sich auch auf einer Platte im Museo Petriano in Rom. Weitaus mehr Beispiele zeigen einzelne Bögen mit Kreuzen und kleineren Lebensbäumen, kombiniert mit Flechtwerk (vgl. Kat. VII/9). Vorbilder können in der Sarkophagplastik gefunden werden. Es scheint sich hier

VII/12

um das Eindringen eines neuen Motivs in die römische Steinplastik dieser Zeit zu handeln, das sich jedoch nicht durchsetzen konnte. B.G.

Literatur: Effenberger, A./Severin, H. G., *Das Museum für Spätantike und Byzantinische Kunst*, Mainz 1992. – Russo, E., *La recinzione del presbiterio di S. Pietro in Vaticano dal VI all VII secolo*, in: Rendiconti della Pontifica Accademia Romana di Archeologia 45/46 (1982/84), 1986.

VII/13 Skylla von Corvey

Fresko (Fragment); Klosterkirche von Corvey, Emporengeschoß des Westwerks, um 885. (Foto)

VII/13

Zu erkennen ist ein halb menschliches, halb drachenartiges Wesen im Kampf mit einem Krieger. Das Wesen hat einen zweifach gewundenen Drachenschwanz und einen nackten menschlichen Oberkörper mit rundlichem Bauch und kräftigen Schultern. Der Kopf mit flatternden Haaren ist nur teilweise erhalten; drei Hundeoberkörper mit geöffneten Schnauzen, zwei zu dem Krieger gewandt, einer zur anderen Seite, »umgürten« das Wesen und verdecken so den Übergang zwischen Oberkörper und Drachenschwanz. Mit seinem linken Arm umklammert es einen Menschen. Die rechte Hand ist erhoben, wahrscheinlich zum Schlag gegen den Krieger auf der linken Seite. Der Krieger steht, dem Wesen zugewandt, auf dessen Schwanz, er ist mit einem Lendenschurz bekleidet. Kopf und Schulterpartie sind nicht erhalten. Mit seiner rechten Hand stößt er einem der Hunde eine Lanze in den Rachen, die andere Hand hält abwehrend einen Schild.

Bei den Restaurierungsarbeiten der Jahre 1954 bis 1961 wurden in allen Teilen des Westwerks der Klosterkirche von Corvey Spuren der ursprünglichen Raumfassung sichtbar. Die Malerei im Westraum des Johannes-Chores ist zu großen Teilen nur sehr fragmentarisch erhalten, die einstige Farbgebung nurmehr zu erahnen. Da die Farbe direkt auf den noch feuchten Kalkputz aufgetragen wurde, muß die Ausmalung kurz vor Fertigstellung des Westwerks (Weihe 885) angebracht worden sein. Auch die Art der erhaltenen, meist ornamentalen Malerei weist auf diese Entstehungszeit. Neben der beschriebenen Szene sind noch die Konturen einer sitzenden Gestalt und eines Meerwesens zu erkennen. Reste zweier Delphine auf anderen Wandteilen lassen vermuten, daß sich ein Bilderfries über den gesamten Raum oberhalb der teils gemalten, teils steinernen Kämpfer hinzog.
Über Vergleiche mit antiken Darstellungen kann man in der Wandmalerei die Szene des Kampfes von Odysseus mit Skylla identifizieren. Entgegen der im zwölften Gesang des Homer beschriebenen zwölf Füße und sechs Köpfe mit den Stimmen von Hunden wird Skylla hier, wie schon in der Antike, mit einem gewundenen Drachenschwanz und nur einem Kopf, aber von Hunden umgürtet dargestellt. Auch fehlt bei Homer der direkte Kampf zwischen Odysseus und dem Ungeheuer, das sechs seiner Gefährten ohne Gegenwehr verschlingt. Die antiken Darstellungen reichen vom 5. Jahrhundert vor bis ins 5. Jahrhundert nach Christus. Eine weitere mittelalterliche Darstellung der Skylla ist bis jetzt nicht bekannt. Allerdings finden sich auf den Elfenbeinen an der Vorderseite der in das zweite Viertel des 9. Jahrhunderts datierten Cathedra Petri möglicherweise direkte Vorbilder für den gewundenen Schwanz der Skylla.
Daß derartige Darstellungen den Karolingern bekannt gewesen sein müssen, zeigt in den *Libri Carolini* die Erwähnung einer »*scilla capitibus succinacta caninis*« (Skylla, von Hundeköpfen umgeben, LC, III, 23), deren Abbildung nicht geduldet werden könne. Entgegen der Behauptung der *Libri Carolini* war die Sage des Odysseus den Kirchenvätern nicht fremd. Die dem Skyllakampf folgende Begebenheit, in der Odysseus, an den Mastbaum gebunden, den Sirenen widersteht, wird schon früh für das Christentum umgedeutet: Odysseus als weiser und frommer Christ erliegt nicht den Versuchungen der Häresie, sondern fährt, an den Mastbaum als Versinnbildlichung des Kreuzes gebunden, sicher der Erlösung entgegen. So dürfte auch in Corvey die Skylla-Darstellung nur der eigentlich wichtigeren Szene des Odysseues am Mastbaum vorangestellt gewesen sein. Schon die *Libri Carolini* nennen neben der Skylla auch die lockenden Sirenen. Skylla selbst wird bei den Kirchenvätern nur am Rand als Sinnbild des Bösen erwähnt. So auch bei Paschasius Radbertus, der Mitbegründer des Klosters Corvey war.

B.G.

Literatur: CLAUSSEN, H., *Karolingische Wandmalerei im Westwerk zu Corvey,* in: Kunstchronik 17, 7, 1964. – EFFMANN, W., *Die Kirche der Abtei Corvey,* Paderborn 1929. – HANFMANN, G., *The Scylla of Corvey and her ancestors,* in: DOP 41, 1987. – *Katalog Corvey, Kunst und Kultur im Weserraum 800–1600,* Münster [2]1966, Nr. 380–389. – NEES, L., A *Tainted Mantle. Hercules and the Classical Tradition at the Carolingian Court,* Philadelphia 1991. – RAHNER, H., *Griechische Mythen in christlicher Deutung,* Zürich 1945.

VII/14 Zwei Fibelschmuckscheiben

Glaspaste, Goldauflage; A: 3,1 x 5,2 cm, B: Dm. 2,9 cm; jüngere Merowingerzeit, Periode JM III n. Ament (670/80–720 n. Chr.); Mainz, Landesmuseum, A: 5995, B: 5996.

A: Die zweiteilig gearbeitete gläserne Fibelschmuckscheibe setzt sich aus einer flachen ovalen Unterlagplatte dunkelvioletter Färbung und einer erhabenen Tierdarstellung grünlichweißer Färbung zusammen. Dreiecke und kleine Rhomben aus Blattgold, die randlich in die Unterlagplatte eingebracht sind, rahmen das plastisch hervortretende Fabeltier. Eisenreste auf der Rückseite der Unterlagplatte und vergleichbare Glaskameen machen eine Fassung aus eiserner Grundplatte mit bronzenem Rand wahrscheinlich, deren Rückseite mit einer Nadelkonstruktion versehen war.
Besondere Beachtung verdient das nach rechts blickende Fabeltier. Dieses läßt einen vorgestreckten, sanft geneigten Kopf mit gerundeter Schnauze und leicht geöffnetem Maul erkennen. Am Hinterkopf setzt eine perlenartig wiedergegebene Mähne an, die der Außenkontur des Halses folgt. Dem Rücken entwachsen zwei stilisierte Flügel. Der Hinterleib endet in einer gefächerten Schwanzflosse, die eindeutig auf eine maritime Tierdarstellung verweist. Eine perlenartige Aneinanderreihung, die sich bogenförmig über den Hinter- bis zum Unterleib des Tieres erstreckt, imitiert den für antike Seetierdarstellungen charakteristischen eingerollten Hinterleib. Die weit vorgestreckten Vorderläufe lassen auf eine momentane Bewegung des Mischwesens schließen.
Die gesamte Darstellung verweist auf das antike Bildmotiv des löwenköpfigen, geflügelten Seedrachens, das sich noch in der Spätantike als Zierde von Gürtelbeschlägen einer gewissen Beliebtheit erfreute. Während der Merowingerzeit ist dieses Motiv unter einer Vielzahl von Seetierdarstellungen nur vereinzelt faßbar, bis es im letzten Abschnitt dieser frühmittelalterlichen Epoche (Periode JM III nach Ament) bei einer ganzen Serie von Glaskameofibeln auftritt, zu der auch das Mainzer Exemplar zählt. Die vereinfachte Darstellungsweise der Seeungeheuer knüpft hierbei soweit an die spätantiken Wiedergaben an, daß eine Bildtradierung trotz fehlender Zwischenglieder wahrscheinlich ist. Die augenfälligen Übereinstimmungen der Glaskameofibeln, die, bis auf ein Exemplar mit der Darstellung von Kaiserbüsten, stets das antikisierende Seetier aufweisen, lassen an eine Fertigung innerhalb einer Werkstatt denken. Diese ist am ehesten im fränkischen Reichsgebiet westlich des Rheins zu vermuten, wo die aus Grab- und Siedlungsfunden stammenden Glaskameofibeln vornehmlich verbreitet sind. Die gerade im westlichen Frankenreich und im unmittelbar östlich angrenzenden Gebiet nachweisbare antike Bildtradition vermag die Herkunft der antikisierenden Pseudokameofibeln aus eben diesem Gebiet zu stützen.
B: Die münzartige, in der Literatur als »Pseudobrakteat« bezeichnete Glaspaste entstammt der gleichen Siedlungsschicht wie das zuvor behandelte Glaskameo. Diesem vergleichbar diente sie als Schmuckscheibe einer Fibel, worauf die flache Rückseite und die darauf befindlichen Eisenreste verweisen. Der Terminus »Brakteat« bezeichnet ursprünglich einseitig geprägte Münzen. Diese eigentlich mittelalterliche Münzbezeichnung wurde dann auf ältere, in vergleichbarer Technik hergestellte runde, münzartige Metallarbeiten übertragen. Die opake graugrünlich-weiße Glaspaste zeigt eine nach links blickende Büste, die partiell von einer Legende umgeben ist. Den Rand der Paste ziert ein vollständiger Perlkranz. Der im Profil wiedergegebene Kopf läßt eine vereinfachte Darstellungsweise erkennen, wie sie von merowingischen Preßblecharbeiten und Münzbildern bekannt ist. Neben den wulstigen Lippen und der kräftigen Nase verdeutlicht vor allem die geometrisch anmutende Wiedergabe der kreisrunden Augen, des ovalen Ohres und der strahlenförmigen Haare die Stilisierung der Darstellung. Den äußeren Abschluß der borstenartigen Haartracht bildet eine bogenförmige Linie, die aufgrund vergleichbarer Metallarbeiten wahrscheinlich ein weitestgehend stilisiertes Diadem andeutet. Die im Nacken erkennbare perlenartige Verzierung läßt sich folglich als Pendilie erklären. Den unterhalb des kräftigen Halses sichtbaren Schulteransatz überziehen parallele Linien, die Dank metallener Vorbilder auf die Wiedergabe eines in römischer Manier gerafften Gewandes verweisen. Die umgebende, aus Buchstaben und buchstabenähnlichen Zeichen zusammengesetzte Inschrift ahmt eine Münzlegende nach, ohne eine sinnvolle Lesung zu erlauben.
Zweifelsohne imitiert die vorliegende Glaspaste metallene Vorbilder. Der umgebende Perlkranz, der ein Charakteristikum von Preßblecharbeiten darstellt, erlaubt es, die Vorbilder unter den jüngermerowingischen Metallarbeiten zu suchen. Vergleichbare Abbildungen liegen auf einer ganzen Reihe von Preßblechfibeln vor, die zum Teil Abformungen römischer Münzen sind, häufiger jedoch diese, aber auch merowingerzeitliche Prägungen imitieren. Die auf den Fibeln wiedergegebenen, zumeist nach

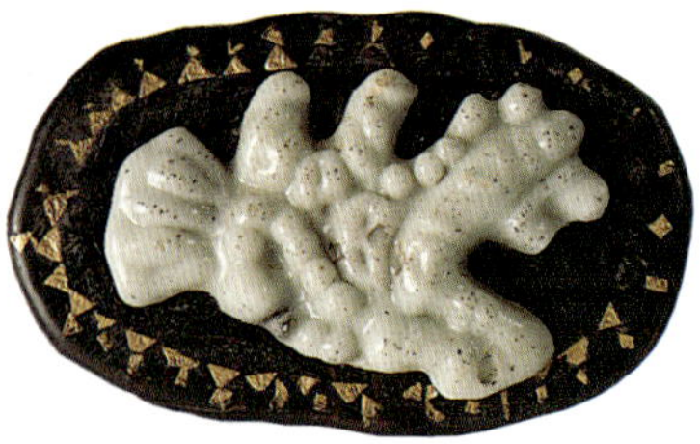

VII/14 A

VII/14 B

rechts blickenden Profilköpfe ahmen in unterschiedlicher Qualität Münzbildnisse römischer Kaiser nach. Ein solches kaiserliches Münzbild liegt demnach auch auf dem gläsernen »Brakteaten« vor, ohne jedoch einen historisch belegten Herrscher wiederzugeben. Dies bestätigt vor allem auch die unlesbare Münzlegende, die gleichfalls auf Münzbildern nachempfundenen Preßblecharbeiten nachweisbar ist und somit eine weitere Verbindung zwischen den Preßblechfibeln und dem Pseudobrakteaten herstellt.
Die Zeitstellung des gläsernen »Brakteaten« ergibt sich aus der Vorbildstellung der Preßblechfibeln und der Vergesellschaftung mit dem Glaskameo, was eine Datierung in den letzten Abschnitt der jüngeren Merowingerzeit (Periode JM III nach Ament) wahrscheinlich macht. M.A.

Literatur: Ament, H., *Siedlung und Gräberfeld des frühen Mittelalters von Mertloch,* Nürnberg 1994. – Heavernick, Th. E., in: Forschungen und Berichte der Archäologie des Mittelalters in Baden-Württemberg 6, Stuttgart 1979. – Klein-Pfeuffer, M., *Merowingerzeitliche Fibeln und Anhänger aus Preßblech,* Marburg 1993. – *Katalog Aachen,* Nr. 123/124.

RELIQUIEN

VII/15 Tragaltar des hl. Liudger

Bein, Eichenholz; 21,2 x 40 x 22 cm; fränkisch, Mitte 8. Jh.; Essen-Werden, Propsteikirche St. Ludgerus, Schatzkammer. (Kopie)

Der mit Beinplatten beschlagene Kasten befindet sich noch heute im Kirchenschatz von St. Ludgerus in Essen-Werden an der Ruhr. Die lokale Überlieferung verbindet ihn mit dem hl. Ludgerus, der um 800 das Werdener Kloster gründete und dort auch bestattet ist.
Der Kasten ist auf allen sichtbaren Flächen mit Beinplatten bedeckt. Daß deren Anbringung nicht ungestört ist, zeigt sich bereits bei oberflächlicher Betrachtung: unzweifelhaft zusammengehörende Teile sind – vermutlich im 14. Jahrhundert – auseinandergerissen worden und sinnwidrig an anderen Stellen eingefügt.
Ein so herausragendes Werk der fränkischen Zeit hat selbstverständlich verschiedene Rekonstruktionsversuche erfahren. Sie alle können nur Annäherungen an den ursprünglichen Zustand sein, da die verlorenen Bestandteile und die vielfältige Zusammenfügbarkeit der einzelnen Tafeln gewisse Unwägbarkeiten bewirken. Im wesentlichen folgen fast alle Autoren der Rekonstruktion des Bildprogrammes, die V. H. Elbern vorgelegt hat. Er nimmt für die Rückseite die Kreuzigung Christi an, deren Bestandteile heute über den ganzen Kasten verteilt sind. Christus, flankiert von zwei Lanzenträgern, ist aufrecht und mit geöffneten Augen am Kreuz dargestellt. Seine Hoheit ist nicht nur durch die Haltung, sondern auch durch das Wort REX auf dem Kreuznimbus betont. Zahlreiche Tafeln mit Tieren und geometrischen Durchbruchmustern umgeben die Kreuzigungsszene. Die Seitenteile sind rein ornamental geschmückt, wie es am ungestörten Zustand der rechten Schmalseite auch heute noch ablesbar ist. Auf der Vorderseite, der Hauptansichtsseite des Kastens, sind drei Figuren in Orantenhaltung zu sehen: in der Mitte Christus, flankiert von zwei bärtigen Engeln. Eingefügt sind diese drei Bildplatten in eine reiche Rahmung aus Leisten, die mit geometrischen Mustern geschmückt sind. Der Deckel des Kastens ist durch Ornamentbänder in eine gitterartige Struktur gegliedert, deren Kreuzungspunkte durch Rosetten betont sind. Im Zentrum des Deckels befand sich ein Feld, das wahrscheinlich durch eine Tafel mit gleichschenkligem Kreuz gefüllt war. Diesem zu erschließenden Befund ist die Gestaltung der Deckelplatte am frühkarolingischen Adelhausener Tragaltar in Freiburg vergleichbar; dort rahmen zwei Kreuze die Steinplatte, auf der während der Messe der Kelch stand. Somit hat auch der Werdener Kasten wahrscheinlich als Tragaltar gedient. Dem entspricht auch die Kreuzigungsthematik: sie ist einem liturgischen Gerät an-

gemessen, an dem das Kreuzesopfer Christi nachvollzogen wird.
Das sehr flache Relief läßt die Figuren mehr eingeritzt und ausgeschnitten als geschnitzt wirken, was durch die Technik der Durchbrucharbeit noch betont wird. Dieser Reliefstil zeigt die Einbindung in vorwiegend zweidimensional ausgerichtete und unplastisch empfindende Bildtraditionen an. Die Illusion von Körper- und Räumlichkeit war dem Schnitzer und seiner Zeit kein Anliegen; seine Menschendarstellung ist von geometrischer Stilisierung geprägt und betont das Hoheitsvoll-Überirdische der Figur Christi und der himmlischen Gestalten. M.R.

Literatur: Braunfels, W., *Die Kunst im Heiligen Römischen Reich Deutscher Nation,* VI, München 1989, S. 26. – Elbern, V., *Der fränkische Reliquienkasten und Tragaltar von Werden,* in: Das erste Jahrtausend I, Düsseldorf 1962. – Ders., *Species Crucis – Forma Quadrata Mundi,* in: Westfalen 44, 1966. – *Katalog Essen* 1990/91, *Vergessene Zeiten,* Nr. 9. – Roth, H., *Kunst der Völkerwanderungszeit,* in: Propyläen Kunstgeschichte, Suppl. Bd. IV, Frankfurt/Berlin/Wien 1979, Nr. 228. – Schumacher, E., *Der fränkische Tragaltar zu Werden,* in: Ausstellungskatalog Duisburg 1983, Duisburg und die Wikinger.

VII/16 Reliquienkasten aus Stebbach

Bein, Glaseinlagen, Eisenbeschläge, Holz; 37 x 20 x 18 cm; rheinisch, 9./10. Jh. (?); Karlsruhe, Badisches Landesmuseum, 74/106.

Im Jahre 1968 wurden bei Flurbereinigungsarbeiten zwischen den Ortschaften Stebbach und Richen im Kraichgau Hinweise auf Fundamente und Bestattungen entdeckt. Eine im folgenden Jahr durchgeführte Grabung erbrachte die Reste einer Siedlung, die – wie es die Keramikfunde nahelegen – vermutlich im Laufe des 14. Jahrhunderts aufgegeben wurde. Zentrum des Ortes war eine Kirche, für die mehrere Bauphasen nachgewiesen werden konnten. Gegründet wohl in karolingischer Zeit, erfuhr der schlichte Bau mit einem Chorneubau im 13. Jahrhundert seine letzte Erweiterung. Unter dessen Fundamenten wurden in stark zerdrücktem Zustand die Einzelteile eines beinernen Kästchens entdeckt.
Die Wiederherstellung des Kästchens erfolgte über einem neuen Holzkern, der als Träger für die einzelnen schmalen Beinleisten dient. Es hat die ausgewogene Form eines Kastens von ungefähr gleicher Höhe und Tiefe. Die Rekonstruktion wurde dadurch erschwert, daß neben den starken Beschädigungen auch frühere Ausbesserungen zu berücksichtigen waren.
Der unfigürliche, eingeritzte Dekor findet in einzelnen Motiven immer wieder Parallelen bei anderen Beinarbeiten, Kästen und auch Zierkämmen. Auffällig ist bei dem Kasten aus Stebbach die Vielzahl der verwendeten geometrischen Muster; Punktkreise, Parallelritzungen und Zopfbänder erscheinen in immer neuen Kombinationen. Von plastischer Wirkung und Machart sind die geriefelten Leisten, die die Innenflächen rahmen. Wichtig für die Gesamtstruktur ist neben dieser klaren Scheidung in Rahmen und Füllung ferner die weitgehend symmetrische Verteilung der Einzelelemente auf den Flächen. Eisenbeschläge und zum Teil erhaltene farbige Glaseinlagen an der Vorderseite und auf dem Deckel steigern die kostbare Erscheinung des Objektes.
Erheblich erschwert wird die Datierung solcher Kästchen durch die Langlebigkeit der verwendeten Ornamente, an denen zudem kaum stilistische Wandlungen festzustellen sind. Auch fehlen fest datierte Vergleichsstücke fast völlig. Für das Stebbacher Kästchen sind in den ersten Publikationen vorsichtige, aber früh angesetzte Datierungsvorschläge zwischen dem 8. und dem 10. Jahrhundert gemacht worden. V. H. Elbern, der wohl beste Kenner dieser schwierigen Materie, hat für eine spätere Datierung des Stebbacher Kastens und verwandter Arbeiten im fortgeschrittenen Mittelalter plädiert und eine Entstehung im rheinisch-nordwestdeutschen Raum für möglich gehalten.
Der rein geometrische Dekor enthält keinerlei Hinweise auf die Verwendung des Kastens. Die aufwendige und sorgfältige Gestaltung läßt darauf schließen, daß es zur Verwahrung besonders geschätzter Gegenstände diente. Die Fundumstände deuten auf eine nicht zufällige, sondern durchaus geplante Niederlegung des Objektes an dieser Stelle, was die Annahme einer kultischen Nutzung erhärtet. Kästen vergleichbarer Gestaltung und Größe aus Bein haben sich in einigen Kirchenschätzen erhalten oder sind wie das Stebbacher Kästchen bei Grabungen in Sakralbauten gefunden worden. So ist ihre Verwendung im Reliquienkult als Kasten zur Verwahrung von verehrten Überresten am wahrscheinlichsten. Im Bereich der Reliquiare ist eine langanhaltende Tradition des Unfigürlichen festzustellen, die nicht mit kurzfristigen bilderfeindlichen Ansätzen zu verbinden ist. Vom 6. bis in das 12. Jahrhundert hinein zieht sich eine stattliche Reihe von Reliquienkästchen, die sich auf geometrischen Dekor beschränken oder allenfalls christliche Symbole, Ranken oder Tiere als Ornamente aufweisen. M.R.

Literatur: Degen, K., *Ein frühmittelalterliches Reliquienkästchen aus Oberhessen,* in: Kunst in Hessen und am Mittelrhein 11, 1971. – Elbern, *Libri Carolini.* – Ders., *Das Beinkästchen im Essener Münsterschatz,* in: Aachener Kunstblätter 44, 1973. – Ders., *Ein neuer Beitrag zur Ikonographie des Unfigürlichen,* in: Das Münster 25, 1972. – Fehring, G. P./Lutz, D., *Archäologische Grabungen im Bereich der Dorfwüstung Zimmern,* in: Zeitschrift für die Geschichte des Oberrheins, 117, 1969. – Petrasch, E., *Badisches Landesmuseum Karlsruhe,* Karlsruhe 1976, Nr. 125.

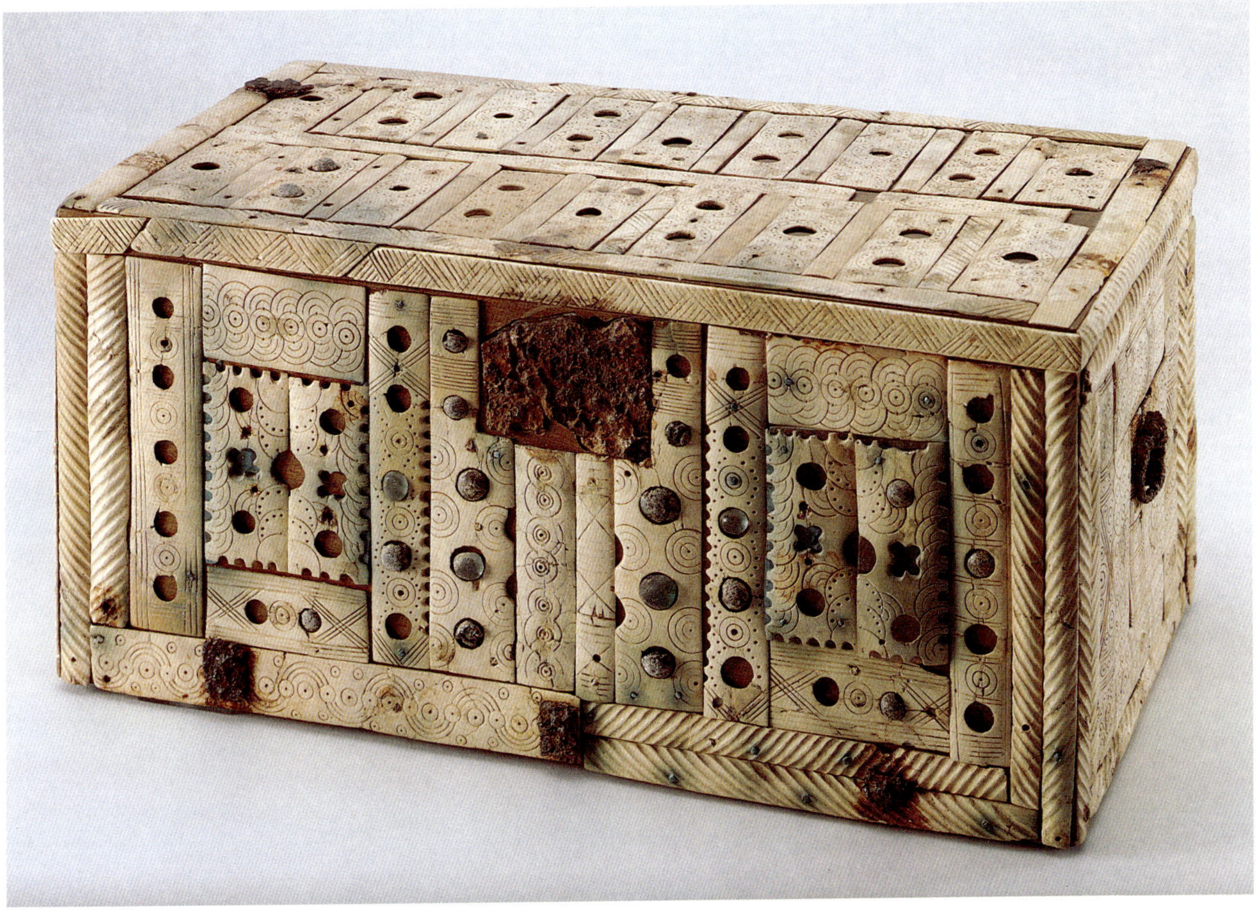

VII/16

VII/17 Engerer Bursenreliquiar

Holzkern mit Goldblech- und vergoldeter Silberblechverkleidung, aufgelegter Zellenschmelz, Steineinlagen, massive silbervergoldete Firstbekrönung; 16 x 14,5 x 5,3 cm; fränkisch, erste Hälfte 9. Jh.; bis 1414 im Stiftsschatz von St. Dionysius zu Enger (Westfalen); Berlin, Staatliche Museen zu Berlin/Preußischer Kulturbesitz, Kunstgewerbemuseum, 88.632. (Foto)

Bursaförmiges Reliquiar mit Holzkern, Schiebedeckel am Boden. Die Aufhängung ist nur noch fragmentarisch als Scharnierbeschlag an einer Schmalseite erhalten und offenkundig spätere Zutat; die ursprüngliche Suspensionsvorrichtung ist verloren und befand sich vermutlich an den Ecken der Firstbekrönung. Alle fünf Seiten sind ganzflächig bedeckt: vergoldete Silberpreßbleche auf Rück-, Unter- und Schmalseiten, Goldblech mit flächendeckendem Zellenschmelz sowie Gemmen- und Steineinlagen auf der Vorderseite. Die Stoßkanten der Bleche werden von aufgenieteten Leisten mit Kerbschnitt-Rautenmuster kaschiert. Die polychrome Schauseite überspannt ein gerahmtes Gitterwerk von schmalen geraden und gebogenen Zellenschmelz-Stegen mit alternierend rot-grünen Einlagen, auf deren Schnittpunkten große ovale Goldblech-Muldenfassungen mit kugeligen Halbedelsteinen und blauen Gemmen sitzen, die mittlere Fassung von einem Kranz aufgezogener Perlen umrahmt. Die meisten Fassungen sind beschädigt, einige scheinen bereits einmal geöffnet worden zu sein; somit könnten einige Einlagen spätere Ergänzungen sein.

Das Gitterwerk wird von einem großen gleicharmigen Kreuz beherrscht; acht Fassungen in den Rahmenecken und im Zentrum der Kreuzwinkel sind durch schwach und stark gebogene Zellenschmelz-Stege miteinander verbunden; jeweils zwei volutenartig eingerollte Zellen-

schmelz-Stege, die durch eine weiße Perle in der Schlaufe tierkopfartig wirken, sind zu den Außenrändern gekehrt. In die vom Stegwerk freigelassenen unregelmäßigen Felder sind mit blauem, türkisem, rotem, grünem und weißem Email cloisonnierte, figürlich verzierte Goldblechwannen eingesetzt, von denen zwei herausgefallen und zwei leer sind; zwei weitere haben die Emailfüllung verloren. Die kleinen Freiflächen am Rand scheinen von Anfang an freigelassen worden zu sein. Die Muster dieser Zellenschmelzeinsätze bestehen aus vier horizontal liegenden »tannenbaum«-artigen Pflanzen entlang den vertikalen Kreuzarmen sowie aus zwölf Tierdarstellungen. Diese sind: in den oberen Feldern zwei kleine (Raub-?)Vögel, wohl im Flug; in den beiden oberen äußeren, heute leeren (ursprünglich wohl den unteren äußeren Wannen entsprechend) S-förmige Schlangen; in den Feldern oberhalb der Horizontalbalken zwei Fische und unterhalb zwei S-förmige Tierleiber mit untergelegtem Schwanzende (oder hochgebogenem Hinterbein?) und Ohren (nur links belegt), also vielleicht Vierfüßler andeutend; in den unteren Feldern zwei kräftige, lange Vögel mit zurückgewandtem Kopf, die vermutlich Wasservögel darstellen sollen.
Die Preßbleche von Rück- und Schmalseiten zeigen eine doppelgeschossige Arkaden-Architektur mit Halbfiguren: oben Christus zwischen zwei Engeln, unten Maria mit Kind zwischen den Apostelfürsten und auf den Seiten je ein Heiliger unter einem Engel; die Unterseite bedeckt ein zweiliniges geperltes Flechtband vom Typ des Churer Reliquiars. Die durchbrochen gegossene Firstbekrönung besteht aus zwei nach außen blickenden hockenden Vierfüßlern mit heraushängender Zunge und mit Mähne, also wohl Löwen, deren lange Schwänze wellenförmig in der Mitte zusammenstoßen. Auf diese Schwänze stützen sich drei weitere hockende Löwen mit geschlossenem Maul und um den Leib geschlungenem Schwanz, die von der Rückseite her nach vorne blicken. Die heute leeren Augenhöhlen waren ursprünglich sicher mit kleinen kugeligen Glassteinen gefüllt.
Bursen-Reliquiare wurden wie die hausförmigen Reliquienbehälter zu verschiedenen kirchlichen Anlässen an Aufhängungen um den Hals getragen; ihre Form leitet sich von Stoff- oder Ledertaschen ab. Nach der überzeugenden Deutung V. H. Elberns ist auf der Vorderseite der Engerer Burse das Kreuz als Zentrum der Welt mit den Gattungstieren der Schöpfung dargestellt, wobei die zwölf Steine, die um den zentralen perlengesäumten Stein angeordnet sind, die Apostel um Christus symbolisieren. Auch die vegetabilen Elemente gehören in diesen Zusammenhang. Die Darstellungen auf Rück- und Schmalseiten entsprechen byzantinischen Apsiskompositionen. Die fünf Löwen, die das Gegenüber und die Seiten des Bursaträgers fixieren, sind die Wächtertiere des Heiligengrabes (= Reliquiars).

VII/17

Wegen der Ähnlichkeit der Cloisonné-Tiere der Schauseite mit denen vom Älteren Lindauer Buchdeckel (Kat. V/4) wurde die Engerer Burse durchweg in die zweite Hälfte oder das letzte Drittel des 8. Jahrhunderts datiert. Verschiedentlich hat man sie auch – wegen einer späteren Überlieferungstradition – mit Karl dem Großen in Verbindung bringen wollen, der diese Burse seinem langjährigen Widersacher, dem sächsischen Engernherzog Widukind, 785 zur Taufe in Attigny geschenkt habe, wonach sie dann in Enger verblieben sei. Dazu würde gut passen, daß in der 1975/76 in Enger ergrabenen karolingischen Kirche eine Bestattung aufgedeckt wurde, die aus anthropologischen Erwägungen einer Identifizierung mit Widukind nicht widerspricht, womit seine örtliche Bindung also belegt wäre. Dennoch überzeugen die bisherigen kunsthistorischen Überlegungen nicht. Die Zellenschmelztiere der Bursa sind ohne die für den Tassilokelch-Stil typischen Details, etwa Schenkelspiralen und hochgestreckte zweizehige Vorderfüße, wie sie gut am Lindauer Deckel zu beobachten sind (vgl. G. Haseloff, 1990, Abb. 65a mit 66a), welcher darüberhinaus erst in die Zeit um 800 oder in das frühe 9. Jahrhundert zu stellen ist. Die Engerer Emails sind nur motivisch gleich und bestenfalls als grobe Nachahmungen zu bezeichnen. Ferner sind Muldenfassungen, aufgezogene Perlrahmen und bogenförmige Zellenschmelzgitter charakteristisch für Goldschmiedearbeiten des vollen 9. Jahrhunderts, etwa für die goldenen Prunkfibeln von Dorestad und Oldenburg-Wechloy, die aus anderen Gründen seiner ersten Hälfte und dem mittleren Drittel angehören (dazu E. Wamers, 1994, 89ff.), für die »Eiserne Krone« von Monza, die Stephansburse oder für byzantinische Emails des 9. Jahrhunderts mit aufgezogenen Perlkränzen (zum Beispiel Bucheinband der Biblioteca Marciana und Votivkrone Leons VI., beide Venedig, oder das Chachuli-Triptychon in Tiflis [vgl. G. Haseloff, 1990, Abb. 43–45, 54, 57–58]). Alle diese Elemente sind vor 800 nicht zu beobachten.

Damit wäre schon aus chronologischen Gründen eine Verbindung der Engerer Burse mit Karl dem Großen oder Widukind hinfällig. Die verhältnismäßig groben Cloisonnéarbeiten des Reliquiars lassen weniger an eine Fertigung in einem künstlerischen Zentrum wie etwa Salzburg, sondern eher in einer »provinziellen« Werkstatt nördlich der Alpen denken. E.W.

Literatur: Bierbrauer, V., *Liturgische Gerätschaften aus Baiern und seinen Nachbarregionen in Spätantike und frühem Mittelalter,* in: Katalog Rosenheim/Mattsee 1988. – Elbern, V. H., *Das Engerer Bursenreliquiar und die Zierkunst des frühen Mittelalters,* in: Niederdeutsche Beiträge zur Kunstgeschichte 10/13, 1971/1974. – Ders., *Ein fränkisches Reliquiarfragment in Oviedo,* in: MM 2, 1961. – Haseloff, G., *Email im frühen Mittelalter,* Marburg 1990. – Rosenberg, M., *Erster Zellenschmelz nördlich der Alpen,* in: Jahrbuch der preußischen Kunstsammlungen 39, 1918. – Usener, K. H., *Taschenreliquiar aus Enger,* in: Ausstellungskatalog Corvey, Kunst und Kultur im Weserraum 800–1600, Nr. 241. – Wamers, E., *Die frühmittelalterlichen Lesefunde aus der Löhrstraße (Baustelle Hilton II) in Mainz,* Mainz 1994.

VII/18 Säulchen von einem Reliquiar

Elfenbein (Fragmente, verkohlt); ca. 10 cm; Maingebiet, nach 820/30; Seligenstadt, Schatzkammer der Einhardsbasilika, L Bas 1991 – 29.

Die verkohlten und geborstenen kleinen Säulchen aus Elfenbein wurden 1939 in einem Holzschrein im Hochaltar der Seligenstädter Einhardsbasilika gefunden. Dorthin waren sie gemeinsam mit weiteren Elfenbeinblättchen und Metallfragmenten verbracht und durch eine Reliquientasche aus byzantinischem Seidenstoff des 11. Jahrhunderts ausgezeichnet worden. Dies zeigt, daß es sich bei den Elfenbeinen um Objekte gehandelt hat, deren Verehrung auch nach einer Zerstörung durch Feuer noch sichergestellt werden sollte. Die vollplastisch und sehr exakt gearbeiteten Elfenbeinsäulchen entsprechen dem klassischen Formenkanon: auf einer quadratischen Plinthe steigt die kannelierte Säule über einer attischen Basis auf. Das ionische Miniaturkapitell zeigt plastisch gearbeitete Voluten, Eierstab und Perlstab. Zusätzlich sind die Seitenflächen der Volutenpolster mit Akanthusblättern verziert.

Man wird, geringe Variationen in der Ausführung der Säulchen außer Acht lassend, die erhaltenen Fragmente einem kunstvoll gearbeiteten liturgischen Ausstattungsstück, wohl einem Reliquienkästchen zuweisen dürfen. Auch wenn sich die Rekonstruktion eines solchen Stückes angesichts der sehr fragmentarischen Erhaltung verbietet, kann man doch vermuten, daß die Säulchen gemeinsam mit ihrem Gebälk eine Arkade bildeten. In den Zwischenfeldern könnten Reliefs aus Elfenbein oder noch edleren Materialien gesessen haben. Ein Vergleich mit der Buchmalerei, deren Beachtung des klassischen Formkanons zu ähnlich antikisierenden Miniaturarchitekturen führte, drängt sich förmlich auf.

Eine besondere Bedeutung gewinnt das Reliquiar, zu dem die Säulchen gehörten, auch dadurch, daß es möglicherweise in der karolingischen Literatur erwähnt ist: ein Brief aus dem Umkreis Einhards nennt ein »(Reliquien-)kästchen des Herrn E. mit Säulen aus Elfenbein in antiker Manier« (*in capsella quam domnus E. columnis eburneis ad instar antiquorum operum fabricavit*). Wenn man den »Herrn E.« mit Einhard gleichsetzt, so handelt es sich bei den Elfenbeinfragmenten wohl um Stücke aus dem Besitz des Klostergründers. Nach der Brandkatastrophe wurde das Reliquiar daher selbst zur Reliquie und überdauerte die Jahrhunderte. A.T.

Literatur: Büchler, R./Zeilinger, H., *Reste einer karolingischen Elfenbeinarbeit in Seligenstadt,* in: Kunst in Hessen und am Mittelrhein, 11, 1971. – Dahmlos, U., *Archäologische Funde des 4. bis 9. Jahrhunderts in Hessen,* 1979. – *Katalog Frankfurt,* Nr. 217.

Die Meßfeier und ihre Kodifizierung

von Matthias Theodor Kloft

Die Liturgie der lateinischen Kirche wurde ursprünglich in sogenannten Meßlibelli, Heften mit Gottesdienstexten für einen einzelnen Gottesdienst, überliefert. Mit sinkender Bildung der Kleriker im 6. und 7. Jahrhundert begann eine Nachfrage nach Zusammenstellungen von Meßtexten für die verschiedenen Heiligengedenktage und Sonntage des Jahres. Die älteste Zusammenstellung, das sogenannte *Sacramentarium Leonianum* oder *Veronense,* zeigt noch deutlich, daß diese aus den verschiedenen Meßlibelli kompiliert wurden. Diese beginnende Kodifizierung schuf einen neuen liturgischen Buchtyp für die Meßfeier des Priesters und Bischofs. Das Sakramentar erhielt seinen Namen von den in der Messe gegenwärtigen Heilszeichen Christi, den *sacramenta.* Die beiden wichtigsten Sakramentartypen wurden legendär mit zwei Päpsten verbunden, die sich nach den Quellen sehr um die Liturgie gekümmert hatten: Gelasius I. (492–496) und Gregor I. (590–604). Während das *Gregorianum* eine Zusammenstellung der Meßtexte des päpstlichen Stationsgottesdienstes war, stellte das *Gelasianum* ein Sakramentar für die priesterlichen Meßgottesdienste des Jahreslaufs in Rom dar. Über die Petrusverehrung der Franken kamen die Meßtexte ins fränkische Reich und wurden dort mit fränkischen liturgischen Texten ergänzt. Das Sakramentar enthielt zu dieser Zeit Meßtexte für den Jahreskreis (*Temporale*), für die Heiligenfeste (*Sanctorale*) und für Votivmessen. Außerdem wurden Texte zu verschiedenen, während der Meßfeier gespendeten Sakramenten überliefert (Taufe, Firmung, Hochzeit). Mit Bonifatius, Pippin und Chrodegang kam immer stärker römische Liturgie ins Frankenreich. Sie waren daran interessiert, den authentischen Text der Meßfeier in ihrem Sprengel und im Königreich zu erhalten. Dies konnte nach ihren Vorstellungen nur über die römische Kirche gelingen. Karl nahm die Unterstützung der römischen Liturgie durch seinen Vater und dessen Hofbischof auf. Ihm ging es vor allem um den richtigen Text. Er wollte ein unvermischtes Sakramentar des hl. Papstes Gregor. Von Papst Hadrian erhielt er ein solches gregorianisches Sakramentar, das *Hadrianum,* mit dem Text des für die allgemeine Meßfeier unzureichenden päpstlichen Stationsgottesdienstes. Da es aber als authetisches Exemplar des großen Heiligen galt, wurde es bestimmend für die Folgezeit. Das von Karl eingeführte *Sacramentare Hadrianum* sollte durch die fränkischen Reformen das bestimmende Meßbuch für die römische Kirche werden. Wohl von Benedikt von Aniane († 821) wurde dem Sakramentar ein Supplement von Texten der voraufgehenden Periode und Alkuins angehängt. Die Meßtexte wurden in den späteren Sakramentaren, wie dem Drogo-Sakramentar der Kathedrale von Metz (Kat. VII/22), meist um die Heiligenfeste des Gotteshauses, für die das Sakramentar geschaffen worden war, erweitert.

Literatur: Angenendt, A., *Das Frühmittelalter,* Stuttgart/Berlin/Köln 1990. – Ders., *Mensa Pippini Regis. Zur liturgischen Präsenz der Karolinger in St. Peter,* in: E. Gatz (Hrsg.), Hundert Jahre deutsches Priesterkolleg beim Campo Santo Teutonico 1876–1976, Rom/Freiburg/Wien 1977. – Chavasse, A., *Le sacramentaire Gélasien,* Tournai 1958. – Dehusses, J. (Hrsg.), *Le Sacramentaire Grégorien,* Fribourg 1971–1982. – Ders., *Le supplement au sacramentaire grégorien,* in: ALW 1965. – Ders., *Les sacramentaires,* in: ALW 1982. – Jungmann, J. A., *Missarum Sollemnia,* Wien [5]1962. – Vogel, C., *La réforme liturgique sous Charlemagne,* in: Karlswerk II.

VII/19

VII/19 Buchdeckel mit Darstellung des Sanctus der Liturgie

Elfenbein; 33,3 x 11,6 cm; in einem Holzeinband des 14./15. Jh.; Lothringen, um 980; Frankfurt, Stadt- und Universitätsbibliothek, Ms. Barth. 181. (als Leihgabe im Liebieghaus Frankfurt)

Die großformatige Elfenbeintafel ist spätestens seit dem 15. Jahrhundert in den Holzeinband eines mittelrheinischen Lektionars des 14. Jahrhunderts eingelassen und seitdem auch im Besitz des Frankfurter Doms nachweisbar. 1803 gelangte sie als Säkularisationsgut in die Frankfurter Stadtbibliothek.
In das extreme Hochformat der Tafel ist die Darstellung einer Meßfeier eingefügt. Im Zentrum befindet sich die übergroße Figur des zelebrierenden Bischofs. Er steht hinter einem kastenförmigen Altar, der mit einem aufwendig ornamentierten Altarvorhang bedeckt ist. Darauf sind das geschlossene Evangeliar, der Kelch, eine Patene mit drei kringelförmigen Hostien und das geöffnete Sakramentar dargestellt, in dem die Anfangsworte des Kanongebetes *TE igi(tur) clementissime pater – benedicas hec dona* zu lesen sind. Vor dem Altar wenden sich fünf Subdiakone mit singend geöffneten Mündern dem Zelebranten zu, hinter ihm stehen fünf Diakone unterhalb eines kraftvoll proportionierten Baldachins. Die Details ermöglichen es, die Station innerhalb der Messe genau zu bestimmen: es ist die Darstellung des Sanctusgesanges.
Die Tafel gehört zu einer kleinen Gruppe von Elfenbeinarbeiten, die in der Forschung häufig bearbeitet und immer wieder kontrovers beurteilt wurde. Keines der Reliefs ist heute noch mit seinem ursprünglich zugehörigen Codex verbunden, keines hat eine uns bekannte Vorgeschichte, die Anhaltspunkte liefern könnte. Selbst der kenntnisreiche A. Goldschmidt, der in seinem 1914 erschienenen Corpuswerk für die meisten frühmittelalterlichen Elfenbeinarbeiten bis heute gültige Einordnungen gefunden hat, kapitulierte: ohne Lokalisierungsvorschlag datierte er nur vorsichtig in das 9./10. Jahrhundert. Auch in der neueren Literatur schwankt die Datierung: um 875 oder gegen Ende des 10. Jahrhunderts. Eine konkrete Lokalisierung fällt allen Autoren schwer; die Entstehung im Umkreis von Trier und Metz ist im Hinblick auf die dort bestehenden Bildtraditionen am wahrscheinlichsten. Die Werke teilen sich in zwei Gruppen: die von C. Nordenfalk als »Sakramentargruppe« bezeichnete umfaßt neben der hier ausgestellten Frankfurter Meßdarstellung noch eine weitere Tafel mit einer liturgischen Szene in Cambridge und die Darstellung des hl. Gregor in Wien. Sie sind durch die stilistische Auffassung, die Ornamentik und die Ausführung der Details so eng miteinander verbunden, daß man sie als Werk desselben Schnitzers ansehen kann. Darüber hinaus sind die beiden Tafeln in Frankfurt und Cambridge in den Maßen identisch und er-

gänzen sich inhaltlich, so daß sie vermutlich Vorder- und Rückdeckel derselben Handschrift, wohl eines Sakramentars, schmückten.
Die Kennzeichen der Frankfurter Meßdarstellungen finden sich auch auf den Tafeln in Wien und Cambridge: ein sehr tiefes Relief, ungemein blockhaft aufgefaßte, streng stilisierte Figuren und eine ruhige und gemessene Gestik, die die Monumentalität noch betont. Hinzu kommt als Charakteristikum ein fast irritierender Detailrealismus, der sich besonders in der Gestaltung der Ornamente und der liturgischen Gerätschaften und Gewänder niederschlägt. Diese strenge und präzise Formensprache bewirkt eine hieratische Unbeweglichkeit, die durch die weitgehend symmetrisch angelegte Darstellung noch verstärkt wird. Die gänzliche Abwendung vom Illusionsraum spätantiker Prägung, wie ihn die karolingische Kunst bevorzugte, und die so rigorose Monumentalisierung und blockhafte Auffassung der Figuren sprechen für eine Entstehung in ottonischer Zeit. Allerdings geben sich in der Gesamtkomposition noch deutlich karolingische Bildvorlagen zu erkennen. Das gleiche gilt auch für die detailreiche Schilderung des liturgischen Geschehens: U. Surmann hat dargelegt, daß die Darstellung des Meßgeschehens auf der Frankfurter Tafel fast eine Verbildlichung der entsprechenden Ausführungen des karolingischen Liturgikers Amalarius von Metz ist, der Schüler Alkuins von Tours und von 809 bis 813 Bischof von Trier war und vor allem durch sein Werk *Liber officialis* großen Einfluß ausübte. Das in seinen Schriften erkennbare Interesse an liturgischen Fragen spiegelt sich seit der Mitte des 9. Jahrhunderts in der Zunahme entsprechender Darstellungen wider.
Die Elfenbeinreliefs in Frankfurt und Cambridge mit ihrer detaillierten Schilderung erlauben konkrete Rückschlüsse auf die liturgische Praxis. Inhaltlich ergänzen sie sich: die Tafel in Cambridge, in der der Introitus geschildert wird, verkörpert den Wortgottesdienst, die Frankfurter Tafel mit dem Sanctusgesang und dem Kanongebet steht für die Eucharistiefeier. M.R.

Literatur: GOLDSCHMIDT, *Elfenbein.* – *Katalog Hildesheim* 1993, Bernward, Nr. IV-38/IV-39. – *Katalog Köln* 1985, Ornamenta Ecclesiae, Nr. C 2. – NORDENFALK, C., *Karolingisch oder ottonisch?*, in: Kolloquium über spätantike und frühmittelalterliche Skulptur, Mainz 1974. – SURMANN, U., *Der Meister der Wiener Gregortafel*, in: Egbert. Trierer Zeitschrift, Beiheft 18, Trier 1993. – DIES., *Studien zur ottonischen Elfenbeinplastik in Metz und Trier*, Bonn 1990. – TRNEK, H., Das *Œuvre des Meisters der Wiener Gregorplatte*, in: Ausstellungskatalog Wien 1991, Zu Gast in der Kunstkammer.

VII/20 Sakramentarium Gelasianum

Handschrift, Pergament; 245 Bl., 26,1 x 17,4 cm; Chelles, vor 750; Rom, Biblioteca Apostolica Vaticana, Vat. Reg. Lat. 316. (Faksimile)

Das *Sacramentarium Gelasianum* wird anhand der Ornamentik dem Doppelkloster Chelles im nordöstlichen Frankreich zugeschrieben. Es handelt sich hierbei um die Abschrift eines römischen Sakramentars des 6. oder 7. Jahrhunderts. Der Name *Gelasianum* bezieht sich auf Papst Gelasius (492–496), in dem man zuerst den Auftraggeber vermutete.
Der Sakramentar besteht aus drei Teilen: dem *Temporale* (Feste des Herrn von der Weihnachtsvigil bis Pfingstoktav, Kirchweih, verschiedene Weihen), dem *Sanctorale* (Feste der Heiligen) und Votivmessen mit dem *Canon Missae*.
Von besonderer Bedeutung sind die Zierseiten, die jeweils zu Anfang der drei Bücher zu sehen sind. Sie zeigen links (fol. 131v) ein Kreuz unter einer Arkade, rechts (fol. 132r) eine Incipitseite mit Kreuz, Initialen und Hohlkapitalen. Hauptfarben sind Minium, Blau, Grün und Ocker.
Das den Anfang des *Sanctorale* (fol. 131v) auszeichnende Kreuz wird von einer Arkade umspannt. Gerundete Blattvoluten bilden Basen und Kapitelle der Säulen. Arkadenbogen und Basen sind mit Rosetten und Kreisformen – ausgefüllt mit Blättern und Vögeln – ornamentiert. Die Blattvoluten der Kapitelle sind kreis- und herzförmig, versehen mit eingesetzten Vierfüßlern und Bäumchen. Der Säulenschaft weist ein in blau gehaltenes Rankenmuster auf. Das eingestellte Kreuz ist mit einem gitterartigen Füllornament überzogen, der Mittelpunkt durch eine große Rosette hervorgehoben. Vom Querbalken des Kreuzes hängen die aus Fischen gebildeten Zeichen Alpha und Omega herab.
Die Schriftzierseite zum *Incipit liber secundus* (fol. 132r) zeigt ein Kreuz, auf dessen aus Kreisformen bestehenden Querbalken rechts und links ein Vogel steht. Auch hier hängen an Wellenbändern die Zeichen Alpha und Omega herab, darunter befinden sich zwei langschwänzige Vögel. Das Kreuz ist dem Text, der mit einer Initiale beginnt, vorangestellt. Hervorzuheben ist hier der Wechsel des Schrifttyps: Fische dienen nicht nur zur Darstellung einzelner Buchstaben oder Buchstabenteile, sondern bilden eine ganze Zierschriftzeile.
Die im *Sacramentarium Gelasianum* auftretende Tieronamentik ist ein Charakteristikum der merowingischen Buchmalerei. Ist in ihrer Frühphase eine noch sehr an die Fläche gebundene Form zu beobachten, ändert sich diese in der weiteren Entwicklung in eine mehr »koloristisch-malerische« (vgl. Kat. IV/15). S.P.

Faksimile: *Sacramentarium Gelasianum*, Vatikan 1975.

Literatur: *Katalog Köln* 1992, *Biblioteca Apostolica Vaticana*, Nr. 3. – NORDENFALK, C., *Buchmalerei im Mittelalter*, Genf 1988. – ZIEGLER, U., *Das Sacramentarium Gelasianum*, in: Archiv für Geschichte des Buchwesens, 16, 1976.

INNOMI
NEDNI·HICSA
CRAMENTORV
DECIRCULO
ANNI·
EXPOSITO
ASCO GREGORIO
PAPA ROMA
NO EDITU
EXAUTHEN
TICOLIBR·
BIBLIOTHECAE
CUBICULI S
CRIPTUM
QUALITER
MISSARO
MANA CAELE
BRATUR·

HOC EST
INPRIMIS
INTROITUM
QUALISFUE
RIT
STATUTISTE
PORIBUS SIUE
DIEBUS FES
TIS SEU COTTI
DIANIS·
DEINDE
KYRIAE ELEI
SON· ITEM
DICITUR·
GLORIA INEX
CELSIS DO·
SIEPS FUERIT
TANTUMMO
DO DIE DOMI
NICO· SIUE DI
EBUS FESTIS·
APRESBYTE
RISAUTEM

VII/21 fol. 35v/36r

VII/21 Sakramentar des Hildoardus

Handschrift, Pergament; 245 Bl., 29,5 x 10,3 cm; Cambrai, 811/812; Cambrai, Bibliothèque Municipale, Cod. 164 (159).

Karl der Große hat lange warten müssen, bis Papst Hadrian I. seinem Wunsch nach einem reinen *(immixtum)* gregorianischen Sakramentar um 785/786 (frühestens 784, spätestens 791) entsprach. Und doch wies das schließlich übersandte liturgische Gebetbuch, das, auf Gregor den Großen (590–604) zurückgehend, den Stand Gregors II. (715–731) repräsentierte, so gravierende Mängel auf, daß sich Alkuin – oder, nach J. Deshusses, Benedikt von Aniane – zu einer korrigierten Neuauflage samt Anhang genötigt sah. Von Karls liturgischem Interesse zeugen die cc. 50–52 des Frankfurter Kapitulars, darunter – neu gegenüber der *Admonitio generalis* und typisch für Karls volksnahe Religiosität – das Verbot, beim Beten nur drei Sprachen gelten zu lassen.
Codex Cambrai 164 weist sich im Kolophon als Auftragswerk des Jahres 811/812 aus und dürfte damit die älteste Überlieferung des *Sacramentarium Gregorio-Hadrianum* bewahrt haben. Vielleicht wurde der Text dem päpstlichen Urexemplar zu Aachen entnommen, dessen Provenienzvermerk – in der Überschrift des Cameracensis wiedergegeben – auf die römische Vorlage verweist: »abgeschrieben vom authentischen Buch der Bibliothek des (päpstlichen) Gemachs« (»EX AUTHENTICO LIBRO BIBLIOTHECAE CUBICULI SCRIPTUM«). H.M.

Literatur: Bischoff, *Mittelalter III.* – Deshusses, J., *Le sacramentaire grégorien,* 1, Fribourg/Suisse 1971. – Gamber, K., *Codices liturgici Latini antiquiores,* 2, Freiburg/Schweiz [2]1968, Nr. 720. Dazu Suppl., Freiburg/Schweiz 1988. – Lietzmann, H., *Das Sacramentarium Gregorianum nach dem Aachener Urexemplar,* Münster 1921. – Rand, E. K., *Studies in the Script of Tours,* 2, Cambridge/Massachusetts 1934.

VII/22 fol. 15v/16r

VII/22 Drogo-Sakramentar

Handschrift, Pergament; 130 Bl., 26,4 x 21,4 cm; Metz, um 850/55; Paris Bibliothèque Nationale, Ms. Lat. 9428. (Faksimile)

Das Sakramentar trägt den Namen Erzbischof Drogos von Metz (seit 823 Bischof, von 844–855 Erzbischof); Drogo war ein unehelicher Sohn Karls des Großen. Sehr wahrscheinlich war Drogo auch der Auftraggeber der Handschrift, da sein Name in einer nach seinem Tod am Ende der Handschrift eingetragenen Liste Metzer Bischöfe durch goldene Unziale hervorgehoben ist.
Der Text des Sakramentars entspricht weitgehend dem Hadrianum (Kat. VII/21); hinzugefügt wurden einige Messen, die darauf schließen lassen, daß die Handschrift für die Kathedrale von Metz bestimmt war, so für den hl. Stephan, den Patron der Kirche, und für den hl. Arnulfus, Bischof von Metz im 7. Jahrhundert.
Der Text des Sakramentars ist zum größten Teil in brauner Minuskel geschrieben; die Überschriften, einzelne Initialen und besondere Textteile wie der *Canon Missae* wurden in goldener Unziale oder Kapitalis Rustika geschrieben.
Der Buchschmuck ist von außergewöhnlicher Qualität; er besteht aus einer Fülle von Initialen unterschiedlicher Größe und einigen architektonischen Seitenrahmungen. Charakteristisch ist die Akanthusornamentik, die die Buchstabenkörper und teilweise auch die Binnenräume der Buchstaben überzieht, die gleichen Formen treten auch bei den Rahmungen auf. Diese Ornamentik unterscheidet sich von der anderer karolingischer Skriptorien der gleichen Zeit, ihre Vorbilder sind nicht bekannt.
Nahezu einzigartig sind die Initialen des Drogo-Sakramentars aber auch wegen der zahlreichen figürlichen und szenischen Darstellungen, die auf den Inhalt der entsprechenden Textabschnitte bezogen sind; sie sind integriert in den Initialkörper oder sie füllen den Binnenraum runder Buchstaben. Der künstlerischen Gestaltung der Initialen steht eine höchst qualitätvolle illusionistische Malweise zur Seite, die das Drogo-Sakramentar zu einem der Hauptwerke der karolingischen Kunst werden läßt. Viele

VII/22 fol. 71v/72r

der Szenen sind von ikonographischem Interesse, da vor allem neutestamentliche Illustrationen in der karolingischen Buchmalerei nicht allzu häufig überliefert sind. Besonders hervorgehoben durch eine dichte Folge von Zier- und Initialseiten ist der *Canon Missae* (fol. 14r–21r). Die erste Seite besitzt einen architektonischen Rahmen, es folgt das *Vere dignum* mit einer großen »V«-Initiale, die an den oberen Enden die Köpfe der Evangelistensymbole zeigt. Nach einer weiteren gerahmten Seite folgt eine ganzseitige Initiale »V« mit der Darstellung eines opfernden Priesters (links) und eines Lammes (rechts). auf der nächsten, gerahmten Seite erscheint der Tetramorph. Der Beginn des *Te igitur* ist durch eine ganzseitige »T«-Initiale ausgezeichnet, sie enthält alttestamentliche Darstellungen, die als Präfigurationen des Opfertodes Christi zu verstehen sind: links Abel mit einem Lamm, rechts Abraham mit einem Widder, er weist auf zwei Opfertiere am Fuß der Initiale, in der Mitte der vor einem Altar zelebrierende Melchisedek. Auf der folgenden, ebenfalls gerahmten Seite steht das Wort *clementissime*, alle Buchstaben als Initialen gleicher Größe.

Bei den Messen des Jahresfestkreises (fol. 21v–99v) sind einzelne Abschnitte durch Auszeichnungsschriften und Initialen besonders hervorgehoben: Weihnachten (fol. 24v) mit dazugehörenden Darstellungen; Natale S. Johannis Evangelistae (fol. 29r) mit dem schreibenden Evangelisten und dem Adler; Ostern (fol. 58r) mit den drei Frauen am Grabe und anderen Szenen; Himmelfahrt und Pfingsten (fol. 71v, 78r) mit dazugehörigen Darstellungen. Weitere Initialen mit Szenen im Binnenraum, die sich auf die Messen beziehen u. a. zu: Vigilia S. Johannis Baptistae (fol. 83r), Natale S. Johannis Baptistae fol. 84r), Natale Sanctorum Petri et Pauli (fol. 86r), Natale S. Pauli (fol. 87v), Natale S. Laurentii (fol. 89r), Natale S. Arnulfi (fol. 91r).

Die Handschrift besitzt wesentliche Teile ihres originalen Einbandes; die Elfenbeinplatten sind Werke der älteren Metzer Schule. Auf Darstellungen der Meßfeier (Einband und Initialen) trägt der Bischof das Pallium, in dessen Besitz Drogo wahrscheinlich seit 834 war. Diese Darstellungen wurden sowohl als Hinweis auf Drogo selbst (als Auftraggeber) wie als *terminus post quem* für die Handschrift gesehen. Nach ornamentgeschichtlichen Kriterien wurde die Handschrift in die letzten Jahre Drogos, 850–855, datiert (W. Koehler).

Die Handschrift gehörte der Kathedrale von Metz bis sie 1802 nach Paris in die Bibliothèque Nationale gebracht wurde.

K.B.

Faksimile: Drogo-Sakramentar, Graz 1974.

Literatur: Koehler, *Miniaturen III.* – Ders., *Buchmalerei des frühen Mittelalters*, München 1972. – Mütherich, F., *Kommentar zum Faksimile*, Graz 1974.

Frühes liturgisches Gerät

von Egon Wamers

»... duae capsae deauratae et una cum margaritas parata et IX vestimenta altaris, unum vas argenteum et patena una et sex velamina, casule cum alba, III petiu (pixides?) cum tribus capitalibus, duo vasa ad ministrandum, duo tintinabula, una glogga, duo scrinia ...«

Mit diesen Worten wird die Ausstattung einer Eigenkirche in *villa Munrihestate* (Münnerstadt) bei Würzburg beschrieben, die eine adelige Dame namens Wuldarniu gegen 810 dem Kloster Fulda schenkte. Die Paramente – zehn Altargewänder, sechs Velamen, eine Casel mit Alba –, die beiden vergoldeten »Kapseln«, ein Kelch und eine Patene aus Silber, die drei Behälter (Pyxiden) mit Deckeln, die zwei Ministriergefäße, zwei Klingeln, eine Glocke sowie die beiden Schreine (?) gehörten also zum festen Inventar dieser kleinen Kirche. Auch für die anderen Gotteshäuser des späten 8. und frühen 9. Jahrhunderts darf man eine ganz ähnliche Ausstattung mit liturgischen Geräten annehmen. Sie alle standen in engem Zusammenhang mit dem Gottesdienst am Altar, im engeren Sinne mit der Eucharistie.

Im Mittelpunkt dieser im Angedenken an das Letzte Abendmahl Christi vollzogenen kultischen Feier stehen die *vasa sacra*: Kelch und Patene, ursprünglich Trinkgefäß für den Wein und Schüssel für das Brot. Der Kelch (*skyphos, calix*) wurde schon früh auch als Spendekelch (*calix ministerialis*) für die Brotspezies verwendet und konnte mit der Patene verschlossen werden. Von spätantikem Geschirr abgeleitet, haben beide ihre Grundform bis heute erhalten: der Kelch mit Kuppa, Fuß und meist Nodus, die Patene als runder, selten als eckiger oder rosettenförmiger flacher Teller. Weil eigene Traditionen nördlich der Alpen nicht vorhanden waren, folgen die karolingischen eucharistischen Gefäße mediterranen, meist byzantinischen Traditionen; insulare Sonderentwicklungen bildeten sich im irischen Kulturkreis aus. Nur wenige Gefäße der Karolingerzeit haben sich bis heute erhalten: neben dem berühmtesten Kelch überhaupt, dem von Baiernherzog Tassilo III. und seiner Frau Liutpirc gestifteten sogenannten Tassilokelch von Kremsmünster (Kat. V/2), die ebenfalls kupfervergoldeten und mit Spenderinschrift versehenen Kelche von Petöháza in Ungarn (Cundpald-Kelch) und New York (Grimfridus-Kelch), vielleicht auch der silberne Ursus-Kelch von Lamon in Oberitalien sowie der elfenbeinerne Lebuinuskelch von Deventer, der stilistisch mit den Bronzegittern der Aachener Pfalzkapelle aus den Jahren um 800 in engstem Zusammenhang steht. Diese Kelche – weniger der Cundpald- und der Grimfridus-Kelch – sind mit reichem figürlichem und ornamentalem Schmuck versehen, der auf ihre liturgisch und damit heilsgeschichtlich herausragende Funktion Bezug nimmt. Patenen der Zeit sind nur vereinzelt bekannt: ein Fragment aus Gérmigny und die sogenannte Patene Karls des Kahlen (Paris, Louvre); irische Exemplare sind üppig dekoriert.

Ebenfalls zur Aufbewahrung der eucharistischen Spezies dienten seit der Spätantike Pyxiden, mit Deckel verschließbare Büchsen oder Dosen meist zylindrischer Form. Aus karolingischer Zeit ist eine Gruppe von sechs oder sieben becherförmigen vergoldeten Silbergefäßen erhalten, von denen nur noch eines vollständig vorliegt. Die hier ausgestellten Stücke aus Pettstadt und Ribe (Kat. VII/25–26) gehören in die beiden letzten Jahrzehnte vor 800 und können vielleicht mittelbar mit Karls Missions- und Kulturpolitik in Zusammenhang gebracht werden. Auch diese liturgischen Gefäße tragen einen vergleichbaren, reichen Dekor.

Weitere aus der Spätantike bekannte eucharistische Hilfsmittel wie Silberlöffel, Weinkanne (*phiala, ama/amula*) und -sieb oder kleine Kännchen für Wein und Wasser sind im karolingischen Bestand nicht überliefert – abgesehen vielleicht von der sogenannten Kanne von St. Maurice d'Agaune von um 800 – dürfen aber vorausgesetzt werden.

Im Vollzug des Gottesdienstes und bei anderen kirchlichen Handlungen kamen liturgische Geräte zum Einsatz, die schon in den heidnischen Kulten der Spätantike Verwendung gefunden hatten. Von den karolingerzeitlichen Räuchergefäßen (*Thuribulum, Thymiaterion*), die aus der Spätantike und dem Hochmittelalter so reich überliefert sind, haben sich nur zwei Exemplare erhalten: ein einschaliges vergoldetes Silbergefäß aus Dalmatien und ein zweischaliger Bronzeguß, angeblich aus »Mönchengladbach« (Kat. VII/23), die beide aus der Zeit um 800 stammen. Aus England kennt man einige weitere frühe Thymiateria. Weihwassereimer *(Situla)* und -sprenger sind meines Wissens aus karolingischer Zeit nicht erhalten; neben spätantiken Situlen kennt man eine ganze Anzahl von Eimern und auch zwei Sprengel aus insular-skandinavischen Bodenfunden.

Aus der heutigen Meßliturgie völlig verschwunden ist der Gebrauch von Fächer (*Flabellum*) und Kamm; das schönste Exemplar zur liturgischen Haarreinigung – vermutlich eine Übernahme und allegorische Umdeutung aus heidnischem Hofzeremoniell – ist der sogenannte »Heribertskamm« im Schnütgenmuseum Köln, allerdings erst aus der zweiten Hälfte des 9. Jahrhunderts. Auch Hängekronen und Altarreliquiare, die im weiteren Sinne zu den liturgischen Geräten gezählt werden dürfen, sind auf den heutigen schmucklosen Altären nicht mehr zu finden. Bestand hat das Altarkreuz, das als Erlösungssymbol im Frühmittelalter eine weit größere Bedeutung hatte als heute; einige besonders reich verzierte Gemmenkreuze (*Crux gemmata*) sind aus der Karolingerzeit erhalten (»Desideriuskreuz«, »Ardennenkreuz«, »Cruz de la Victoria«), zu denen man auch das nordhumbrische »Kreuz von Bischofshofen« aus dem späten 8. Jahrhundert rechnen darf.

Reliquiare, Reliquienbehälter verschiedenster Form, sind die am häufigsten bewahrten Objekte des christlichen Kultes im frühen Mittelalter. Unter ihnen wurden die haus- und die bursen(beutel)förmigen Reliquiare während verschiedener liturgischer Anlässe und besonders bei Prozessionen um den Hals getragen, gehören also im weitesten Sinne ebenfalls zum liturgischen Gerät. Entsprechend kostbar und ikonographisch tiefsinnig sind sie auch verziert (zum Beispiel Kat. VII/17).

Ganz im Zentrum der Liturgie standen die Meßbücher mit der heiligen Verkündigung, auf deren Ausschmückung die Mönche des Frühmittelalters allergrößte Sorgfalt und Liebe verwendeten, ebenso wie bei nicht-liturgischen Büchern wie privaten Psalterien und Evangeliensammlungen. Neben dem kalligraphischen und illustrativen Dekor, auf den hier nicht eingegangen werden kann, wurde besonderer Wert auf die Verzierung der äußeren Deckel gelegt. Feinste Elfenbeinschnitzereien und aufwendigste Goldschmiedearbeiten (z.B. der Ältere Lindauer Buchdeckel, Kat. V/4) kennzeichnen die Buchkunst des 8. und 9. Jahrhunderts.

Das liturgische Gerät nicht nur der Karolingerzeit ist durchweg in edlen Materialien gefertigt, das heißt mit Edelmetallen und -steinen. Sie wurden aber nicht nur ihrer Kostbarkeit wegen verwendet, sondern auch und vor allem wegen der »Reinheit« der Metalle und der allegorischen Bedeutung der Steine. Gold oxidiert nicht, Silber kaum; Kupferverbindungen dagegen und erst recht Eisen erleben häßliche Ausblühungen. Das war besonders für die eucharistischen Gefäße wichtig, durften doch Leib und Blut Christi nicht mit ihnen und noch weniger mit organischen Materialien wie Holz oder Bein in Berührung kommen. Zahlreiche Synodalbeschlüsse des frühen Mittelalters verbieten immer wieder ihre Verwendung, hatten aber nicht immer Erfolg. Oft lag es auch am Edelmetallmangel, wie noch die frühen Kupferkelche (z.B. der Tassilokelch, Kat. V/2) zeigen, die entweder innen vergoldet oder – wie wohl auch der elfenbeinerne Lebuinuskelch – mit einem edelmetallenen Einsatz versehen sein mußten. Dieser Mangel an Edelmetallen änderte sich erst mit der Erbeutung des riesigen Staatsschatzes der Awaren Ende des 8. Jahrhunderts. »Kein Krieg, soweit Menschengedenken reicht, brachte [den Franken] soviel Reichtum und Macht«, schwärmte Karls Biograph Einhard. Jetzt waren dem fränkischen Adel bei dem gewaltigen Ausbau an Kirchen und Klöstern die Mittel in die Hand gegeben, die zur adäquaten Ausstattung der Kirchen benötigt wurden. Nur wenig davon hat die Schrecknisse der Jahrhunderte und besonders die barbarischen Zerstörungen im Gefolge der Französischen Revolution überlebt, darunter manches in heidnischem Boden.

Literatur: Bierbrauer, V., *Liturgische Gerätschaften aus Baiern*, in: Katalog Rosenheim/Mattsee 1988. – Braun, J., *Das christliche Altargerät in seinem Sein und seiner Entwicklung*, München 1932. – Elbern, V. H., *Der eucharistische Kelch im frühen Mittelalter*, in: Zeitschrift des Deutschen Vereins für Kunstwissenschaft 17, 1963. – Ders., *Liturgisches Gerät in edlen Materialien zur Zeit Karls des Großen*, in: Karlswerk III. – Ders., Art. »*Geräte, Liturgische*«, in: Theologische Real-Enzyklopädie, XII. – Wamers, E., *Ein Räuchergefäß aus dem Schnütgen-Museum*, in: Wallraf-Richartz-Jahrbuch 44, 1983. – Ders., *Pyxides imaginatae*, in: Germania 69.1, 1991.

VII/23

VII/23 Rauchfaß

Bronze, durchbrochen gegossen; 10,6 cm, Dm. 6,8 cm, Kettenlänge 29 cm; Niederrhein (?), um 800; gefunden angeblich in »Mönchen-Gladbach«, Köln, Schnütgen-Museum, H 46.

Eiförmiges, zweischaliges Rauchfaß auf kleinem Standring mit drei untergegossenen Füßchen. Am Rand von Unter- und Oberschale springen je drei runde Ösen mit nasenartiger Rippe für Befestigung und Führung der Trageketten aus dem Gefäßkörper, die in einen knospenförmigen Kettenhalter eingehängt sind. Je eine horizontale Doppelwulst untergliedert Unter- und Oberschale in Friese, die mit Akanthuspalmetten bedeckt sind. Das breite, volutenartig gefächerte Blattwerk ist flach und kerbschnittartig ausgeführt, in der Mitte gebündelt, hat knollenartige Spitzen und ist auf der Oberschale durchbrochen.
Dieses Rauchfaß ist eines der ganz wenigen karolingischen Thymiateria; die eiförmige Morphologie ist in zeitgenössischen Bildzeugnissen und von seltenen halbschaligen Exemplaren des späten 8. und 9. Jahrhunderts überliefert. Das flache, breit gefächerte und kerbschnittartige Akanthusblattwerk findet sich im Umkreis der Hofschule Karls des Großen, etwa am Elfenbeindeckel im Aachener Domschatz, am Lebuinuskelch von Deventer und bei den Bronzegittern der Aachener Pfalzkapelle wieder, die zudem die doppelten Trennwülste kennen. Auch das getriebene Blattwerk der Goldkanne von St. Maurice - d'Agaune von um 800 ist direkt vergleichbar. Das Räuchergefäß aus dem Schnütgen-Museum in Köln ist in einem komplizierten Verfahren gegossen, über das das schlichte Material Bronze hinwegtäuschen mag. Seine Herstellung ist nur in einer künstlerisch und technisch erfahrenen Werkstatt denkbar, vielleicht sogar in der Aachener Bronzegießerei Karls des Großen oder in ihrem Umkreis.
Im frühen Christentum war das aus den heidnischen Kulten bekannte Beräuchern zunächst verpönt. Erst gegen Ende des 6. Jahrhunderts setzt sich im Byzantinischen Reich die Inzensation des Altars durch, offensichtlich unter Berufung auf das Rauchopfer des Zacharias. Das Rauchfaß aus dem Schnütgen-Museum wie auch das frühkarolingische Exemplar aus Cetina in Dalmatien lassen noch byzantinische Traditionen erkennen. E.W.

Literatur: Wamers, E., *Ein Räuchergefäß aus dem Schnütgen-Museum,* in: Wallraf-Richartz-Jahrbuch 44, 1983.

VII/24 Sogenannter Meßkelch des hl. Liudger

Kupfer, in jüngerer Zeit vergoldet; 12,2 cm, Dm. 7 cm; Niedersachsen (?), 9./10. Jh.; Essen-Werden, Propsteikirche St. Ludgerus, Schatzkammer. (Kopie)

Der sogenannte Kelch des hl. Liudger im Schatz der ehemaligen Benediktinerabtei und heutigen Propsteikirche Werden gehört zu den ältesten erhaltenen sakralen Trinkgefäßen des christlichen Westens. Der schlichte, aus vergoldetem Kupfer bestehende Kelch ist relativ klein und henkellos. Ein schlanker, leicht konkav geschwungener trichterartiger Fuß geht in einen abgeflachten, kräftigen Nodus über. Im Kontrast zum Fuß breitet sich die Kuppa, die von dem Knauf mit einem kräftigen Rücksprung abgesetzt ist, in der Form eines halben Eis konvex aus. Als einziger Schmuck dienen die zwei in gepflegten Lettern eingetieften Inschriften. Am Kelchrand: AGITUR HEC SUMMUS P(er) POCLA TRIUMPHUS (Durch diesen Opfertrank wird der höchste Triumph vollzogen), am Kelchfuß: HIC CALIX SANGUINIS DNI NRI IHU XPI (Dies ist der Kelch des Blutes unseres Herrn Jesus Christus).

Der Kelch wurde bereits in den bis ins Jahr 1604 zurückreichenden Werdener Annalen mit dem Gründer der Stiftskirche, dem heiligen Liudger, verbunden und infolgedessen nicht nur als liturgisches Gefäß, sondern auch als Reliquie verehrt. Da der Friese Liudger als Freund Karls des Großen galt, schien der Kelch auch die enge Bindung Werdens an den Kaiser zu bezeugen. Nachweisbar ist der Kelch in Werden, wohin er offenbar von Helmstedt gelangt ist, jedoch erst ab 1547.

Hat sich somit die Verbindung zu Liudger als unbelegbar erwiesen, so muß auch an der traditionellen Datierung des Objekts in die Zeit um 800 gezweifelt werden. Die schlanke Form, die Ausgewogenheit der Proportionen von Kelch und Ständer und die klare Gliederung des Aufbaus weisen keinerlei Verwandtschaft zu frühen karolingischen Arbeiten auf, wie etwa der Vergleich mit dem Tassilo-Kelch (Kat. V/2) belegen mag. Vielmehr sprechen gerade diese Elemente für eine Entstehung in spätkarolingischer Zeit. Seine nächsten Verwandten dürfte der Kelch in niedersächsischen Arbeiten des späten 9. und frühen 10. Jahrhunderts haben.

Inschrift und Form weisen unmißverständlich auf die Funktion des Kelchs in der Messe hin. Die Schmucklosigkeit und die auf den kultischen Vorgang bezogenen Inschriften bringen auch hier das Gewicht zum Ausdruck, welches die Karolinger eucharistischen Kelchen beigemessen haben. In den *Libri Carolini* wird betont, in den Gefäßen und nicht in Bildern werde Gott das Opfer dargebracht, und diese Bedeutung wird weiter vertieft, wenn geschrieben steht der Urheber unseres Heils habe den Kelch, nicht das Bild in die Hand genommen (LC, II,27).

A.N.

Literatur: siehe Aufsatz »*Frühes liturgisches Gerät*«, dazu: Elbern, *Libri Carolini*. – Ders., *Zur Entstehungszeit des sogenannten Liudgerkelches von Werden*, in: St. Liudger und die Abtei Werden, hrsg. von Basilius Senger (OSB), Essen 1962. – Ders., *Der eucharistische Kelch im frühen Mittelalter*, in: Zeitschrift des deutschen Vereins für Kunstwissenschaft 17, 1963. – Ders., *Liturgisches Gerät in edlen Materialien zur Zeit Karls des Großen*, in: Karlswerk III. – *Katalog Essen* 1956, *Werdendes Abendland*, Nr. 335. – *Katalog München* 1950, *Ars Sacra*, Nr. 12.

VII/25 Pyxis

Silber, getrieben, graviert, teilvergoldet, Nielloeinlagen; 10,1 cm, max. Dm. 11,4 cm, Gewicht 560,8 g.; fränkisch, letztes Drittel 8. bis Anfang 9. Jh.; gefunden in Pettstadt bei Bamberg; Nürnberg, Germanisches Nationalmuseum, F.G. 1966.

Getriebener und auf der Drehbank nachgezogener bauchiger Becher aus massivem Silber mit flachem Standboden und kräftiger Randlippe. Innen flächig, außen heute nur noch am Rand und in den Ornamentstreifen vergoldet. Die Konturen der kerbschnittartig gravierten Ornamentik sind durch Nielloinkrustration betont. Ob die heute blank polierten Seitenflächen ursprünglich vergoldet oder gar mit Appliken versehen waren, ist unbekannt, doch wenig wahrscheinlich. Wie Vergleichsstücke nahelegen, besaß der Pettstädter Becher ursprünglich einen flach gewölbten Deckel mit zentralem Knauf, war also ein verschließbares Behältnis.

Den Gefäßkörper überziehen vier senkrechte Streifen, die am oberen Rand und auf der Standfläche in einen Reif übergehen. Die Zierstreifen sind mit einem geschlossenen Geflecht verwirrender Tier-Pflanzen-Ornamentik bedeckt, die aus der Spätphase des sogenannten »Tassilokelch-Stiles« stammt und die das Gefäß etwa in die Regierungszeit Karls des Großen datiert. Dieser Zierstil, benannt nach dem bedeutendsten mit ihm versehenen Kunstwerk, dem Tassilokelch (Kat. V/2), ist eine karolingische Variante der letztlich frühchristlichen Lebensbaum-Ornamentik, bei der eine üppige, mit den verschiedenen Gattungstieren der Schöpfung belebte Vegetation Paradies und Ewiges Leben vorstellt. Von ganz ähnlicher Bedeutung ist die Figur der Ornamentstreifen selbst, mit der ein viersäuliges Bauwerk wiedergegeben werden sollte. Schematisierte architektonische Darstellungen sind auf liturgischen Gefäßen der Spätantike und des Mittelalters, etwa auf Kelchen (Tassilokelch, Lebuinus-Kelch), Patenen, Pyxiden und anderem häufig anzutreffen. Sie repräsentieren heilige Stätten und Bauten, so etwa das Neue Jerusalem auf der zeitgenössischen Pyxis von Fejø in Dänemark, das Grab Christi oder einen Lebensbrunnen, wobei

VII/25

in der allegorischen Anschauung der Frühzeit ihre heilsgeschichtlichen Bedeutungen identisch und die Figuren austauschbar waren. Im Falle des Gefäßes von Pettstadt ist eine viersäulige runde Tholos dargestellt, eine architektonische Allegorie paradiesischer Verheißung. Zudem besteht ihr »Baumaterial« aus »Lebensbaum-Ornamentik«, was die Dichtigkeit dieses Bildes für den frühmittelalterlichen Betrachter noch steigerte. Aus dieser gesamten Ikonographie des »Bechers« von Pettstadt in Verbindung mit seiner Morphologie und seiner Funktion als verschließbare kostbare Büchse ist zu folgern, daß es sich um eine Pyxis zur Aufbewahrung der geweihten Brotspezies handelt, also um ein eucharistisches Gefäß aus der Zeit Karls des Großen.

In diesem Zusammenhang gewinnen die landesgeschichtlichen Aspekte, die L. Wamser dem Fundkontext der Pyxis erschließen konnte (1992, 1993), an Bedeutung. Die Pyxis wurde 1928 beim Kiesabbau im Flußbett der Regnitz bei Pettstadt im Landkreis Bamberg ausgebaggert; es handelt sich also um einen Flußfund, der zufällig verloren oder absichtlich hier niedergelegt worden war. Ob der ursprünglich zugehörige Deckel bei der Bergung unentdeckt blieb oder bereits fehlte, als das Gefäß in den Fluß gelangte, ist nicht mehr zu klären. Die Fundstelle liegt an einer alten Regnitzüberquerung zwischen der Urpfarrei Amlingstadt und ihrer Filialpfarrei Pettstadt. Amlingstadt wiederum ist als eine der 14 »Slawenkirchen« identifiziert, die Karl der Große vor 800 – vermutlich 793 bei seinem Besuch in Würzburg, wo er das Weihnachtsfest verbrachte, bevor er zur Jahreswende in Frankfurt eintraf – *in terra Sclavorum, qui sedent inter Moinum et Radanziam fluvios* beauftragte, um die hier ansässigen Westslawen zu bekehren. Nach Wamsers überzeugenden Vermutungen dürfte die Pettstädter Pyxis zur Erstausstattung der Kirche von *Amelungestat* (Amlingstadt) gehört haben, für die neben den Würzburger Bischöfen und örtlichen Grafen sicher auch Karl der Große seinen Beitrag leistete. Darauf deutet schon das damals überaus kostbare Material – vergoldetes Silber –, das erst durch die Erbeutung des awarischen Staatsschatzes bei der zweimaligen Einnahme der Kaganresidenz (des »Rings«) 795/796 dem Reich in größeren Mengen zur Verfügung stand. Wie Karls Biograph Einhard berichtet, »fand sich nun in der Königsburg [der Awaren] eine solche Masse Gold und Silber [...], daß man mit Recht glauben durfte, die Franken hätten gerechterweise den Hunnen das geraubt, was diese früher anderen Völkern ungerechterweise geraubt hätten«. Diese Schätze wurden an den fränkischen Hof, den Papst, den weltlichen und kirchlichen Adel sowie an die Kirchen verteilt, um diese standesgemäß auszurüsten. Die Pyxis von Pettstadt als Teil des liturgischen Geräts wohl der ersten Kirche von *Amelungestat* dürfte somit direkt oder indirekt von Karl dem Großen in Auftrag gegeben worden und somit Zeugnis der frühen Slawenmission am Ostrand des Reiches sein. Seine Herstellung in einem der Zentren des Ostreiches wie Mainz oder Würzburg, wo handwerkliche und künstlerische Tradition wie auch Innovation gepflegt wurden, ist wahrscheinlich, aber denkbar wäre auch ein Königshof wie Karlburg im Main-Spessart-Kreis, für den der Guß von Kleinbronzen im Tassilokelch-Stil nachgewiesen ist.

Die Umstände, unter denen das eucharistische Gefäß – vermutlich aus der Kirche von Amlingstadt – in das Flußbett der Regnitz geriet, sind heute ebenfalls nicht mehr eindeutig zu klären. Immerhin wies L. Wamser auf vergleichbare Niederlegungen sakralen karolingischen Geräts in Gewässern im slawischen Siedlungsraum hin. Im vorliegenden Fall könnten heidnische Reaktionen der Regnitzwenden verantwortlich sein, die noch im 11. Jahrhundert der Götzenverehrung beschuldigt werden. E.W.

Literatur: Haseloff, G., *Der Silberbecher aus der Regnitz bei Pettstadt,* in: Jahresbericht der Bayerischen Bodendenkmalpflege 17/18, München 1976/77. – Wamers, E., *Pyxides imaginatae,* in: Germania 69.1, 1991. – Wamser, L., *Weihnachten feierte er zu St. Kilian am Main,* in: Würzburg – heute. Heft 4, 1993. – Wamser, L./Wamers E., *Die silberne Pyxis von Pettstadt,* in: 1250 Jahre Bistum Würzburg, Würzburg 1992.

VII/26 Pyxis

Silber, getrieben, graviert, teilvergoldet, Nielloeinlagen; 8 cm, Gewicht 440 g.; fränkisch, letztes Viertel 8. Jh.; gefunden in Ribe, Ribe Amt, (Jütland), Dänemark; Kopenhagen, Nationalmuseum, 15/08.

Getriebener und auf der Drehbank nachgezogener bauchiger Becher aus massivem Silber mit flachem Standboden und kräftiger Randlippe. Vier große Akanthuspflanzen mit fadigen Spiralranken an den Seitentrieben gliedern arkadenartig seine Wandung; zwischen ihnen stehen weitere Pflanzentriebe mit paarigen Blättern. Den Mundsaum umzieht in einem Fries eine Wellenranke mit Efeu-Blättern und kleinen Früchten. Den Raum zwischen Efeuranke und Akanthus-Arkaden bedeckt ein dichtes Fiedermuster.

Das Gefäß gehört zu einer kleinen Gruppe becherförmiger Behälter für die Brotspezies (Pyxiden) aus der Karolingerzeit, die ursprünglich mit einem Deckel versehen waren. Die Ornamentik ist stilistisch und motivisch eng mit Darstellungen in frühkarolingischen Handschriften vom Ende des 8. Jahrhunderts verbunden, die eine mit Tieren der Schöpfung belebte Vegetation als Allegorie des ewigen Lebens im Paradies darstellen. Genaue Übereinstimmungen finden wir im 781 von Karl dem Großen beauftragten und 783 vom Mönch Godescalc fertiggestellten sogenannten Godescalc-Evangelistar (Kat. IV/21), dessen Ornamentik als Vorbild gelten muß. Zwar fehlen bei der Ribe-Pyxis die charakteristischen Stelzvögel der Paradiesfauna, doch ist ihre Flora durch die paarigen Sechsblatt-Rosenpflanzen als paradiesische Vegetation ausgewiesen. Ferner repräsentieren die vier Arkaden wie bei der Pyxis von Pettstadt (Kat. VII/25) eine vegetabile Lebensbrunnen-Tholos, unterstrichen durch die Lebensranke am Mundsaum des Bechers sowie durch das Fiedermuster, das in der frühchristlichen Kunst Symbol für die himmlische Sphäre ist. Somit wird auf dem Gefäß von Ribe eine paradiesische Landschaft in himmlischen Gefilden illustriert – ein Bildprogramm, das mit seiner Funktion, der Aufbewahrung des das ewige Leben verheißenden Herrenleibes, übereinstimmt.

Die kostbare, stilistisch dem Godescalc-Evangelistar verwandte Pyxis muß ebenfalls aus der Hofschule oder deren engstem Umkreis kommen, sodaß sogar ihre Beauftragung durch Karl, direkt oder indirekt, nicht auszuschließen ist. Sie wurde sicherlich für eine der bedeutenderen Kirchen hergestellt, wobei man auch Aachen einschließen darf.

In Südjütland fand man das Gefäß, gefüllt mit sechs weiteren kleinen skandinavischen Silberbechern, als Hort in der Erde verborgen. Vermutlich gelangte es als Raubgut mit einem der zahlreichen Wikingerzüge in den Norden und wurde hier als Trinkgefäß benutzt – als Service mit Kleinbechern von einer erlesenen, vielleicht kultischen Trinkgemeinschaft. E.W.

VII/26

Literatur: siehe VII/25, dazu: Brøndsted, J., *Early English Ornament*, London/København 1924. – Skovmand, R., *De danske Skattefund fra Vikingetiden og den ældste middelalder indtil omkring 1150*, in: Aarbøger 1942. – Wamers, E., *Ribes Gral*, in: By, marsk og geest, 4. Årsberetning 1991 (Ribe 1992).

VIII. MÖNCHTUM

Mönche dürfen weder zu weltlichen Geschäften noch zu Gerichtssitzungen ihr Kloster verlassen, es sei denn so, wie es die Regel des hl. Benedikt vorschreibt. Kein Priester, Diakon, Mönch oder Geistlicher darf ein Wirtshaus zum Zechen betreten. Zu Schaffnern des Klosters sollen keine Geizhälse gemacht werden, sondern man soll sie so auswählen, wie es die Regel des hl. Benedikt lehrt. Der Abt soll, gemäß der Regel des hl. Benedikt, gemeinsam mit seinen Mönchen schlafen.

Die Reform der Klöster und der Benediktregel durch den karolingischen Hof im 8. Jahrhundert

von Matthias Theodor Kloft

Karl der Große mutete dem Mönchtum einen gewichtigen Beitrag zur Stabilisierung seines Reiches zu. Gebet, Abgaben, Kriegsdienst, Schulen und Bildungswesen, Abschreibetätigkeit – die ganze geistige Kultur verdankte den Klöstern ungeheuren Aufschwung. So wandte sich die Frankfurter Synode mit einer Reihe von Einzelbestimmungen auch dem Klosterwesen zu.

Seit dem 7. Jahrhundert war die Benediktregel, meist im Verein mit der irofränkischen Kolumbanregel, ins Frankenreich gekommen und fing an, Einfluß auf das fränkische Klosterwesen zu nehmen. Dabei hatte wohl vornehmlich die Propagierung dieser Regel durch den als Inbegriff des römischen Papsttums verehrten Gregor den Großen (590–604) ein Übriges getan. Diese Mischregel setzte sich weitgehend in den Klöstern des merowingischen Frankenreichs durch. Selbst in den altgallischen Klöstern Lérins und Tours hatte gegen 700 die irofränkische Klosterordnung Eingang gefunden.

Mehr noch als im Frankenreich war die Verehrung Gregors und des von ihm gepriesenen Abtes in dem auf Gregors Geheiß hin missionierten England gegenwärtig. Seit der Synode von Whitby (664) war Benedikt als *abbas Romensis* (Abt von Rom) Leitbild des angelsächsischen Mönchtums.

Der Angelsachse Willibrord war 690 der erste englische Mönchsmissionar, der mit seiner Romverehrung die Benediktregel auch im Frankenreich neu bestärkte. Ihm folgte der Reorganisator der fränkischen Kirche, Bonifatius. In den von diesen beiden Missionaren gegründeten Klöstern Echternach und Susterern sowie den Domklöstern in Utrecht und Fulda faßten die Ideen Benedikts Fuß und erhielten dadurch im Frankenreich verstärkten Auftrieb. Neu war ihre Einbindung in die herrscherliche Politik. Willibrord hatte sich mit seinen Klöstern unter den Schutz der Karolinger gestellt. Die besonders benediktinisch geprägten Klöster der Missionare wurden so in den gefolgsrechtlichen Verband eingegliedert; diese Familie andererseits mit der benediktinischen Klosterform verbunden. Bonifatius' Schutzherr Karlmann selbst trat 747 – sicher nicht ohne Zutun seines Bruders Pippin – in ein von ihm begründetes benediktinisches Kloster (Soracte) in Italien ein und wechselte später nach Montecassino, in das Kloster Benedikts.

Der Siegeszug der Regel ist jedoch mit dem fränkischen Erzbischof Chrodegang von Metz, dem Hofbischof Pippins des Kurzen, verbunden. Er ist der eigentliche Reformator der fränkischen Kirche, der die Anstöße Bonifatius' bei seinen fränkischen Mitbischöfen umzusetzen wußte. Er organisierte, wie sein Biograph Paulus Diaconus in der Metzer Bistumsgeschichte zu berichten weiß, die Metzer Kirche nach römischem Muster und beschaffte sich auch die Körper der römischen Märtyrer Nazarius, Felix und Nabor. Mit diesen stattete er Klöster aus, die sich ausdrücklich nach der als römisch verstandenen Benediktregel richten sollten. »Er baute außerdem ein Kloster in der Diözese St. Stephan [Metz] im Moselgau, zur Ehre des hl. Petrus [...] und setzte dort Mönche ein und verband sie unter der Regel des hl. Vaters Benedikt in Liebe« (Paulus Diaconus, *Gesta episcopum Mettensium*). Die wichtigsten Klöster Chrodegangs, Lorsch und Gorze, entwickelten sich zu mächtigen benediktinischen Zentren. Daß es dabei um die Übernahme der Regel ging, zeigt sich in Chrodegangs Kanonikerregel, in der 41 von 73 Kapiteln die Regel des Cassinenser Abtes zitieren, so daß benediktinisches Gedankengut jetzt auch in der Lebensweise des Weltklerus eine Rolle zu spielen begann.

Auch Karl der Große wollte seine Klöster nach der Benediktregel korrigieren. Die Reform sollte ihm ein Mönchtum geben, das in Gebet und Bildungsvermittlung für sein Reich wirken konnte. Wie bei all seinen Reformen ging es ihm um die rechte Lebensweise (*regula*) und den rechten Wortlaut, die möglichst aus einem durch Rom beglaubigten Vorbild übernommen werden sollten. Karl ließ sich kurz nach 787 – vielleicht durch seinen Ratgeber Paulus Diaconus, der zeitweise selbst Mönch im Benediktinerkloster Montecassino war – eine beglaubigte Abschrift des als Urexemplar geltenden Cassinenser Textes anfertigen, die bei Hof, ähnlich der korrigierten Bibel, als Richtschnur für den Text und seine Vervielfältigung gelten sollte.

Die Einhaltung dieser Regel forderten gleich mehrere Kapitel des Frankfurter Konzils. Selbst den Bischöfen wird ihre Kenntnis verordnet: »Jeder Bischof muß die Kanones, die rechtlichen Bestimmungen der alten Konzilien und die Regel kennen« (c. 20). Ausdrücklich wird bestimmt, »daß der Abt gemeinschaftlich mit seinen Mönchen schlafen soll, wie es die Regel des heiligen Benedikt befiehlt« (c. 13). Hierbei folgte man Kapitel 22 der Regel, welches das gemeinsame Dormitorium vorsieht, den Abt aber keineswegs ausdrücklich darauf verpflichtet. Wahrscheinlich führte die wachsende Zugehörigkeit der Äbte zu den Großen des Reiches zu einer solchen Bestimmung. Das folgende Kapitel (c. 14) des Frankfurter Konzils nimmt ebenfalls ausdrücklich auf die Benediktregel Bezug. Der Cellerar soll nicht aus dem Kreis der Geizigen gewählt werden, »sondern es sollen diejenigen bestellt werden, die den Lehren der Benediktregel entsprechen«. Das betreffende Kapitel der Benediktregel (c. 31) verlangt vom Cellerar die Fähigkeiten, die auch der in der karolingischen Bischofsethik oft verwendete Timotheusbrief (1 Tim 3,2f) von einem Bischof verlangt. Im Hintergrund der synodalen Forderung steht wohl die Armenfürsorge, die einen freigiebigen Klosterverwalter erfordert. Auch sonst sind die Bestimmungen des Frankfurter Konzils deutlich von der Benediktsregel beeinflußt. Die Bestimmung zu den Oratorien in Kapitel 15 des Kapitulars nimmt Bezug auf die örtliche Beschreibung der Kapelle und der Reliquienaufbewahrung im 58. Kapitel der Regel. Sie selbst ist jedoch neu. Die Klausurbestimmung in Verbindung mit der Klosterkirche war in der Regel nicht gegeben. Wahrscheinlich wollte man eine Störung des mönchischen Gottesdienstes und Gebetes durch Wallfahrer zu den Heiligengräbern vermeiden. Die Bestimmung zur Abtswahl (c. 17) leitet sich von der entsprechenden Bestimmung in der Benediktregel (c. 64) her, übrigens neben Kapitel 65 der einzige Ort in der Regel, an dem der Diözesanbischof überhaupt erwähnt ist. Von einem Veto-Recht des Bischofs in der Benediktregel hat sich sein Einfluß nun zu einem Recht auf Zustimmung gewandelt. Aus der Entwicklung im Frankenreich erklärt sich der bei Benedikt noch nicht genannte Einfluß des Königs, der letztlich immer bestimmender für die Abtswahl werden sollte, da der Abt zu den Großen des Reiches zählte. Gerade auf diesem Hintergrund ist wohl auch die folgende Frankfurter Bestimmung zu verstehen (c. 18), die den Abt auf die Disziplinarbestimmungen der Benediktregel verweist (c. 23–30), die nur verschiedene Grade der Ausschließung kennt. Die in Frankfurt verbotenen Leibesstrafen weisen auf ein Problem, das spätestens seit der Zeit Karl Martells bestand. Immer öfter wurden in dieser Zeit Laien oder Bischöfe mit reichen Abteien belohnt, die sie, ohne Mönch zu sein, wegen der hohen Einkünfte regierten. Für die Bischöfe war das Kloster oft eine willkommene Finanzbasis der Diözesanverwaltung. Auch in der Zeit Karls des Großen spielte das Problem immer noch eine Rolle. Diese adeligen »Äbte« übten wohl eher ein weltliches Regiment über die Klöster als ein geistliches und vollzogen auch die ihnen gewohnten Leibesstrafen. Als Standesherren nahmen sie auch an den Kriegszügen des Herrschers teil.

Auf diesen Aspekt der Abtswürde verweist auch Kapitel 16, in dem jede Begehrlichkeit des Abtes beim Klostereintritt verworfen wird. Die Besitzverzeichnisse der Klöster Lorsch und Fulda aus dem 8. Jahrhundert zeugen von großen Schenkungen bei der Klosteraufnahme. Der Abt hatte also Interesse an reichen Bewerbern. Diesem Umstand begegneten die Synodalen von Frankfurt mit ihrer Bestimmung. Grundsätzlich wollte man in den Frankfurter Aussagen zum Mönchtum eine stärkere Besinnung auf das Geistliche im Mönchsstand. Weltliche Geschäfte wurden den Mönchen untersagt (c. 11). Zudem sollten sie sich wie die Weltkleriker von Gasthäusern fernhalten (c. 19).

Andere Bestimmungen des Frankfurter Kapitulars zeigen keinen direkten Bezug zur Benediktregel oder zum Mönchtum, werfen aber trotzdem Fragen auf, die das fränkische Kloster im 8. Jahrhundert betreffen. Neben den Klöstern, die unter der Herrschaft des Bischofs standen oder als Domkloster mit der Kathedrale oder der Diözese verbunden waren, gab es bis ins 8. Jahrhundert auch Klöster, die ihren eigenen Bischof hatten: entweder als Abtbischof, der Abts- und Bischofswürde in einer Person vereinte, oder als Klosterbischof, der unter der Herrschaft des Abtes stand. Diese aus der irischen Klosterparuchia stammende Organisationsform war in der ausgehenden Merowingerzeit und frühen Karolingerzeit – wenigstens als Mischform an Diözesansitzen oder in wichtigen Abteien – noch weit verbreitet, wurde aber seit den bonifatianischen Konzilien und der Reorganisation der Diözesen immer weiter zurückgedrängt. Die Bestimmung (c. 22), daß in kleinen Flecken oder Dörfern kein Bischof angestellt werden dürfe, richtet sich deshalb wohl auch gegen diese Klosterbischöfe, die mit dem Ende der Regierungszeit Karls des Großen gänzlich aus dem Frankenreich verschwunden sind.

Grundsätzlich zeichnet sich die Herausbildung eines Kleriker- und Kanonikerstandes aus dem Mönchsstand ab. So bestimmt das Konzil in Kapitel 24, »daß Geistliche und Mönche in ihrem Stand verbleiben sollen«. Die Unterordnung des Mönches unter den Abt wird parallel zur Unterordnung des Klerikers unter den Bischof thematisiert (c. 27). Schon die Hauptquelle des Frankfurter Kapitulars, die *Admonitio generalis* (Kat. II/3) von 789, stellt dem Bischof das Gehorsamsverhältnis Abt–Mönch als Beispiel vor Augen: »Der Bischof regiert das Leben [der Kleriker], wie der Abt das der Mönche.« Lediglich bei den Frauenklöstern bleibt die klare Dominanz des Bischofs gewahrt. Denn gerade die Überwachung der Äbtissinnen wird den Bischöfen ans Herz gelegt (c. 47). Die Geschichtsschreibung hat diese Ständebildung in der Karlszeit mit den Oberbegriffen Mönch, Kleriker und Verheirateter bezeichnet. Das Konzil von Mainz 813 kennt sogar eine Tagungsordnung gemäß den Oberen dieser drei Stände. Äbte, Bischöfe und Große tagen getrennt und beschäftigen sich mit den jeweils sie selbst betreffenden Fragen.

In dieser Zeit wird Karls Politik zur Reorganisation der Klöster auch weitergeführt. Erst Karls Sohn Ludwig der Fromme sollte mit seinem Ratgeber Benedikt von Aniane das Werk der Klosterreform und der Scheidung zwischen Mönchen und Kanonikern mit Hilfe der Benediktregel vollenden. Im Streben nach Vereinheitlichung innerhalb des Reiches wurde auf einer Synode in Aachen 816 für die Mönche die Benediktsregel und eine einheitliche Lebensweise (*consuetudo*) vorgeschrieben, für die bischöflichen Kleriker eine einheitliche Kanonikerregel.

Quellen: STEIDLE, B., *Die Benediktusregel,* Beuron [3]1978. – MGH Cap. I, Hannover 1883. – HANSLIK, R., (Hrsg.), *Benedicti Regula,* Wien [2]1977 (= CSEL 75)

Literatur: ANGENENDT, A., *Monachi peregrini,* München 1972. – BORST, A. (Hrsg.), *Mönchtum, Episkopat und Adel zur Gründungszeit des Klosters Reichenau,* Sigmaringen 1974. – FELTEN, F. J., *Die Herrschaft des Abtes,* in: Prinz, F., Herrschaft und Kirche, Stuttgart 1988. – FICHTENAU, H., *Das karolingische Imperium,* Zürich 1949. – PRINZ, F., *Frühes Mönchtum im Frankenreich,* Darmstadt [2]1988. – SEMMLER, J., *Karl der Große und das fränkische Mönchtum,* in: Karlswerk II. – DERS., *Mönche und Kanoniker im Frankenreiche Pippins III. und Karls des Großen,* in: Untersuchungen zu Kloster und Stift, Göttingen 1980. – TRAUBE, L., *Textgeschichte der Regula S. Benedicti,* München [2]1910.

VIII/1 Benediktregel

Handschrift, Pergament; I + 61 Bl., 17 x 10 cm; Tegernsee, Ende 8. Jh.; München, Bayerische Staatsbibliothek, Clm 19408.

Die Handschrift in Taschenformat ist die älteste erhaltene Abschrift der Benediktregel aus Bayern. Nach neueren Forschungen enthält sie den »interpolierten«, das heißt sprachlich überarbeiteten Text, korrigiert nach einer Handschrift des »reinen« Textes, deren Vorlage auf die bald nach 787 von Karl dem Großen erbetene Abschrift des Originals aus Monte Cassino zurückgeht. Am Schluß der Tegernseer Handschrift stehen die Worte »*codex peccatoris Benedicti*«; sie weisen auf den Reformer Benedikt von Aniane (um 750–821) hin, aus dessen Umkreis die Vorlage der gezeigten Handschrift stammen muß.
Der Codex beginnt mit einer Incipitseite (fol. 2r), auf der ein lateinisches Kreuz unter einer Rundbogenarkade wiedergegeben ist. Die Arkade ist mit Flechtband und das Kreuz mit Stufenband gefüllt. Auffallend sind die scheibenförmigen Ziermotive an den Enden und am Schnittpunkt der Kreuzarme. Vorwiegend ornamental verzierte Kreuzseiten sind auch in anderen frühkarolingischen Handschriften überliefert; das Bildmotiv »Kreuz unter Arkade« findet sich bereits in merowingischen Handschriften. Zum Buchschmuck gehören außerdem zahlreiche Initialen, die wie die Zierseite in Rot, Gelb und Grün koloriert sind. Auch bei den Initialen begegnet vielfach Flechtband und Stufenband, ebenso zahlreich vertreten sind Profilblattformen; nur einmal kommen dagegen Fische vor. Nicht allzu häufig, aber charakteristisch sind sogenannte Knopfleisten, knopfartige Ausbuchtungen auf der Innenseite von gerundeten Buchstabenteilen. Die Schrift des Regelcodex stammt nach B. Bischoff von der Hand des Dominicus, eines Schreibers, der namentlich bekannt ist durch die Subskription auf der Titelseite einer großformatigen Tegernseer Handschrift (Clm 18092). Dieser Codex, ein *Homiliarium Alani,* ist gleichfalls mit zahlreichen und qualitätvollen Initialen ausgestattet, die Initialornamentik ist aber nur teilweise mit der des Regelcodex vergleichbar. Eng verwandt sind hingegen die Initialen eines Lektionarfragments, das nach B. Bischoff gleichfalls von Dominicus geschrieben wurde und das auch im Format mit dem Regelcodex übereinstimmt; möglicherweise waren ursprünglich beide zusammengebunden. Die Handschrift kam im Zuge der Säkularisation nach München. K.B.

VIII/1 fol. 2r

Literatur: BIERBRAUER, K., *Die Ornamentik frühkarolingischer Handschriften aus Bayern.* München 1979, S. 38ff., 137ff. – BISCHOFF, *Schreibschulen I,* S. 157f. – BISCHOFF, B., *Die ältesten Handschriften der Regula S. Benedicti in Bayern,* in: STMBO 92, 1981. – CLA, Bd. IX, Oxford 1959, Nr. 1322. – HANSLIK, R. (Hrsg.), *Benedicti Regula,* Wien ²1977 (= CSEL 75). – Katalog *Die Benediktregel in Bayern,* München 1980/81, Nr. 14. – Katalog Rosenheim/Mattsee, Nr. R 124, (A. Weiner). – TRAUBE, L., *Textgeschichte der Regula S. Benedikti,* München ²1910.

VIII/2 Benediktregel

Handschrift (Fragment), Pergament; 1 Bl., 18,5 x 12 cm; Regensburg (?), Anfang 9. Jh.; München, Bayerische Staatsbibliothek, Clm 29640(1).

Das Regelfragment führt drei teilweise erhaltene Kapitel der Benediktsregel zusammen, die nicht von der Zählung,

aber vom inneren Zusammenhang her eine Einheit bilden. Ähnlich einer Handschrift aus Würzburg (W UB M.p.th.q. 22) fehlen die Kapitel 9 bis 18. Auf das Ende des 7. Kapitels der Regel (V. 68–70), das über die Demut (*De humilitate*) handelt, folgt noch korrekt das 8. Kapitel über den Gottesdienst in der Nacht (*De Officiis divinis in noctibus*). An dieses Gebetskapitel schließt sofort das Kapitel 19 an, das vom Verhalten beim Psalmensingen (*De disciplina psallendi*) handelt (V. 1–3).
Die in diesem Fragment überlieferten Texte führen zum Kern des mönchischen Lebens, dem Gebet. Hintergrund für die Bestimmungen zum nächtlichen Gebet in Kapitel 8 ist der von Benedikt in c. 16 zitierte Psalmvers 119 (118),62: »Um Mitternacht stehe ich auf, um dich zu preisen ...« Ihn will Benedikt im Beten der Mönchsgemeinschaft verwirklichen, ohne daß auf die notwendige Nachtruhe verzichtet wird. Dennoch ist das nächtliche Gebet besonders problematisch für die Disziplin und die richtige Gebetshaltung. Deshalb folgt wohl in der vorliegenden Handschrift sofort das 19. Kapitel, das zum rechten Verhalten beim Gebet auffordert. Mit dem Zitat aus Spr. 15,3, daß Gottes Augen über Gutes und Böses wachen, wird dem Mönch bedeutet, wer den Eifer seines Gebetes gerade auch in der Nacht überwacht.
Der Text ist in der sogenannten »interpolierten Fassung« gegenüber dem Vulgärlatein Benedikts geglättet. M.T.K.

Literatur: Bischoff, B., *Die ältesten Handschriften der Regula S. Benedicti* in Bayern, in: STMOSB 92, 1981. – Vogüé, A., *Die Regula Benedicti*, Hildesheim 1983.

VIII/3 Benediktregel

Sammelhandschrift (in Teilen Palimpsest), Pergament; 132 Bl., 17,6 x 12,6 cm; Kloster Kochel (?), Ende 8. Jh.; München, Bayerische Staatsbibliothek, Clm 6333.

Der Text enthält den Prolog der Benediktregel, das Kapitelverzeichnis und die Hälfte des ersten Kapitels der Regel »Von den Arten der Mönche« (*De generibus monachorum*). Außerdem ist der älteste Translationsbericht der Überführung von Benedikts Gebeinen nach Fleury (heute St. Benoît-sur-Loire) beigefügt. Vom Prolog fehlen leider die ersten Worte, die mit dem »Testwort« *Ausculta* oder *Obsculta* (Höre!) die verschiedenen Textvarianten eindeutig markieren.
Prolog und erstes Kapitel geben eine Einführung in die Absichten des Autors der Regel. In Redeform wird der Leser angesprochen, Gehorsam und Mönchtum werden als ideale Verwirklichung des christlichen Lebens gepriesen. Daß die Mehrzahl der Zitate des Prologes aus dem Alten und nicht aus dem Neuen Testament stammt, erklärt sich aus der Entstehung des Textes, der eine verkürzte Fassung der älteren Magisterregel darstellt. Auch der zweite Regelabschnitt, der im Palimpsest teilweise überliefert ist, gibt noch eine allgemeine Einführung in die Regel. Benedikt unterteilt die Mönche hier in vier Arten, zwei schlechte und zwei gute. Die Sarabaiten, Mönche in freiwilliger, regelloser Gemeinschaft, und die Gyrovagen, wohl umherziehende Bettelmönche, gelten bei Benedikt als Perversion des Mönchsbegriffs. Als schwierig zu verwirklichen, aber gottgefällig gilt bei Benedikt das Leben als Eremit oder Anachoret, als Einsiedler. Als Regelform bezeichnet er den Cönobiten, den Mönch unter Abt und Regel. Seine Absicht ist nun: »Lassen wir sie [die anderen Mönchsformen] also beiseite und gehen wir daran, der tüchtigsten Art, nämlich den Cönobiten, mit Gottes Hilfe eine feste Ordnung zu geben.« Diese Form des Mönchtums sollte sich für das Früh- und Hochmittelalter als prägend erweisen. M.T.K.

Literatur: siehe VIII/2, dazu: Munding, E./Dold, A., *Palimpsesttexte des Codex Latinus Monacensis 6333*, Beuron 1930.

VIII/4 Benediktregel

Handschrift, Pergament; 172 Seiten, 19,5 x 12,5 cm; Sankt Gallen, Anfang 9. Jh.; Sankt Gallen, Stiftsbibliothek, Cod. 916. (Fotos)

Bereits 787 läßt Karl der Große im Bestreben, dem Mönchtum in seinem Reich, aber auch der Verwaltung und Bildung insgesamt eine einheitlichere Grundlage zu schaffen, die lateinische Klosterregel Benedikts von Nursia († ca. 560) in Montecassino von der dort noch vorhandenen besten Kopie der ursprünglichen Fassung abschreiben. Noch heute besitzt St. Gallen eine dieser Kopie am nächsten stehende Version (Cod. 914), kann also als Zentrum karolingischer Bemühungen um diesen Grundtext abendländischer Bildung gelten. Zeugnis davon legt auch der gezeigte Codex 916 ab, der mit der umfangreichsten aller althochdeutschen Interlinearversionen, also einer zwischen die lateinischen Zeilen geschriebenen Übersetzung, wie andere Übersetzungen dieser Zeit auch die Wirkungen von Karls des Großen Engagement für die lateinische wie deutsche Sprachkultur belegt.
Der althochdeutschen (alemannischen) Version muß, wie sich aus Schreibfehlern schließen läßt, bereits eine frühere Übersetzung (von der Reichenau?) zugrunde liegen, die der Frankfurter Synode noch näher als das Überlieferte stand. Daß es bei der »Benediktinerregel« jedoch mehr um das lateinische Original und sein Verständnis

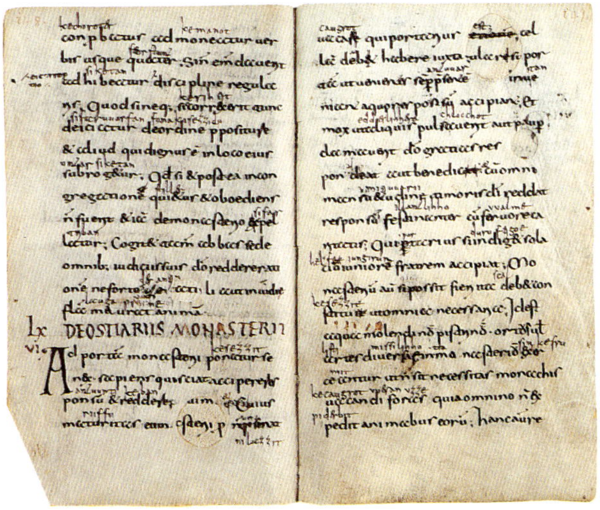

VIII/4 pag. 248/249

ging, beweist die Tatsache, daß die von verschiedenen Schreibern verfertigten interlinearen Eintragungen, die auf den gezeigten Seiten 8 und 9 noch sehr dicht sind und das Lateinische schematisch Form für Form nachbilden, mehr und mehr abnehmen (S. 148/149) und schließlich – im 67. Kapitel von insgesamt 73 Kapiteln – ganz aufhören. Der Zusammenhang des Codex 916 mit einer möglicherweise weiteren, aber verlorengegangenen lateinisch-althochdeutschen Fassung, auf der die »*Editio princeps*« der »Althochdeutschen Benediktinerregel« des M. Goldast (1606) beruht, ist strittig.

Die Seiten 8 und 9 bieten einen Ausschnitt aus dem – hier an den Anfang gerückten – Schluß des Prologs der *Regula*, der manifestiert, wie unverfestigt in der zeitgenössischen Volkssprache die religiöse Terminologie noch sein konnte. Auf Seite 8 heißt es etwa für lateinisch *gratiae* (Gnade) noch *ensti* (Nominativ *anst* statt *ginada*); auf Seite 9 wird lateinisch *dictante* (erfordern, gebieten) als Fremdwort *dictentemu* (Infinitiv *dictan*) entlehnt. H.D.S.

Faksimile: Baesecke, G., *Der deutsche Abrogans und die Herkunft des deutschen Schrifttums*, Halle 1930. – Fischer, H. (Hrsg.), *Schrifttafeln zum althochdeutschen Lesebuch*, Tübingen 1966.
Literatur: Daab, U., *Die Althochdeutsche Benediktinerregel des Cod. Sang. 916*, Tübingen 1959. – Simmler, F., *Zur deutschsprachigen handschriftlichen Überlieferung der Regula Benedicti*, in: Regulae Benedicti studia 16, 1987. – Sonderegger, St., *Althochdeutsche Benediktinerregel*, in: K. Ruh et al. (Hrsg.), Die deutsche Literatur des Mittelalters, 1, Berlin/New York ^{2}1978. – Wessing, U., *Interpretatio in Regulam Sancti Benedicti*, Göttingen 1992.

VIII/5 Hrabanus Maurus, Liber de laudibus sanctae crucis

Handschrift, Pergament; III + 47 Bl., 40,3 x 30,7 cm; Mainz (?), nach 842 und vor 856; Wien, Österreichische Nationalbibliothek, Cod. 652. (Faksimile)

Hrabanus Maurus (um 783–856) war bereits mehr als dreißig Jahre alt, als er sein in Versen und Prosa abgefaßtes Erstlingswerk schrieb. Möglicherweise fällt das Jahr der Fertigstellung mit dem seiner Priesterweihe (814) zusammen. Die Bedeutung des Werkes, das dem Lob des heiligen Kreuzes gewidmet ist, liegt nicht nur in seiner inhaltlichen Aussage, sondern auch in der für den ersten Teil (Buch I) gewählten Form des Figurengedichtes. Die Besonderheit von Figurengedichten dieser Art (*versus intexti*) besteht darin, daß innerhalb eines fortlaufenden Verstextes bestimmte, eine zusammenhängende äußere Form ergebende Buchstabenfolgen einen eigenen Text und zwar ebenfalls in Versen, bilden. Hrabanus Maurus hat damit eine Kunstform, die auf Porphyrius (4. Jahrhundert) zurückgeht, aufgegriffen und sie mit einer bislang nicht bekannten Meisterschaft ausgeführt.

Neben unterschiedlichen geometrischen und farblich abgesetzten Figuren, bei denen das Kreuz im Mittelpunkt steht, bilden bei Hrabanus erstmals auch figürliche Darstellungen das Binnenfeld der Gedichte: Christus in der Position des Gekreuzigten, Evangelistensymbole, Lamm Gottes, Cherubin und Seraphin, der unter dem Kreuz kniende Autor; diese Figuren sind nicht nur in Umrissen, sondern malerisch bildhaft wiedergegeben. Die komplizierte Anlage der Gedichte führte dazu, daß sie nur schwer verständlich waren. Wohl von Anfang an sah Hraban deshalb einen in Prosa verfaßten zweiten Teil (Buch II, fol. 34v–47r) vor, in dem die Gedichte paraphrasierend erläutert werden.

Hraban selbst hat von seinem Werk nachweislich sechsmal Abschriften für bestimmte Empfänger herstellen lassen. Drei dieser Exemplare stattete er mit Widmungsbildern und dazugehörigen Versen aus, sie wurden zu Bestandteilen des Werkes; nicht immer vollständig sind sie auch in anderen und vor allem auch späteren Abschriften übernommen worden.

Die älteste Widmung ist die an den hl. Martin in Tours. Das dazugehörige Bild zeigt Hraban mit Buch, geführt von Alkuin, seinem Lehrer, vor dem thronenden Heiligen. Sie dürfte spätestens in den Jahren 817 bis 822 entstanden sein. Die zweite Dedikation für Kaiser Ludwig den Frommen gehört in die Zeit, in der Hraban Abt von Fulda war. Im Gegensatz zur Widmung an den hl. Martin handelt es sich bei dem Bild für den Kaiser um ein weiteres Figurengedicht, bei dem das Bild des Kaisers – als *miles christianus* – den Raum für die Binnenverse bildet. Das dritte Widmungsbild wurde für das dem Papst zugedachte

VIII/5 fol. 1v

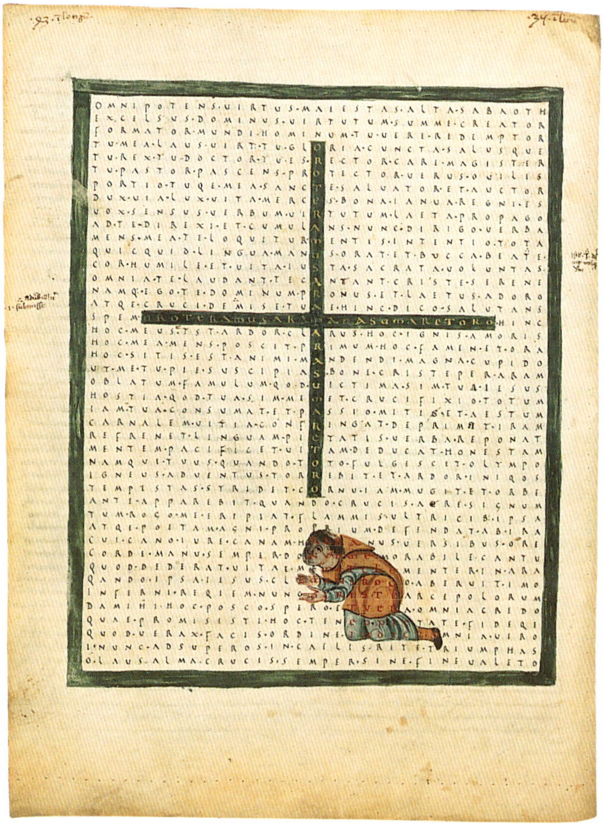

VIII/5 fol. 33v

Exemplar geschaffen, es entstand in den Jahren, in denen sich Hraban aus politischen Gründen zurückgezogen hatte und auf dem Petersberg bei Fulda lebte (842 bis 847). Die Darstellung schließt formal an das erste Widmungsbild an, sie zeigt Hraban bei der Überreichung des Buches an den Papst.

Das Exemplar in Wien dürfte die letzte noch zu Lebzeiten Hrabans entstandene Abschrift sein, sehr wahrscheinlich geschrieben in seiner Amtszeit als Erzbischof von Mainz (847 bis 856) unter Beteiligung von Fuldaer und Mainzer Händen. Es enthält alle drei Dedikationsbilder (fol. 1v, 2v, 3v) und darüber hinaus auf dem Verso des Vorsatzblattes (fol. IIIv) die Widmung an seinen Vorgänger in Mainz, Erzbischof Otgar (826–847), nachgetragen von einer späteren Hand (um 900). Daß Hraban tatsächlich eine Abschrift für Mainz anfertigen ließ, geht aus einem Schreiben hervor, das die Übersendung des Werkes an Otgar, welches ursprünglich für den Vorgänger Haistolf (813–826) gedacht war, begleitete. Das Exemplar für Mainz dürfte nach den Forschungen H. Spillings mit dem in der Vaticana (Biblioteca Vaticana, Reg. lat. 124) identisch sein, es ist zugleich dasjenige, in das Hraban Korrekturen und Ergänzungen eingetragen hat. Von den anderen Widmungsexemplaren ist das an Tours verschollen; das Geschenk an den Kaiser dürfte sich in der Handschrift in Paris (Bibliothèque Nationale, Ms. lat. 2423) und das an den Papst in dem Codex in Amiens (Bibliothèque Municipale, Cod. 223) erhalten haben. Für wen oder für welches Kloster die heute in Wien aufbewahrte Handschrift bestimmt war, läßt sich nur vermuten: möglicherweise war sie für Bischof Gozbald von Würzburg (842–855) gedacht. Der Codex stammt aus dem Stefanskloster in Würzburg (fol. IIIv getilgter Besitzvermerk), seit 1576 liegt sie in der Wiener Hofbibliothek. K.B.

Faksimile: Hrabanus Maurus, De laudibus sanctae crucis, Graz 1973.

Literatur: Hermann, H. J., *Die frühmittelalterlichen Handschriften des Abendlandes*, Leipzig 1923. – Holter, K., *Kommentar zur Faksimileausgabe*, Graz 1973. – *Katalog Wien* 1993, *Karl der Große und die Wissenschaft*, Nr. 48. – Schramm, P. E./Mütherich, F., *Die deutschen Kaiser und Könige in Bildern ihrer Zeit 751–1190*, München 1983. – Spilling, H., *Opus Magnentii Hrabani Mauri in honorem sanctae crucis conditum*, in: Fuldaer Hochschulschriften 18, Frankfurt 1992.

IX. VOLKS-FRÖMMIGKEIT

Der katholische Glaube an die hl. Dreieinigkeit, das Gebet des Herrn und das Glaubensbekenntnis müssen allen gepredigt und beigebracht werden. Niemand glaube, man dürfe Gott nur in drei Sprachen anbeten, denn in jeder Sprache kann der Mensch zu Gott beten und wird erhört, wenn er recht bittet.

Die Frankfurter Synode und die althochdeutsche Literatur

von Horst Dieter Schlosser

Der 52. Artikel der Frankfurter Synode erklärt: »Niemand soll meinen, daß Gott nur in den drei Sprachen [= Hebräisch, Griechisch, Latein, die wegen ihrer Verwendung in der Kreuzinschrift von Golgatha als »heilig« galten] anzubeten sei; denn Gott wird in allen Sprachen angebetet, und der Mensch wird erhört, wenn er nur das Rechte erbittet.« – Mit dieser grundsätzlichen Aussage war ein Meilenstein auf dem Weg zu einer Aufwertung der »Volkssprachen« gegenüber dem in offizieller Kommunikation allmächtigen Latein gesetzt. Diese Bestimmung der Synode war – bei aller Zuneigung Karls des Großen zu seiner fränkischen Muttersprache – zunächst jedoch mehr als Lizenz für den Gebrauch eines nichtlateinischen Idioms gemeint denn als programmatische Aufforderung, den germanischen, romanischen und slawischen Dialekten im fränkischen Reich gleichen Rang wie dem Latein einzuräumen. Denn die tatsächlich programmatische Linie der Bildungspolitik Karls des Großen war, in allem einer Norm größtmöglicher Richtigkeit – der »*norma rectitudinis*« – zu folgen; und das war in sprachlicher Hinsicht nur auf der Grundlage des Lateinischen möglich, weil nur diese Sprache eine entfaltete grammatische, rhetorische und literarische Tradition aufwies, die den Volkssprachen fehlte.

Dennoch wäre der zitierte Synodenbeschluß unterschätzt, wenn man in ihm nur den Ausdruck einer mitleidigen Duldung nichtlateinischer Frömmigkeitsübungen sähe. Karl mußte gerade im Blick auf das öffentliche religiöse Bekenntnis, das zugleich ein Bekenntnis zur politischen Ordnung des Frankenreichs war, die den »rechten Glauben« als geistiges Fundament einschloß, ein hohes Interesse daran haben, daß sich niemand nur aus Gründen mangelnder Verständlichkeit den Verpflichtungen seines Bekenntnisses entzöge. Auch mag die Sorge mitgespielt haben, daß ein nur halb oder gar unverstandener christlicher Glaube einer damals noch keineswegs überwundenen heidnisch-magischen Grundhaltung mit allen Risiken für die politische Stabilität hätte Auftrieb geben können.

Übersetzungen und volkssprachliche Kommentierungen der Zentraltexte der christlichen Konfession – Taufgelöbnis, Glaubensbekenntnis und Vaterunser (als Beispiele in dieser Ausstellung das »St. Galler« und das »Freisinger Vaterunser«, Kat. IX/1–2) – sind als unmittelbare Konsequenzen dieser »religionspolitischen« Absicht zu sehen. Die Umformung eines vorchristlichen germanischen Schöpfungsmythos in einen theologisch korrekten Text wie beim »Wessobrunner Gebet« (Kat. IX/3) gehört ebenfalls in diesen Zusammenhang.

Doch auch der schon im Bildungsprogramm der *Admonitio generalis* (Kat. II/3) von 789 erklärte Wille, den korrekten Gebrauch von Latein zu fördern, wirkte sich – fast gegen seine Intention – als Förderung volkssprachlichen Engagements aus: Den lateinisch überlieferten Texten mußte man sich von einer nichtlateinisch geprägten Muttersprachlichkeit aus Schritt für Schritt annähern. Und auch dies geschah in der Regel durch Übersetzung, also durch Manifestationen in der jeweiligen Volkssprache, am einfachsten in der Form von Glossen, in entwickelterer Weise durch Interlinearversionen, also durch einen zwischen die lateinischen Zeilen geschriebenen Übersetzungstext, wobei – wie in dieser Ausstellung am Beispiel der Benediktregel (Kat. VIII/4) gezeigt – eine offenbar zunehmende Sicherheit in der lateinischen »Zielsprache« die interlinearen Eintragungen mehr und mehr überflüssig machen konnte. Wenn dann auch noch ein hochoffizieller und – brisanter Anlaß wie der Kampf gegen die Irrlehre der Adoptianisten die genaue Beschäftigung mit einem lateinischen Text erforderlich machte, konnte die Übersetzungsleistung den Rang eigenständiger Wissenschaftsprosa erreichen, und das gleichsam aus dem Stand heraus: Der Übersetzer des hier gezeigten Isidor-Traktats (Kat. III/3) konnte sich auf keinerlei Vorbild der Annäherung an einen so schwierigen Text stützen; er mußte eine philosophisch-theologische Sprache geradezu neu erfinden.

Die in dieser Hinsicht 794 von Frankfurt ausgehenden oder verstärkten Impulse haben unzweifelhaft jene Bildungssituation begründet, in der es möglich wurde, daß in althochdeutscher Sprache (bis ca. 1050) – im Vergleich zu anderen germanischen Sprachen – die meisten Übersetzungen aus dem Lateinischen entstanden und daß schließlich einzelne Autoren auch den Mut fanden, in ihrer Muttersprache zu dichten.

Literatur: siehe III/3, VIII/4, IX/1–3.

IX/1 Sankt Galler Paternoster

Handschrift, Pergament; 323 Seiten, 17 x 10,5 cm; südwestdeutsches Skriptorium (B. Bischoff), Ende 8. Jh.; Sankt Gallen, Stiftsbibliothek, Cod. 911. Seite 320 (recte). (Foto)

Die religiöse Praxis, Gebet und Ritus, wird bis weit in die Neuzeit hinein auch als öffentliche Bekundung der Zugehörigkeit zu einer bestimmten, in der Karolingerzeit zur rechtgläubig fränkischen Gesellschaftsordnung gewertet. Aus dem Rechtsgrundsatz, daß unverstandene Eide ungültig sind, läßt sich ableiten, warum nicht zuletzt Karl der Große Wert darauf legte, daß die christlichen Zentraltexte, voran Taufgelöbnis und Glaubensbekenntnis, aber auch das Vaterunser, als öffentliche Bekenntnisse in einer jedermann verständlichen Form gesprochen werden konnten. Das aus St. Gallen überlieferte, dort aber nicht entstandene frühalthochdeutsche (alemannische) Vaterunser, dem in der Handschrift noch das Credo in gleicher Sprache folgt (S. 321/322), ist der älteste von mehreren Versuchen, das (S. 319 unten nur anzitierte) Pater noster zu übersetzen (vgl. auch das wenig jüngere »Freisinger Vaterunser«, Kat. IX/2). Die volkssprachlichen Abweichungen vom lateinischen Original (zum Beispiel der Imperativ *uuihi* = »heilige« statt »geheiligt werde«, Z. 2) sind wohl nicht als Übersetzungsfehler, sondern als von der zeitgenössischen Bibelerklärung gestützte Deutungen einzelner Vaterunser-Bitten zu verstehen (W. Betz).

H.D.S.

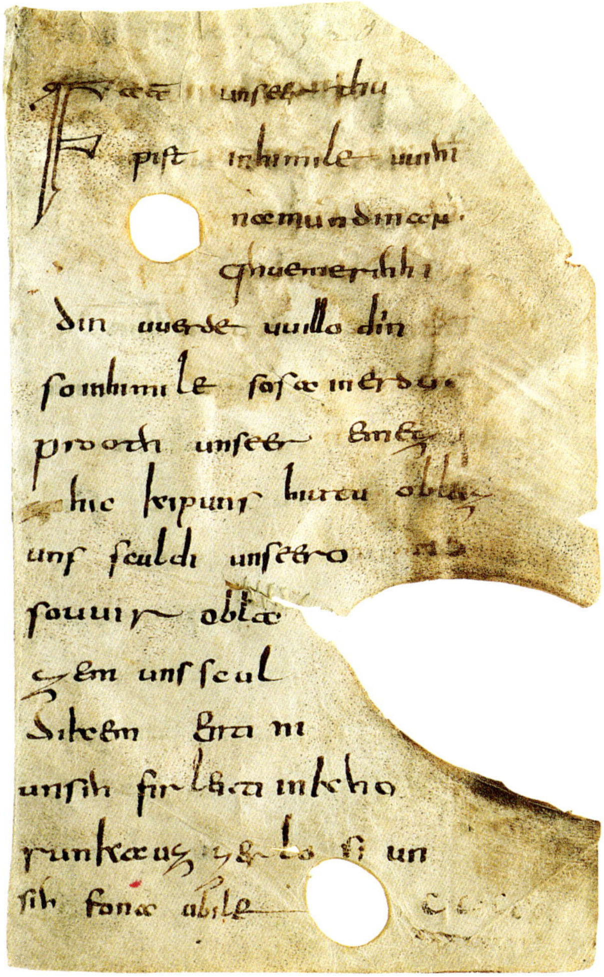

IX/1 pag. 320

Faksimile: FISCHER, H. (Hrsg.), *Schrifttafeln zum althochdeutschen Lesebuch,* Tübingen 1966.

Literatur: SCHLOSSER, H. D. (Hrsg.), *Althochdeutsche Literatur. Ausgewählte Texte mit Übertragungen,* Frankfurt 1989. – SONDEREGGER, S., *St. Galler Paternoster und Credo,* in: K. Ruh, et al (Hrsg.), Die deutsche Literatur des Mittelalters, 2, Berlin/New York [2]1979.

IX/2 Doctrinae Diversorum Patrum – Freisinger Paternoster

Handschrift, Pergament; 71 Bl., 19,5 x 12,5 cm; oberrheinisch-alemannisches Skriptorium, Anfang 9. Jh.; München, Bayerische Staatsbibliothek, Clm 6.330, fol. 70v–71r.

Was sich im »St. Galler Vaterunser« vom Ende des 8. Jahrhunderts (Kat. IX/1) in Abweichungen vom lateinischen Paternoster nur andeutete, ist im »Freisinger Vaterunser« schon zur deutlich erkennbaren Methode entwickelt: die Ausdeutung der zunächst lateinisch zitierten, sodann altbairisch übersetzten Vaterunser-Bitten in Anlehnung an die Bibelexegese. Damit steht dieser Text am Anfang einer bis in die gegenwärtige Vaterunser-Auslegung reichenden Tradition. Zugleich bezeugt er auf eindrucksvolle Weise, daß die karlische Bildungspolitik in der religiösen Praxis auf mehr als nur ein äußerliches Verstehen der christlichen Zentraltexte gerichtet war, wozu eine einfache Übersetzung ausgereicht hätte. Daß dies kein singulärer Versuch war, beweist neben einer ähnlichen Auslegung im »Weißenburger Katechismus« ebenfalls vom Anfang des 9. Jahrhunderts eine Parallelüberlieferung des »Freisinger Vaterunser« in einer zwischenzeitlich in Regensburg aufbewahrten Handschrift (= Hs. B; jetzt ebenfalls München: Clm 14.510, aus der 1. Hälfte des 9. Jahrhunderts).

H.D.S.

Faksimile: ENNECERUS, M. (Hrsg.), *Die ältesten deutschen Sprachdenkmäler in Lichtdrucken,* Frankfurt 1897.

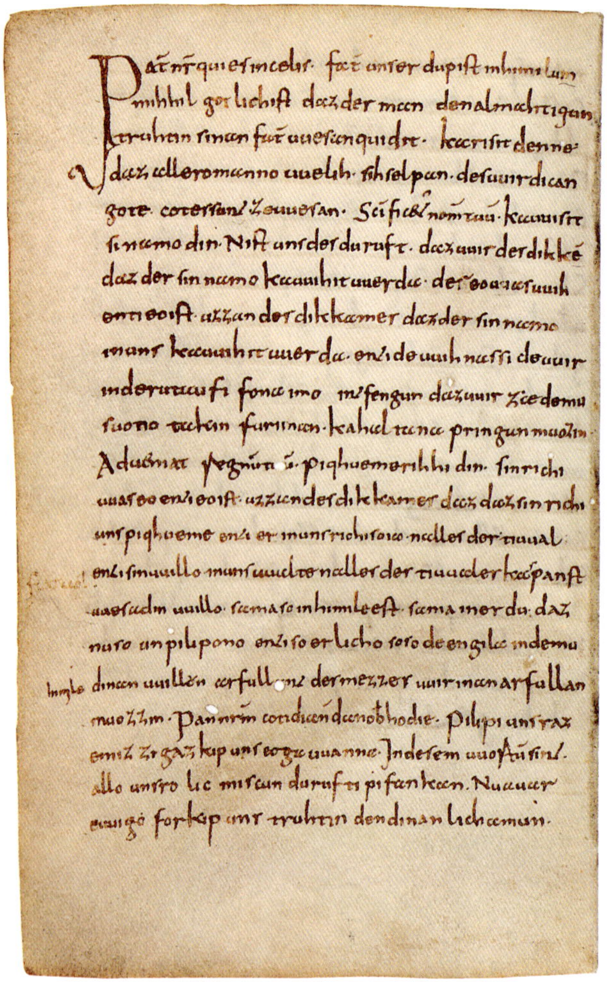

IX/2 fol. 70v

Literatur: Masser, A., *Freisinger Paternoster*, in: K. Ruh, et. al. (Hrsg.), Die deutsche Literatur des Mittelalters, 2, Berlin/New York [2]1979. – Schlosser, H. D. (Hrsg.), *Althochdeutsche Literatur. Ausgewählte Texte mit Übertragungen*, Frankfurt 1989. – Tiefenbach, H., *unscripulo*, in: Sprachwissenschaft 16, 1991.

IX/3 Wessobrunner Gebet

Handschrift, Pergament; 98 Bl., 18,5 x 14,5 cm; südbayerisches Skriptorium (Diözese Augsburg), vor 814; München, Bayerische Staatsbibliothek, Clm 22.053, fol. 65v–66r. (Faksimile)

Die Aufnahme dieses Gebets als des einzigen volkssprachlichen Texts in ein lateinisches Kompendium von Zeugnissen frühmittelalterlicher Gelehrsamkeit ist zweifellos eine Frucht der Aufwertung, welche die Volkssprache durch die Frankfurter Synode erfahren hat. Schon die Komposition des Texts belegt den wohlüberlegten Versuch, eine alte germanische Überlieferung mit einer »modernen« christlichen Gebetsformel zu neuer Einheit zu verschmelzen. Dabei scheint in Z. 1–9 noch ein vorchristlicher Schöpfungsmythos durch, einer Strophe der altnordischen *Völuspa* verwandt. In Fortführung des formalen Musters stabreimender Langzeilen schließt sich ein Hinweis auf die Präexistenz Gottes und »guter Geister« an (Z. 9 ff.), der gleichsam als Abschluß einer Gebetsanamnese zur eigentlichen Bitte in Prosa – mit wohl nur zufälligen Alliterationen – überleitet. Dieser Gebetsschluß ist in einer kürzenden Variation noch im 10. Jahrhundert in der »Fuldaer Beichte« wiederzufinden.

Auch Sprache und Form der Präsentation bezeugen den Versuch einer Integration von Germanischem und Modern-Christlichem. Im Texteingang läßt sich noch deutlich die altsächsische Herkunft des vorchristlichen Teils erkennen: »*Dat gafregin ih [...]*« (»Das erfragte/erfuhr ich [...]«). Doch spätestens mit den harten Anlauten von *paum* (Baum, Bl. 65v, Z. 4) und *pereg* (Berg, Z. 5) – wie später bei *cot* = Gott, Z. 10 und 13 – drängt sich die bairische Sprache der Bearbeitung, zumindest einer Überarbeitung vor. Alter angelsächsisch-»insular« orientierter Schreibtradition ist das runische Zeichen ✶ für die Vorsilbe *ga* (= ge-, Bl. 65v, Z. 2, 14 und Bl. 66r, Z. 1 und 8) verpflichtet, während das Zeichen ⁊ für enti (= früher bzw. und, Bl. 65v, Z. 9 u.ö.) der römischen (tironischen) Kurzschrift entnommen ist. Die inhaltliche Textgliederung war dem Schreiber zweifellos bewußt, wie die rot markierten Anfangsbuchstaben beweisen. Die für ein Gebet außergewöhnliche Überschrift *De poeta* (Von einem Dichter) erklärt sich aus der Funktion des Texts in seiner lateinischen Umgebung: Er steht zwischen anderen Belegen des zeitgenössischen Schulwissens als Beispiel für eine poetische Gestaltung. Zumindest diese volkssprachliche Dichtung ist also im gleichen Rang wie die sonst noch dominierenden lateinischen Texte gesehen worden. H.D.S.

Faksimile: Fischer, H. (Hrsg.), *Schrifttafeln zum althochdeutschen Lesebuch*, Tübingen 1966.

Literatur: Edwards, C./Kiff-Hooper, J., *Ego bonefacius scripsi?*, in: J. L. Flood (Hrsg.), »mit regulu bithuungun«. Neue Arbeiten zur althochdeutschen Poesie und Sprache, Göppingen 1989. – Gottzmann, C. L., *Das Wessobrunner Gebet*, in: R. Bergmann/H. Tiefenbach/L. Voetz (Hrsg.), Althochdeutsch, 1, 1987. – Huismann, J. A., *Das Wessobrunner Gebet in seinem handschriftlichen Kontext*, ebda. – Schlosser, H. D. (Hrsg.), *Althochdeutsche Literatur.* Ausgewählte Texte mit Übertragungen, Frankfurt 1989. – Stammler, W. (Hrsg.), *Die deutsche Literatur des Mittelalters*, 1, Berlin/Leipzig 1936.

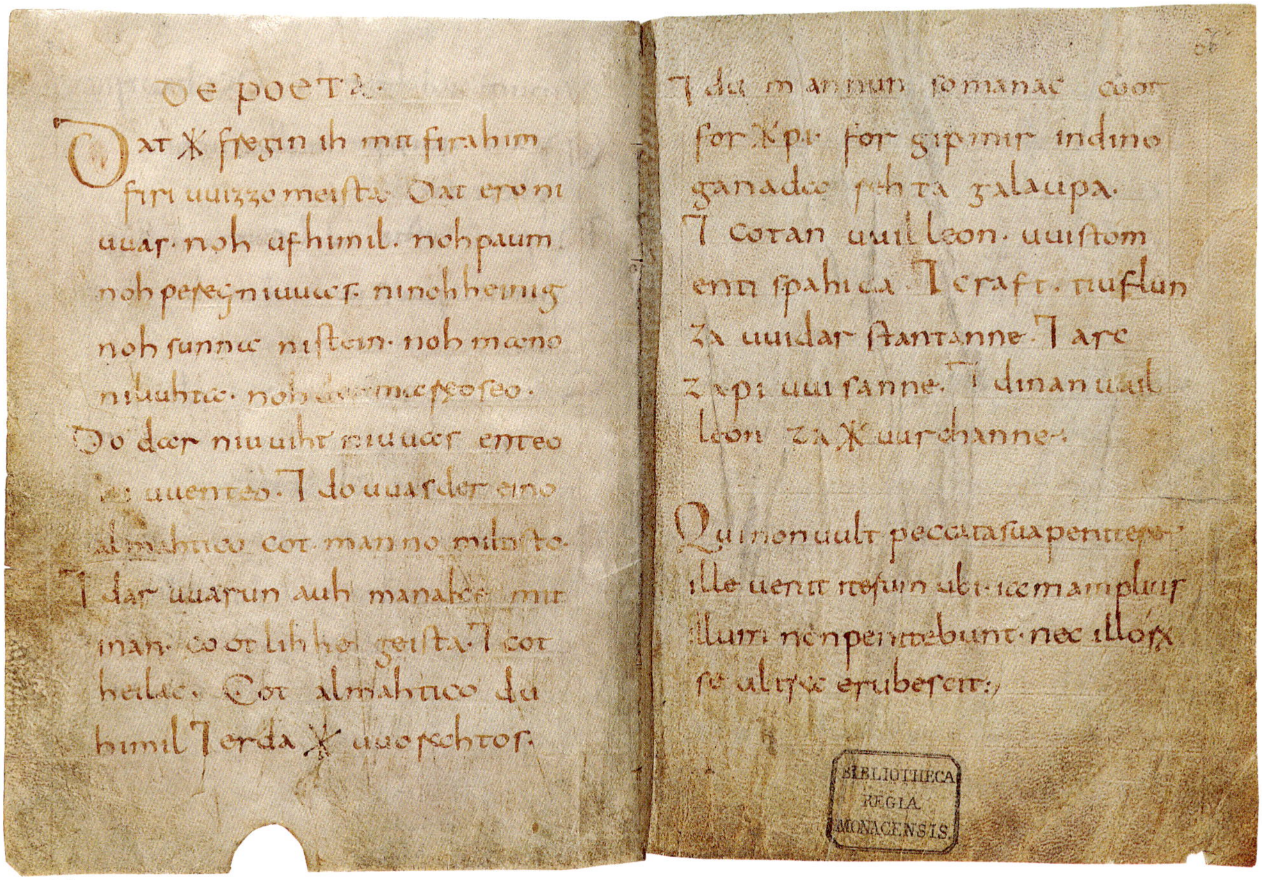

IX/3 fol. 65v/66r

Abgekürzt zitierte Literatur

Katalog Aachen:
Karl der Große. Werk und Wirkung, Katalog zur Ausstellung Aachen 1965.

Katalog Frankfurt:
ROTH, H./WAMERS, E., Hessen im Frühmittelalter. Archäologie und Kunst. Katalog zur Ausstellung Frankfurt 1984, Sigmaringen 1984.

Katalog Rosenheim/Mattsee:
DANNHEIMER, H./DOPSCH, H. (Hrsg.), Die Bajuwaren, Von Severin bis Tassilo 488–788, Katalog zur Ausstellung Rosenheim und Mattsee 1988.

Karlswerk I–IV:
BRAUNFELS, W. (Hrsg.), Karl der Große. Lebenswerk und Nachleben, 4 Bde., Düsseldorf 1965–67.

BRAUNFELS, Karolinger:
BRAUNFELS, W., Die Welt der Karolinger und ihre Kunst, München 1968.

BISCHOFF, Schreibschulen:
BISCHOFF, B., Die südostdeutschen Schreibschulen und Bibliotheken in der Karolingerzeit, Teil I/II, Wiesbaden, [3]1974/1980.

BISCHOFF, Mittelalter I–III:
BISCHOFF, B., Mittelalterliche Studien I (Stuttgart 1966), II (Stuttgart 1967) und III (Stuttgart 1981).

Bischoff, Lorsch:
Bischoff, B., Die Abtei Lorsch im Spiegel ihrer Handschriften, Lorsch [2]1989.

BISCHOFF, Panorama:
BISCHOFF, B., Panorama der Handschriftenüberlieferung aus der Zeit Karls des Großen, in: Bischoff, B., Mittelalter III, S. 5–38.

MÜTHERICH, Buchmalerei:
MÜTHERICH, F., Die Buchmalerei am Hofe Karls des Großen, in: Karlswerk III, S. 40ff.

NORDENFALK, Buchmalerei:
GRABAR, A./NORDENFALK, C., Das frühe Mittelalter vom 4. bis 11. Jahrhundert, Genf 1957.

ELBERN, Libri Carolini:
ELBERN, V. H., Die »Libri Carolini« und die liturgische Kunst um 800. Zur 1200-Jahrfeier des 2. Konzils von Nicaea 787, in: Aachener Kunstblätter, 54/55, 1986/87, S. 15–32.

GOLDSCHMIDT, Elfenbein:
GOLDSCHMIDT, A., Die Elfenbeinskulpturen aus der Zeit der karolingischen und sächsischen Kaiser, Berlin 1914.

JACOBSEN, Klosterplan:
JACOBSEN, W., Der Klosterplan von Sankt Gallen und die karolingische Architektur. Entwicklung und Wandel von Form und Bedeutung im fränkischen Kirchenbau zwischen 751 und 840, Berlin 1992.

JACOBSEN, Torhalle:
JACOBSEN, W., Die Lorscher Torhalle. Zum Problem ihrer Datierung und Deutung, mit einem Katalog der bauplastischen Fragmente als Anhang, in: Jahrbuch des Zentralinstituts für Kunstgeschichte, Bd. 1, München 1985, S. 9–75.

JACOBSEN, Renaissance:
JACOBSEN, W., Gab es die karolingische »Renaissance« in der Baukunst?, in: Zeitschrift des Zentralinstituts für Kunstgeschichte, Bd. 51, München 1988, S. 313–347.

KOEHLER, Miniaturen I–VI:
KOEHLER, W., Die karolinigschen Miniaturen, I.: Die Schule von Tours, 2. Bde., Berlin 1930/33; II.: Die Hofschule Karls des Großen, Berlin 1958; III.: Die Gruppe des Wiener Krönungs-Evangeliars. Metzer Handschriften, Berlin 1960.
KOEHLER, W./MÜTHERICH, F., Die karolingischen Miniaturen, IV.: Die Hofschule Kaiser Lothars, Berlin 1971, V.: Die Hofschule Karls des Kahlen, Berlin 1982, VI.: Die Schule von Reims, Berlin 1993.

WEINER, Initialen:
WEINER, A., Die Initialornamentik der deutsch-insularen Schulen im Bereich von Fulda, Würzburg und Mainz, in: Quellen und Forschungen zur Geschichte des Bistums und Hochstifts Würzburg, Bd. 43, Würzburg 1992.

Bildnachweis

Bildnachweis: Aachen, Domschatz: IV/3; Antwerpen, Museum Plantin-Moretus: IV/27; Bern, Burgerbibliothek: IV/14; Berlin, Bildarchiv Preussischer Kulturbesitz: VII/12 (Museum für Spätantike und Byzantinische Kunst), VII/17 (Kunstgewerbemuseum); Bregenz, Vorarlberger Landesmuseum: VII/9; Brüssel, Bibliothèque Royale Albert Ier: VI/3, VI/4, VI/5; Cambrai Bibliothèque municipale: VII/21; Chur, Rätisches Museum: VI/1; Essen, Domschatzkammer: IV/15; Frankfurt, Stadt- und Universitätsbibliothek (als Leihgabe im Liebieghaus): IV/21, VII/19; Frankfurt, Museum für Vor- und Frühgeschichte: Karte zum Aufsatz Wamers; Freiburg im Brg., Universitätsbibliothek: IV/7; Gotha, Forschungs- und Landesbibliothek: III/2; Graz, Akademische Druck- und Verlagsanstalt: Titelmotiv, S. 3 und Zwischentitel, IV/11, IV/16, IV/28, IV/32, VII/22, VIII/5; Hannover, Kestner Museum: IV/2; Ingelheim, Museum bei der Kaiserpfalz: I/2; Kopenhagen, Nationalmuseum: VII/26; Karlsruhe, Badisches Landesmuseum: VII/16; Köln, Rheinisches Bildarchiv: VII/23; Leipzig, Museum für Kunsthandwerk (Grassimuseum): IV/26; London, British Library: IV/19, IV/33; London, Victoria & Albert Museum: IV/25; Lorsch (Verwaltung der Staatlichen Schlösser und Gärten Hessen): I/7, I/8, I/9, IV/24; Manchester, The John Rylands University Library: IV/30; Marienmünster, Bildagentur Karin Michels: VII/13; Montpellier, Bibliothèque Interuniversitaire, Section Médecine: V/1; Mainz, Landesmuseum: I/5, VII/11, VII/14; München, Bayerische Staatsbibliothek: III/1, IV/9, IV/20, VIII/1, IX/2, IX/3; München, Prähistorische Staatssammlung: V/3, VII/10; New York, Pierpont Morgan Library: V/4; Nürnberg, Germanisches Nationalmuseum: IV/8, VII/25; Oxford, Bodleian Library: II/4; Paris, Bibliothèque Nationale: S. 9–18 (II/2); III/3, IV/5, IV/10, IV/12, IV/21, IV/22; Ried im Innkreis, Kunstverlag Hofstetter (Foto M. Oberer): V/2; Rom, Soprintendenza: IV/17; Seligenstadt, Landschaftsmuseum (A. Zöller): I/3; Sankt Gallen, Stiftsbibliothek (Fotograph C. Seltrecht): VIII/4, IX/1; Stockholm, Königliche Bibliothek: IV/18; Stuttgart, Württembergische Landesbibliothek: IV/29; Trier, Stadtbibliothek: II/3, IV/23; Vatikan, Apostolische Bibliothek: IV/1, IV/4, IV/25; Wien, Österreichische Nationalbibliothek: II/5.